Internationale Einkünfteabgrenzung und Europäisches Gemeinschaftsrecht

Europäische Hochschulschriften
Publications Universitaires Européennes
European University Studies

Reihe II
Rechtswissenschaft

Série II Series II
Droit
Law

Bd./Vol. 4462

PETER LANG
Frankfurt am Main · Berlin · Bern · Bruxelles · New York · Oxford · Wien

Michael Schwenke

Internationale Einkünfteabgrenzung und Europäisches Gemeinschaftsrecht

Steuerentstrickung, Einkünftekorrektur und Dokumentationspflichten im Lichte der Grundfreiheiten des EG-Vertrags

PETER LANG
Europäischer Verlag der Wissenschaften

Bibliografische Information der Deutschen Nationalbibliothek
Die Deutsche Nationalbibliothek verzeichnet diese Publikation in der Deutschen Nationalbibliografie; detaillierte bibliografische Daten sind im Internet über <http://www.d-nb.de> abrufbar.

Zugl.: Augsburg, Univ., Diss., 2006

D 384
ISSN 0531-7312
ISBN 3-631-55934-8

www.peterlang.de

Inhaltsübersicht

Inhaltsverzeichnis

2. Teil
Der Einfluss der Grundfreiheiten auf das mitgliedstaatliche Recht der direkten Steuern

Schlussbemerkung

Abkürzungsverzeichnis

ABl.	Amtsblatt
a.E.	am Ende
a.F.	alte(r) Fassung
AO	Abgabenordnung
Art.	Artikel
AStG	Außensteuergesetz
Aufl.	Auflage
BB	Betriebsberater (Zeitschrift)
Bd.	Band
BewG	Bewertungsgesetz
BFH	Bundesfinanzhof
BFHE	Sammlung der Entscheidungen des Bundesfinanzhofs
BFH/NV	Sammlung amtlich nicht veröffentlichter Entscheidungen des BFH (Zeitschrift)
BGBl.	Bundesgesetzblatt
BR-Drs.	Bundesrats-Drucksache
BStBl.	Bundessteuerblatt
BT-Drs.	Bundestags-Drucksache
BVerfG	Bundesverfassungsgericht
BVerfGE	Amtliche Sammlung der Entscheidungen des Bundesverfassungsgerichts
CGI	Code général des impôts
DB	Der Betrieb (Zeitschrift)
DBA	Doppelbesteuerungsabkommen
ders.	derselbe
DStJG	Veröffentlichungen der Deutschen Steuerjuristischen Gesellschaft
DStR	Deutsches Steuerrecht (Zeitschrift)
DStRE	DStR Entscheidungsdienst (Zeitschrift)
DStZ	Deutsche Steuer-Zeitung (Zeitschrift)
DVBl.	Deutsche Verwaltungsblätter (Zeitschrift)

EAG .... Europäische Atomgemeinschaft
EEA .... Einheitliche Europäische Akte
EFG .... Entscheidungen der Finanzgerichte (Zeitschrift)
EG .... Europäische Gemeinschaft
EGKS .... Europäische Gemeinschaft für Kohle und Stahl
EGV .... Vertrag zur Gründung der Europäischen Gemeinschaft
EG-Vertrag .... Vertrag zur Gründung der Europäischen Gemeinschaft
ErbStG .... Erbschaft- und Schenkungsteuergesetz
EStG .... Einkommensteuergesetz
etc. .... et cetera
EU .... Europäische Union
EuGH .... Gerichtshof der Europäischen Gemeinschaften
EuGHE .... Sammlung der Rechtsprechung des Gerichtshofes und des Gerichts erster Instanz
EuR .... Europarecht (Zeitschrift)
EUV .... Vertrag über die Europäische Union
EuZW .... Europäische Zeitschrift für Wirtschaftsrecht
EWG .... Europäische Wirtschaftsgemeinschaft
EWS .... Europäisches Wirtschafts- und Steuerrecht (Zeitschrift)
f. .... folgende(r) (Singular)
ff. .... folgende (Plural)
FG .... Finanzgericht
FM .... Finanzministerium
FR .... Finanzrundschau (Zeitschrift)
FN .... Fußnote
FS .... Festschrift
GAufzV .... Gewinnaufzeichnungsverordnung
GG .... Grundgesetz
GmbHR .... GmbH-Rundschau (Zeitschrift)
GS .... Gedächtnisschrift
H .... Hinweise

Halbs.	Halbsatz
HGB	Handelsgesetzbuch
Hrsg.	Herausgeber
IFSt	Institut „Finanzen und Steuern" e.V.
i.S.d.	im Sinne des
IStR	Internationales Steuerrecht (Zeitschrift)
i.V.m.	in Verbindung mit
IWB	Internationale Wirtschaftsbriefe (Zeitschrift)
JZ	Juristen Zeitung
Kap.	Kapitel
KStG	Körperschaftsteuergesetz
KStH	Körperschaftsteuer-Hinweise
KStR	Körperschaftsteuerrichtlinien
m.w.N.	mit weiteren Nachweisen
n.F.	neue Fassung
Nr.	Nummer
OECD	Organisation for Economic Cooperation and Development (Organisation für wirtschaftliche Zusammenarbeit und Entwicklung)
OECD-MA	Musterabkommen der Organisation für wirtschaftliche Zusammenarbeit und Entwicklung
öEStG	Einkommensteuergesetz Österreich
R	Richtlinie
Rdnr.	Randnummer
RIW	Recht der internationalen Wirtschaft (Zeitschrift)
RL	Richtlinie
Rs.	Rechtssache
S.	Seite
sog.	so genannt
SWI	Steuer & Wirtschaft International (Zeitschrift)
StuW	Steuer und Wirtschaft (Zeitschrift)
Tz.	Textziffer
u.a.	und andere
UmwStG	Umwandlungssteuergesetz

Urt.	Urteil
usw.	und so weiter
v.	von/vom
verb.	verbundene
vgl.	vergleiche
v.H.	von Hundert
Vorb.	Vorbemerkung
vs.	versus
z.B.	zum Beispiel
ZGR	Zeitschrift für Unternehmens- und Gesellschaftsrecht
Ziff.	Ziffer
ZLR	Zeitschrift für das gesamte Lebensmittelrecht

Einleitung

A. Problemstellung

„Vectigalia nerves rei publicae" – Steuern sind die Nerven des Staats. Mit diesem Satz bringt bereits *Cicero* treffend zum Ausdruck, welche Bedeutung den Steuern im Rahmen der nationalstaatlichen Souveränität beizumessen ist[1]. Mit Blick auf den dynamischen Integrationsprozess innerhalb der Europäischen Union hat *Knobbe-Keuk* den Kerngedanken Ciceros wie folgt umformuliert: „The power to tax is the power to govern."[2] Sie hat damit in prägnanter Kürze im Jahr 1991 einen Interessenkonflikt vorhergesehen, der sich an der „Integrationspolitik" des EuGH insbesondere im Bereich der direkten Steuern fast 15 Jahre später entzünden sollte und Anfang des Jahres 2006 erst in Ansätzen erkennbar wird. Wie anders sind die folgenden Aussagen des österreichischen EU-Ratspräsidenten *Schüssel* zu Beginn der österreichischen Ratspräsidentschaft zu verstehen:

> *„Das sind Fehlentwicklungen, die muss man wirklich in Ruhe besprechen. ... Hier schafft eine Institution, nämlich der Europäische Gerichtshof, weit über die gemeinschaftlichen Rechtsbestandteile hinaus Europarecht, das von keiner demokratischen Institution so abgesegnet worden ist. ... Wie kommt diese Institution dazu, nationale Kompetenzen zu unterwandern und damit auch die Ausbildung unserer eigenen Mediziner zu gefährden? Wie kommt ein Gerichtshof dazu, den Schweden zu verbieten, dass sie ihre Ferienhäuser wie seit Jahrhunderten mit Teer abdichten? Über diese Fragen sollte man wirklich reden, auch über die Rückwirkung von EuGH-Urteilen. Es gibt bisher keinerlei aufschiebende Wirkung von Urteilen, keinerlei Überprüfung der Verhältnismäßigkeit der Konsequenzen eines Urteils. Wenn wir das europäische Projekt am Leben halten wollen, wenn wir Europa neuen Schwung geben wollen – und das ist unsere Absicht in der Präsidentschaft – dann muss man über diese Fragen reden."*[3]

Die Interessengegensätze, die zu einer derartigen Aussage führen, sind schnell identifiziert: Die Grundfreiheiten des EG-Vertrags bilden das Rückrat der auf den Binnenmarkt ausgerichteten Wirtschaftsverfassung der Europäischen Gemeinschaft und sie sind im Steuerrecht in ihrem Kerngehalt angesprochen. Im Rahmen einer Wirtschafts- und Währungsunion mit bereits weitgehend harmonisierten Mehrwertsteuersystemen bleibt den Mitgliedstaaten aber außer den direkten Steuern wenig, um auf die eigene Wirtschaftsverfassung Einfluß zu nehmen. Zudem sind die direkten Steuern – anders als die indirekten Steuern auf Waren und Dienstleistungen – eng mit den Eigenarten der Rechts- und Gesell-

---

[1] *Cicero*, De imperio Cn. Pompei oratio, 17.
[2] *Knobbe-Keuk*, EuZW 1991, S. 649 (650).
[3] *Schüssel*, Wiener Zeitung vom 31.12.2005.

schaftsordnung jedes einzelnen Mitgliedstaats sowie spezifischen Vorstellungen von Steuer- und Umverteilungsgerechtigkeit verbunden[4].

Es war letztlich nur eine Frage der Zeit, bis diese Interessengegensätze sichtbar zu Tage treten würden. Die „feine“ Zurückhaltung der mit einem Vorschlagsrecht[5] ausgestatteten Europäischen Kommission beim Erlass von sekundärem Gemeinschaftsrecht musste dazu führen, dass die Kritik der Mitgliedstaaten sich auf das angeblich fehlende Fingerspitzengefühl des EuGH gegenüber der mitgliedstaatlichen Fiskalhoheit fokussiert. Fast könnte man meinen, die Europäische Kommission habe in der Vergangenheit darauf gesetzt, die Steuerharmonisierung durch den EuGH vorantreiben zu lassen, um so den Druck zum Erlass von sekundärem Gemeinschaftsrecht auf die Mitgliedstaaten zu erhöhen. Für diese Mutmaßung spricht jedenfalls, dass die Europäische Kommission im Bereich der direkten Steuern wieder deutlich aktiver in Erscheinung tritt. So wird als wichtigstes Beispiel das Projekt „Gemeinsame konsolidierte Körperschaftsteuer-Bemessungsgrundlage“ betrieben und die Mitgliedstaaten dabei durch Mitteilungen und Workshops unterstützt[6].

Der Druck, den der EuGH mit seiner Rechtsprechung zu den Grundfreiheiten im Bereich der direkten Steuern gerade in den letzten Jahren auf die nationalen Steuersysteme der Mitgliedstaaten aufgebaut hat, lässt sich eindrucksvoll mit Zahlen belegen. Von den insgesamt 62 Urteilen des EuGH im Bereich der direkten Steuern[7] sind im Zeitraum zwischen 1986 und 1995 lediglich 12 Urteile ergangen, von 1996 bis 2005 dagegen 49 Urteile. Allein 11 Urteile betrafen die Bundesrepublik Deutschland unmittelbar. Nur die Niederlande sind mit 12 Urteilen stärker tangiert. Betrachtet man zusätzlich noch die Zahl der derzeit anhängigen Verfahren vor dem EuGH, so ist festzustellen, dass sich die Schlagzahl des EuGH weiter deutlich erhöht hat. Derzeit sind allein 42 Verfahren vor dem EuGH anhängig, die die direkten Steuern unmittelbar betreffen. In 16 Verfahren, dies entspricht 41 v.H. der anhängigen Verfahren, ist die Bundesrepublik Deutschland verklagt worden. Und die Sensibilität der Steuerpflichtigen aber auch der Finanzgerichte steigt weiter. In allen Mitgliedstaaten existieren inzwischen „Schwarze Listen“ mit potentiell EG-rechtswidrigen Vorschriften[8], die von den Beteiligten aufmerksam zur Kenntnis genommen werden. Es ist daher durchaus nachvollziehbar, wenn die Auswirkungen einer Fortsetzung der bisherigen Rechtsprechung des EuGH zu den Grundfreiheiten im Bereich der direkten Steuern als bedrohlich angesehen werden und auch aus der Richterschaft bereits Stimmen laut werden, die eine „Notwehr gegen Europa“ thematisieren[9].

---

[4] *Tipke/Lang*, Steuerrecht, S. 36.
[5] Art. 94 EGV.
[6] *Kessler/Spengel*, DB 2006 Beilage 1, S. 1 (2).
[7] Alle Zahlenangaben basieren auf dem Stand 01.02.2006.
[8] Vgl. *Cordewener*, Europäische Grundfreiheiten und nationales Steuerrecht – „Konvergenz“ des Gemeinschaftsrechts und „Kohärenz“ der direkten Steuern in der Rechtsprechung des EuGH, S. 29 m.w.N.; zuletzt für Deutschland *Kessler/Spengel*, DB 2006 Beilage 1, S. 1 (3 ff.).
[9] *Ahmann*, DStZ 2005, S. 75 ff.

B. Untersuchungsgegenstand

Die Rechtsprechung des EuGH zu den direkten Steuern hat deutliche Spuren in den nationalen Steuerrechtsordnungen der Mitgliedstaaten hinterlassen. In den letzten Jahren wurden zentrale Vorschriften des Steuerrechts verschiedener Mitgliedstaaten für europarechtswidrig erklärt[10]. Verwerfungen innerhalb der Steuersysteme dieser Mitgliedstaaten waren und sind die Folge[11]. Mit den Urteilen in den Rechtssachen „Marks & Spencer"[12] und „Lasteyrie du Saillant" [13] ist der EuGH nunmehr in Kernbereiche der nationalen Steuersysteme vorgedrungen. Insbesondere das Urteil in der Rechtssache „Lasteyrie du Saillant" wirft weit über den vom EuGH punktuell entschiedenen Einzelfall hinausreichende Fragestellungen auf. Der Urteilsfall selbst betraf zwar „nur" die wegzugsbedingte Besteuerung stiller Reserven von im Privatvermögen gehaltenen Anteilen an Kapitalgesellschaften, das Urteil gewinnt jedoch eine ganz eigene Dynamik, wenn man dessen Auswirkungen auf Überführungsvorgänge im betrieblichen Bereich bedenkt. Denn die Luxemburger Richter haben die grundsätzliche Frage aufgeworfen, ob es den Mitgliedstaaten aufgrund der Grundfreiheiten noch erlaubt ist, im Inland angesammelte stille Reserven im Falle einer Grenzüberschreitung zu besteuern. Im Ergebnis wurden damit alle Entstrickungstatbestände[14] in den nationalen Steuerrechtsordnungen der Mitgliedstaaten mit einem großen Fragezeichen versehen. Die Ertragszuordnung im Fall einer Steuerentstrickung ist jedoch nur ein Teilbereich der Einkünfteabgrenzung im Internationalen Steuerrecht. Generell hat die bisherige Rechtsprechung des EuGH im Bereich der direkten Steuern Zweifel aufgeworfen, ob und insbesondere in welchem Umfang die nationale Steuerrechtsordnung auf Einkünfte zugreifen kann, die grenzüberschreitend zwischen verschiedenen Steuersubjekten oder Teilen eines Steuersubjektes erzielt werden. Vorschriften zur Bestimmung von Verrechnungspreisen zwi-

---

[10] Z.B. Körperschaftsteuer-Anrechnungsverfahren in Finnland, EuGH vom 07.09.2004 – Rs. C-319/02 (Manninen), DStRE 2004, S. 1220 ff.; Verlustberücksichtigung im Unternehmensverbund im Vereinigten Königreich, EuGH vom 13.12.2005 – Rs. C-446/03 (Marks & Spencer), DStR 2005, S. 2168 ff.; Wegzugsbesteuerung in Frankreich, EuGH vom 11.03.2004 – Rs. C-9/02 (Lasteyrie du Saillant), EuGHE 2004, S. I-2409 ff.

[11] Für die Bundesrepublik Deutschland ist in diesem Zusammenhang auf das Urteil in der Rechtssache „Lankhorst-Hohorst (EuGH vom 12.12.2002 – Rs. C-324/00 (Lankhorst-Hohorst), EuGHE 2002, S. I-11779 ff.) hinzuweisen, in dem der EuGH die deutsche Vorschrift zur Gesellschafterfremdfinanzierung (§ 8a KStG) für europarechtswidrig erklärt hat. Die Umsetzung dieses Urteils durch den Gesetzgeber hat dazu geführt, dass nunmehr auch innerstaatliche Finanztransfers in die Regelung des § 8a KStG einzubeziehen sind. Die hieraus resultierenden Verwerfungen sind auch im Jahr 2006 noch nicht vollständig abgearbeitet.

[12] EuGH vom 13.12.2005 – Rs. C-446/03 (Marks & Spencer), DStR 2005, S. 2168 ff. In der Sache ging es um Beschränkungen beim Verlustausgleich über die Grenze. Relevanz erlangt das Urteil für alle Maßnahmen, die darauf gerichtet sind, das Ausnutzen von Besteuerungsunterschieden zwischen den Mitgliedstaaten zu verhindern.

[13] EuGH vom 11.03.2004 – Rs. C-9/02 (Lasteyrie du Saillant), EuGHE 2004, S. I-2409 ff. In der Sache ging es um die Besteuerung im Inland angefallener stiller Reserven im Zeitpunkt des Grenzübertritts.

[14] Für die Bundesrepublik Deutschland sind zu nennen: Wegzugsbesteuerung nach § 6 AStG; Überführung von Wirtschaftsgütern in ein ausländisches Betriebsvermögen nach Tz. 2.6. des BMF-Schreibens vom 24.12.1999 – IV B 4 – S 1300 – 111/99, BStBl. I 1999, S. 1076 ff.; Verlegung von Sitz und/oder Geschäftsleitung ins Ausland nach § 12 KStG; Besteuerung des Anteilseigners bei einbringungsgeborenen Anteilen nach § 21 Abs. 2 Satz 1 Nr. 2 UmwStG.

schen Unternehmen oder Unternehmensteilen und insbesondere die Einkünftekorrekturvorschriften der jeweiligen Mitgliedstaaten sind daher fester Bestandteil der Listen potenziell EG-rechtswidriger Vorschriften.

Der Verfasser hat es sich zur Aufgabe gemacht, zentrale Vorschriften des nationalen Rechts zur Einkünfteabgrenzung zwischen Unternehmen und Unternehmensteilen einer Überprüfung anhand der Grundfreiheiten des EG-Vertrags zu unterziehen. Dabei wird exemplarisch anhand der Verwaltungsregelung in Tz. 2.6. der sog. Betriebsstätten-Verwaltungsgrundsätze[15] aufgezeigt, ob eine Entstrickungsregelung im betrieblichen Bereich einer Überprüfung anhand der Grundfreiheiten standhält. Im Zuge dieser Überprüfung wird auch die Frage beantwortet, wie eine EG-konforme Regelung ausgestaltet sein müsste. Anzumerken ist an dieser Stelle, dass mittlerweile der „Entwurf eines Gesetzes über steuerliche Begleitmaßnahmen zur Einführung der Europäischen Gesellschaft und zur Änderung weiterer steuerlicher Vorschriften“[16] vorliegt. Darin wird neben einer Änderung des § 6 AStG und des § 21 Abs. 2 Satz 1 Nr. 2 UmwStG ein allgemeiner Entstrickungstatbestand neu in § 4 Abs. 1 Satz 2 EStG-E[17] aufgenommen. Weiter widmet sich die Arbeit der Untersuchung, ob sich die nationale Einkünftekorrekturvorschrift des § 1 AStG sowie die seit dem Jahr 2003 neu geschaffenen Dokumentationspflichten in § 90 Abs. 3 AO zur Bestimmung eines korrekten Verrechnungspreises innerhalb des vom EG-Vertrag vorgegebenen Rahmens der Grundfreiheiten halten.

C. Gang der Untersuchung

Der Untersuchung wird in drei Schritten vorgenomen: Zunächst wird im ersten Teil der Bearbeitung überblickartig die ertragsteuerliche Behandlung der Einkünfteabgrenzung im Internationalen Steuerrecht dargestellt. Der Vollständigkeit halber wird hierzu auch die Einkünfteabgrenzung nach den DBA in die Darstellung mit einbezogen.

Anschließend geht es im zweiten Teil der Bearbeitung darum, die gemeinschaftsrechtlichen Vorgaben herauszuarbeiten, die die Grundfreiheiten an die nationalen Steuersysteme stellen. In bewusster Abweichung vom Ausgangspunkt anderer Abhandlungen wird zunächst der rechtliche Rahmen untersucht, an dem sich der EuGH bei seinen Entscheidungen im Bereich der direkten Steuern zu orientieren hat. Dabei wird im Besonderen auf die Zielsetzung der einzelnen Bestimmungen eingegangen. Im Folgenden wird dargestellt, wie der EuGH mit diesen Rahmenvorgaben umgeht, d.h. welche Methode er bei der Auslegung der Grundfreiheiten des EG-Vertrags anwendet. In den nachfolgenden Ausführungen werden die allgemeinen dogmatischen Erkenntnisse aus der Rechtsprechung des EuGH insbesondere aus dem Bereich der direkten Steuern analysiert und systematisiert. Am Ende dieser Untersuchung wird gedanklich ein Prüfschema entstanden sein, anhand dessen Steuerrechtsnormen an den Grundfreiheiten gemessen werden können.

---

[15] BMF-Schreiben vom 24.12.1999 – IV B 4 – S 1300 – 111/99, BStBl. I 1999, S. 1076 ff.
[16] Enturf vom 19.09.2005; die Kurzbezeichnung des Gesetzes ist SEStEG.
[17] Der Regelungsinhalt des § 4 Abs. 1 Satz 2 EStG-E wird zudem auf die Sitzverlegung einer Kapitalgesellschaft nach § 12 KStG übertragen.

Im dritten Teil der Bearbeitung wird zunächst – als Beispiel für eine Entstrickung im betrieblichen Bereich – die Steuerentstrickung bei der grenzüberschreitenden Überführung von Wirtschaftsgütern[18] einer näheren Untersuchung unterzogen. Dabei ist als Besonderheit des deutschen Rechts in einem ersten Schritt zu analysieren, welche Rechtsgrundlage für eine derartige Steuerentstrickung besteht. Nachfolgend werden speziell zum Bereich der Entstrickung dogmatische Erkenntnisse aus der Entscheidung in der Rechtssache „Lasteyrie du Saillant"[19] herausgearbeitet, die auf die nationale Regelung angewandt werden. Im Weiteren wird der Komplex der Bestimmung des korrekten Verrechnungspreises zwischen Unternehmen oder Unternehmensteilen einer Überprüfung anhand der Grundfreiheiten unterzogen. Dabei wird zunächst die Einkünftekorrekturvorschrift des § 1 AStG als zentrale Vorschrift für die internationale Einkünfteabgrenzung geprüft. Die erhöhten Dokumentationsanforderungen bei der Bestimmung von Verrechnungspreisen nach § 90 Abs. 3 AO schließen die Prüfung ab.

Die Untersuchung endet mit einer Zusammenfassung der wesentlichen Ergebnisse sowie Überlegungen, wie im Falle eines Verstoßes gegen die Grundfreiheiten die geprüften Vorschriften ausgestaltet werden müssten.

---

18 BMF-Schreiben vom 24.12.1999 – IV B 4 – S 1300 – 111/99, BStBl. I 1999, S. 1076, Tz. 2.6.

19 EuGH vom 11.03.2004 – Rs. C-9/02 (Lasteyrie du Saillant), EuGHE 2004, S. I-2409 ff.

1. Teil
Überblick über die Einkünfteabgrenzung im Internationalen Steuerrecht

Die zutreffende Einkünfteabgrenzung[20] beim Leistungsaustausch zwischen verbundenen Unternehmen oder zwischen Unternehmen und Unternehmensteilen zählt zu den wichtigsten, aber auch schwierigsten Materien im Bereich des Internationalen Steuerrechts. In den letzten Jahren ist dabei zu beobachten, dass sich die steuerlichen Probleme verschärft haben. Durch die zunehmend intensiver werdende Nutzung neuer Informations- und Kommunikationstechnologien nehmen grenzüberschreitende Unternehmensaktivitäten stark zu. Einzelbeiträge, die in ihrer Gesamtheit eine einheitliche Leistung darstellen, werden von verschiedenen spezialisierten Unternehmen oder Unternehmensteilen erbracht, die ohne weiteres in verschiedenen Staaten angesiedelt sein können. Die Wertschöpfung in deutschen Unternehmen verlagert sich dabei durch die Nutzung von immateriellen Wirtschaftsgütern, wie Software-Programmen, immer mehr von materialbasierten und rohstoffintensiven Tätigkeiten hin zu wissensbasierten und informationsorientierten Tätigkeiten und damit in den Dienstleistungssektor. Nationale Grenzen spielen dank der neuen Technologien nicht mehr die Rolle, die ihnen noch vor 15 Jahren zukamen. Dank leistungsfähiger Intranets macht diese Entwicklung auch vor mittleren und kleinen Unternehmen keinen Halt. Die Finanzverwaltung steht nunmehr vor der Aufgabe die einzelnen Leistungsbeiträge und Funktionen festzustellen und zu bewerten, um so den zutreffenden Verrechnungspreis ermitteln zu können. Vorschriften, die die Besteuerung der stillen Reserven oder des zutreffenden Gewinns im Inland sicherstellen sollen, sind mittlerweile Ausgangspunkt zahlreicher Rechtsstreitigkeiten, die nicht mehr nur vor nationalen Gerichten, sondern auch vor dem EuGH ausgetragen werden.

1. Kapitel
Einkünfteabgrenzung zwischen verbundenen Unternehmen

Die Problematik der Gewinnabgrenzung und Zurechnung von Einkünften zwischen verbundenen Unternehmen[21] ist im Wesentlichen im Bereich der Kapitalgesellschaften angesiedelt. Denn bei Kapitalgesellschaften ist strikt zwischen Gesellschafts- und Gesellschafterebene zu trennen. Aus diesem Trennungsprinzip ergibt sich, dass auch international operierende Konzerne für jede Konzerngesellschaft die Einkünfte gesondert zu ermitteln haben[22]. Wirtschaftlich handelt

---

[20] Der Begriff der Einkünfte- bzw. Gewinnabgrenzung erfasst in dem vorliegend verstandenen Sinn sowohl die Abgrenzung als auch die Zurechnung von Einkünften bzw. Gewinnen. Die Begriffe werden synonym verwandt. Vgl. *Schaumburg*, Internationales Steuerrecht, S. 1157.

[21] Nach Art. 9 Abs. 1 OECD-MA handelt es sich um ein verbundenes Unternehmen, wenn ein Unternehmen unmittelbar oder mittelbar an der Geschäftsleitung, der Kontrolle oder dem Kapital des anderen Unternehmens beteiligt ist oder wenn dieselben Personen unmittelbar oder mittelbar an der Geschäftsführung, der Kontrolle oder dem Kapital beider Unternehmen beteiligt sind.

[22] *Schaumburg*, Internationales Steuerrecht, S. 1202.

es sich jedoch um eine Einheit, die durchweg nicht von dem zwischen fremden Dritten üblichen Interessengegensatz geprägt ist. Aus diesem Grund können Einkünftekorrekturen erforderlich sein. Das nationale deutsche Steuerrecht kennt mehrere Regelungen, nach denen die Gewinnzuordnung bzw. die Gewinnberichtigung bei Kapitalgesellschaften vorgenommen werden kann. So ist beispielsweise in § 1 Abs. 1 AStG innerstaatlich der Fremdvergleichsgrundsatz normiert, der verfahrensrechtlich durch neu geschaffene Mitwirkungs- und Dokumentationspflichten in § 90 Abs. 3 AO flankiert wird. Die Bundesrepublik Deutschland hat sich damit dem internationalen Trend angeschlossen und erstmals umfangreiche Dokumentationsvorschriften für die Bestimmung angemessener Verrechnungspreise erlassen. Auf Abkommensebene ist Art. 9 OECD-MA zu beachten, der Gewinnberichtigungen nach den Grundsätzen des Fremdvergleichs gestattet. Allerdings ist festzuhalten, dass Art. 9 OECD-MA kein innerstaatliches Recht begründen, dieses aber sehr wohl beschränken kann[23].

A. Nationales Recht

Rechtsgrundlage einer zwischen verbundenen Unternehmen durchzuführenden Gewinnkorrektur sind die innerstaatlichen Regelungen der verdeckten Gewinnausschüttung, der verdeckten Einlage und die Vorschrift des § 1 AStG[24].

I. Gewinnkorrekturvorschriften

1. Verdeckte Gewinnausschüttung

Zweck des Instituts der verdeckten Gewinnausschüttung (§ 8 Abs. 3 Satz 2 KStG)[25] ist in erster Linie die Vermeidung einer unzulässigen Vermögensverschiebung von der Tochtergesellschaft auf die Muttergesellschaft. Eine verdeckte Gewinnausschüttung liegt nach der Rechtsprechung des BFH[26] dann vor, wenn eine Vermögensminderung auf dem Gesellschaftsverhältnis beruht und nicht betrieblich veranlasst ist[27]. Der Kausalzusammenhang zwischen Vermögenszuwendung und Gesellschaftsverhältnis wird bejaht, wenn das Unternehmen bei Anwendung der Sorgfalt eines ordentlichen und gewissenhaften Geschäftsleiters diesen Vorteil einem Nichtgesellschafter nicht gewährt hätte[28]. Die verdeckte Gewinnausschüttung erfasst sowohl einlagefähige materielle Wirtschaftsgüter als auch immaterielle Wirtschaftsgüter sowie Nutzungen und Dienstleistungen[29].

---

[23] *Eigelshoven*, in: Vogel/Lehner, DBA, Art. 9, Rdnr. 19; a.A. BMF-Schreiben vom 23.02.1983 – IV C 5 – S 1341 – 4/83, BStBl. I 1983, S. 218, Tz. 1.2.1.
[24] *Schwenke*, BB 1998, S. 2604 (2612).
[25] Zu Einzelheiten der verdeckten Gewinnausschüttung *Schaumburg*, Internationales Steuerrecht, S. 1204 ff.; vgl. ferner die Kurzdarstellung bei *Heinicke*, in: Schmidt, EStG, § 4, Rdnr. 360.
[26] Grundlegend zur verdeckten Gewinnausschüttung BFH vom 21.07.1982 – I R 56/78, BStBl. II 1982, S. 761 ff.; BFH vom 23.10.1985 – I R 247/81, BStBl. II 1986, S. 195 ff.; zur Entwicklung der Rechtsprechung *Reith*, Internationales Steuerrecht, S. 533 m.w.N.
[27] BFH vom 22.02.1989 – I R 44/85, BStBl. II 1989, S. 475.
[28] H 36 (Vorteilsausgleich) KStH 2004.
[29] BFH vom 26.10.1987 – GrS 2/86, BStBl. II 1988, S. 348.

2. Verdeckte Einlage

Um unangemessene Vermögensverschiebungen von der Muttergesellschaft auf die Tochtergesellschaft zu korrigieren, wird von der Rechtsprechung das auf § 4 Abs. 1 EStG basierende Rechtsinstitut der verdeckten Einlage[30] eingesetzt. Eine verdeckte Einlage wird angenommen, sofern ein Gesellschafter der Kapitalgesellschaft Vermögensgegenstände zuwendet und diese Zuwendung im Gesellschaftsverhältnis begründet liegt[31]. Ebenso wie bei der verdeckten Gewinnausschüttung wird die Ursächlichkeit bejaht, wenn ein Nichtgesellschafter bei Anwendung der Sorgfalt eines ordentlichen und gewissenhaften Kaufmanns die Einräumung einer derartigen Zuwendung unterlassen hätte. Der entscheidende Maßstab ist damit der Fremdvergleichsgrundsatz. Der Anwendungsbereich der verdeckten Einlage ist allerdings insoweit eingeschränkt, als nur aktivierungsfähige Wirtschaftsgüter Gegenstand einer Einlage sein können[32]. Ein aktivierungsfähiges Wirtschaftsgut liegt nur dann vor, wenn das Vermögen der Gesellschaft dadurch gemehrt wird, dass entweder ein Aktivposten neu gebildet oder erhöht wird oder ein Passivposten vermindert wird[33]. Zu den aktivierungsfähigen Vermögensvorteilen gehören auch selbst geschaffene, nach § 248 Abs. 2 HGB, § 5 Abs. 1 und 2 EStG (bei dem Gesellschafter) nicht aktivierungsfähige immaterielle Wirtschaftsgüter[34], denn solche immaterielle Wirtschaftsgüter sind gleichwohl bei der empfangenden Gesellschaft aktivierungsfähig[35]. Die Überlassung eines Wirtschaftsguts zum Gebrauch oder zur Nutzung ist die Erbringung einer Dienstleistung und keine Lieferung einer Sache. Der Vermögensvorteil ist nicht die Nutzungsüberlassung selbst, sondern die Folge der Nutzungsüberlassung. Geleistet wird das Recht zur Nutzung im Rahmen eines Mietverhältnisses (bei beweglichen oder unbeweglichen Sachen), eines Lizenzverhältnisses (bei Rechten) oder eines Darlehensverhältnisses (bei Geld oder sonstigen vertretbaren Sachen). Entsprechend fehlt es an einem bilanzierungsfähigen Wirtschaftsgut, welches das Eigenkapital erhöht[36]. Nutzungsüberlassungen oder Dienstleistungen werden damit von der verdeckten Einlage nicht erfasst. Die Relevanz dieses Rechtsinstituts ist dementsprechend eingeschränkt.

3. Gewinnberichtigung nach § 1 AStG

In § 1 Abs. 1 AStG hat der Fremdvergleichsgrundsatz (sog. dealing at arm's length-Prinzip) seine gesetzliche Verankerung gefunden[37]. Danach sind die Einkünfte eines Steuerpflichtigen aus Geschäftsbeziehungen ins Ausland mit einer ihm nahe stehenden Person dann zu berichtigen, wenn sie aufgrund von Bedingungen gemindert worden sind, die zwischen voneinander unabhängigen Dritten unter gleichen oder ähnlichen Verhältnissen nicht vereinbart worden wären.

---

30 Zu Einzelheiten der verdeckten Gewinnausschüttung *Schaumburg*, Internationales Steuerrecht, S. 1212 ff.

31 R 40 Abs. 1 KStR 2004.

32 BFH vom 26.10.1987 – GrS 2/86, BStBl. II 1988, S. 348; BFH vom 18.12.1990 – VIII R 158/86, BFH/NV 1992, S. 15.

33 BFH vom 19.05.1982 – I R 102/79, BStBl. II 1982, S. 631.

34 Hierzu gehört insbesondere der Geschäfts- oder Firmenwert.

35 BFH vom 20.08.1986 – I R 41/82, BStBl. II 1987, S. 455; BFH vom 24.03.1987 – I R 202/83, BStBl. II 1987, S. 705.

36 BFH vom 26.10.1987 – GrS 2/86, BStBl. II 1988, S. 348.

37 BMF vom 14.05.2004 – IV B 4 – S 1340 – 11/04, BStBl. I Sondernummer 1/2004, Tz. 1.1.1.

Während sich die verdeckte Einlage und die verdeckte Gewinnausschüttung gegenseitig ausschließen, findet § 1 AStG nur „unbeschadet anderer Vorschriften" Anwendung. Dies bedeutet, dass § 1 AStG die Rechtsfolgen anderer Gewinnkorrekturvorschriften nicht einschränkt. Denkbar ist allerdings, dass die Rechtsfolge des § 1 AStG weiter reicht, als die einer anderen Gewinnkorrekturvorschrift. Im Ergebnis tritt die Rechtsfolge des § 1 AStG nur so lange hinter anderen Vorschriften zurück, als die andere Vorschrift eine Gewinnkorrektur vorsieht, die der des § 1 AStG entspricht. Bleibt die Rechtsfolge der anderen Vorschrift hinter der des § 1 AStG zurück, findet § 1 AStG ergänzend Anwendung. § 1 AStG ist damit gegenüber anderen Gewinnkorrekturvorschriften mit der Maßgabe subsidiär, dass die Vorschrift zu Lasten des Steuerpflichtigen auch dann Anwendung findet, wenn die Rechtsfolge der anderen Vorschrift hinter der des § 1 AStG zurück bleibt[38]. Damit erlangt § 1 AStG nicht nur im Bereich der unentgeltlichen bzw. zu günstigen Dienstleistungserbringung oder Nutzungsüberlassung eine praktische Relevanz[39]. Entscheidend im Hinblick auf eine Überprüfung von Rechtsvorschriften am Gemeinschaftsrecht ist jedoch, dass § 1 AStG nur bei grenzüberschreitenden Sachverhalten anwendbar ist, während die Rechtsinstitute der verdeckten Gewinnausschüttung sowie der verdeckten Einlage auch bei reinen Inlandssachverhalten greifen. Genau diese Differenzierung im Anwendungsbereich der Vorschriften begründet die europarechtliche Relevanz der Einkünftekorrekturvorschrift des § 1 AStG.

II. Standardmethoden zur Bestimmung von Verrechnungspreisen

Die Bestimmung von Verrechnungspreisen orientiert sich in erster Linie an einem vom Steuerausschuss der OECD veröffentlichten Bericht aus dem Jahr 1979[40] und der revidierten Fassung aus dem Jahr 1995[41], in dem Richtlinien für die Ermittlung der Fremdvergleichspreise entwickelt wurden. Für Deutschland wurden die im OECD-Bericht enthaltenen Grundsätze durch eine Verwaltungsanweisung der Finanzbehörden aus dem Jahr 1983 – den sog. Verwaltungsgrundsätzen – konkretisiert[42]. Der Fremdvergleichspreis ist danach nach Maßgabe der Preisvergleichs-, der Wiederverkaufs- und der Kostenaufschlagsmethode zu ermitteln. Eine Rangfolge zwischen den Verrechnungspreismethoden besteht grundsätzlich nicht. Es ist jedoch zu beachten, dass die Preisvergleichsmethode bevorzugt wird, da hier ein Fremdvergleichspreis unmittelbar vorliegt. Bei den anderen Methoden muss dagegen auf den Verrechnungspreis rückgerechnet werden. Verspricht der Einsatz der drei Standardmethoden keine brauchbaren Ergebnisse, so besteht die Möglichkeit des Rückgriffs auf Schätzmethoden. In diesen Fällen muss aber versucht werden, sich an den Vorgaben der Standardmethoden zu orientieren. Eine Mischung der Standardmethoden mit beispielsweise gewinnorientierten Methoden kann mitunter notwendig werden. Die Finanzverwaltung hat sich nicht dezidiert gegen diese Methode ausgesprochen[43].

[38] *Wassermeyer*, in: Flick/Wassermeyer/Baumhoff, AStG, § 1, Rdnr. 76; *Wassermeyer*, IStR 2001, S. 633 ff.; vgl. auch die Ausführungen im 8. Kapitel unter A. II.
[39] A.A. *Baumhoff*, in: Mössner, Steuerrecht international tätiger Unternehmen, S. 285.
[40] OECD, Report Transfer Pricing and Multinational Enterprises 1979.
[41] OECD, Transfer Pricing Guidelines for Multinational Enterprises and Tax Administrations 1995.
[42] BMF-Schreiben vom 23.02.1983 – IV C 5 – S 1341 – 4/83, BStBl. I 1983, S. 218 ff.
[43] BMF-Schreiben vom 23.02.1983 – IV C 5 – S 1341 – 4/83, BStBl. I 1983, S. 218, Tz. 2.4.2.

Soweit der Steuerpflichtige zur Festsetzung seiner Preise eine Verrechnungspreismethode anwendet und seine Preise regelmäßig an einer bestimmten Methode verprobt, wird sich die Finanzverwaltung an dieser Methode ausrichten[44]. Der BFH[45] und ihm folgend die Finanzverwaltung in den Verwaltungsgrundsätzen[46] wenden den Fremdvergleichsgrundsatz im innerstaatlichen Recht jedoch nicht nur an, um einen Verrechnungspreis der Höhe nach zu bestimmen, sondern machen die Einhaltung des Fremdvergleichsgrundsatzes auch noch von zusätzlichen formellen Kriterien abhängig. So wird das Vorhandensein einer zivilrechtlich wirksamen, klaren und im Voraus abgeschlossenen Vereinbarung gefordert. Diese zusätzlichen formalen Kriterien führen in Verständigungsverfahren immer wieder zu Problemen, da andere Staaten eine derart formale Betrachtungsweise nicht kennen und auch nicht akzeptieren.

1. Preisvergleichsmethode („comparable uncontrolled price method")

Die Preisvergleichsmethode sieht einen Vergleich mit „unbeeinflussten" Preisen vor. Dies bedeutet, dass auf zwischen unabhängigen Dritten vereinbarte Preise abgestellt wird. Herangezogen werden entweder der Vergleich von Marktpreisen, die anhand von Börsennotierungen, branchenüblichen Preisen oder Vereinbarungen ermittelt werden (äußerer Preisvergleich) oder der Vergleich mit Preisen, die das Unternehmen bzw. eine ihm nahe stehende Person mit fremden Dritten ausgehandelt hat (innerer Preisvergleich). Voraussetzung sind allerdings im Wesentlichen vergleichbare Marktverhältnisse, die Vergleichbarkeit der gehandelten Güter sowie die Vergleichbarkeit der Rahmenbedingungen des konkreten Geschäfts (sog. direkte Preisvergleichsmethode). Ungleichartige Geschäfte können nur herangezogen werden, wenn der Einfluss der abweichenden Faktoren eliminiert werden kann (sog. indirekte Preisvergleichsmethode).

2. Wiederverkaufspreismethode („resale price method")

Sofern verbundene Unternehmen untereinander Leistungen austauschen, die anschließend an fremde Dritte weiterveräußert werden, bietet sich für die Ermittlung der Verrechnungspreise die Wiederverkaufspreismethode an. Das angemessene konzerninterne Leistungsentgelt wird hierbei ermittelt, indem der dem Drittunternehmen berechnete Preis um einen sich nach Funktion und Risiko des Wiederverkaufs richtenden marktüblichen Abschlag gekürzt wird. Diese Methode wird daher überwiegend bei Vertriebsgesellschaften angewandt. Probleme weist diese Methode bei der Ermittlung des marktüblichen Abschlags auf. Teilweise muss bei der Bestimmung dieser Größe auf Basis von Bruttomargen bei Transaktionen zwischen fremden Unternehmen gearbeitet werden, teilweise werden die Vertriebskosten zuzüglich eines angemessenen Nettogewinns angesetzt.

---

[44] BMF-Schreiben vom 23.02.1983 – IV C 5 – S 1341 – 4/83, BStBl. I 1983, S. 218, Tz. 2.4.1.

[45] Z.B. BFH vom 01.07.1992 – I R 78/91, BStBl. II 1992, S. 975; BFH vom 29.06.1994 – I R 11/94, BStBl. II 1994, S. 952; BFH vom 24.07.1996 – I R 115/95, BStBl. II 1997, S. 138.

[46] BMF-Schreiben vom 23.02.1983 – IV C 5 – S 1341 – 4/83, BStBl. I 1983, S. 218, Tz. 1.4.1.

3. Kostenaufschlagsmethode („Cost plus method")

Bei der Kostenaufschlagsmethode wird zu den Kosten des herstellenden oder leistenden Unternehmens ein betriebs- oder branchenüblicher Gewinnaufschlag addiert. Der den Kosten hinzuzurechnende Gewinnaufschlag wird – ähnlich der Wiederverkaufspreismethode – durch Heranziehung vergleichbarer Transaktionen des leistenden Unternehmens mit Drittunternehmen oder aus vergleichbaren Geschäften nur zwischen Drittunternehmen bestimmt. Der Anwendungsbereich dieser Methode wird bei konzernspezifischen Dienstleistungen gesehen, für die keine Marktpreise festgestellt werden können.

4. Gewinnorientierte Methoden

Neben den drei dargestellten Standardmethoden wird seit langem eine lebhafte Diskussion darüber geführt, ob auch gewinnorientierte Methoden[47] angewandt werden können. Die deutsche Finanzverwaltung hat sich in den sog. Verwaltungsgrundsätzen zumindest nicht ausdrücklich gegen gewinnorientierte Methoden ausgesprochen, aber immer zu erkennen gegeben, dass sie zumindest die Gewinnvergleichsmethode nicht akzeptiert[48]. Im Schreiben zu den sog. Verwaltungsgrundsätze-Verfahren[49] nimmt die Finanzverwaltung nunmehr erstmals detailliert zu den gewinnorientierten Methoden Stellung. Danach erkennt die Finanzverwaltung künftig Gewinnaufteilungsmaßstäbe bei Anwendung der Gewinnaufteilungsmethode („profit split method") an[50]. Fehlen ausreichende Vergleichspreise, wird gerade im Bereich der Nutzung immaterieller Wirtschaftsgüter eine Gewinnabgrenzung auf Basis der Gewinnaufteilungsmethode erforderlich sein. Gleiches gilt für den Bereich der Dienstleistungen zwischen Unternehmensteilen mittels Nutzung des konzerninternen Intranets. Bei derart integrierten Geschäftstätigkeiten fehlen in der Regel Vergleichspreise; nur durch Anwendung eines Gewinnaufteilungsmaßstabs werden letztlich Doppelbesteuerungen vermieden. Weiter werden Nettomargen vergleichbarer Unternehmen bei Anwendung der geschäftsvorfallbezogenen Nettomargenmethode („transactional net margin method") als Fremdvergleichsdaten anerkannt[51]. Allerdings wird die Zulässigkeit dieser Methode auf die Fälle beschränkt, in denen ein Unternehmen für mehrere Geschäftsvorfälle gleicher Art lediglich klar definierte Routinefunktionen ohne wesentliche Risiken ausübt und keine wesentlichen immateriellen Wirtschaftsgüter einsetzt. Als Beispiele werden Lohnfertiger, Erbringer einfacher konzerninterner Dienstleistungen sowie funktions- und risikoschwache Vertriebsgesellschaften in den Verwaltungsgrundsätzen-Verfahren genannt. Auch bei Unternehmen mit mehreren Geschäftsbereichen, in denen nur in geringem Umfang Funktionen und Risiken übernommen werden, kann diese Methode zur Anwendung kommen, wenn jeweils eine Teilbereichsrechnung erstellt wird, d.h. wenn die auf die einzelnen Geschäftsbereiche entfallenden Einnahmen und

---

47 Z.B. Gewinnaufteilungsmethode, Gewinnvergleichs- bzw. geschäftsvorfallbezogene Nettomargenmethode.

48 BMF-Pressemitteilung vom 13.07.1995, IStR 1995, S. 384.

49 BMF-Schreiben vom 12.04.2005 – IV B 4 – S 1341 – 1/05, BStBl. I 2005, S. 570, Tz. 3.4.10.3.

50 BMF-Schreiben vom 12.04.2005 – IV B 4 – S 1341 – 1/05, BStBl. I 2005, S. 570, Tz. 3.4.10.3 c).

51 BMF-Schreiben vom 12.04.2005 – IV B 4 – S 1341 – 1/05, BStBl. I 2005, S. 570, Tz. 3.4.10.3 b).

die ihnen zuzuordnenden Betriebsausgaben gesondert erfasst werden. Werden zwischen verbundenen Unternehmen beispielsweise Computer-Programme überlassen, bedeutet dies, dass Nettomargen als Fremdvergleichsdaten akzeptiert werden, wenn es sich um Standard-Software handelt. Sobald beispielsweise durch ein Umschreiben der Quellcodes[52] hieraus eine Individual-Software entsteht, dürfte die Anwendung der geschäftsvorfallbezogenen Nettomargenmethode problematisch sein, da es sich dann um ein wesentliches immaterielles Wirtschaftsgut handeln würde. Weiterhin nicht anerkannt werden dagegen Nettogewinndaten, die zur Anwendung der Gewinnvergleichsmethode („comparable profit method") ermittelt werden, da diese Methode keinen transaktionsbezogenen Ansatz verfolgt[53]. Vielmehr wird bei dieser Methode der Gewinn des geprüften Unternehmens pauschal den Gewinnen anderer, nicht vergleichbarer Unternehmen gegenübergestellt. Dies können z.B. Unternehmen mit abweichendem Funktions- und/oder Risikoprofil oder Unternehmen mit mehreren unterschiedlichen Geschäftssparten sein.

III. Mitwirkungs- und Dokumentationspflichten

§ 90 Abs. 3 AO wurde durch das Steuervergünstigungsabbaugesetz[54] neu in die Abgabenordnung eingefügt. Er sieht zusammen mit der hierzu ergangenen Gewinnabgrenzungsaufzeichnungsverordnung[55] vor, dass Steuerpflichtige bei grenzüberschreitenden Geschäftsbeziehungen mit nahe stehenden Personen i.S.d. § 1 Abs. 2 AStG Aufzeichnungen zu erstellen und auf Anforderung vorzulegen haben. § 90 Abs. 3 Satz 1 AO verlangt dabei von den betroffenen Steuerpflichtigen die Erstellung von Aufzeichnungen über Art und Inhalt ihrer Geschäftsbeziehungen. Diese sog. Sachverhaltsdokumentation[56] hat neben einer Dokumentation des Konzernaufbaus sowie der geschäftlichen Vorgänge auch die wesentlichen Verträge und die für die Verrechnungspreisfindung relevanten Dokumente zu enthalten. Den Umfang dieser Verpflichtung konkretisieren § 1 Abs. 2 und § 4 Nr. 1 bis 3 GAufzV[57]. Darüber hinaus hat der Steuerpflichtige nach § 90 Abs. 3 Satz 2 AO im Rahmen einer sog. Angemessenheitsdokumentation[58] auch die wirtschaftlichen und rechtlichen Grundlagen für eine den Grundsatz des Fremdvergleichs beachtende Preisvereinbarung zu dokumentieren. Den Umfang dieser Verpflichtung konkretisieren § 1 Abs. 3 und § 4 Nr. 4 GAufzV. Die Angemessenheitsdokumentation erstreckt sich dabei auf einen transaktionsbezogenen Fremdvergleich anhand einer der sog. Standardmethoden, hilfsweise

[52] Das in der Software verkörperte Know-how ist in deren Quellcodes enthalten. Davon zu unterscheiden ist der sog. Objekt-Code als maschinenlesbare Form des Programms.
[53] BMF-Schreiben vom 12.04.2005 – IV B 4 – S 1341 – 1/05, BStBl. I 2005, S. 570, Tz. 3.4.10.3 d).
[54] Steuervergünstigungsabbaugesetz vom 16.05.2003, BGBl. I 2003, S. 660; BStBl. I 2003, S. 318.
[55] GAufzV vom 13.11.2003, BStBl I 2003, S. 739.
[56] BMF-Schreiben vom 12.04.2005 – IV B 4 – S 1341 – 1/05, BStBl. I 2005, S. 570, Tz. 3.4.11.
[57] Von besonderer Bedeutung ist insoweit § 4 Nr. 3 GAufzV, der eine Funktions- und Risikoanalyse fordert, die den Wertschöpfungsbeitrag des Steuerpflichtigen in der Wertschöpfungskette im Verhältnis zur nahe stehenden Person beschreibt.
[58] BMF-Schreiben vom 12.04.2005 – IV B 4 – S 1341 – 1/05, BStBl. I 2005, S. 570, Tz. 3.4.12.

auch anhand einer (transaktionsbezogenen) Gewinnvergleichsmethode[59]. Bei außergewöhnlichen Geschäftsvorfällen sind die Aufzeichnungen zeitnah zu erstellen, in allen anderen Fällen spätestens nach Anforderung durch die Finanzbehörde.

Die besonderen Aufzeichnungs- und Vorlagepflichten gelten erstmals für Wirtschaftsjahre, die nach dem 31.12.2002 beginnen. Mit Wirkung vom 30.06.2003 trat die Gewinnabgrenzungsaufzeichnungsverordnung in Kraft, die Art, Inhalt und Umfang der zu erstellenden Aufzeichnungen präzisierte. Folgende Verpflichtungen sind dabei herauszustellen:

- Die Dokumentation zur Verrechnungspreisgestaltung und zur Einkünfteabgrenzung bzw.
  -aufteilung muss schriftlich oder elektronisch aufgezeichnet werden[60],
- Aufzeichnungen über außergewöhnliche Geschäftsvorfälle müssen zeitnah i.S.d. § 3 Abs. 1 GAufzV[61] erstellt werden[62],
- angeforderte Aufzeichnungen müssen innerhalb von 60 Tagen vorgelegt werden[63] und
- die Aufzeichnungen müssen erkennen lassen, dass der Steuerpflichtige sich ernsthaft bemüht hat, bei seinen Geschäftsbeziehungen mit Nahestehenden den Fremdvergleichsgrundsatz zu beachten[64].

Der Steuerpflichtige ist zwar grundsätzlich nicht verpflichtet, Aufzeichnungen ohne konkrete Anforderung durch die Finanzbehörde zu erstellen. Damit er aber die Vorlagefrist von 60 Tagen gem. § 90 Abs. 3 Satz 8 AO einhalten kann, ist es empfehlenswert, die für die Verrechnungspreisbildung wesentlichen Daten und Fakten zeitnah zu sammeln und vorzuhalten. Für die Praxis ist in diesem Zusammenhang von besonderer Bedeutung, dass die Übertragung von materiellen und immateriellen Wirtschaftsgütern im Rahmen von Funktionsverlagerungen als außergewöhnliche Geschäftsvorfälle einstuft werden. Die Folge ist, dass die Aufzeichnungen dieser Geschäftsvorfälle zeitnah zu erstellen sind[65]. Dabei ist auch zu berücksichtigen, dass die Auswirkungen auf die verbleibenden Funktio-

---

[59] Vgl. zu den transaktionsbezogenen Gewinnvergleichsmethoden die Ausführungen im 1. Kapitel unter A. II.

[60] § 2 Abs. 1 GAufzV; BMF-Schreiben vom 12.04.2005 – IV B 4 – S 1341 – 1/05, BStBl. I 2005, S. 570, Tz. 3.4.3.; Ausnahmen sieht § 6 GAufzV für kleinere und mittlere Unternehmen vor; vgl. auch BMF-Schreiben vom 12.04.2005 – IV B 4 – S 1341 – 1/05, BStBl. I 2005, S. 570, Tz. 3.4.17.

[61] Innerhalb von 6 Monaten nach Ablauf des Wirtschaftsjahres, in dem sich der betreffende Geschäftsvorfall ereignet hat.

[62] BMF-Schreiben vom 12.04.2005 – IV B 4 – S 1341 – 1/05, BStBl. I 2005, S. 570, Tz. 3.4.8.2.; eine Ausnahme sieht wiederum § 6 GAufzV vor für kleinere und mittlere Unternehmen.

[63] BMF-Schreiben vom 12.04.2005 – IV B 4 – S 1341 – 1/05, BStBl. I 2005, S. 570, Tz. 3.4.9.

[64] § 1 Abs. 1 Satz 2 GAufzV; BMF-Schreiben vom 12.04.2005 – IV B 4 – S 1341 – 1/05, BStBl. I 2005, S. 570, Tz. 3.4.1. sowie Tz. 3.4.12.3.; *Wassermeyer* sieht hierin eine Reduzierung des Beweismaßes, die einer Umkehrung der Beweislast sehr nahe kommt. *Wassermeyer*, in: Flick/Wassermeyer/Baumhoff, AStG, § 1, Rdnr. 823.17.

[65] § 90 Abs. 3 Satz 3 AO.

nen und Risiken, auf die Anwendung der bisher verwendeten Verrechnungspreismethode sowie auf die Umsatz- und Ertragssituation des Unternehmens aufzuzeichnen sind. Gemäß § 3 Abs. 1 GAufzV gelten Aufzeichnungen noch als zeitnah erstellt, wenn sie innerhalb von sechs Monaten nach Ablauf des Wirtschaftsjahres gefertigt werden, in dem sich der betreffende Geschäftsvorfall ereignet hat. Weiter dürfte auch von großer Bedeutung sein, dass bei Dauerschuldverhältnissen, z.B. Darlehns-, Miet-, Leasing-, Vertriebs- oder Umlageverträge, in deren Laufzeit ständig neu Vertragspflichten entstehen, Aufzeichnungen für das Wirtschaftsjahr, in dem das betreffende Geschäft abgeschlossen wurde, zu erstellen sind[66]. Ergibt sich eine Änderung der Umstände, z.B. in Hinblick auf wichtige Vertragsbedingungen, übernommene Funktionen, getragene Risiken, eingesetzte Wirtschaftsgüter, die Marktverhältnisse oder die Abrechnungsmethode, die für die Angemessenheit vereinbarter Preise von wesentlicher Bedeutung ist, hat der Steuerpflichtige nach § 2 Abs. 4 GAufzV auf Anforderung des Betriebsprüfers auch für das Wirtschaftsjahr, in dem die wesentliche Änderung eingetreten ist, Aufzeichnungen zu erstellen. Für Dauerschuldverhältnisse, die als außergewöhnliche Geschäftsvorfälle anzusehen sind, sind Aufzeichnungen unter Umständen bereits zu erstellen, auch wenn sie in alten Wirtschaftsjahren begründet worden sind[67].

1. Sachverhaltsdokumentation

Für die Sachverhaltsdokumentation nach § 90 Abs. 3 Satz 1 AO hat der Steuerpflichtige Aufzeichnungen über Art, Inhalt und Umfang seiner Geschäftsbeziehungen zu nahe stehenden Personen sowie über die wirtschaftlichen und rechtlichen Rahmenbedingungen zu erstellen. Er hat hierbei vor allem aufzuzeichnen, wie die zwischen ihm und den nahe stehenden Personen vereinbarten Preise zustande gekommen sind, inwieweit nahe stehende Personen auf die Preisgestaltung Einfluss ausgeübt haben, welche Verrechnungspreismethode gegebenenfalls angewandt wurde, wie kalkuliert wurde und ob und gegebenenfalls welche Fremdvergleiche durchgeführt wurden[68]. Neben den Beteiligungsverhältnissen zwischen dem Steuerpflichtigen und den nahe stehenden Personen[69] sowie der organisatorischen und operativen Konzernstrukturen und deren Veränderungen[70] sind auch die Geschäftsbeziehungen zu nahe stehenden Personen[71] darzustellen. Hierzu gehört insbesondere auch eine Liste der wesentlichen immateriellen Wirtschaftsgüter (z.B. Computer-Programme), die dem Steuerpflichtigen gehören und die er bei seinen Geschäftsbeziehungen zu den nahe stehenden Personen nutzt oder zur Nutzung überlässt. Wesentliche immaterielle Wirtschaftsgüter liegen nach Auffassung der Finanzverwaltung dann vor, wenn sie registriert oder Gegenstand eines gesonderten schuldrechtlichen Vertrages oder nicht nur

66 § 2 Abs. 4 Satz 1 GAufzV; BMF-Schreiben vom 12.04.2005 – IV B 4 – S 1341 – 1/05, BStBl. I 2005, S. 570, Tz. 3.4.8.3.

67 BMF-Schreiben vom 12.04.2005 – IV B 4 – S 1341 – 1/05, BStBl. I 2005, S. 570, Tz. 3.4.8.4.

68 BMF-Schreiben vom 12.04.2005 – IV B 4 – S 1341 – 1/05, BStBl. I 2005, S. 570, Tz. 3.4.11.1.

69 § 4 Nr. 1 Buchst. a) GAufzV.

70 § 4 Nr. 1 Buchst. c) GAufzV.

71 § 4 Nr. 2 GAufzV.

untergeordneter Teil einer Leistungsbeziehung sind[72]. Zentraler Bestandteil der Sachverhaltsdokumentation ist zudem die Durchführung einer Funktions- und Risikoanalyse[73]. In diesem Zusammenhang werden auch Informationen über die wesentlichen eingesetzten Wirtschaftsgüter, die Funktionen und Risiken von der Finanzverwaltung erwartet[74]. Nach § 4 Nr. 3 Buchst. b) GAufzV ist weiter erforderlich, dass die gesamte Wertschöpfungskette beschrieben und der eigene Wertschöpfungsbeitrag dargestellt wird[75].

2. Angemessenheitsdokumentation

Für die Angemessenheitsdokumentation nach § 90 Abs. 3 Satz 2 AO hat der Steuerpflichtige auch die wirtschaftlichen und rechtlichen Grundlagen für eine den Grundsatz des Fremdvergleichs beachtende Vereinbarung von Preisen mit den nahe stehenden Personen aufzuzeichnen. Hierfür hat der Steuerpflichtige aus seiner Sicht die Eignung der tatsächlich angewendeten Preisermittlungsmethode sowie die Angemessenheit des vereinbarten Preises zu begründen[76]. Die Angemessenheit des Preises ist in den Aufzeichnungen durch betriebsexterne und -interne Fremdvergleichsdaten sowie anhand von innerbetrieblichen Plandaten darzulegen[77]. Im Rahmen der Zumutbarkeit sind – soweit wie möglich – Fremdvergleichsdaten heranzuziehen (z.B. fremdübliche Gewinnaufschläge, marktübliche Kapitalverzinsung). In jedem Fall ist die Fremdüblichkeit der prognostizierten Gewinne und damit der zu prüfenden Verrechnungspreise zu begründen. Beispielsweise kann dies geschehen, indem dargelegt wird, dass das Unternehmen unter Berücksichtigung der von ihm ausgeübten Funktionen, eingesetzten Wirtschaftsgüter und getragenen Risiken angemessen an dem zu erwartenden Gewinn des Gesamtkonzerns beteiligt wird. Die Angemessenheit der Gewinnaufteilung kann – sofern geeignete Kriterien nicht vorhanden sind – anhand der jeweils getragenen Kosten beurteilt werden, wobei auf eine Periode von mehreren Jahren abzustellen ist, da sich übernommene Risiken nicht zwangsläufig sofort in entsprechenden Aufwendungen niederschlagen (z.B. bei Garantieaufwendungen).

B. Einkunftsabgrenzung zwischen verbundenen Unternehmen aus abkommensrechtlicher Sicht

Art. 9 Abs. 1 OECD-MA erlaubt die Vornahme von Einkunftserhöhungen in Fällen, in denen zwischen verbundenen oder gemeinsam beherrschten Unter-

---

[72] BMF-Schreiben vom 12.04.2005 - IV B 4 – S 1341 – 1/05, BStBl. I 2005, S. 570, Tz. 3.4.11.3.

[73] § 4 Nr. 3 Buchst. a) GAufzV.

[74] BMF-Schreiben vom 12.04.2005 - IV B 4 – S 1341 – 1/05, BStBl. I 2005, S. 570, Tz. 3.4.11.4.

[75] BMF-Schreiben vom 12.04.2005 - IV B 4 – S 1341 – 1/05, BStBl. I 2005, S. 570, Tz. 3.4.11.5.

[76] BMF-Schreiben vom 12.04.2005 - IV B 4 – S 1341 – 1/05, BStBl. I 2005, S. 570, Tz. 3.4.12; *Wassermeyer* sieht in § 90 Abs. 3 Satz 2 AO, wonach die Aufzeichnungspflicht auch die wirtschaftlichen und rechtlichen Grundlagen für eine den Grundsatz des Fremdvergleichs beachtende Vereinbarung umfasst, keine rechtliche Grundlage für die Verpflichtung zu einer Angemessenheitsdokumentation. *Wassermeyer*, in: Flick/Wassermeyer/Baumhoff, AStG, § 1, Rdnr. 823.18.

[77] BMF-Schreiben vom 12.04.2005 - IV B 4 – S 1341 – 1/05, BStBl. I 2005, S. 570, Tz. 3.4.12.2.

nehmen verschiedener Vertragsstaaten Geschäftsbedingungen zur Anwendung gekommen sind, die nicht dem Fremdvergleich entsprechen und deshalb bei einem der Unternehmen zu einer Gewinnminderung geführt haben. Nähere Einzelheiten zu den Voraussetzungen und der Durchführung einer Einkunftsabgrenzung nach dem Fremdvergleichsgrundsatz sind den Empfehlungen der OECD in den 1995 verabschiedeten und seitdem mehrfach ergänzten und überarbeiteten Verrechnungspreis-Leitlinien zu entnehmen[78].

1. Gewinnorientierte Verrechnungspreismethoden

Gegenüber dem Vorgänger-Bericht von 1979[79] kamen zu den vorrangigen „traditionellen“ Standard-Methoden[80] als sog. letztes Mittel („methods of last resort“)[81] zwei gewinnbezogene Methoden[82] hinzu. Alle diese Methoden sind im Gegensatz zur globalen formelhaften Gewinnaufteilung („Global Formulary Apportionment“), die von der OECD als mit dem Fremdvergleichsgrundsatz unvereinbar verworfen wurde[83], transaktionsorientiert. Der ursprünglich von der deutschen Regierung im Rahmen einer Protokollerklärung zum Ausdruck gebrachte Methodenvorbehalt, wonach in Deutschland gewinnorientierte Methoden nur als Mittel der Schätzung und Verprobung verwendet würden, dürfte inzwischen von der praktischen Entwicklung weitgehend überholt sein. Zum einen zeigte sich, dass die Methode der geschäftsvorfallbezogenen Nettogewinnmargenmethode („Transactional Net Margin Method“) tatsächlich der deutschen – auf Vollkosten basierenden – Kostenaufschlagmethode näher steht, als die lediglich direkte und indirekte Herstellungskosten berücksichtigende Kostenaufschlagmethode[84], von der sie sich praktisch nur durch zusätzliche Berücksichtigung der Allgemeinkosten unterscheidet. Zum anderen hat die Bundesrepublik Deutschland mittlerweile im Rahmen von international abgestimmten verbindlichen Auskunftsverfahren in Verrechnungspreisfragen[85] die Anwendung der Gewinnaufteilungsmethode als bestgeeignete Methode akzeptiert[86]. Hierdurch werden zwar die auch in den Verrechnungspreis-Leitlinien betonten Vorbehalte gegenüber gewinnorientierten Methoden nicht gegenstandslos. Angesichts weltweit zunehmender funktionaler Integration multinationaler Konzerne dürfte die Bedeutung der Gewinnaufteilungsmethode aber weiter zunehmen, insbesondere wenn kein Vergleich mit unabhängigen Vergleichsunternehmen möglich ist.

---

[78] OECD, Transfer Pricing Guidelines for Multinational Enterprises and Tax Administrations 1995.
[79] OECD, Report Transfer Pricing and Multinational Enterprises 1979.
[80] Preisvergleichsmethode („Comparable Uncontrolled Price"), Wiederverkaufspreismethode („Resale-Price Method"), und Kostenaufschlagmethode („Cost-Plus Method"); vgl. hierzu OECD, Transfer Pricing Guidelines for Multinational Enterprises and Tax Administrations 1995, Tz. 2.49.
[81] OECD, Transfer Pricing Guidelines for Multinational Enterprises and Tax Administrations 1995, Tz. 3.54, 3.50.
[82] Gewinnaufteilungsmethode („profit split method“) und die geschäftsvorfallbezogene Nettogewinnmargenmethode („Transactional Net Margin Method“).
[83] OECD, Transfer Pricing Guidelines for Multinational Enterprises and Tax Administrations 1995, Tz. 3.63 ff., 3.74.
[84] OECD, Transfer Pricing Guidelines for Multinational Enterprises and Tax Administrations 1995, Tz. 2.41, 2.40, 3.26.
[85] Advanced Pricing Agreement (APA).
[86] *Schwenke/Wichmann*, in: E-Commerce – Besteuerung und Rechnungslegung, S. 150.

2. Gewinnung von Vergleichsdaten

Ein zentrales Problem bei der Verrechnungspreisprüfung ist die Gewinnung von Vergleichsdaten vergleichbarer unabhängiger Unternehmen. Die Verrechnungspreis-Leitlinien weisen unmissverständlich darauf hin, dass die Einkunftsabgrenzung nach dem Fremdvergleichsgrundsatz auf einer eingehenden Funktionsanalyse der jeweils im Einzelfall ausgeübten Funktion – unter Berücksichtigung der eingesetzten Wirtschaftsgüter und übernommenen Risiken – beruhen muss[87]. Explizit wird festgestellt, dass unkorrigierte Branchendurchschnittswerte für sich allein genommen niemals eine Verrechnungspreiskorrektur rechtfertigen können[88] und weder die Besteuerung nach Branchendurchschnittsgewinnen[89] noch eine konzernweite Ergebniskonsolidierung[90] mit dem auf dem Selbständigkeitsprinzip basierenden Fremdvergleichsgrundsatz[91] vereinbar sind.

3. Erhöhter Dokumentationsbedarf

Ungeachtet der Beweislastverteilung für Verrechnungspreiskorrekturen kann die Steuerverwaltung nach den Verrechnungspreis-Leitlinien der OECD vom Steuerpflichtigen die Vorlage von Aufzeichnungen zur Nachprüfung von Transaktionen zwischen verbundenen Unternehmen verlangen[92]. Der notwendige Umfang der Dokumentation ist dabei abhängig von der Komplexität und den Umständen des jeweiligen Falles[93].

C. Zusammenfassung

Das nationale Steuerrecht kennt mehrere Vorschriften zur Einkünfteabgrenzung bei verbundenen Unternehmen. Da sowohl die Regelung zur verdeckten Gewinnausschüttung als auch zur verdeckten Einlage unterschiedslos auch für reine Inlandssachverhalte zur Anwendung kommen, besitzt allein die Regelung des § 1 AStG eine gemeinschaftsrechtliche Relevanz. Der in § 1 Abs. 1 AStG verankerte Fremdvergleichsgrundsatz wird durch die in § 90 Abs. 3 AO verankerten Mitwirkungs- und Dokumentationspflichten verfahrensrechtlich flankiert. Damit ergeben sich auch für diese Verpflichtungen, die auf grenzüberschreitende Sachverhalte beschränkt sind, gemeinschaftsrechtliche Fragestellungen.

---

87 OECD, Transfer Pricing Guidelines for Multinational Enterprises and Tax Administrations 1995, Tz. 1.15, 1.20 ff.

88 OECD, Transfer Pricing Guidelines for Multinational Enterprises and Tax Administrations 1995, Tz. 1.16 letzter Satz.

89 OECD, Transfer Pricing Guidelines for Multinational Enterprises and Tax Administrations 1995, Tz. 3.4.

90 OECD, Transfer Pricing Guidelines for Multinational Enterprises and Tax Administrations 1995, Tz. 3.61, 3.71.

91 OECD, Transfer Pricing Guidelines for Multinational Enterprises and Tax Administrations 1995, Tz. 1.6.

92 OECD, Transfer Pricing Guidelines for Multinational Enterprises and Tax Administrations 1995, Preface Tz. 18; Tz. 5.2.

93 OECD, Transfer Pricing Guidelines for Multinational Enterprises and Tax Administrations 1995, Tz. 5.14.

2. Kapitel
Einkünfteabgrenzung zwischen Stammhaus und Betriebsstätte

Sofern die Voraussetzungen einer Betriebsstätte erfüllt sind, ist zu prüfen, welcher Gewinn der Betriebsstätte zuzurechnen ist. Dabei ist der Gewinn des Gesamtunternehmens, der die Gewinne aller Betriebsstätten enthält, sowohl bei Inbound-Aktivitäten als auch bei Outbound-Aktivitäten nach den Grundsätzen des deutschen Steuerrechts zu ermitteln[94] und dann auf das Stammhaus und die einzelnen Betriebsstätten zu verteilen. Diese Ermittlung des einer Betriebsstätte steuerlich zuzuordnenden Gewinns ist seit langer Zeit umstritten und eines der am schwierigsten zu lösenden Probleme des Internationalen Steuerrechts. Grund hierfür ist letztlich die unterschiedliche Auffassung einzelner Staaten, wie weit die wirtschaftliche und rechtliche Unselbständigkeit der Betriebsstätte zu ziehen ist. Das grundlegende Problem besteht darin, dass die Betriebsstätte im Vergleich zur Tochtergesellschaft keine eigene Rechtspersönlichkeit besitzt. Sie bleibt ein integrierter Bestandteil des Unternehmens und bildet zusammen mit dem Stammhaus ein Steuersubjekt. Der von der Betriebsstätte erwirtschaftete Gewinn existiert daher nur als unselbständiger Teil des vom gesamten Unternehmen erwirtschafteten Gewinns. Der Betriebsstättenstaat darf die Unternehmensgewinne nur insoweit besteuern, als sie der Betriebsstätte zugerechnet werden können[95]. Im Abkommensrecht ist dieses sog. Veranlassungsprinzip in Art. 7 Abs. 1 Satz 2 OECD-MA verankert. Art. 7 Abs. 2 OECD-MA enthält sodann in Ausformung dieses Veranlassungsprinzips die sog. dealing at arm's length-Klausel. Das nationale Recht wiederum enthält zwar keine konkrete Zuordnungsnorm. Das Veranlassungsprinzip sowie dessen Ausformung im Fremdvergleichsgrundsatz werden im nationalen Recht jedoch vorausgesetzt[96]. Die Finanzverwaltung ist daher der Auffassung, dass diese Grundsätze beispielsweise auch dann gelten, wenn kein DBA mit dem Staat der ausländischen Betriebsstätte oder des ausländischen Stammhauses besteht[97].

A. Nationales Recht

Zur Frage, welcher Gewinn einer Betriebsstätte zuzuordnen ist, hat die Finanzverwaltung in den sog. Betriebsstätten-Verwaltungsgrundsätzen[98] Stellung genommen. Unter ausdrücklicher Bezugnahme auf den Fremdvergleichsgrundsatz in Art. 7 Abs. 2 OECD-MA sind danach derjenigen Betriebsstätte die Gewinne zuzurechnen, „die sie hätte erzielen können, wenn sie eine gleiche oder ähnliche Tätigkeit unter gleichen oder ähnlichen Bedingungen als selbstständiges Unternehmen ausgeübt hätte und im Verkehr mit dem Unternehmen, dessen Betriebsstätte sie ist, völlig unabhängig gewesen wäre“[99]. Umstritten ist in diesem Zu-

---

94 *Schaumburg*, Internationales Steuerrecht, S. 1162; BMF vom 24.12.1999 – IV B 4 – S 1300 – 111/99, BStBl. I 1999, S. 1076, Tz. 2.1.

95 *Schaumburg*, Internationales Steuerrecht, S. 900.

96 § 34d Nr. 2a EStG konkretisiert das Veranlassungsprinzip, da hiernach Einkünfte aus Gewerbebetrieb nur solche sind, die durch eine in einem ausländischen Staat belegene Betriebsstätte erzielt werden.

97 BMF vom 24.12.1999 – IV B 4 – S 1300 – 111/99, BStBl. I 1999, S. 1076, Tz. 2.2. a.E.

98 BMF vom 24.12.1999 – IV B 4 – S 1300 – 111/99, BStBl. I 1999, S. 1076, Tz. 2.2. bis 2.8.

99 BMF vom 24.12.1999 – IV B 4 – S 1300 – 111/99, BStBl. I 1999, S. 1076, Tz. 2.2.

sammenhang jedoch, wie weit die Selbständigkeitsfiktion der Betriebsstätte zu ziehen ist[100]. Im Grundsatz werden hierzu zwei Auffassungen vertreten: Nach der ersten Auffassung wird nur eine absolute (hypothetische) Selbständigkeit der Betriebsstätte dem Fremdvergleichsgrundsatz gerecht[101]. Die Betriebsstätte ist für die Gewinnabgrenzung nicht anders zu behandeln als eine rechtlich selbständige Tochtergesellschaft. Danach wären beispielsweise Vertragsbeziehungen zwischen Stammhaus und Betriebsstätte – obwohl zivilrechtlich nicht möglich – steuerlich wie Verträge zwischen völlig fremden Unternehmen anzuerkennen. Damit müssten Darlehenszinsen, Lizenzgebühren, Mieten, Provisionen für Dienstleistungen und ähnliche Vergütungen im gleichen Maß steuerlich anerkannt werden, wie bei Verträgen zwischen fremden Unternehmen. Nach der zweiten Auffassung kommt der Betriebsstätte nur eine eingeschränkte (hypothetische) Selbständigkeit zu[102]. Nach dieser Auffassung muss bei der Anwendung des Fremdvergleichgrundsatzes beachtet werden, dass Betriebsstätten eben immer nur ein Teil des Gesamtunternehmens darstellen und deshalb nicht uneingeschränkt wie selbständige Unternehmen behandelt werden können. In der Konsequenz bedeutet dies, dass Vertragsgestaltungen, die es zivilrechtlich nicht gibt, nicht fingiert werden können. Die Finanzverwaltung hat sich in den Betriebsstätten-Verwaltungsgrundsätzen der zweiten Auffassung von der eingeschränkten Selbständigkeit der Betriebsstätte grundsätzlich angeschlossen, hat diese allerdings etwas abgewandelt[103]. Schuldrechtliche Vereinbarungen, wie beispielsweise Darlehens-, Miet- und Lizenzverträge sind grundsätzlich nicht anzuerkennen, da es sich aus Sicht des Gesamtunternehmens um noch nicht realisierte Gewinne aus Innenumsätzen handelt. Im Ergebnis bedeutet dies, dass unternehmensinterne Zinsvereinbarungen[104] nicht anerkannt werden, bei Nutzungsüberlassungen lediglich eine Verteilung der Kosten möglich ist und bei Dienstleistungen im Zusammenhang mit der allgemeinen Geschäftsleitung ebenfalls eine Zuordnung auf Kostenbasis erfolgt. Eine Aufteilung der Leistungen wird dagegen nach dem Fremdvergleichsgrundsatz vorgenommen, wenn die erbrachten Leistungen Gegenstand der ordentlichen Geschäftstätigkeit der leistenden Unternehmenseinheit sind und auf der Grundlage der Funktionsaufteilung zwischen Stammhaus und Betriebsstätte diese Leistungen eine sachgerechte Einkommensabgrenzung dokumentieren, d.h. wenn die entsprechenden Leistungen von dem Unternehmensteil auch im Außenverhältnis erbracht werden und seine wesentliche Haupttätigkeit darstellen[105].

I. Gewinnaufteilungsmethoden

Die erforderliche Aufteilung des Gesamtergebnisses auf Stammhaus und Betriebsstätte erfolgt entweder nach der sog. direkten oder der sog. indirekten Methode der Gewinnabgrenzung. Der direkten Methode wird dabei von der Finanzverwaltung der Vorrang eingeräumt[106]. Dieser Vorrang ergibt sich aus der Anwendung des Fremdvergleichsgrundsatzes. Die direkte Methode sieht von

[100] *Hemmelrath*, in: Vogel/Lehner, DBA, Art. 7, Rdnr. 77.
[101] *Hemmelrath*, in: Vogel/Lehner, DBA, Art. 7, Rdnr. 78.
[102] *Hemmelrath*, in: Vogel/Lehner, DBA, Art. 7, Rdnr. 79.
[103] BMF vom 24.12.1999 – IV B 4 – S 1300 – 111/99, BStBl. I 1999, S. 1076, Tz. 2.2.
[104] Eine Ausnahme besteht bei Unternehmen der Finanzwirtschaft.
[105] BMF vom 24.12.1999 – IV B 4 – S 1300 – 111/99, BStBl. I 1999, S. 1076, Tz. 2.2. u. 3.1.2.
[106] BMF vom 24.12.1999 – IV B 4 – S 1300 – 111/99, BStBl. I 1999, S. 1076, Tz. 2.3.

ihrem Grundansatz her die Betriebsstätte als eine wirtschaftlich selbständige Einheit und ermittelt den ihr zufallenden Gewinnanteil auf der Grundlage der Betriebsstättenbuchführung oder durch Schätzung[107]. Die in Wirklichkeit nicht bestehende Selbständigkeit wird aus steuerlichen Gründen fingiert. Besteht im Ausland eine Verpflichtung zur Buchführung und wird dieser Verpflichtung auch nachgekommen, ist für den Fall einer Auslandsbetriebsstätte eines deutschen Stammhauses nach nationalem Recht eine Anpassung der ausländischen Gewinnermittlung an deutsches Recht gemäß § 146 Abs. 2 Satz 4 AO vorzunehmen. Wenn eine Gewinnzerlegung nach der direkten Methode nicht möglich ist, kommt die indirekte Methode zur Anwendung. Ausgangspunkt der indirekten Methode ist der Gesamtgewinn des Unternehmens. Dieser Gesamtgewinn wird nach einem Schlüssel (z.B. Umsätze, Bruttolöhne, Zahl der Beschäftigten, Betriebskapital, Vermögen, Materialeinsatz, produzierte Stückzahl) auf Stammhaus und Betriebsstätte verteilt[108]. Theoretisches Fundament der indirekten Methode ist damit die rechtliche und wirtschaftliche Einheit aller Unternehmensteile. Die Zuordnung der Gewinne erfolgt damit nicht nach Verursachungskriterien wie bei der direkten Methode.

II. Wirtschaftsgüterzuordnung

Die Zuordnung von Wirtschaftsgütern ist für die Bestimmung eines fremdvergleichskonformen Gewinns der Betriebsstätte von entscheidender Bedeutung. Dies gilt sowohl für Wirtschaftsgüter, die unmittelbar Einkommen generieren, als auch für solche, die indirekt zur Einkommenserzielung beitragen. Die Betriebsstätten-Verwaltungsgrundsätze enthalten hierzu die allgemeine Aussage, dass der Betriebsstätte die Wirtschaftsgüter nach dem Prinzip der wirtschaftlichen Zugehörigkeit zugeordnet werden müssen[109]. Generell ist festzuhalten, dass der einer Betriebsstätte zuzuordnende Gewinn bei Erfüllung einer Funktion mit umfangreicher Nutzung von Wirtschaftsgütern höher sein wird, als wenn für die Funktion Wirtschaftsgüter lediglich in einem geringen Umfang genutzt werden. In Übereinstimmung mit der Rechtsprechung des BFH[110] knüpfen die Betriebsstätten-Verwaltungsgrundsätze bei der Zuordnung von Wirtschaftsgütern zunächst an den ausschließlichen oder überwiegenden Zusammenhang mit der jeweiligen Betriebsstättenfunktion an. Zu untersuchen sind damit die tatsächlichen Verhältnisse in der Betriebsstätte, wie z.B. Struktur, Organisation und Aufgabenstellung im Unternehmen. Zu fragen ist, ob die Wirtschaftsgüter der Erfüllung der Betriebsstättenfunktion dienen. Dies wird insbesondere dann der Fall sein, wenn die Wirtschaftsgüter zur ausschließlichen Verwertung und Nutzung durch die Betriebsstätte bestimmt sind. Der Betriebsstätte sind auch solche Wirtschaftgüter zuzuordnen, aus denen Einkünfte erzielt werden, zu deren Erzielung die Tätigkeit der Betriebsstätte überwiegend beigetragen hat. Bei gemeinsamer Nutzung durch Stammhaus und Betriebsstätte kommt es entscheidend auf den erkennbaren Willen der Geschäftsleitung an, welchem Betriebsvermögen ein Wirtschaftgut zuzuordnen ist. Ist ein derartiger Wille nicht erkennbar, wird die sog. Zentralfunktion des Stammhauses als Auslegungshilfe herangezogen[111] und

---

[107] BMF vom 24.12.1999 – IV B 4 – S 1300 – 111/99, BStBl. I 1999, S. 1076, Tz. 2.3.1.
[108] BMF vom 24.12.1999 – IV B 4 – S 1300 – 111/99, BStBl. I 1999, S. 1076, Tz. 2.3.2.
[109] BMF vom 24.12.1999 – IV B 4 – S 1300 – 111/99, BStBl. I 1999, S. 1076, Tz. 2.4.
[110] BFH vom 29.07.1992 – II R 39/89, BStBl. II 1993, S. 63.
[111] BMF vom 24.12.1999 – IV B 4 – S 1300 – 111/99, BStBl. I 1999, S. 1076, Tz. 2.4.; es handelt sich insoweit um die Vermutung, dass die unternehmerische Aktivität – soweit sie

damit im Zweifel das Wirtschaftsgut dem Stammhaus zugeordnet. Als Beispiel wird dabei angeführt, dass dem Stammhaus in der Regel das Halten der dem Gesamtunternehmen dienenden Finanzmittel zuzurechnen ist.

III. Überführung von Wirtschaftgütern

Bei der Überführung von Wirtschaftsgütern in eine ausländische Betriebsstätte ist nach den sog. Betriebsstätten-Verwaltungsgrundsätzen danach zu unterscheiden, ob diese in einem DBA-Staat belegen ist, mit dem die Freistellungsmethode vereinbart ist, oder in einem Staat, mit dem in einem DBA die Anrechnungsmethode vereinbart ist bzw. kein DBA besteht[112]. Im ersten Fall nimmt die Finanzverwaltung eine Entstrickung an, mit der Folge, dass die stillen Reserven grundsätzlich zu versteuern sind[113]. In den letztgenannten Fällen unterliegen die ausländischen Betriebsstätteneinkünfte im Inland der Besteuerung. Die Besteuerung der stillen Reserven ist damit sichergestellt[114]. Eine Besteuerung der in den Wirtschaftsgütern ruhenden stillen Reserven zum Zeitpunkt der Überführung ist daher nicht erforderlich[115]. Bei der Überführung von Wirtschaftsgütern in eine ausländische Betriebsstätte, die in einem DBA-Staat belegen ist, mit dem die Freistellungsmethode vereinbart ist, ist aber nicht zwingend eine Gewinnrealisierung vorgesehen. Der Steuerpflichtige kann neben der sofortigen Gewinnrealisierung die Differenz zwischen dem Fremdvergleichspreis und dem bisherigen Buchwert auch in einen Ausgleichsposten einstellen[116]. Damit erfolgt zunächst eine Neutralisierung des entstehenden Gewinns. Wird das überführte Wirtschaftsgut verkauft, ist der Ausgleichsposten aufzulösen. Bei abnutzbaren Wirtschaftsgütern ist der Ausgleichsposten entsprechend der angenommenen Nutzung aufzulösen. Die Regelung zur Entstrickung bei der grenzüberschreitenden Überführung von Wirtschaftsgütern besitzt gemeinschafstrechtliche Relevanz, da im Inlandsfall bei der Überführung von Wirtschaftsgütern in eine andere inländische Betriebsstätte keine entsprechende Entstrickung erfolgt.

IV. Dokumentationspflichten

Durch das Steuervergünstigungsabbaugesetz[117] wurden im nationalen Recht erstmalig besondere Aufzeichnungs- und Dokumentationspflichten bei grenzüberschreitenden Geschäftsbeziehungen mit nahe stehenden Personen in § 90 Abs. 3 AO geschaffen[118]. Danach sind bei derartigen grenzüberschreitenden Geschäftsbeziehungen Aufzeichnungen über Art und Inhalt dieser Beziehungen (sog. Sachverhaltsdokumentation) sowie über die Beachtung des Fremdvergleichsgrundsatzes (sog. Angemessenheitsdokumentation) zu erstellen und der

---

nicht eindeutig einem anderen Teil des Unternehmens zugeordnet werden kann – dem Stammhaus aufgrund dessen unternehmerischer Gesamtverantwortung und Leitungsmacht zuzuweisen ist; dies entspricht im Übrigen dem von der OECD verfolgten Ansatz der Abgrenzung nach der Lokalisierung der unternehmerischen Entscheidungsbildung, der sog. „Key Entrepreneurial Risk Taking Function".

112 BMF vom 24.12.1999 – IV B 4 – S 1300 – 111/99, BStBl. I 1999, S. 1076, Tz. 2.6.1.

113 BMF vom 24.12.1999 – IV B 4 – S 1300 – 111/99, BStBl. I 1999, S. 1076, Tz. 2.6.1.

114 Allerdings ist die im Ausland gezahlte Steuer anzurechnen.

115 BMF vom 24.12.1999 – IV B 4 – S 1300 – 111/99, BStBl. I 1999, S. 1076, Tz. 2.6.1.

116 BMF vom 24.12.1999 – IV B 4 – S 1300 – 111/99, BStBl. I 1999, S. 1076, Tz. 2.6.1.

117 Steuervergünstigungsabbaugesetz vom 16.05.2003, BGBl. I 2003, S. 660; BStBl. I 2003, S. 318.

118 Vgl. auch die Ausführungen im 1. Kapitel unter A. III.

Finanzverwaltung auf Verlangen vorzulegen. Die Aufzeichnungspflichten gelten nach § 90 Abs. 3 Satz 4 AO i.V.m. § 7 GAufzV entsprechend, wenn für die inländische Besteuerung Gewinne zwischen einem inländischen Unternehmen und dessen ausländischer Betriebsstätte aufzuteilen sind oder der Gewinn der inländischen Betriebsstätte eines ausländischen Unternehmens zu ermitteln ist, auch wenn in einem einheitlichen Unternehmen zwischen den verschiedenen Unternehmensteilen (Stammhaus und Betriebsstätten) keine schuldrechtlichen Beziehungen und somit auch keine Geschäftsbeziehungen möglich sind[119]. Die Dokumentationspflichten können dabei auch im Verhältnis zwischen Stammhaus und Betriebsstätte durchaus erheblichen Umfang annehmen. So sind beispielsweise – für den Regelfall der Gewinnabgrenzung nach der direkten Methode – Aufzeichnungen über die Verbringung von Wirtschaftsgütern in eine andere Betriebsstätte des einheitlichen Unternehmens zu führen[120]. Daneben sind gegebenenfalls auch Aufzeichnungen über den Zeitpunkt des Ausscheidens des Wirtschaftsguts aus dem Unternehmen erforderlich. Zum Nachweis der betrieblichen Veranlassung von Geschäftsführungskosten und allgemeinen Verwaltungs- und Finanzierungskosten müssen Aufzeichnungen – vergleichbar denen bei Umlagen[121] – erstellt werden. Die Gewinnabgrenzung nach der indirekten Methode ist hinsichtlich der Voraussetzungen für die Anwendung der indirekten Methode[122], des gewählten Schlüssels sowie seiner Begründung zu dokumentieren.

B. DBA-Recht

Auf Abkommensebene gestattet Art. 7 Abs. 1 OECD-MA dem Belegenheitsstaat einer Betriebsstätte, den dieser zuzurechnenden Anteil an den Gewinnen des Gesamtunternehmens zu besteuern. Die erforderliche Einkünfteabgrenzung soll gemäß Art. 7 Abs. 2 OECD-MA durchgeführt werden. Die Betriebsstätte wird dabei als eigenständiges getrenntes Unternehmen angesehen, das die gleichen oder ähnliche Aktivitäten unter gleichen oder ähnlichen Bedingungen erbringt und dabei mit dem Unternehmen, dessen Betriebsstätte es ist, vollkommen unabhängige Geschäftsbeziehungen unterhält. Nach Art. 7 Abs. 3 OECD-MA sind auch Ausgaben des Unternehmens zu berücksichtigen, die für Zwecke der Betriebsstätte außerhalb des Betriebsstättenstaats getätigt wurden. Da es sich bei Betriebsstätten nur um unselbständige Unternehmensteile ohne eigene Rechtspersönlichkeit handelt, sind sowohl Art. 9 OECD-MA, der Gewinnkorrekturen bei nicht dem Fremdvergleich entsprechenden Geschäftsbedingungen zwischen verbundenen Gesellschaften gestattet, als auch die zu seiner Anwendung entwickelten detaillierten Verrechnungspreis-Leitlinien[123] nicht unmittelbar anwendbar[124]. Die Verrechnungspreis-Leitlinien enthalten dementsprechend

---

119 BMF-Schreiben vom 12.04.2005 – IV B 4 – S 1341 – 1/05, BStBl. I 2005, S. 570, Tz. 3.4.5.1.

120 BMF-Schreiben vom 12.04.2005 – IV B 4 – S 1341 – 1/05, BStBl. I 2005, S. 570, Tz. 3.4.5.1.

121 BMF-Schreiben vom 30.12.1999 – IV B 4 – S 1341 – 14/99, BStBl. I 1999, S. 1122 ff.

122 Übereinstimmende Funktionen, vergleichbare Nutzung von Wirtschaftsgütern und vergleichbare Risikostrukturen.

123 OECD, Transfer Pricing Guidelines for Multinational Enterprises and Tax Administrations 1995.

124 *Hemmelrath*, in: Vogel/Lehner, DBA, Art. 7, Rdnr. 100 ff.; *Eigelshofen*, in: Vogel/Lehner, DBA, Art. 9, Rdnr. 36.

auch keine Aussagen zur Einkünfteabgrenzung zwischen Stammhaus und Betriebsstätten.

C. Zusammenfassung

Die Einkünfteabgrenzung zwischen Stammhaus und Betriebsstätte ist im nationalen Recht nicht ausdrücklich geregelt, da keine konkrete Zuordnungsnorm existiert. Das auf Abkommensebene geltende Veranlassungsprinzip sowie dessen Ausformung im Fremdvergleichsgrundsatz werden jedoch nach h.M. im nationalen Recht vorausgesetzt. Die Finanzverwaltung wendet daher diese abkommensrechtlichen Grundsätze auch in Fällen an, in denen beispielsweise kein DBA mit dem Staat der ausländischen Betriebsstätte oder des ausländischen Stammhauses besteht. Die Grundsätze der Einkünfteabgrenzung zwischen Stammhaus und Betriebsstätte hat die Finanzverwaltung in den sog. Betriebsstätten-Verwaltungsgrundsätzen niedergelegt. Von besonderer Relevanz im Hinblick auf die Grundfreiheiten des EG-Vertrags ist dabei die Regelung in Tz. 2.6. der Betriebsstätten-Verwaltungsgrundsätze, wonach bei der grenzüberschreitenden Überführung von Wirtschaftsgütern unter bestimmten Voraussetzungen eine Besteuerung der stillen Reserven zu erfolgen hat. Weiter ist von Bedeutung, dass die erhöhten Mitwirkungs- und Dokumentationsverpflichtungen nach § 90 Abs. 3 AO auch für die Beziehungen zwischen Stammhaus und Betriebsstätte zu beachten sind. Besonders auffällig ist dabei, dass die Dokumentationsverpflichtungen sich beispielsweise auch auf die Überführung von Wirtschaftsgütern erstrecken.

2. Teil

Der Einfluss der Grundfreiheiten auf das mitgliedstaatliche Recht der direkten Steuern

Der Bereich der direkten Steuern fällt zwar nach dem derzeitigen Stand des Gemeinschaftsrechts weder in die Zuständigkeit der Gemeinschaft noch ist er aus diesem Grund einer Harmonisierung ausgesetzt. Aus der Einbindung der nationalen Rechtsordnungen in die Verträge über die Europäische Union[125] und die Europäische Gemeinschaft[126] folgt jedoch, dass die Mitgliedstaaten die ihnen verbliebenen Befugnisse unter Wahrung des Gemeinschaftsrechts auszuüben haben[127]. Mit dieser bereits klassisch zu nennenden Formel[128] umschreibt der

---

[125] Vertrag über die Europäische Union vom 07.02.1992 (BGBl. II 1992, S. 1253) in der Fassung des Vertrags von Amsterdam vom 02.10.1997 (BGBl. II 1998, S. 387), in Kraft seit dem 01.05.1999 (BGBl. II 1999, S. 296).

[126] Europäische Gemeinschaft im weiteren Sinne: Vertrag zur Gründung der Europäischen Gemeinschaft vom 25.03.1957 (BGBl. II 1957, S 766), Vertrag zur Gründung der Europäischen Atomgemeinschaft vom 25.03.1957 (BGBl. II 1957, S 1014) und Vertrag über die Gründung der Europäischen Gemeinschaft für Kohle und Stahl vom 18.04.1951 (BGBl. II 1952, S. 447).

[127] Ständige Rechtsprechung des EuGH seit seiner ersten Grundsatzentscheidung zu den direkten Steuern vom 28.01.1986 – Rs. 270/83 (Avoir-Fiscal), EuGHE 1986, S. 273, Rdnr. 24; siehe ferner (chronologisch): EuGH vom 14.02.1995 – Rs. C-279/93 (Schumacker), EuGHE 1995, S. I-225, Rdnr. 21; EuGH vom 11.08.1995 – Rs. C-80/94 (Wielockx), EuGHE 1995, S. I-2493, Rdnr. 16; EuGH vom 27.06.1996 – Rs. C-107/94 (Asscher), EuGHE 1996, S. I-3089, Rdnr. 36; EuGH vom 15.05.1997 – Rs. C-250/95 (Futura), EuGHE 1997, S. I-2471, Rdnr. 19; EuGH vom 28.04.1998 – Rs. C-118/96 (Safir), EuGHE 1998, S. I-1897, Rdnr. 21; EuGH vom 16.07.1998 – Rs. C-264/96 (ICI), EuGHE 1998, S. I-4695, Rdnr. 19; EuGH vom 29.04.1999 – Rs. C-311/97 (Royal Bank of Scotland), EuGHE 1999, S. I-2651, Rdnr. 19; EuGH vom 14.09.1999 – Rs. C-391/97 (Gschwind), EuGHE 1999, S. I-5451, Rdnr. 20; EuGH vom 26.10.1999 – Rs. C-294/97 (Eurowings), EuGHE 1999, S. I-7447, Rdnr. 32; EuGH vom 28.10.1999 – Rs. C-55/98 (Vestergaard), EuGHE 1999, S. I-7641, Rdnr. 15; EuGH vom 13.04.2000 – Rs. C-251/98 (Baars), EuGHE 2000, S. I-2787, Rdnr. 17; EuGH vom 06.06.2000 – Rs. C-35/98 (Verkooijen), EuGHE 2000, S. I-4071, Rdnr. 32; EuGH vom 14.12.2000 – Rs. C-141/99 (A-MID), EuGHE 2000, S. I-11619, Rdnr. 19; EuGH vom 08.03.2001 – verb. Rs. C-397/98 (Metallgesellschaft), C-410/98 (Hoechst), EuGHE 2001, S. I-1727, Rdnr. 37; EuGH vom 03.10.2002 – Rs. C-136/00 (Danner), EuGHE 2002, S. I-8147, Rdnr. 28; EuGH vom 21.11.2002 – Rs. C-436/00 (X et Y) EuGHE 2002, S. I-10829, Rdnr. 32; EuGH vom 12.12.2002 – Rs. C-324/00 (Lankhorst-Hohorst), EuGHE 2002, S. I-11779, Rdnr. 26; EuGH vom 12.12.2002 – Rs. C-385/00 (de Groot), EuGHE 2002, S. I-11819, Rdnr. 75; EuGH vom 26.06.2003 – Rs. C-422/01 (Skandia et Ramstedt), EuGHE 2003, S. I-6817, Rdnr. 25; EuGH vom 13.11.2003 – Rs. C-42/02 (Lindman), EuGHE 2003, S. I-13519, Rdnr. 18; EuGH vom 11.12.2003 – Rs. C-364/01 (Barbier), EuGHE 2003, S. I-15013, Rdnr. 56; EuGH vom 04.03.2004 – Rs. C-334/02 (Kommission/Frankreich), EuGHE 2004, S. I-2229, Rdnr. 21; EuGH vom 11.03.2004 – Rs. C-9/02 (Lasteyrie du Saillant), EuGHE 2004, S. I-2409, Rdnr. 44; EuGH vom 08.06.2004 – Rs. C-268/03 (De Baeck), EuGHE, S. I-5961, Rdnr. 19; EuGH vom 15.07.2004 – Rs. C-315-02 (Lenz), DStRE 2004, S. 273, Rdnr. 19; EuGH vom 15.07.2004 – Rs. 242/03 (Weidert et Paulus), IStR 2004, S. 686, Rdnr. 12; EuGH vom 07.09.2004 – Rs. C-319/02 (Manninen), DStRE 2004, S. 1220, Rdnr. 19; EuGH vom 10.03.2005 – Rs. C 39/04 (Laboratories Fournier SA), IStR 2005, S. 312, Rdnr. 14; EuGH vom 12.07.2005 – Rs. C 403/03 (Schempp), DStR 2005, S. 1265, Rdnr. 19; EuGH vom 13.12.2005 – Rs. C-446/03 (Marks & Spencer), DStR 2005, S. 2168, Rdnr. 29. Im Ergebnis ebenso (chronologisch) EuGH vom

EuGH das Spannungsverhältnis zwischen dem Gemeinschaftsrecht und den nationalen Rechtsordnungen. Im Nachfolgenden soll näher untersucht werden, auf welches gemeinschaftsrechtliche Fundament der EuGH sich bei dieser Aussage stützen kann. Ausgehend von der ökonomischen Programmatik des Binnenmarkkonzepts, das inhaltlich über die Bezugnahme auf die Grundfreiheiten[129] des EG-Vertrags abgesichert ist[130], wird zu entwickeln sein, ob weitere Ziele oder Bestimmungen im EG-Vertrag oder das nationale Verfassungsrecht diese Formel einzuschränken vermögen.

27.09.1988 – Rs. 81/87 (Daily Mail), EuGHE 1988, S. 5509 ff.; EuGH vom 08.05.1990 – Rs. C-175/88 (Biehl), EuGHE 1990, S. I-1792 ff.; EuGH vom 28.01.1992 – Rs. C-204/90 (Bachmann), EuGHE 1992, S. I-5383 ff.; EuGH vom 28.01.1992 – Rs. C-300/90 (Kommission/Belgien), EuGHE 1992 , S. I-317 ff.; EuGH vom 26.01.1993 – Rs. C-112/91 (Werner), EuGHE 1993, S. I-468 ff.; EuGH vom 13.07.1993 - Rs. C-330/91 (Commerzbank), EuGHE 1993, S. I-4043 f.; EuGH vom 12.04.1994 – Rs. C-1/93 (Halliburton), EuGHE 1994, S. I-1155 ff.; EuGH vom 26.10.1995 – Rs. C-151/94 (Kommission/Luxemburg), EuGHE 1995, S. I-3704 ff.; EuGH vom 14.11.1995 – Rs. C-484/93 (Svensson et Gustavsson), EuGHE 1995, S. 3974 ff.; EuGH vom 12.05.1998 – Rs. C-336/96 (Gilly), EuGHE 1998, S. I-2832 ff.; EuGH vom 08.07.1999 – Rs. C-254/97 (Baxter), EuGHE 1999, S. I-4828 ff.; EuGH vom 21.09.1999 – Rs. C-307/97 (Saint-Gobain), EuGHE 1999, S. I-6161 ff.; EuGH vom 14.10.1999 – Rs. C-439/97 (Sandoz), EuGHE 1999, S. I-7066 ff.; EuGH vom 18.11.1999 – Rs. C-200/98 (X et Y), EuGHE 1999, S. I-8284 ff., EuGH vom 16.05.2000 – Rs. C-87/99 (Zurstrassen), EuGHE 2000, S. I-3361 ff.; EuGH vom 26.09.2000 – Rs. C-478/98 (Kommission/Belgien), EuGHE 2000, S. I-7619 ff.; EuGH vom 12.06.2003 – Rs. C-234/01 (Gerritse), EuGHE 2003, S. I-5958 ff.; Rdnr. 43 ff.; EuGH vom 01.07.2004 – Rs. C-169/03 (Wallentin), DStR 2004, S. 1346, Rdnr. 15 ff.

Hinweis: Die Entscheidungen seit 1997 hat der Gerichtshof auf seiner Internetseite www.curia.eu.int veröffentlicht. Das Online-Informationsangebot der Entscheidungen des Gerichtshofs wurde Anfang 2005 erweitert. Neben den im Amtsblatt der Europäischen Union veröffentlichten Mitteilungen über die seit 01.01.2002 beim Gerichtshof und Gericht anhängig gemachten oder abgeschlossenen Rechtssachen kann sich der Benutzer in einem neuen Untermenü „Rechtsprechungstätigkeit" im Menü „Aktuelles" Zugang zu den für diese Rechtssache verfügbaren Rechtsvorschriften und Unterlagen verschaffen. Damit stehen die auf elektronischem Wege verbreiteten Informationen schneller und vollständiger zur Verfügung als die des EuGHE. Der Gerichtshof hat sich daher entschlossen, die Veröffentlichung der EuGHE einzustellen (Mitteilung des EuGH vom 02.05.2005 an die Abonnenten der EuGHE).

[128] Schlussanträge des Generalanwalts *Maduro* vom 07.04.2005 – Rs. C-446/03 (Marks & Spencer), RIW 2005, S. 383 ff.

[129] Die Bezeichnung "Grundfreiheiten" dient üblicherweise als Oberbegriff für die in Art. 3 Abs. 1 Buchst. c) und Art. 14 Abs. 2 EGV genannten, für das Funktionieren des Binnenmarkts erforderlichen Rechtspositionen. Zu den Grundfreiheiten gehören die Warenverkehrsfreiheit, die Personenverkehrsfreiheit (in ihren beiden Ausprägungen als Arbeitnehmerfreizügigkeit und Niederlassungsfreiheit), die Dienstleistungsfreiheit und die Kapitalverkehrsfreiheit. Da die europäische Integration das Stadium einer reinen Wirtschaftsgemeinschaft verlassen hat, werden auch die allgemeine Freizügigkeit der Unionsbürger und das allgemeine Verbot der Diskriminierung nach der Staatsangehörigkeit als „Grundfreiheiten" angesehen.

[130] *Schönfeld*, Hinzurechnungsbesteuerung und Europäisches Gemeinschaftsrecht, S. 21.

3. Kapitel
Gemeinschaftsrechtliche Rahmenbedingungen für direkte Steuern

Der EuGH ist nach dem EG-Vertrag dazu berufen, das Recht bei der Auslegung und Anwendung des EG-Vertrags zu wahren[131]. Diese Kompetenzkontrolle[132] für das Gemeinschaftsrecht dient dazu, das reibungslose Zusammenwirken der Gemeinschaftsrechtsordnung mit den mitgliedstaatlichen Rechtsordnungen zu gewährleisten[133]. Die Auslegung durch den EuGH insbesondere im Bereich des Europäischen Steuerrechts ist dabei im Wesentlichen auf die Entwicklung einheitlicher Wettbewerbsbedingungen und die Durchsetzung der Grundfreiheiten gerichtet[134]. Im Vordergrund der Auslegungsmethoden des EuGH[135] steht – insbesondere im Hinblick auf den dynamischen Charakter der Gemeinschaftsordnung – der teleologische Aspekt der jeweils anzuwendenden Norm[136]. Damit spielen sowohl die Ziele des Vertrags im Ganzen als auch die spezifische Zielsetzung der einzelnen Vertragsvorschrift eine entscheidende Rolle.

A. Das Binnenmarktziel

Schon bei der Festlegung des Inhalts des Vertrags zur Gründung der Europäischen Wirtschaftsgemeinschaft durch die ursprünglich sechs vertragsschließenden Staaten Belgien, Deutschland, Frankreich, Italien, Luxemburg und die Niederlande nahmen die Grundfreiheiten eine entscheidende Funktion bei der Verwirklichung der Zielvorgaben der Gemeinschaft ein. Dies zeigt sich bereits an der engen Verbundenheit der Grundfreiheiten mit dem Selbstverständnis der Gemeinschaft als Wirtschaftsgemeinschaft. So wurde bereits in Art. 2 EWG-Vertrag[137] klargestellt, dass die Aufgabe der Gemeinschaft darin liegt, eine Reihe von Vertragszielen durch die Errichtung eines Gemeinsamen Markts zu erreichen. Die Stellung der Vorschrift an der Spitze der „allgemeinen Grundsätze" macht deutlich, dass damit nicht nur ein unverbindlicher Programmsatz, sondern ein rechtsverbindliches Gebot[138] geschaffen werden sollte. Der EuGH hat dann auch früh betont, dass es sich bei der „Aufgabe" um ein „Vertragsziel" handelt[139], das mit seinen Direktiven das gesamte Wirtschaftsleben in der Gemeinschaft berührt[140]. Die „Aufgaben"[141] der Gemeinschaft in Art. 2 EWG-Vertrag

---

131 Art. 220 EGV.

132 *Pernice/Mayer*, in: Grabitz/Hilf, EUV/EGV, Art. 220 EGV, Rdnr. 22; *Schweitzer/Hummer*, Europarecht, S. 121 f.

133 *Schaumburg*, Internationales Steuerrecht, S. 43.

134 *Voß*, in: Dauses (Hrsg.), Handbuch des EU-Wirtschaftsrechts, Kap. J, Rdnr. 10; *Schön*, Die Auslegung europäischen Steuerrechts, S. 47; *ders.*, in: Lehner (Hrsg.), Steuerrecht im Europäischen Binnenmarkt, DStJG Bd. 19, S. 171.

135 Vgl. hierzu ausführlich die Ausführungen im 4. Kapitel.

136 *Schön*, in: Lehner (Hrsg.), Steuerrecht im Europäischen Binnenmarkt, DStJG Bd. 19, S. 173.

137 Jetzt nach Änderungen Art. 2 EGV.

138 *v. Bogdandy*, in: Grabitz/Hilf, EUV/EGV, Art. 2 EGV, Rdnr. 8.

139 EuGH vom 29.09.1987 – Rs. 126/86 (Gimenez Zaera/Instituto Nacional de la Seguridad Sozial), EuGHE 1987, S. 3697, Rdnr. 10.

140 EuGH vom 04.04.1974 – Rs. 167/73 (Kommission/Französische Republik), EuGHE 1974, S. 359, Rdnr. 17 u. 23.

wurden sodann in weiteren Bestimmungen konkretisiert und instrumentell ausgeformt. Zwischen den Mitgliedstaaten sollte nicht nur die Abschaffung der Zölle und mengenmäßigen Beschränkungen bei der Ein- und Ausfuhr von Waren sowie aller sonstigen Maßnahmen gleicher Wirkung erfolgen[142], sondern auch die Beseitigung aller Hindernisse für den freien Personen-, Dienstleistungs- und Kapitalverkehr[143]. Damit erfolgte von Beginn an eine Verknüpfung des Vertragsziels eines Gemeinsamen Markts mit den Grundfreiheiten. Daraus lässt sich ersehen, dass den Grundfreiheiten von Anfang an eine Schlüsselrolle bei der Vernetzung der nationalen Märkte und damit der wirtschaftlichen Integration der Mitgliedstaaten untereinander zugewiesen werden sollte. Dieses Integrationsprinzip, wie es *Ipsen*[144] beschreibt, ist das grundlegende Verfassungsprinzip der Europäischen Gemeinschaft. Mit seinem dynamisch-zukunftsorientierten Charakter zielt es auf eine einheitliche Rechtsstellung aller Marktteilnehmer und ist folglich untrennbar mit der Verwirklichung der Grundfreiheiten verbunden.

Der Gemeinsame Markt verfolgt – wie sich aus den Grundfreiheiten als zweites, den Gemeinsamen Markt konstituierendes Element, und den Kompetenzen zur marktintegrierenden Rechtsangleichung bis hin zu Art. 308 EGV ergibt – eine Marktintegration, die mittlerweile weit mehr verlangt, als den zollfreien Verkehr von Waren[145]. Er zielt auf die Beseitigung aller Hemmnisse im innergemeinschaftlichen Handel mit dem Ziel der Verschmelzung der nationalen Märkte zu einem einheitlichen Markt, dessen Bedingungen denen eines wirklichen Binnenmarkts nahe kommen[146]. Inzwischen haben die Mitgliedstaaten die hervorgehobene Bedeutung der Grundfreiheiten für den europäischen Integrationsprozess im Rahmen von mehreren Vertragsänderungen zum Ausdruck gebracht. Durch die EEA[147] wurde das Ziel des Binnenmarkts in Art. 8a Abs. 2 EWGV (dann Art. 7a Abs. 2 EGV, nunmehr Art. 14 Abs. 2 EGV) ausdrücklich in den Vertrag aufgenommen. Danach umfasst der Binnenmarkt „einen Raum ohne Binnengrenzen, in dem der freie Verkehr von Waren, Personen, Dienstleistungen und Kapital gemäß den Bestimmungen des Vertrags gewährleistet ist". Die Grundfreiheiten des Gemeinsamen Markts haben dadurch den Charakter von „Wesenselementen des Binnenmarkts"[148] erhalten. Zu dem Begriff „Gemeinsamer Markt" ist damit ein weiterer Begriff, nämlich der des Binnenmarkts, getreten. Dies hat zu der Frage Anlass gegeben, ob dem letztgenannten Begriff ein anderer Gehalt zukommt, als dem bisherigen Begriff des Gemeinsamen

---

141 Der Text des Vertrags ist insoweit nicht einheitlich. Während Art. 2 EGV ebenso wie Art. 10 EGV im Singular die „Aufgabe" der Gemeinschaft formuliert, sprechen andere Vorschriften des Vertrags von den „Aufgaben" im Plural. Vgl. Nachweise bei *v. Bogdandy*, in Grabitz/Hilf, EUV/EGV, Art. 2 EGV, Rdnr. 2 f. Ein Bedeutungsunterschied ist jedoch nicht feststellbar.

142 Art. 3 Buchst. a) EWGV; jetzt Art. 3 Abs. 1 Buchst. a) EGV.

143 Art. 3 Buchst. c) EWGV; jetzt Art. 3 Abs. 1 Buchst. c) EGV.

144 *Ipsen*, Europäisches Gemeinschaftsrecht, S. 66 f.

145 *v. Bogdandy*, in: Grabitz/Hilf, EUV/EGV, Art. 2 EGV, Rdnr. 40.

146 EuGH vom 05.05.1982 – Rs. 15/81 (Gaston Schul), EuGHE 1982, S. 1409, Rdnr. 33; EuGH vom 25.02.1988 – Rs. 299/86 (Drexl), EuGHE 1988, S. 1213, Rdnr. 24.

147 Einheitliche Europäische Akte vom 17./28.02.1986, in Kraft getreten am 01.07.1987, ABl. EG 1987 Nr. 6 169/1 ff.

148 *Dauses/Roth*, ZLR 1996, S. 507 (507).

Markts[149]. Letztlich wird man jedoch zu dem Ergebnis kommen müssen, dass einiges dafür spricht, dass der Binnenmarkt gerade im Hinblick auf die Funktion der Grundfreiheiten eine Steigerung des Integrationsniveaus bedeutet[150]. So werden nicht mehr nur „binnenmarktähnliche Verhältnisse" angestrebt, sondern der Binnenmarkt selbst soll nun „verwirklicht" werden. Damit wurde durch die EEA über die vormaligen Fassungen der Art. 2 und 3 EWGV hinausreichend ein zusätzliches, den vorherigen Rahmen erweiterndes Vertragsziel aufgestellt, welches ab dem Zeitpunkt der wirksamen Vertragsänderung bei der Auslegung des Vertrags zu berücksichtigen ist[151].

Auch der im Zusammenhang mit dem Unions-Vertrag von Maastricht vorgenommene Namenswechsel von der „Europäischen Wirtschaftsgemeinschaft" hin zu einer „Europäischen Gemeinschaft" hat an dieser maßgeblichen Rolle der Grundfreiheiten bei der wirtschaftlichen Integration der Mitgliedstaaten nichts geändert. Im Gegenteil: Die Zusammenfassung der Grundfreiheiten unter das Leitkonzept des Binnenmarkts bedeutet letztlich nicht nur eine rechtliche Absicherung des Binnenmarktprogramms, sondern verstärkt die verschiedenen (Binnen-)Marktfreiheiten zu einer einheitlichen Konzeption, die auch als Konvergenz der Grundfreiheiten bezeichnet wird[152]. So wurden durch den Vertrag von Maastricht alle Beschränkungen des Kapitalverkehrs nunmehr im EG-Vertrag selbst untersagt (Art. 73b Abs. 1 EGV; jetzt Art. 56 Abs. 1 EGV), sowie durch die Neufassung von Art. 3 Buchst. c) EGV (jetzt Art. 3 Buchst. c) EGV) sämtliche Grundfreiheiten in ihrer Bedeutung noch stärker betont[153]. War früher lediglich von der „Beseitigung der Hindernisse für den freien Personen-, Dienstleistungs- und Kapitalverkehr zwischen den Mitgliedstaaten" die Rede, so umfasst die Tätigkeit der Gemeinschaft heute „einen Binnenmarkt, der durch die Beseitigung der Hindernisse für den freien Waren-, Personen-, Dienstleistungs- und Kapitalverkehr zwischen den Mitgliedstaaten gekennzeichnet ist". Der Vertrag von Maastricht vervollständigte damit die Verweisung des Art. 3 Abs. 1 Buchst. c) EVG um die vierte Grundfreiheit, den freien Warenverkehr, und ergänzte die Vorschrift um einen ausdrücklichen Bezug der Freiheiten auf das Binnenmarktziel[154]. Vor diesem Hintergrund entspricht es allgemeiner Meinung, dass der gemeinsame Markt bzw. Binnenmarkt[155] durch diese wirtschaftlichen Grundfreiheiten konstituiert wird[156]. Speziell zur Warenverkehrsfreiheit wurde

---

[149] *Hahn*, Die Vereinbarkeit von Normen des deutschen internationalen Steuerrechts mit EG-Recht, IFSt-Schrift Nr. 378, S. 21.

[150] *Dauses*, in: Dauses (Hrsg.), Handbuch des EU-Wirtschaftsrechts, Kap. C.I, Rdnr. 7; *Zacker*, RIW 1989, S. 489 (489f.).

[151] *Everling*, in: Baur u.a. (Hrsg.), FS für Steindorff, S. 1160 f.

[152] *v. Bogdandy*, in: Grabitz/Hilf, EUV/EGV, Art. 3 EGV, Rdnr. 10; ähnlich *Holoubek*, in: Schwarze, EU-Kommentar, Art. 49 EGV, Rdnr. 12; *Cordewener*, Europäische Grundfreiheiten und nationales Steuerrecht – „Konvergenz" des Gemeinschaftsrechts und „Kohärenz" der direkten Steuern in der Rechtsprechung des EuGH, S. 51.

[153] *Zuleeg*, in: Due u.a. (Hrsg.), FS für Everling, Bd. II, S. 1717 ff.

[154] *Schönfeld*, Hinzurechnungsbesteuerung und Europäisches Gemeinschaftsrecht, S. 33.

[155] Soweit sich anhand der nach der EEA ergangenen EuGH-Rechtsprechung feststellen lässt, werden beide Begriffe auch über die Grundfreiheiten hinaus nahezu einheitlich angewandt und sind damit praktisch austauschbar geworden. Vgl. *Cordewener*, Europäische Grundfreiheiten und nationales Steuerrecht – „Konvergenz" des Gemeinschaftsrechts und „Kohärenz" der direkten Steuern in der Rechtsprechung des EuGH, S. 51 m.w.N.

[156] *Scholz/Langer*, Europäischer Binnenmarkt und Energiepolitik, S. 27.

diesbezüglich in der Literatur hervorgehoben, dass Art. 30 EGV (jetzt Art. 28 EGV) und der Binnenmarkt in einer symbiotischen Beziehung zueinander stehen[157]. Es liegt nahe, diese Aussage auch auf die übrigen Grundfreiheiten zu übertragen, d.h. sämtliche Grundfreiheiten sind final auf den Binnenmarkt als tragenden Pfeiler der europäischen Wirtschaftsintegration bezogen[158].

An diesem Verständnis hat sich auch durch die erhebliche Ausweitung des Art. 2 EGV als Grundnorm des Integrationsprogramms des EG-Vertrags nichts geändert. So wurden zwar durch den Maastrichter[159] und den Amsterdamer Vertrag[160] die Ziele der Gemeinschaft von fünf auf zehn erhöht, gleichzeitig wurden jedoch die Mittel, insbesondere durch die Wirtschafts- und Währungsunion substantiell erweitert. Folge ist eine erhebliche Vertiefung der europäischen Integration und keine Verwässerung der einzelnen Ziele. Die besondere Bedeutung des Gemeinsamen Markts bzw. des Binnenmarkts steht weiterhin außer Frage. Denn rechtlich ist der Gemeinsame Markt unter allen instrumentalen Vertragszielen stets das zuerst genannte Ziel. Dies wird durch Art. 2 EUV bestätigt, der die Ziele der Union insgesamt niederlegt[161]. Allerdings hat erst die Rechtsprechung des EuGH die Grundfreiheiten zu dem entwickelt, was sie heute sind, einem „machtvollen Hebel, um die Wirtschaftsrechte der Mitgliedstaaten auf den gemeinsamen Markt einzuschwören“[162]. Gelingen konnte ihm dies nur durch eine – wie sich noch zeigen wird – einseitig am Binnenmarktziel ausgerichtete Auslegung der Grundfreiheiten[163].

B. Harmonisierungs- und Angleichungskompetenzen der Europäischen Gemeinschaft

Das Verhältnis der Regelungen der Mitgliedstaaten im Bereich der Steuern zum Gemeinschaftsrecht[164] findet im EG-Vertrag keine explizite Erwähnung oder Ausgestaltung. Nur an wenigen Stellen ist überhaupt vom Steuerrecht die Rede[165].

---

[157] Vgl Nachweis bei *Cordewener*, Europäische Grundfreiheiten und nationales Steuerrecht – „Konvergenz“ des Gemeinschaftsrechts und „Kohärenz“ der direkten Steuern in der Rechtsprechung des EuGH, S. 52.

[158] *Kingreen/Störmer*, EuR 1998, S. 263 (266).

[159] Maastrichter Vertrag vom 07.02.1992 (BGBl. II 1992, S. 1253), in Kraft seit dem 01.11.1993 (BGBl. II 1994, S. 2024).

[160] Amsterdamer Vertrag vom 02.10.1997 (BGBl. II 1998, S. 387), in Kraft seit dem 01.05.1999 (BGBl. II 1999, S. 296).

[161] *v. Bogdandy*, in: Grabitz/Hilf, EUV/EGV, Art. 2 EGV, Rdnr. 37.

[162] v. *Wilmowsky*, JZ 1996, S. 590 (590 f.).

[163] Vgl. im Einzelnen die Ausführungen zum Konzept der unmittelbaren Anwendbarkeit der Grundfreiheiten sowie dem Grundsatz des Vorrangs des Gemeinschaftsrechts im 4. Kapitel unter B. IV.

[164] Der Begriff Gemeinschaftsrecht umfasst dabei im EG-Vertrag selbst niedergelegtes primäres EG-Recht sowie das von den Organen der Gemeinschaft erlassene sekundäre EG-Recht (Verordnungen, Richtlinien, Entscheidungen). Kurz gefasst ist damit der Kernbereich der „ersten Säule“ des Vertrags von Maastricht gemeint.

[165] Art. 58 Abs. 1, Art. 90 bis 93, Art. 95 Abs. 2, Art. 175 Abs. 2 1. Spiegelstrich, Art. 293 2. Spiegelstrich EGV.

I. Art. 90 bis 93 EGV: „Steuerliche Vorschriften"

Auf primärrechtlicher Ebene des EG- wie auch zuvor des EWG-Vertrags finden sich im Dritten Teil im 2. Kapitel des Titels VI (früher des Abschnitts V) unter der Überschrift „Gemeinsame Regeln betreffend Wettbewerb, Steuerfragen und Angleichung der Rechtsvorschriften" mit den Art. 90 bis 93 EGV verschiedene „steuerliche Vorschriften". Diese Vorschriften, die zu den zentralen Bausteinen des Binnenmarkts gehören, haben allein aufgrund ihres weiten Anwendungsbereichs praktisch große Bedeutung. So weist bereits der Wortlaut von Art. 90 Abs. 1 EGV darauf hin, dass die Regelungsinhalte dieser Bestimmungen über rein „steuerliche" Vorschriften im Sinne der deutschen Definition des § 3 Abs. 1 AO hinausgehen und auch sonstige „inländische Abgaben gleich welcher Art" umfassen[166]. Ausgenommen vom Anwendungsbereich der Art. 90 ff. EGV sind jedoch die von den Vorschriften der Art. 23 ff. EGV über die Zollunion erfassten „Ein- und Ausfuhrzölle oder Abgaben gleicher Wirkung" (Art. 25 EGV). Dies ergibt sich letztlich bereits aus der den Gemeinschaftsverträgen zugrunde liegenden Systematik. Die absolut verbotenen Zölle und zollgleichen Abgaben werden von den inländischen Abgaben im Sinne des Art. 90 Abs. 1 EGV dadurch abgegrenzt, dass sie ausschließlich den Grenzübertritt von Waren belasten, während Art. 90 EGV solche Abgaben betrifft, die im Rahmen eines allgemeinen nationalen Abgabensystems für inländische wie auch ausländische Erzeugnisse erhoben werden. Nach der ständigen Rechtsprechung des EuGH besteht dabei zwischen dem Regime der Art. 23 bis 25 EGV einerseits und demjenigen des Art. 90 EGV andererseits ein Exklusivitätsverhältnis[167]. Beide abgabenrechtlichen Normenbereiche stellen ihrerseits wiederum vorrangige Sonderregelungen gegenüber den übrigen vertraglichen Vorschriften auf, insbesondere gegenüber denjenigen über den freien Warenverkehr in Art. 28 ff. EGV[168]. Der Weg zu diesen übrigen Vorschriften ist also dort eröffnet, wo die oben genannten speziellen Vertragsregelungen oder eventuelle auch zu ihrer Ausfüllung ergangene Sekundärrechtsmaßnahmen nicht eingreifen.

Betrachtet man die steuerlichen Regelungen in den Art. 90 ff. EGV, zeigt sich, dass der Gemeinschaftsvertrag eine grundsätzliche Unterscheidung zwischen zwei Gruppen von Abgaben trifft. So bestimmt Art. 93 EGV ausdrücklich das Einstimmigkeitsprinzip für Regelungen zur Harmonisierung von Rechtsvorschriften, die „die Umsatzsteuern, die Verbrauchsabgaben und sonstigen indirekten Steuern" betreffen. Umsatzsteuern und Verbrauchsabgaben werden damit beispielhaft unter dem Oberbegriff der „indirekten Steuern" aufgeführt. Art. 92 EGV spricht dagegen ausdrücklich von „Abgaben außer" den Vorgenannten. Der EG-Vertrag geht damit erkennbar von zwei Steuer- bzw. Abgabentypen aus, nämlich den ausdrücklich genannten „indirekten" und den nicht ausdrücklich erwähnten, aber sich im Umkehrschluss ergebenden „direkten" Abgaben. Inner-

---

[166] *Voß*, in: Grabitz/Hilf, EUV/EGV, Art. 90 EGV, Rdnr. 14.

[167] Vgl. beispielhaft EuGH vom 17.07.1997 – Rs. C-90/94 (Haahr Petrolium), EuGHE 1997, S. I-4085 ff.; *Bahlmann*, EuR 1985, S. 43 (45); *Geiger*, EUV/EGV, Art. 25 EGV, Rdnr. 3 f., Art. 90 EGV, Rdnr. 5; *Schröer-Schallenberg*, in: Birk (Hrsg.), Handbuch des Europäischen Steuer- und Abgabenrechts, S. 421.

[168] EuGH vom 22.03.1977 – Rs. 74/76 (Iannelli), EuGHE 1977, S. 557 ff.; EuGH vom 11.03.1992 – verb. Rs. C-78 bis C 83/90 (Compagnie commerciale de l`Quest), EuGHE 1992, S. I-1847 ff.; EuGH vom 16.12.1992 – Rs. C-17/91 (Lornoy), EuGHE 1992, S. I-6523 ff.; *Geiger*, EUV/EGV, Art. 25 EGV, Rdnr. 8, Art. 90 EGV, Rdnr. 4 m.w.N.

halb des systematischen Zusammenhangs der Art. 90 bis 93 EGV stellt Art. 92 EGV klar, dass die direkten Steuern vom Anwendungsbereich des – seinem Wortlaut nach („Abgaben auf Waren") zunächst einmal weit gefassten – Art. 90 EGV ausgeschlossen sind, so dass letztere Vorschrift ebenso wie die Harmonisierungsermächtigung in Art. 93 EGV nur auf „indirekte" Steuern (Abgaben) Anwendung findet[169]. Art. 90 EGV als spezieller primärrechtlicher Maßstab für nationale Steuervorschriften ist demzufolge in seinem Anwendungsbereich auf „indirekte" Steuern (Abgaben) beschränkt, ohne dass aber der Unterschied zwischen „indirekten" und „direkten" Steuern (Abgaben) näher bestimmt wäre. Da sich auf primärrechtlicher Ebene auch den sonstigen Regelungen mit ausdrücklich steuerrechtlichem Bezug[170] hierzu nichts entnehmen lässt, muss die Ausfüllung des Begriffs der „indirekten" Abgaben sich unmittelbar an der Regelung des Art. 90 EGV orientieren. Dort ist die Rede von Abgaben, die „auf Waren" erhoben werden bzw. die „Waren unmittelbar oder mittelbar zu tragen haben". Schon früh hat der EuGH festgestellt, dass damit sämtliche Abgaben gemeint sind, die das „inländische Erzeugnis auf allen Fertigungs- und Vertriebsstufen, die derjenigen der Einfuhr gleichartiger Erzeugnisse aus anderen Mitgliedstaaten vorangehen oder entsprechen, tatsächlich oder spezifisch treffen"[171]. Art 90 EGV bezieht sich also ausschließlich auf die Besteuerung von Produkten einschließlich von Rohmaterialien und Zwischenerzeugnissen. Vereinfacht ausgedrückt lassen sich indirekte Steuern damit als produktbezogen, direkte Steuern dagegen als (produktions-) faktorbezogen beschreiben[172].

Im nationalen Steuerrecht ist eine ganz ähnliche Unterscheidung anzutreffen. Dort wird entsprechend einer gängigen typologischen Differenzierung an die Art der Belastung als äußeres Merkmal angeknüpft. „Direkte Steuern" sind danach solche, bei denen der (dem hoheitlichen Steuergläubiger gegenüber verpflichtete) Steuerschuldner und der (wirtschaftlich belastete) Steuerträger nach der gesetzlichen Grundvorstellung identisch sind. „Indirekte" Steuern sind hingegen jene, bei denen der Steuerschuldner im Regelfall bereits im weiteren Rahmen der Abwicklung des die Steuerpflicht begründenden Vorgangs die wirtschaftliche Belastung auf einen personenverschiedenen Steuerträger überwälzt[173]. Eine derartige Differenzierung findet sich beispielsweise auch in Österreich[174] sowie weiteren Mitgliedstaaten[175]. Um der vom EuGH ausdrücklich betonten autonomen Begriffsbildung des Gemeinschaftsrechts[176] Rechnung zu tragen, ist diese

---

[169] *Voß*, in: Grabitz/Hilf, EUV/EGV, Art. 90 EGV, Rdnr. 19; *Geiger*, EUV/EGV, Art. 92 EGV, Rdnr. 1.

[170] Art. 58 Abs. 1, Art. 90 bis 93, Art. 95 Abs. 2, Art. 175 Abs. 2 1. Spiegelstrich, Art. 293 2. Spiegelstrich EGV.

[171] EuGH vom 03.04.1968 – Rs. 28/67 (Molkerei-Zentrale), EuGHE 1968, S. 215 ff.

[172] *Förster*, in: Bleckmann (Hrsg.), Europarecht – Das Recht der Europäischen Union und der Europäischen Gemeinschaft, Rdnr. 1991.

[173] *Tipke/Lang*, Steuerrecht, S. 183.

[174] *Doralt/Ruppe*, Grundriss des österreichischen Steuerrechts, Bd. I, S. 11.

[175] Vgl. die Nachweise bezüglich Frankreich, Großbritannien und den Niederlanden bei *Cordewener*, Europäische Grundfreiheiten und nationales Steuerrecht – „Konvergenz" des Gemeinschaftsrechts und „Kohärenz" der direkten Steuern in der Rechtsprechung des EuGH, S. 8.

[176] Schlussanträge des Generalanwalts *Cosmas* vom 17.02.2000 – Rs. C-375/98 (Epson Europe BV), EuGHE 2000, S. I-4243 ff. In FN 17 führt der Generalanwalt aus, dass nach der Rechtsprechung des Gerichtshofs der Qualifizierung einer bestimmten nationalen Steuer als direkter oder indirekter Steuer keine ausschlaggebende Bedeutung zukommt. So hat er

gängige typologische Differenzierung nach den nationalen Steuerrechten der Mitgliedstaaten anhand eines aus dem Gemeinschaftsrecht selbst abzuleitenden Hilfsmaßstabs zu überprüfen. Einen hilfreichen Ansatzpunkt bieten zu diesem Zweck die sekundärrechtlichen Regelungen zur zwischenstaatlichen Amtshilfe. Vor ihrer Ausdehnung auch auf die Mehrwertsteuer[177] betraf die so genannte Amtshilfe-Richtlinie in ihrer ursprünglichen, auf Art. 100 EGV a.F. (jetzt Art. 94 EGV) gestützten Form allein die Zusammenarbeit der mitgliedstaatlichen Behörden auf dem Gebiet des direkten Steuerrechts[178]. Der Begriff der „direkten" Steuern wird zwar in der Richtlinie nicht näher erläutert, doch ergibt sich aus dem Gesamtkontext, dass hiermit die in § 1 Abs. 1 der Richtlinie genannten „Steuern vom Einkommen und dem Vermögen" gemeint sind[179]. Letztere sind in § 1 Abs. 2 der Richtlinie allgemein wie folgt definiert: „Als Steuern vom Einkommen und vom Vermögen gelten, unabhängig von der Erhebungsform, alle Steuern, die vom Gesamteinkommen oder von Teilen des Einkommens oder des Vermögens erhoben werden, einschließlich der Steuern vom Gewinn aus der Veräußerung beweglichen oder unbeweglichen Vermögens, der Lohnsummensteuern sowie der Steuern vom Vermögenszuwachs". Die genannte Definition spiegelt damit die bereits vorgestellte typisierende Einordnung der direkten Steuern als „faktorbezogen" gegenüber den „produktbezogenen" indirekten Steuern deutlich wider. Mangels offensichtlichen Widerspruchs dieser positiven Bestimmung direkter Steuern im Sekundärrecht zu den primärrechtlichen Vorschriften der Art. 90 ff. EGV lässt sich somit festhalten, dass die dort genannten Steuern vom Einkommen und Vermögen als direkte Steuern nicht in den Anwendungsbereich der speziellen Regelung der Art. 90 bis 93 EGV oder des dazu ergangenen Sekundärrechts fallen, sondern am übrigen Gemeinschaftsrecht zu messen sind. Während Art. 90, 91 und 92 EGV Importabgaben und abgabenrechtliche Exportsubventionen verbieten, enthält damit der enger gefasste Art. 93 EGV eine spezifische Rechtsangleichungskompetenz für das Gebiet der indirekten Steuern und hier insbesondere für die Umsatzsteuer. Auf diesen Kompetenztitel stützen sich aber neben den Umsatzsteuer-Richtlinien auch Sekundärrechtsakte zur Mineralölsteuer, Alkoholsteuer und Tabaksteuer. Sie be-

---

im Urteil vom 13.02.1996 in den Rechtssachen C-197/94 und C-252/94 (Bautiaa und Société française maritime, EuGHE 1996, S. I-505, Rdnr. 39) die Ansicht vertreten, dass die Qualifizierung einer Steuer, Abgabe oder Gebühr nach Gemeinschaftsrecht vom Gerichtshof nach den objektiven Merkmalen der Steuer unabhängig von ihrer Qualifizierung im nationalen Recht vorzunehmen ist. Diese Begriffe sind gegenüber den Begriffen, die im nationalen Recht verwendet werden, autonom. Er führt weiter aus, dass diese Begrifflichkeiten ihre eigene Bedeutung haben, die nicht im Hinblick auf Untersuchungen, Unterscheidungen und theoretische Konstruktionen des innerstaatlichen Rechts der gegenwärtig fünfzehn Mitgliedstaaten bestimmt werden kann.

[177] Richtlinie 79/1070/EWG des Rates vom 06.12.1979, ABl. EG 1979 Nr. L 331, S. 8 f.; weitere Ergänzungen erfolgten durch die Richtlinie 92/12/EWG des Rates vom 05.02.1992, ABl. EG 1992 Nr. L 76, S. 1 ff. und die Richtlinie 92/108/EWG des Rates vom 14.12.1992, ABl. EG 1992 Nr. L 390, S. 124 ff. Hinzu trat im Zusammenhang mit dem angestrebten Übergang vom Bestimmungsland- zum Ursprungslandprinzip bei der Mehrwertbesteuerung innergemeinschaftlicher Umsätze die Verordnung (EWG) Nr. 218/92 des Rates vom 27.01.1992 über die Zusammenarbeit der Verwaltungsbehörden auf dem Gebiet der indirekten Besteuerung, ABl. EG 1992 Nr. L 24, S. 1 ff.

[178] Richtlinie 77/799/EWG des Rates vom 19.12.1977 über die gegenseitige Amtshilfe zwischen den zuständigen Behörden der Mitgliedstaaten im Bereich der direkten Steuern, ABl. EG 1977 Nr. L 336, S. 15 ff.

[179] § 1 Abs. 1 des EG-Amtshilfegesetzes vom 19.12.1985, BGBl. I 1985, S. 2441 spricht daher auch von „Steuern vom Einkommen, Ertrag und Vermögen (direkte Steuern)".

rechtigt die Europäische Gemeinschaft daneben zur Rechtsetzung auf dem Gebiet von Kapitalverkehrs-, Beförderungs- und Versicherungssteuern[180]. Leitgedanke ist dabei für den kommerziellen Warenverkehr das Bestimmungslandprinzip, für den nichtkommerziellen Warenverkehr das Ursprungslandprinzip. Art. 93 EGV wurde zudem in seiner Wirkung als autonome Rechtsgrundlage für die Harmonisierung der indirekten Steuern gestärkt. In der Neufassung des Art. 99 EGV a.F. (jetzt Art. 93 EGV) aufgrund der EEA wurde auf die Bezugnahme „unbeschadet der Art. 100 und 101" (jetzt Art. 94 und 96 EGV) verzichtet. Seit dieser Neufassung des Art. 93 EGV besteht demnach kein Raum mehr für einen Rückgriff auf Art. 94 EGV[181]. Damit ist auch der jahrelange Disput beendet worden, ob die Richtlinien zur Harmonisierung der indirekten Steuern sowohl auf Art. 99 EGV a.F. als auch auf Art. 100 EGV a.F. zu stützen sind.

II. Art. 94 bis 97 EGV: „Angleichung von Rechtsvorschriften"

Neben den „steuerlichen Vorschriften" im 2. Kapitel des Titels VI (früher des Abschnitts V) sind im Dritten Teil des EG-Vertrags weitere zentrale Vorschriften enthalten, die – wie die Ausführungen zu den Art. 90 bis 93 EGV zeigen – auch den Bereich der direkten Steuern betreffen. Es sind dies im 3. Kapitel unter der Überschrift „Angleichung von Rechtsvorschriften" die Vorschriften der Art. 94 bis 97 EGV.

1. Systematische Einordnung der Art. 94 ff. EGV

Systematisch ist zwischen den Art. 94, 95 EGV und den Art. 96, 97 EGV zu differenzieren. Die Vorschriften sind zwar insgesamt „Generalnormen" für die Rechtsangleichung[182], ihre Funktion und Bedeutung ist aber nicht einheitlich. Art. 94 EGV wird als zentrale Vorschrift im Sinne einer allgemeinen Handlungsermächtigung für die Rechtsangleichung[183] angesehen und stellt in der Zielsetzung ebenso wie der durch die EEA eingefügte und durch den Vertrag von Amsterdam modifizierte Art. 95 EGV darauf ab, Maßnahmen zur Rechtsangleichung allgemein im Interesse der Verwirklichung des Gemeinsamen Markts und des Binnenmarkts einzusetzen. Die Art. 96, 97 EGV beziehen sich dagegen auf spezifische Wettbewerbsverzerrungen, d.h. Beeinträchtigungen der Wettbewerbsbedingungen einzelner Wirtschaftszweige[184]. Art. 96 EGV ermöglicht dabei repressive, Art. 97 EGV präventive Maßnahmen der Gemeinschaft. Da sich jedoch spezifische Wettbewerbsverzerrungen bisher kaum haben nachweisen lassen, kommt den Vorschriften der Art. 96, 97 EGV keine praktische Bedeutung zu[185]. Die nachfolgenden Ausführungen beschäftigen sich daher lediglich mit der Systematik und den Möglichkeiten der Rechtsangleichung, wie sie durch Art. 94 und 95 EGV eröffnet werden.

---

180 *Voß*, in: Grabitz/Hilf, EUV/EGV, Art. 93 EGV, Rdnr. 6.
181 *Voß*, in: Grabitz/Hilf, EUV/EGV, Art. 93 EGV, Rdnr. 9.
182 *Oppermann*, Europarecht, Rdnr. 1204.
183 *Oppermann*, Europarecht, Rdnr. 1208.
184 *Geiger*, EUV/EGV, Art. 96 EGV, Rdnr. 2.
185 *Voß*, in: Grabitz/Hilf, EUV/EGV, Art. 96 EGV, Rdnr. 9, Art. 97 EGV, Rdnr. 2.

Zusammen mit den weiteren in Art. 3 EGV genannten Aufgabenfeldern[186] zählt die Angleichung der Rechtsvorschriften der Mitgliedstaaten zu den zentralen Aufgaben der Europäischen Gemeinschaft[187]. Dieses Ziel der Angleichung der Rechtsvorschriften besteht schon seit Gründung der Europäischen Wirtschaftsgemeinschaft. Es handelt sich jedoch um eine Besonderheit des EWG-Vertrags. Entsprechende Regelungen enthalten weder der EGKS- noch der EAG-Vertrag. Insbesondere der EGKS-Vertrag konzentrierte sich auf die Beseitigung von spezifischen Handelshemmnissen zwischen den Mitgliedstaaten und enthielt demgemäß keinerlei Vorschriften zur Rechtsangleichung. Im EWG-Vertrag ging es dagegen schon immer auch um einen darüber hinausgehenden einheitlichen Markt, der sich durch eine (weitgehend) einheitliche Wirtschaftspolitik auszeichnen sollte. Hierin ist das – freilich noch recht allgemein gefasste – Grundanliegen der Rechtsangleichung nach dem EG-Vertrag zu sehen[188]. Mit der EEA aus dem Jahre 1986 hat diese Zielsetzung der Rechtsangleichung über den Gemeinsamen Markt hinausgehend auf das Binnenmarktkonzept Anwendung gefunden[189]. Aufgrund der zunehmenden Inanspruchnahme von Rechtsangleichungskompetenzen durch die Gemeinschaft und dem dadurch zwangsläufig bedingten Zurückdrängen mitgliedstaatlicher Rechtssetzungskompetenzen auch in Sachbereichen, die – wie z.B. das Zivilrecht[190] – gleichsam als Kernbereich des innerstaatlichen Rechts angesehen werden, haben sich die Art. 94 ff. EGV als Eckpunkte der rechtlichen Auseinandersetzung über die Reichweite der gebotenen europäischen Integration erwiesen. Symptomatisch für diese Auseinandersetzung sei an dieser Stelle der Streit um die Rechtmäßigkeit der verschiedenen Tabakrichtlinien[191] angeführt. Im Vordergrund der Auseinandersetzungen standen dabei zwar rechtliche Argumente im Hinblick auf die Auslegung und Anwendung des Art. 95 EGV, im Kern ging es aber letztlich um die Reichweite der Souveränität der Mitgliedstaaten gegenüber den rechtsetzenden Aktivitäten der Europäischen Gemeinschaft[192]. Zudem sind die Art. 94, 95 EGV im Gegensatz zu den sonstigen sachspezifischen, auf einzelne Grundfreiheiten oder Politikbereiche bezogenen Rechtsangleichungsmaßnahmen des EG-/EU-Vertrags[193]

---

[186] Hierzu zählen insbesondere die Verwirklichung der Grundfreiheiten und die Wettbewerbspolitik.

[187] So umfasst die Tätigkeit der Europäischen Gemeinschaft zur Realisierung der in Art. 2 EGV genannten Ziele u.a. „die Angleichung der innerstaatlichen Rechtsvorschriften, soweit dies für das Funktionieren des Gemeinsamen Markts erforderlich ist" (Art. 3 Abs. 1 Buchst. h) EGV).

[188] *Zweigert*, in: von Caemmerer/Nikisch/Zweigert (Hrsg.), FS für Dölle, Bd. II, 1963, S. 401 f.

[189] Vgl. die Ausführungen im 3. Kapitel unter A.

[190] Vgl. zur Rechtsangleichung im Zivilrecht *Franzen*, Privatrechtsangleichung durch die Europäische Gemeinschaft, passim.

[191] Richtlinie 98/43/EG des Europäischen Parlaments und des Rates vom 06.07.1998 zur Angleichung der Rechts- und Verwaltungsvorschriften der Mitgliedstaaten über Werbung und Sponsoring zugunsten von Tabakerzeugnissen, ABl. EG 1998, Nr. L 213, S. 9 ff. mit EuGH vom 05.10.2000 – Rs. C 376/98 (Deutschland/Parlament und Rat), EuGHE 2000, S. I-8419; Richtlinie 2001/37/EG des Europäischen Parlaments und des Rates vom 05.06.2001 zur Angleichung der Rechts- und Verwaltungsvorschriften der Mitgliedstaaten über die Aufmachung und den Verkauf von Tabakerzeugnissen, ABl. EG 2001, Nr. L 194, S. 26 ff. mit EuGH vom 10.12.2002 – Rs. C 491/01 (British American Tobacco), EuGHE 2002, S. I-11453 ff.

[192] *Tietje*, in: Grabitz/Hilf, EUV/EGV, Art. 94 EGV, Rdnr. 3.

[193] Art. 12 Abs. 2, Art. 18 Abs. 2, Art. 37, Art. 44 Abs. 3 Buchst. g), Art. 46 Abs. 2, Art. 47 Abs. 2, Art. 57 Abs. 2, Art. 61 i.V.m. Art. 62, Art. 63, Art. 65, Art. 66, Art. 71, Art. 93,

tatbestandlich weit gefasst. Diese auf den ersten Blick gegebene Unbestimmtheit mag mit eine der Ursachen sein, dass die Vorschriften seit dem Inkrafttreten des EWG-Vertrags immer wieder rege Aufmerksamkeit in Schrifttum und Rechtsprechung gefunden haben.

2. Telos der Vorschriften des Art. 94 und 95 EGV

Der Telos der Vorschriften des Art. 94 und 95 EGV wird erkennbar, wenn man die enge Verzahnung der Vorschriften zu den in Art. 2 EGV genannten Aufgaben berücksichtigt. Über Art. 2 EGV sind dabei zwingend auch die einzelnen Zielvorgaben des Art. 3 EGV mit einzubeziehen. Aus dieser Grundüberlegung heraus lassen sich zwei zentrale Aussagen zum Verständnis der Art. 94 und 95 EGV ableiten.

Erstens: Wenn die Rechtsangleichung Mittel und Instrumentarium zur Erfüllung der insbesondere in Art. 2 EGV genannten Aufgaben[194] ist, dann können die Möglichkeiten zur Rechtsangleichung, wie sie sich aus Art. 94, 95 i.V.m. Art. 3 Abs. 1 Buchst. h) EGV ergeben, nur in einem funktional-dynamischen Sinn verstanden werden. Ein statisch-restriktives Verständnis der Vorschriften würde letztlich dem dynamisch angelegten Konzept der Integration, welches in den Konzepten des Binnenmarkts und des Gemeinsamen Markts zum Ausdruck kommt, nicht gerecht werden. Damit sind zwei Komponenten für die Rechtsangleichung erkennbar: Zum einen die Zielverwirklichung, weil die Rechtsangleichung an die Aufgabenstellung des Vertrages gebunden ist. Zum anderen die funktional-dynamische Komponente der Zielbestimmung, weil die Rechtsangleichung – auf der Grundlage des jeweils erreichten Standes der Entwicklung – die Maßnahmen festzustellen hat, die zur Erfüllung dieser Aufgabe erforderlich sind[195]. Diese Charakterisierung der Rechtsangleichung als funktional-gestaltendes Instrumentarium ist letztlich auch der Grund, warum es immer wieder zu politischen und rechtlichen Auseinandersetzungen über Rechtsangleichungsmaßnahmen der Gemeinschaft kommt. Während die Organe der Gemeinschaft, namentlich die Kommission, oftmals den gestaltenden Charakter der Rechtsangleichung explizit oder implizit hervorheben, verweisen die Mitgliedstaaten regelmäßig auf ihre funktionale Ausrichtung, um so eine eher statische Festlegung auf den gegenwärtigen Integrationsstand zu erreichen[196]. Da das Miteinander von Zielverwirklichung und Zielbestimmung der Rechtsangleichung der Art. 94 und 95 EGV inhärent ist, ist auch nicht von einer Vor- oder Nachrangigkeit eines der beiden Elemente auszugehen[197].

Art. 133, Art. 135, Art. 137 Abs. 2 und 3, Art. 141 Abs. 3, Art. 152 Abs. 4 Buchst. a) und b), Art. 153 Abs. 3 Buchst. b) i.V.m. Abs. 4, Art. 156, Art. 174 Abs. 2 EGV sowie Art. 34 Abs. 2 Buchst. b) EUV.

194 v.*d. Groeben*, NJW 1970, S. 359 (359); *Kahl*, in Calliess (Hrsg.), EUV/EGV, Art. 94 EGV, Rdnr. 2; *Herrnfeld*, in: Schwarze (Hrsg.), EU-Kommentar, Art. 94 EGV, Rdnr. 1; *Eiden*, Die Rechtsangleichung gemäß Art. 100 des EWG-Vertrages, S. 13.

195 v.*d. Groeben*, NJW 1970, S. 359 (360).

196 Vgl. z.B. das Vorbringen einerseits der Bundesrepublik als Klägerin und andererseits des Rates, des Parlaments und der Kommission in EuGH vom 05.10.2002 – Rs. C-376/98 (Deutschland/Parlament u. Rat), EuGHE 2000, S. I-8419, Rdnr. 23 ff. und Rdnr. 36 ff.

197 *Tietje*, in: Grabitz/Hilf, EUV/EGV, vor Art. 94-97 EGV, Rdnr. 7.

Zweitens: Die in Art. 3 EGV genannten Tätigkeitsbereiche sind zwar einerseits Mittel zur Verwirklichung der Ziele des Art. 2 EGV, andererseits aber auch selbst Ziele der Gemeinschaft[198]. Aufgrund der durch Art. 3 Abs. 1 Buchst. c) EGV zum Ausdruck gebrachten systematisch untrennbaren Verbindung der Grundfreiheiten mit den weiteren in Art. 2 und 3 EGV umschriebenen Aufgaben und Zielen der Gemeinschaft wird m.E. hinreichend deutlich zum Ausdruck gebracht, dass die Grundfreiheiten im Lichte der Zielbestimmung der Rechtsangleichung des Art. 3 Abs. 1 Buchst. h) EGV auszulegen sind. Eine in einem semantisch engen Sinne abschließende Aufzählung der Grundfreiheiten enthält Art. 3 Abs. 1 Buchst. c) EGV dann auch gerade nicht[199]. Das Binnenmarktkonzept der Gemeinschaft vereinigt und enthält folgerichtig neben den Grundfreiheiten auch die weiteren Zielbestimmungen des Vertrags, d.h. auch die Vorschriften der Art. 94 und 95 EGV zur Rechtsangleichung sind ein wichtiger Bestandteil des Binnenmarktziels. Im Ergebnis ist daher auch die ratio dieser Vorschriften bei der Auflösung des Spannungsverhältnisses zwischen dem Gemeinschaftsrecht und den nationalen Rechtsvorschriften zu berücksichtigen.

3. Entwicklung der Rechtsangleichung im Gemeinschaftsrecht

Von besonderem Interesse ist daher für den weiteren Ablauf der Untersuchung, wie sich die Vorschriften der Rechtsangleichung historisch in den Vertragswerken entwickelt haben. In der Geschichte der europäischen Integration kommt der Rechtsangleichung erst mit den Vorbereitungen zur Gründung der Europäischen Wirtschaftsgemeinschaft Aufmerksamkeit zu. Während der Vorbereitung zum EWG-Vertrag war die Rechtsangleichung dann zunächst nur für die Beseitigung spezifischer, auf einzelne Industriezweige bezogene Wettbewerbsverzerrungen aufgrund unterschiedlicher Rechtsvorschriften in den Mitgliedstaaten vorgesehen. Dabei spielten zunächst unterschiedliche Sozialregelungen in den Mitgliedstaaten eine große Rolle. Später in den Verhandlungen wurde die Beseitigung von Wettbewerbsverzerrungen über einzelne Sachbereiche hinausgehend allgemein zum Diskussionsgegenstand. Terminologisch war dabei zunächst nur von einer „Annäherung" der Rechtsvorschriften der Mitgliedstaaten die Rede. Erst kurz vor Abschluss der Beratungen wurde der heutige geläufige Ausdruck der Rechtsangleichung in den Vertrag eingefügt[200]. Zusammen mit den ursprünglichen Art. 100 ff. EWGV enthielt der Vertrag insgesamt 17 Vorschriften, die sich mit der Rechtsangleichung befassten[201].

Die Praxis der Rechtsangleichung, die sich nach dem Inkrafttreten des EWG-Vertrags etablierte, entfernte sich von den Vorstellungen, die bei den Beratungen zum Vertrag vorherrschten. Es zeigte sich recht schnell, dass Rechtsangleichung über die Bekämpfung spezifischer Wettbewerbsverzerrungen hinausgehend zum Abbau von Hindernissen im Gemeinsamen Markt insgesamt notwendig wurde. Die insofern bestehende Regelungsnotwendigkeit ergab sich insbesondere vor dem Hintergrund des fortschreitenden Abbaus der Zölle und der mengenmäßigen Beschränkung zwischen den Mitgliedstaaten. Die hierdurch bewirkte Marktöffnung ließ Beeinträchtigungen des Funktionierens des Ge-

[198] *Hatje*, in: Schwarze (Hrsg.), EU-Kommentar, Art. 3 EGV, Rdnr. 1.
[199] *Tietje*, in: Grabitz/Hilf, EUV/EGV, Art. 95 EGV, Rdnr. 13.
[200] Vgl. zu dieser historischen Entwicklung *Everling*, in: FS für Pescatore, S. 228 f.
[201] *Schwartz*, in: FS für v.d. Groeben, S. 333.

meinsamen Markts, die sich aus unterschiedlichen Rechts- und Verwaltungsvorschriften ergeben, schnell deutlich werden. Zugleich wurde klar, dass sich spezifische Wettbewerbsverzerrungen i.S.d. Art. 101, 102 EWGV (jetzt Art. 96, 97 EGV) kaum nachweisen und dementsprechend regulierend erfassen lassen. Inhaltlich standen in diesen frühen Jahren der Gemeinschaft Initiativen zur Umsatzsteuerharmonisierung sowie zur Angleichung von Unternehmenssteuern, von verschiedenen gesundheits- und sicherheitsrelevanten Vorschriften, zum gewerblichen Rechtsschutz und zum Gesellschaftsrecht auf der Tagesordnung der Kommission. Bis zum Juni 1970 konnten immerhin 60 Richtlinien zur Steuer- und Rechtsangleichung verabschiedet werden[202]. Anfang der 1970-er Jahre wurde aber immer deutlicher, dass die Rechtsangleichung durch die Gemeinschaft mit erheblichen Problemen zu kämpfen hatte, die sich aus der unterschiedlichen Rechts- und Gesellschaftskultur in den Mitgliedstaaten ergaben. Insbesondere der EG-Beitritt des Vereinigten Königreichs spielte hier eine nicht unerhebliche Rolle. Dessen ungeachtet nahmen die verabschiedeten Rechtsangleichungsmaßnahmen aber stetig zu. Ende der 1970-er Jahre wurde dann der Widerstand in den Mitgliedstaaten, insbesondere im Vereinigten Königreich, gegen die bislang praktizierte Rechtsangleichung durch die Europäische Gemeinschaft immer größer[203]. Aus rechtlicher Perspektive stand dabei namentlich die bislang recht großzügige Auslegung des Art. 100 EWGV zur Debatte. Neben der mitgliedstaatlichen Kritik erwies sich weiterhin die bislang praktizierte Methode der Rechtsangleichung im Bereich technischer Vorschriften als zunehmendes Problem. Die von der Europäischen Gemeinschaft verfolgte Strategie einer Vollharmonisierung, d.h. einer abschließenden Detailregelung technischer Standards, stellte die Gemeinschaft vor erhebliche Probleme. Auf der Grundlage dieser Rechtsentwicklung und insbesondere unter dem Einfluss der sog. Cassis-Rechtssprechung des EuGH[204] entschloss sich die Europäische Kommission dazu, Rechtsangleichungsmaßnahmen für den Warenhandel nur noch im Bereich bestehender innerstaatlicher Regelungen vorzuschlagen, die mit Blick auf zwingende Allgemeininteressen gerechtfertigt wurden. Das führte zwangsläufig zu einem vermehrten Widerstand bei den Mitgliedstaaten[205].Vor diesem Hintergrund und der zugleich zunehmenden Anzahl von Vertragsverletzungsverfahren aufgrund der Nichtumsetzung von Rechtsangleichungsrichtlinien wuchs die Kritik an der Europäischen Kommission, der übertriebener Rechtsangleichungsaktionismus unter Verletzung der Voraussetzungen des Art. 100 EWGV vorgeworfen wurde[206].

Die Europäische Kommission reagierte auf die beschriebene Kritik in ihrem Weißbuch über die Vollendung des Binnenmarkts[207]. Im Kern schlug sie vor, die Rechtsangleichung zur Verwirklichung des Binnenmarkts im Wege der Mehrheitsentscheidung sowie durch Anwendung der Prinzipien über die gegenseitige Anerkennung zu realisieren. Damit war zugleich der Weg für eine Aufnahme der Rechtsangleichungsproblematik in die EEA vorbestimmt. Eine Änderung und Anpassung der zentralen Rechtsangleichungsvorschriften des EG-Vertrags

---

[202] Vgl. zur Entwicklung ausführlich *Schwartz*, in: FS für v.d. Groeben, S. 338 ff.
[203] Vgl. hierzu im Einzelnen *Seidel*, EuR 1979, S. 171 ff. m.w.N.
[204] EuGH vom 20.02.1979 – Rs. 120/78 (Rewe-Zentral AG), EuGHE 1979, S. 649, Rdnr. 8.
[205] *Everling*, in: FS für Pescatore, S. 234.
[206] Vgl. z.B. *Kaiser*, EuR 1980, S. 97ff.
[207] Weißbuch der Europäischen Kommission an den Europäischen Rat vom 14.06.1985, KOM (85) 310 endg., ABl. EG 1986, Nr. C 036, S. 39 ff.

erschien außerdem notwendig, da über die technischen Handelshemmnisse hinausgehend zunehmend neue Sachbereiche harmonisiert wurden bzw. sich diesbezüglich eine Rechtsangleichung als notwendig erwies. Hierzu gehörten die Energieversorgung, der Umweltschutz und der Verbraucherschutz, für die die notwendige Rechtsangleichung vermehrt auf den problematischen Art. 308 EGV gestützt wurden[208]. Das durch die EEA in den damaligen Art. 8a Abs. 2 EWGV (jetzt Art. 14 EGV) eingefügte Binnenmarktziel bildete dann die Grundlage für eine Neugestaltung der allgemeinen Vorschriften über die Rechtsangleichung. Neben den Art. 100 EWGV (jetzt Art. 94 EGV) wurde der neu geschaffene Art. 100a EWGV (jetzt Art. 95 EGV) eingefügt. Bis heute handelt es sich dabei um das Kernstück des mit der EEA primärrechtlich verankerten Ziels der Verwirklichung des Binnenmarkts (vgl. Art. 14 EGV)[209]. Art. 100a EWGV sah dabei als zentrale Neuerung für die Verwirklichung der Ziele des Binnenmarkts durch Rechtsangleichung ein vereinfachtes Verfahren der Mehrheitsentscheidung nach Art. 189b EWGV (jetzt Art. 251 EGV) im Sinne einer qualifizierten Mehrheitsentscheidung durch den Rat unter Mitbestimmung des Europäischen Parlaments vor. Erstmals konnten nicht nur Richtlinien zur Rechtsangleichung erlassen werden, sondern insgesamt „Maßnahmen" zur Rechtsangleichung. Schließlich sah Art. 100a EWGV gesonderte Regelungen vor, nach denen besonderen mitgliedstaatlichen Interessen Rechnung getragen werden konnte (Art. 100a Abs. 4 ff. EWGV). In diesem Zusammenhang ist bereits auf Absatz 2 der Vorschrift hinzuweisen, der eine Bereichsausnahme für die Steuern vorsah.

Insbesondere Art. 100a Abs. 4 EWGV erwies sich in der Folgezeit als überaus problematisch[210]. Die im Ergebnis ungeklärten Auslegungs- und Anwendungsprobleme, die Art. 100 Abs. 4 EWGV aufwarf, führten letztlich zu einer grundlegenden Überarbeitung und Änderung der Vorschrift durch den Vertrag von Amsterdam. Durch Neufassungen bzw. Klarstellungen in den einzelnen Absätzen des Art. 95 EGV wurden insbesondere die Verpflichtung auf ein hohes Schutzniveau bei der Rechtsangleichung auf den Rat und das Parlament ausgedehnt (Art. 95 Abs. 3 EGV) sowie Klarstellungen in Hinblick auf die formellen und materiellen Voraussetzungen von Maßnahmen der Mitgliedstaaten eingefügt, mit denen von der gemeinschaftsweiten Rechtsangleichung abgewichen wird (Art. 95 Abs. 4 ff. EGV). An der grundsätzlichen Funktion des Art. 95 EGV, die untrennbar mit dem Binnenmarktkonzept des Art. 14 EGV verbunden ist[211], wurde jedoch nichts verändert.

Die Bedeutung, die die Rechtsangleichung für den Binnenmarkt und damit für eine effektive Rechtsetzungskompetenz der Europäischen Gemeinschaft hat, kommt in Art. 95 Abs. 1 EGV deutlich zum Ausdruck und wurde durch den Vertrag von Amsterdam noch verstärkt. Die Gemeinschaft kann nunmehr mit Mehrheitsentscheidung nicht nur Richtlinien, sondern auch Verordnungen erlassen, „welche die Errichtung und das Funktionieren des Binnenmarkts zum Gegenstand haben". Angesichts dieses so formulierten weiten sachlichen Anwendungsbereichs kann man durchaus davon sprechen, dass es sich bei Art. 95 Abs. 1 EGV um die bei weitem umfassendste Handlungsermächtigung für Ratbe-

---

[208] *Everling*, in: FS für Pescatore, S. 236 f.
[209] *Tietje*, in: Grabitz/Hilf, EUV/EGV, Art. 95 EGV, Rdnr. 1.
[210] *Wagner*, Das Konzept der Mindestharmonisierung, S. 30 ff. m.w.N.
[211] *v. Bogdandy*, in: Grabitz/Hilf, EUV/EGV, Art. 14 EGV, Rdnr. 2.

schlüsse mit qualifizierte Mehrheit handelt[212]. Der Binnenmarktbezug der Vorschrift ist letztlich Ausdruck der der Gemeinschaft übertragenen Kompetenz, durch Rechtsangleichung die Integration und so die Ziele der Europäischen Union[213] zu fördern. Art. 95 EGV ist damit seit dem Inkrafttreten der EEA die zumindest aus historischer Perspektive zentrale Vorschrift des Unionsrechts[214]. Durch den Vertrag von Amsterdam wurde nochmals eine Dynamisierung und Intensivierung der Rechtsangleichung angestrebt und auch erreicht. Dennoch dürfte die Aussage von Generalanwalt *Fennelly* zu weitgehend sein, wenn er feststellt, dass im Tatbestand des Art. 95 Abs. 1 EGV kein Platz ist für Erwägungen, die sich auf die vermeintliche Souveränität der Mitgliedstaaten beziehen, denn die Vorschrift wurde durch die EEA gerade eingeführt, „um die Integration des Markts nicht vom Veto eines einzelnen Mitgliedstaats abhängig zu machen"[215]. Völlig unberücksichtigt bleiben dabei Überlegungen, die auch das Subsidiaritätsprinzip mit einbeziehen[216].

5. Die Bereichsausnahme für die direkten Steuern in Art. 95 Abs. 2 EGV

Diese Aussage des Generalanwalts *Fennelly* gilt zudem ausdrücklich nur für Art. 95 Abs. 1 EGV. Denn die Vorschrift des Art. 95 EGV räumt dem Binnenmarktkonzept mit Blick auf die Rechtsangleichung keinen absoluten Vorrang ein. Sie ist vielmehr von einem Kompromisscharakter geprägt, da bereits bei den Verhandlungen zu Art. 100a EWGV klar war, dass sich die Mitgliedstaaten nicht einer vollständigen Kontrolle ihrer innerstaatlichen Rechtsordnung im Wege der Mehrheitsentscheidungen begeben würden[217]. Art. 95 EGV nimmt daher in seinem Absatz 2 einzelne Sachbereiche, insbesondere den Bereich der direkten Steuern[218], von der Möglichkeit der Rechtsangleichung durch Mehrheitsentscheidung aus. Überdies finden sich in den Absätzen 4 ff. Sonderregelungen für Maßnahmen der Mitgliedstaaten, durch die von einem gemeinschaftsweit harmonisierten Rechtszustand abgewichen werden kann[219].

Die Entstehungsgeschichte der Vorschrift macht damit deutlich, dass der Wille der Mitgliedstaaten zwar darauf gerichtet war, die Möglichkeiten zur Rechtsangleichung zu intensivieren und durch die Einführung der Möglichkeit von Mehrheitsentscheidungen auch zu dynamisieren. Gleichzeitig ist jedoch die Regelung der Bereichsausnahmen in Art. 95 Abs. 2 EGV Beleg dafür, dass bei der integrationspolitischen Vertiefung der Zielsetzungen des Gemeinsamen Markts aus Gründen der Wahrung von Souveränitätsinteressen gewisse Grenzen gezo-

---

212 *Bardenhewer/Pipkorn*, in: Groeben/Thiesing/Ehlermann, EWG-Vertrag, Art. 100a EWGV, Rdnr. 3.

213 Die EEA stellt schon auf die Europäische Union als Integrationsziel ab, vgl. Präambel Abs. 1 f. und Art. 1 Abs. 1 EEA.

214 *Tietje*, in: Grabitz/Hilf, EUV/EGV, Art. 95 EGV, Rdnr. 8.

215 Schlussanträge des Generalanwalts *Fennelly* vom 15.06.2000 – Rs. C-376/98 (Deutschland/Parlament u. Rat), EuGHE 2000, S. I-8423, Rdnr. 81.

216 Vgl. die Ausführungen im 3. Kapitel unter C.

217 *Tietje*, in: Grabitz/Hilf, EUV/EGV, Art. 95 EGV, Rdnr. 6.

218 Art. 95 EGV spricht zwar ausdrücklich nur von „Steuern", aus dem systematischen Zusammenhang mit den Vorschriften der Art. 90 bis 93 EGV ergibt sich jedoch, dass damit nur der Bereich der direkten Steuern gemeint ist. Vgl. die Ausführungen im 3. Kapitel unter B. I.

219 Ausführlich zum Kompromisscharakter der Vorschrift *Bardenhewer/Pipkorn*, in: Groeben/Thiesing/Ehlermann, EWG-Vertrag, Art. 100a EWGV, Rdnr. 3.

gen werden sollten. Die politische Sensibilität – oder besser – der klare Wille der Mitgliedstaaten, die in Art. 95 Abs. 2 EGV genannten Sachmaterien und damit insbesondere den Bereich der direkten Steuern weiterhin dem Einstimmigkeitsprinzip nach Art. 94 EGV zuzuordnen, zeigte sich zuletzt auf der Regierungskonferenz von Nizza, die wiederum zu keiner Ausweitung des Mehrheitsprinzips in den hier relevanten Sachbereichen geführt hat[220]. Dabei kann bereits seit geraumer Zeit nicht mehr davon gesprochen werden, dass die Bedeutung der direkten Steuern für den Gemeinsamen Markt nicht gesehen worden ist. Dies mag noch zutreffend sein für die „Vertragsväter", denen wohl der markt- und wettbewerbsrelevante Einfluss dieser Steuern als zu unbedeutend erschien, um eigens dafür besondere Vorschriften in den EWG-Vertrag einzufügen[221]. Bereits kurz nach dem Inkrafttreten des EWG-Vertrags befasste sich jedenfalls die Europäische Kommission mit dem behindernden und wettbewerbsverzerrenden Einfluss unterschiedlicher Steuersysteme der Mitgliedstaaten auf das Funktionieren des gemeinsamen Markts[222]. Damit kann seit knapp 50 Jahren nicht mehr davon gesprochen werden, die Bedeutung der direkten Steuern auf den Gemeinsamen Markt werde nicht erkannt. Das Gegenteil ist der Fall. Die Bedeutung wurde sehr wohl gesehen, die Mitgliedstaaten haben jedoch für diesen Bereich ganz bewusst eine andere Entscheidung getroffen. Auch wenn der herrschenden Meinung in der Literatur zuzustimmen ist, dass die Ausnahmevorschrift des Art. 95 Abs. 2 EGV eng auszulegen ist[223], ändert dies nichts daran, dass Art. 95 Abs.2 EGV damit nach dem insoweit eindeutigen Willen der Mitgliedstaaten im Ergebnis jede Rechtsangleichung auf der Grundlage von Art. 95 Abs. 1 EGV verhindert, die substantiell Sachbereiche betrifft, die wie der Bereich der direkten Steuern unter die Bereichsausnahmen des Abs. 2 fallen.

Wenn nun aus der Bestimmung des Art. 14 Abs. 2 EGV, wonach der Binnenmarkt gemäß den Vorschriften des gesamten Vertrags gewährleistet wird, gefolgert wird, dass auch die Rechtsangleichung im Bereich der direkten Steuern Bestandteil des Binnenmarktziels wäre[224], so berücksichtigt diese Auffassung nicht den erklärten Willen der Mitgliedstaaten, wie er zuletzt in der Regierungskonferenz von Nizza zum Ausdruck gebracht worden ist. Auch der Verweis auf den gesamten Art. 95 EGV in Art. 14 Abs. 1 EGV ergibt nur Sinn, wenn damit zum Ausdruck gebracht werden sollte, dass gerade Art. 95 Abs. 2 EGV bei der Verwirklichung des Binnenmarktziels zu beachten ist. Vor diesem Hintergrund erscheint die Auflösung des Spannungsverhältnisses zwischen dem Gemeinschaftsrecht und dem nationalen Recht der Mitgliedstaaten über die eingangs wiedergegebene klassische Formel des EuGH als zu oberflächlich. Insbesondere ist zu berücksichtigen, dass der EuGH seit der Entscheidung in der Rechtssache

---

220 Zu den Ergebnissen der Regierungskonferenz von Nizza ausführlich *Maurer*, in: Jopp/Lippert/Schneider (Hrsg.), Das Vertragswerk von Nizza und die Zukunft der Europäischen Union, S. 82 ff.

221 *Cordewener*, Europäische Grundfreiheiten und nationales Steuerrecht – „Konvergenz" des Gemeinschaftsrechts und „Kohärenz" der direkten Steuern in der Rechtsprechung des EuGH, S. 18 m.w.N.

222 Vgl. die Nachweise bei *Cordewener*, Europäische Grundfreiheiten und nationales Steuerrecht – „Konvergenz" des Gemeinschaftsrechts und „Kohärenz" der direkten Steuern in der Rechtsprechung des EuGH, S. 18 ff.

223 *Bardenhewer/Pipkorn*, in: Groeben/Thiesing/Ehlermann, EWG-Vertrag, Art. 100a EWGV, Rdnr. 53; *Herrnfeld*, in: Schwarze (Hrsg), EU-Kommentar, Art. 95 EGV, Rdnr. 16.

224 *Hatje*, in: Schwarze (Hrsg), EU-Kommentar, Art. 14 EGV, Rdnr. 7.

„Avoir fiscal“ [225] Anfang 1986 diese Formel verwendet. Die maßgebenden Änderungen des Vertragstextes haben jedoch erst in den nachfolgenden Jahren stattgefunden. Ein deutlicher Beleg, dass der EuGH diese Entwicklung schlicht übersehen will.

C. Das Subsidiaritätsprinzip

Das in Art. 2 EUV für die Europäische Union und in Art. 5 EGV für die Europäische Gemeinschaft festgelegte Subsidiaritätsprinzip ist ein Grundprinzip der Gemeinschaft, denn es enthält Schlüsselaussagen zur Kompetenzordnung des Vertrages[226]. An die Stelle einer festen Kompetenzabgrenzung wird eine in ihren Grenzen fließende, allgemeine Kompetenznorm gesetzt[227]. Es wurde durch den Vertrag von Maastricht[228] als damals neuer Art. 3b in den EG-Vertrag eingefügt. Davor war das Subsidiaritätsprinzip lediglich auf dem beschränkten Gebiet der neuen Gemeinschaftskompetenz für die Umwelt mit der EEA in den EWG-Vertrag aufgenommen worden[229]. Vor dem Inkrafttreten des Vertrages über die Europäische Union stellte das Subsidiaritätsprinzip damit keinen allgemeinen Rechtsgrundsatz dar, anhand dessen die Rechtmäßigkeit der Gemeinschaftshandlungen zu messen gewesen wäre[230]. Insofern bedeutete Art. 3b Abs. 2 EGV eine echte, rechtlich konstitutive Neuerung im Gemeinschaftsrecht.

1. Historische Betrachtung des Subsidiaritätsprinzips

Mit dem Subsidiaritätsprinzip wurde ein rechtlich vorgeprägter Begriff in das Gemeinschaftsrecht übernommen. Die Begriffsdichte reicht dabei von der katholischen Soziallehre[231] über das Verfassungsrecht bis in das Gemeinschaftsrecht[232]. Der Begriff der Subsidiarität wurde im Gemeinschaftsbereich erstmals vom damaligen Präsidenten der EG-Kommission *Delors* gebraucht. *Delors* lancierte 1989 das Thema der Subsidiarität als Antwort auf eine Rede von *Thatcher* während des Europa-Kollegs in Brügge[233]. Er wollte damit neo-nationalistischen Tendenzen im Vereinigten Königreich entgegenwirken. Er hatte damit aber insbesondere der britischen Regierung ein Mittel in die Hand gegeben, das es dieser ermöglichte, auch bereits im Rahmen der Gemeinschaft eingegangene Bindungen in Frage zu stellen[234]. Dies ist der britischen Regierung mit dem Vertrag von Maastricht geglückt. Die Subsidiarität als Prinzip des Gemeinschaftsrechts

---

[225] EuGH vom 28.01.1986 – Rs. 270/83 (Avoir-Fiscal), EuGHE 1986, S. 273, Rdnr. 25.
[226] *v. Bogdandy*, in: Grabitz/Hilf, EUV/EGV, Art. 3b EGV, Rdnr. 1.
[227] *Voß*, in: Dauses (Hrsg.), Handbuch des EU-Wirtschaftsrechts, Kap. J, Rdnr. 38.
[228] Maastrichter Vertrag vom 07.02.1992 (BGBl. II 1992, S. 1253), in Kraft seit dem 01.11.1993 (BGBl. II 1994, S. 2024).
[229] Art. 130r Abs. 4 EWGV lautete: „Die Gemeinschaft wird … insoweit tätig, als die Ziele besser auf Gemeinschaftsebene erreicht werden können als auf Ebene der einzelnen Mitgliedstaaten“. Diese Bestimmung wurde mit dem Vertrag über die Europäische Union (Vertrag von Maastricht) mit seinem Inkrafttreten am 01.11.1993 aufgehoben.
[230] *Heintzen*, JZ 1991, S. 317 (322); *Zuleeg*, DVBl. 1992, S. 1329 (1333).
[231] Zur Entstehung des Subsidiaritätsgedankens mit überzeugender Ableitung aus der 1931 veröffentlichten Enzyklika Quadragesimo Anno des Papstes Pius XI *Pescatore*, in: FS für Everling, S. 1071.
[232] *Stumpf*, in: Schwarze (Hrsg), EU-Kommentar, Art. 1 EUV, Rdnr. 49.
[233] Bulletin der Europäischen Gemeinschaften, 1989, Nr. 10, S. 114 ff.
[234] *Pescatore*, in: FS für Everling, S. 1076.

wurde als Art. 3b in die allgemeinen Bestimmungen des EG-Vertrags eingeführt[235].

In der Folgezeit hat die Europäische Kommission versucht, das Subsidiaritätsprinzip mit Leben zu erfüllen[236]. Diese Bemühungen fanden schließlich Aufnahme in eine Erklärung der Kommission zur Demokratie, Transparenz und Subsidiarität[237]. Im Ergebnis stellt *Pescatore* fest, dass der Richtlinie als „idealsubsidiarischem" Gesetzgebungsinstrument der Vorzug gegeben wurde vor der unmittelbar wirkenden Verordnung[238]. Er sieht aus diesem Grund das Subsidiaritätsprinzip als Instrument, mit dem ein offener Angriff auf das Herz der europäischen Integration gestartet wurde, da es letztlich nur das Gesetzgebungssystem der Gemeinschaft in seiner Initiative hemmen und in seiner Wirkung einschränken soll[239]. Allerdings ist ebenfalls festzuhalten, dass sich die Europäische Kommission zunächst auch auf den Standpunkt gestellt hatte, dass der Bereich der Verwirklichung des Binnenmarkts in die ausschließliche Zuständigkeit der Gemeinschaft falle[240]. Ein Ansatzpunkt, der in besonderer Weise für den Bereich der direkten Steuern verfehlt ist, da – wie die Ausführungen zu den Harmonisierungs- und Angleichungskompetenzen zeigen[241] – der Bereich der direkten Steuern keine der Gemeinschaft exklusiv zugewiesene Regelungsmaterie ist. Immerhin hat die Kommission später den Subsidiaritätsgrundsatz im Hinblick auf direkte Steuern betreffende Harmonisierungsmaßnahmen als bedeutsam für die Beurteilung des Merkmals der „unmittelbaren Auswirkung von Rechts- und Verwaltungsvorschriften auf die Errichtung und das Funktionieren des Gemeinsamen Markts" (Art. 95 EGV) angesehen. In ihren „Leitlinien zur Unternehmensbesteuerung" von 1990 will sie sich jedenfalls auf diejenigen Maßnahmen beschränken, die nach ihrer Meinung für den freien Verkehr innerhalb des Binnenmarkts unerlässlich sind[242].

Die historische Betrachtung zeigt, dass zwar nach dem Vertrag von Maastricht bereits die Währungsunion – als sozusagen vorläufige Krönung des Integrationsprozesses – fest terminiert worden war, gleichzeitig aber die Souveränität der Mitgliedstaaten mit dem Subsidiaritätsprinzip in besonderer Weise hervorgehoben worden ist. Dieser Spannungsbogen zwischen einem dynamisch verlaufen-

---

[235] Zur führenden Rolle der britischen Regierung bei der Abfassung der Formel *Schima*, Das Subsidiaritätsprinzip im Europäischen Gemeinschaftsrecht, S. 51 ff.

[236] Europäische Kommission, Das Subsidiaritätsprinzip, Mitteilung an den Rat und das Europäische Parlament vom 27.10.1992, KOM (92) 1990 endg.; Europäischer Rat, Schlussfolgerungen des Europäischen Rates in Edinburgh vom 11./12.12.1992, Bulletin der Kommission der EG, Nr. 12/1992, Teil A Anlage 1.

[237] Europäische Kommission, Entschließung zu Demokratie, Transparenz und Subsidiarität und der interinstitutionellen Vereinbarung über die Verfahren zur Anwendung des Subsidiaritätsprinzips; den Regelungen und allgemeinen Bedingungen für die Ausübung der Aufgaben des Bürgerbeauftragten; den Modalitäten für die Abwicklung der Arbeiten des in Artikel 189b EGV vorgesehenen Vermittlungsausschusses vom 25.10.1993, KOM (93) 124, ABl. EG 1993, Nr. C 329, S. 132 ff.

[238] *Pescatore*, in: FS für Everling, S. 1079.

[239] *Pescatore*, in: FS für Everling, S. 1079.

[240] Bericht an den Europäischen Rat über die Anwendung des Subsidiaritätsprinzips im Jahr 1994 vom 25.11.1994, KOM (94) 533 endg., S. 4 ff.

[241] Vgl. die Ausführungen im 3. Kapitel unter B.

[242] Mitteilung der Kommission der Europäischen Gemeinschaften an das Parlament und den Rat über Leitlinien zur Unternehmensbesteuerung, BR-Drs. 360/90, S. 1.

den Integrationsprozess und dem Souveränitätsinteressen der Mitgliedstaaten ist heute noch immer existent.

2. Bedeutung des Subsidiaritätsprinzips

Die Vertragsgeber des EUV erhofften sich von Art. 3b EGV die Kompetenzen der Gemeinschaft und deren Grenzen besser und durch Einfügung von Art. 3b Abs. 2 EGV teilweise neu zu bezeichnen und dadurch die legitimierende, disziplinierende und stabilisierende Funktion der Kompetenzordnung stärker herauszustellen. Das Dilemma bestand zum einen darin, dass die Europäische Gemeinschaft die ihr aufgegebenen umfassenden Ziele nur verwirklichen kann, wenn ihre Kompetenzen nicht auf einzelne Sachfragen hin formuliert werden, sondern weite Sachbereiche erfasst werden. Zum anderen besteht zwischen der Gemeinschaft und den Mitgliedstaaten Einigkeit, dass eine vollständige Ausschöpfung dieses Potentials nicht nur funktional überflüssig und politisch bedenklich, sondern aus der Perspektive der nationalen Verfassungen auch äußerst problematisch sein kann. Der EU-Vertrag versucht dieses Spannungsverhältnis dadurch aufzulösen, dass er den potentiellen Anwendungsbereich der Kompetenzbestimmungen unberührt lässt und stattdessen die Rechtmäßigkeit von Maßnahmen an die flexiblen Kriterien der Subsidiarität und der Verhältnismäßigkeit knüpft. Nach der allgemeinen Durchsetzung des Mehrheitsprinzips im Rat und der Überwindung des faktischen Einstimmigkeitserfordernisses sollte damit ein neues Gleichgewicht zwischen der Gemeinschaft und den Mitgliedstaaten gefunden werden. Mit dem Subsidiaritätsprinzip wurde gleichsam ein neuer Pfeiler in die europäische Verfassungsarchitektur eingefügt, der die bislang undeutliche Zuständigkeitsgrenze zwischen der Gemeinschaft und den Mitgliedstaaten präzisieren sollte. Es schützt im Hinblick auf das in weiten Bereichen geltende Mehrheitsprinzip im Rat die Mitgliedstaaten vor der Aushöhlung ihrer autonomen Handlungsspielräume[243] und über die Rechtmäßigkeitskontrolle durch den EuGH auch den Bürger[244]. Das Subsidiaritätsprinzip enthält damit einen föderalen Gegenentwurf zur Integrationsdynamik, die die institutionelle Struktur der Gemeinschaft, ihre politischen Zielsetzungen sowie die Rechtsprechung des EuGH entfalten[245]. Das Verständnis und die Konkretisierung des Subsidiaritätsprinzips haben vor diesem Hintergrund zu erfolgen.

3. Das Subsidiaritätsprinzip in der Rechtsprechung des EuGH

Der EuGH hatte sich bislang in nur wenigen Entscheidungen mit dem Subsidiaritätsprinzip zu befassen[246]. Es ging dabei nicht um die Frage, ob der Gemeinschaftsgesetzgeber zum Erlass der angefochtenen Maßnahmen zuständig war, sondern ob er diese Zuständigkeit ausüben konnte oder – anders formuliert – aufgrund des Subsidiaritätsprinzips in Art. 5 Abs. 2 EGV beispielsweise am Erlass einer Richtlinie gehindert war. Im Kern hatte der EuGH zu entscheiden, ob im Anwendungsbereich des Art. 95 EGV das Subsidiaritätsprinzip überhaupt zur

[243] *v. Bogdandy*, in: Grabitz/Hilf, EUV/EGV (Altband), Art. 3b EGV, Rdnr. 19.
[244] *v. Bogdandy*, in: Grabitz/Hilf, EUV/EGV (Altband), Art. 3b EGV, Rdnr. 25, 41.
[245] *v. Bogdandy*, in: Grabitz/Hilf, EUV/EGV (Altband), Art. 3b EGV, Rdnr. 19.
[246] EuGH vom 09.10.2001 – Rs. C-377/98(Niederlande/Parlament u. Rat), EuGHE 2001, S. I-7079, Rdnr. 27 f.; EuGH vom 10.12.2002 – Rs. C-491/01 (British American Tobacco), EuGHE 2002, S. I-11453; Rdnr. 177 ff.; EuGH vom 12.07.2005 – Rs. C-154/04 (Alliance for Natural Health), Rdnr. 99 ff.

Anwendung kommen kann, da es letztlich um die Verwirklichung des Binnenmarkts geht, dies aber in die ausschließliche Zuständigkeit der Gemeinschaft fällt und damit zum Ausschluss des Subsidiaritätsprinzips führt[247]. Der EuGH hat den Anwendungsbereich des Art. 5 Abs. 2 EGV für eröffnet angesehen. Er argumentiert, dass die Vorschrift des Art. 95 EGV keine ausschließliche Zuständigkeit für die Regelung der wirtschaftlichen Tätigkeiten im Binnenmarkt verleiht, sondern nur die Zuständigkeit für die Verbesserung der Bedingungen für die Errichtung und das Funktionieren dieses Markts durch die Beseitigung von Hemmnissen für den freien Waren- und Dienstleistungsverkehr oder von Wettbewerbsverzerrungen[248]. Die Ausgangsfrage war demnach eine ganz andere, als die Frage, die sich vorliegend stellt. Denn vorliegend geht es alleine darum, ob der EuGH bei der Prüfung von nationalen Rechtsvorschriften aus dem Bereich der direkten Steuern anhand der Grundfreiheiten des EG-Vertrags das Subsidiaritätsprinzip in Art. 5 Abs. 2 EGV zu beachten hat.

Festzustellen ist, dass der EuGH die allgemeine Einführung des Subsidiaritätsprinzips durch den Vertrag von Maastricht bei der Auslegung nationaler Vorschriften im Bereich der direkten Steuern aber auch anderer Rechtsgebiete anhand der Grundfreiheiten des EG-Vertrags bislang offensichtlich nicht zur Kenntnis genommen hat. So verwendet der EuGH seine klassische Formel[249], mit der er das Spannungsverhältnis zwischen dem Gemeinschaftsrecht und den nationalen Rechtsordnungen umschreibt, unverändert seit dem Jahr 1986. Eine Erklärung für diese Haltung des EuGH zu finden, gestaltet sich nicht einfach, da der EuGH mit keiner Silbe auf diese Problematik eingeht. *Zuleeg* liefert für die Auffassung des EuGH einen möglichen Ansatzpunkt. Er folgert aus der Feststellung, dass Adressat des Subsidiaritätsprinzips die Gemeinschaft ist bzw. über Art. 7 EGV ihre Institutionen[250], dass der EuGH die Maßnahmen der übrigen Gemeinschaftsorgane am Subsidiaritätsprinzip zu überprüfen hat, wenn er damit befasst wird. Dieser Auffassung ist uneingeschränkt zuzustimmen. Sie entspricht auch der oben aufgezeigten Rechtsprechungspraxis des EuGH. Interessant sind jedoch die weiteren Folgerungen *Zuleegs*. Er ist weiter der Auffassung, dass der EuGH bei seinen eigenen Entscheidungen das Subsidiaritätsprinzip nicht anwenden muss. Als Begründung führt er an, dass der EuGH schließlich für die ihm zugewiesenen Rechtsstreitigkeiten eine ausschließliche Kompetenz habe[251]. *Zuleeg* verweist damit – ohne sie explizit zu nennen – auf die Vorschrift des Art. 220 EGV. Danach hat der Gerichtshof die Wahrung des Rechts durch Anwendung und Auslegung des Vertrags zu sichern – ohne Zweifel eine ausschließliche Zuständigkeit, die dem EuGH durch den EG-Vertrag zugewiesen worden

---

247 So aber auch die Argumentation der Europäischen Kommission in ihrem Bericht an den Europäischen Rat über die Anwendung des Subsidiaritätsprinzips im Jahr 1994 vom 25.11.1994, KOM (94) 533 endg., S. 4 ff.

248 EuGH vom 10.12.2002 – Rs. C-491/01 (British American Tobacco), EuGHE 2002, S. I-11453, Rdnr. 179.

249 Schlussanträge des Generalanwalts *Maduro* vom 07.04.2005 – Rs. C-446/03 (Marks & Spencer), RIW 2005, S. 383 ff.

250 Wortlaut des Art. 5 Abs. 2 EGV. Art. 7 EGV definiert dann die Organe, die die der Gemeinschaft zugewiesenen Aufgaben wahrnehmen.

251 *Zuleeg*, in: Groeben/Thiesing/Ehlermann, Kommentar zum EWG-Vertrag, Art. 3b EWGV, Bd. 1 S. 208 ff.; ebenso unter Verweis auf die Auffassung *Zuleegs Langguth*, in: Lenz, EGV-Kommentar, Art. 5 EGV, Rdnr. 21; a.A. wohl *v. Bogdandy*, in: Grabitz/Hilf, EU/EGV (Altband), Art. 3b EGV, Rdnr. 26, allerdings ohne Begründung.

ist. M.E. kann dieser sehr weitgehenden Auslegung *Zuleegs* aus mehreren Überlegungen heraus jedoch nicht gefolgt werden. Die Auffassung *Zuleegs* setzt voraus, dass die durch Art. 220 EGV dem EuGH zugewiesene Aufgabe der Wahrung des Rechts als „Gemeinschaftsbereich" anzusehen ist. Dagegen spricht jedoch bereits der klare Wortlaut von Art. 5 Abs. 2 EGV. So enthält der EG-Vertrag auch Vorschriften, in denen ausdrücklich von „Bereichen" gesprochen wird. Beispielhaft sei an dieser Stelle die Vorschrift des Art. 95 Abs. 3 EGV erwähnt[252]. Es fügt sich zwanglos in diese Argumentation ein, dass bei der Bestimmung des Art. 95 Abs. 2 EGV auch von einer Bereichsausnahme gesprochen wird[253]. Darüber hinaus würde diese Auslegung auch zu untragbaren Ergebnissen führen. Dem Gerichtshof obliegt nach der ihm übertragenen Aufgabe der Wahrung des Rechts die letztgültige Bestimmung von Inhalt und Tragweite der Normen des Gemeinschaftsrechts. Wahrung des Rechts bedeutet aber auch Recht konkretisieren und fortbilden[254]. Die Grenze seiner Kompetenz zur an die Gehalte der Gemeinschaftsrechtsordnung gebundenen, konkretisierenden Rechtsfortbildung liegt dort, wo der Gerichtshof neues Recht und insbesondere neue Zuständigkeiten schafft[255]. In einer auf Veränderung der ursprünglichen Verfassung der Beziehungen zwischen den Mitgliedstaaten, auf die Verwirklichung bestimmter politischer Ziele, die wirtschaftliche und rechtliche Integration von Verfassungsstaaten unter Wahrung der nationalen Identität angelegten Rechtsordnung unterliegt daher auch die „Wahrung des Rechts" einer gewissen Dynamik. Wahrung des Rechts heißt daher auch im negativen Sinne: Respektierung der Grenzen der Kompetenzzuweisungen und damit der Handlungsbefugnisse[256]. Im Ergebnis bedeutet dies, dass der EuGH insofern „neues" Recht schafft, indem er allein das „alte" Recht zur Lösung des Spannungsverhältnisses zwischen dem Gemeinschaftsrecht und den nationalen Rechtsordnungen bei der Anwendung der Grundfreiheiten des EG-Vertrags anwendet. Ein Ergebnis, das nur vermieden werden könnte, wenn er das Subsidiaritätsprinzip des Art. 5 Abs. 2 EGV bei der Anwendung der Grundfreiheiten im Auslegungswege einfließen ließe. Für diese Auffassung spricht zudem, dass das Subsidiaritätsprinzip auch als Argumentationslastregel verstanden wird[257], wenn es als Präferenzregel das Interessengeflecht auflösen hilft, in welches die der Gemeinschaft im EG-Vertrag vorgegebenen Ziele, mitgliedstaatliche Interessen sowie die Interessen der Unionsbürger einfließen.

D. Zusammenfassung

Die Besonderheit der Gemeinschaftsverfassung als System von Zielsetzungen, Zugeständnissen, Verfahren und Verhaltensregeln zur Verwirklichung der in der Präambel umrissenen Werte – insbesondere im Wege der Errichtung eines Gemeinsamen Markts – bringt es mit sich, dass der EuGH über seine Aufgabe der Wahrung des Rechts gleichsam als „Motor der Integration" fungiert. Er nimmt diese Aufgabe im Bereich der direkten Steuern wahr, obwohl nach dem derzeiti-

---

252 Art. 95 Abs. 3 EGV lautet wie folgt: „Die Kommission geht in ihren Vorschlägen nach Absatz 1 in den Bereichen Gesundheit, Sicherheit, Umweltschutz und Verbraucherschutz ... ."

253 *Tietje*, in: Grabitz/Hilf, EUV/EGV, Art. 95 EGV, Überschrift zu Rdnr. 20.

254 *Pernice/Mayer*, in: Grabitz/Hilf, EUV/EGV, Art. 220 EGV, Rdnr. 24.

255 *Pernice/Mayer*, in: Grabitz/Hilf, EUV/EGV, Art. 220 EGV, Rdnr. 25.

256 *Pernice/Mayer*, in: Grabitz/Hilf, EUV/EGV, Art. 220 EGV, Rdnr. 21.

257 *v. Bogdandy*, in: Grabitz/Hilf, EUV/EGV (Altband), Art. 3b EGV, Rdnr. 34.

gen Stand des Gemeinschaftsrechts weder die Zuständigkeit der Gemeinschaft eröffnet, noch dieser Bereich einer Harmonisierung ausgesetzt ist. Allein aus der Einbindung der nationalen Rechtsordnungen in die Verträge über die Europäische Union und die Europäische Gemeinschaft folgt nach ständiger Rechtsprechung des EuGH, dass die Mitgliedstaaten auch in diesem Bereich die Grundfreiheiten zu beachten haben.

Allerdings ist festzustellen, dass die Integrationsfunktion heute eine gewandelte Bedeutung hat. So sind in einem dynamischen Integrationsprozess nicht mehr allein das Binnenmarktziel, sondern auch die Grenzen der Kompetenznormen zu beachten. Denn das Binnenmarktkonzept der Gemeinschaft vereinigt und enthält neben den Grundfreiheiten auch die weiteren Zielbestimmungen des Vertrages. Insbesondere durch Art. 3 Abs. 1 Buchst. c) EGV wird ein systematisch untrennbarer Zusammenhang der Grundfreiheiten mit den weiteren in Art. 2 und Art. 3 EGV umschriebenen Aufgaben und Zielen der Gemeinschaft hergestellt. Die Grundfreiheiten sind daher beispielsweise im Lichte der Zielbestimmung der Rechtsangleichung des Art. 3 Abs. 1 Buchst. h) EGV auszulegen. Damit sind die Vorschriften der Art. 94 und 95 EGV bei der Auslegung von nationalen Rechtsvorschriften am Maßstab des Gemeinschaftsrechts mit einzubeziehen.

Art. 95 EGV kommt dabei zentrale Bedeutung zu. Aus dem Binnenmarktbezug der Vorschrift ergibt sich, dass mit Art. 95 EGV eine Dynamisierung und Intensivierung der Rechtsangleichung erreicht werden sollte. Dabei darf jedoch nicht vernachlässigt werden, dass nach dem Willen des Gemeinschaftsgesetzgebers bei der integrationspolitischen Vertiefung der Zielsetzungen des Gemeinsamen Markts aus Gründen der Wahrung von Souveränitätsinteressen gewisse Grenzen gezogen worden sind. Gerade die Bereichsausnahmen in Art. 95 Abs. 2 EGV machen deutlich, dass in diesen Sachbereichen nach dem insoweit eindeutigen Willen der Mitgliedstaaten im Ergebnis jede Rechtsangleichung auf der Grundlage von Art. 95 Abs. 1 EGV verhindert werden sollte. Gestützt wird diese Argumentation auch durch das Subsidiaritätsprinzip in Art. 5 Abs. 2 EGV. Danach besteht eine Verpflichtung der Gemeinschaftsorgane, Kompetenznormen entsprechend ihrer Grenzen auszuüben und damit die nationale Identität der Mitgliedstaaten zu wahren. Der EuGH hat – möglicherweise ganz bewusst – dies nicht in seine Entscheidungsfindung aufgenommen. Sein Selbstverständnis muss sich daher vom Integrationsmotor hin zu einem Wächter des Verhältnisses zwischen Gemeinschaftsorganen, Mitgliedstaaten und Unionsbürgern auf der Grundlage der Unionsverfassung wandeln. Tut er dies nicht, könnten kurzfristigen Integrationsfortschritten erhebliche langfristige Schäden im Verhältnis von Mitgliedstaaten und Gemeinschaft gegenüberstehen.

4. Kapitel
Auslegungsmethoden des EuGH bei der Anwendung der Grundfreiheiten

Das deutsche Steuerrecht erhält zusehends ein europäisches Gesicht[258]. Bei dieser Entwicklung spielt ohne Zweifel der EuGH eine ganz entscheidende Rolle, nicht zuletzt deshalb, weil sich die Europäische Kommission bisher insbesondere unter dem Eindruck des Subsidiaritätsprinzips eher zurückhaltend bei der Harmonisierung der direkten Steuern gezeigt hat[259]. Nicht umsonst wird der EuGH deshalb in diesem Bereich als „Motor der Integration"[260] bezeichnet. Es ist daher von besonderer Bedeutung zunächst zu untersuchen, welche Auslegungsmethoden der EuGH anwendet, um dann in einem zweiten Schritt feststellen zu können, ob er sich damit an die Rahmenbedingungen des Gemeinschaftsrechts hält.

A. Aufgabenstellung des Gerichtshofs

Der EuGH ist nach Art. 220 EGV dazu berufen, das Recht bei der Auslegung und Anwendung des EG-Vertrags zu wahren. Dieses Kontrollmonopol des EuGH[261] soll das reibungslose Zusammenwirken der Gemeinschaftsrechtsordnung mit den Mitgliedstaatlichen Rechtsordnungen gewährleisten. Bei der Auslegung durch den EuGH im Bereich des Europäischen Steuerrechts ist dabei grundsätzlich zwischen der Auslegung des primären und des sekundären Gemeinschaftsrechts zu unterscheiden. Diese Unterscheidung ist insofern von Bedeutung, als zum Sekundärrecht ergangene Auslegungsmethoden nicht vorschnell auf das Primärrecht ausgedehnt werden sollten und umgekehrt. Denn in den Entscheidungen des EuGH zur Auslegung des Vertragsrechts sucht man – wie *Bleckmann*[262] überzeugend ausführt – meist vergebens nach Ausführungen, die auf die angewandte Auslegungsmethode schließen lassen[263]. Für den Bereich des Sekundärrechts hingegen finden sich häufiger Ausführungen des EuGH zu den verwendeten Methoden. So greift der EuGH in diesem Bereich häufig auf die Ziele des Sekundärrechts zurück[264]. *Bleckmann* kommt daher zu der zutreffenden Einschätzung, dass der EuGH im Bereich des Sekundärrechts einer – im Gegensatz zum Bereich des Primärrechts – stark subjektiv gefärbten, am Ziel

---

[258] *Schön*, Die Auslegung europäischen Steuerrechts, S. 1.

[259] Mitteilung der Kommission der Europäischen Gemeinschaften an das Parlament und den Rat über Leitlinien der Unternehmensbesteuerung vom 20.04.1990, Dok. SEK (90) 601 endg., abgedruckt in BR-Drs. 360/90 vom 18.05.1990, Einleitung; vgl. auch *Eckhoff*, in: Birk, Handbuch des Europäischen Steuer- und Abgabenrechts, S. 461, 466; *Lehner*, in: Gaßner (Hrsg.), Doppelbesteuerungsabkommen und EU-Recht: Auswirkungen auf die Abkommenspraxis, S. 11; Europäische Kommission vom 23.05.2001, Steuerpolitik in der Europäischen Union – Prioritäten für die nächsten Jahre, KOM (2001), 260 endg., Rdnr. 2.4.: „... in Anbetracht der sehr unterschiedlichen Charakteristika der Steuersysteme der Mitgliedstaaten [ist] eine Harmonisierung weder notwendig noch wünschenswert (...)."

[260] *Kokott*, in: Lehner (Hrsg.), Die Bedeutung der Grundfreiheiten für das Steuerrecht der EU-Mitgliedstaaten, Münchner Schriften zum Internationalen Steuerrecht, Heft 23, S. 5.

[261] *Schaumburg*, Internationales Steuerrecht, S. 43.

[262] *Bleckmann*, NJW 1982, S. 1177 (1178).

[263] Vgl. Nachweise bei *Bleckmann*, NJW 1982, S. 1177 (1178) in FN 7, 8 u. 9.

[264] *Bleckmann/Pieper*, in: Dauses (Hrsg.), Handbuch des EU-Wirtschaftsrechts, Kap. B.I, Rdnr. 15 m.w.N.

des Sekundärrechts orientierten, teleologischen Methode den Vorzug gibt. Im folgenden braucht daher nicht auf schwierige Fragestellungen eingegangen werden, die sich beispielsweise aus dem Gebot der richtlinienkonfomen Auslegung harmonisierten nationalen Rechts ergeben, dessen Grundlagen, Auswirkungen und Grenzen nach wie vor umstritten sind[265].

Im Bereich der Auslegung des Primärrechts finden sich also kaum Aussagen zu den Auslegungsgrundsätzen. Wie *Vanistendael* zutreffend herausstellt[266], fehlt zudem – dies gilt jedoch gleichermaßen für die Auslegung von Primär- wie Sekundärrecht – eine Tradition bei der Interpretation von Steuerrecht oder gar ausdrückliche Bestimmungen zur Auslegung von Steuergesetzen, wie es in anderen nationalen Steuersystemen der Fall ist. Dieser „Mangel" erklärt sich, wenn man sich vor Augen führt, dass der EuGH seine Rechtsprechung im Bereich des Steuerrechts gleichermaßen in einem Vakuum[267] begonnen hat. Denn er musste bzw. konnte unbelastet von überlieferten Auslegungsmethoden oder gesetzlichen Bestimmungen, die eine bestimmte Auslegung des Vertrags vorschreiben, seine Rechtsprechungstätigkeit aufnehmen. Aus dem Ziel der Europäischen Gemeinschaft, einheitliche Lebens- und Wettbewerbsbedingungen in der Gemeinschaft zu schaffen, ergibt sich zudem, dass der EuGH dabei eine autonome europäische Interpretation des Gemeinschaftsrechts vorzunehmen hat. Nationale Rechtsvorstellungen wären vor diesem Hintergrund nicht als Maßstab der Auslegung europäischer Normen tauglich. Eine Loslösung von dem Verständnis rechtlicher Begriffe und Institute in den einzelnen Mitgliedstaaten der Gemeinschaft ist diesem Verständnis geradezu immanent[268].

B. Die einzelnen Auslegungsmethoden bei der Anwendung der Grundfreiheiten

I. Die Wortlautauslegung

Der EuGH erwähnt jedenfalls im Wortlaut seiner Entscheidungen bei der Auslegung des Vertragsrechts nur ganz selten die Auslegungsmethoden, die er anwendet[269]. Dennoch lassen sich einige Urteile finden, in denen der EuGH ausdrücklich die Norminterpretation mit einem Rekurs auf den Wortlaut der europarechtlichen Vorschrift beginnt[270]. Allerdings sind dieser klassischen Auslegungsmethode gerade in europäischem Zusammenhang enge Grenzen gesetzt. Denn auf europäischer Ebene gibt es keinen einheitlichen Wortlaut[271]. Es existieren vielmehr verschiedene Sprachfassungen, die jede gleichermaßen verbind-

---

[265] Vgl. hierzu ausführlich *Schön*, Die Auslegung europäischen Steuerrechts, S. 35 ff.
[266] *Vanistendael*, in: FS für Flick, S. 1025.
[267] *Vanistendael*, in: FS für Flick, S. 1029.
[268] *Schön*, Gemeinschaftskonforme Auslegung und Fortbildung des nationalen Steuerrechts, S. 171; *Everling*, ZGR 1992, S. 384 (386); *Bleckmann*, ZGR 1992, S. 364 (367); *Daig*, in: FS für Zweigert, S. 396.
[269] *Bleckmann*, NJW 1982, S. 1177 (1178).
[270] *Schön*, Gemeinschaftskonforme Auslegung und Fortbildung des nationalen Steuerrechts, S. 171 m.w.N.; *ders.*, Die Auslegung europäischen Steuerrechts, S. 50 m.w.N.
[271] *Schön*, Gemeinschaftskonforme Auslegung und Fortbildung des nationalen Steuerrechts, S. 172.

lich ist. Völlig unklar ist, wie beispielsweise zu entscheiden ist, wenn der Wortlaut in den verschiedenen Sprachfassungen voneinander abweicht[272]. Dennoch ist es m.E. zutreffend, wenn dem Wortlaut im Gemeinschaftsrecht eine maßgebliche Rolle beigemessen wird[273]. Eine entscheidende Einschränkung ist jedoch m.E. angebracht: Die Wortlautauslegung ist in den meisten Fällen nur der Beginn der Auslegung durch den EuGH, sie leitet zwanglos über zu anderen Auslegungsmethoden.

Bei der Anwendung der Grundfreiheiten und dem daraus resultierenden Grundsatz der Nicht-Diskriminierung ist – ohne dass der EuGH ausdrücklich diesen Weg der Auslegung beschreibt – genau dies festzustellen. Denn der Wortlaut der einzelnen Vorschriften ist sehr verschieden. Schon die Art und Weise, wie der jeweilige Garantiegehalt formuliert ist, divergiert stark[274]. Weitere Unterschiede ergeben sich in den jeweils den Grundfreiheiten nachfolgenden Vorschriften, die teilweise den positiven Garantiegehalt näher präzisieren, teilweise tatbestandliche Ausnahmen schaffen, teilweise als Rechtfertigungen für den Eingriff in die jeweilige Grundfreiheit dienen. Viele dieser Unterschiede sind historisch bedingt: Die Grundfreiheiten sind nicht gleichzeitig geschaffen worden, sondern stammen aus unterschiedlichen Evolutionsphasen der Europäischen Integration. Teilweise sind sie europäisches Urgestein und waren – wenn auch nicht in ihrer heutigen Fassung – bereits in den Römischen Verträgen von 1957 enthalten, teilweise sind sie erstarktes Sekundärrecht. Sie haben keinen einheitlichen Autor und sind nicht selten unzulänglich verbalisierte Ergebnisse nächtlicher Verhandlungsrunden von Spitzenpolitikern unterschiedlicher Muttersprachen.

Trotz dieser Unterschiede im Wortlaut hat sich durch die Rechtsprechungstätigkeit des EuGH zunehmend eine einheitliche Dogmatik der Grundfreiheiten entwickelt. Es ist daher durchaus zutreffend, wenn in der Literatur bereits von einer Konvergenz der Grundfreiheiten gesprochen wird[275]. Diese einheitliche Dogmatik konnte vom EuGH jedoch nicht aus dem Vertragstext selbst entwickelt werden, sondern in erster Linie teleologisch aus dem Vertragsziel der Integration. Als Beispiele für diesen teleologischen Auslegungsansatz des EuGH, der sich – wie soeben erwähnt – nicht aus dem Vertragstext der Grundfreiheiten selbst entnehmen lässt, seien bereits an dieser Stelle das Konzept der unmittelbaren Anwendbarkeit der Grundfreiheiten, der Grundsatz des Vorrangs des Gemein-

---

272 *Hilf*, Die Auslegung mehrsprachiger Verträge, S. 65 ff.

273 *Bleckmann/Pieper*, in: Dauses (Hrsg.), Handbuch des EU-Wirtschaftsrechts, Kap. B.I, Rdnr. 10; *Schön*, Gemeinschaftskonforme Auslegung und Fortbildung des nationalen Steuerrechts, S. 171; *ders.*, Die Auslegung europäischen Steuerrechts, S. 50.

274 Folgende Formulierungen lassen sich unterscheiden:
- „ist […] jede Diskriminierung […] verboten" (Art. 12 EGV),
- „Recht, sich […] frei zu bewegen und aufzuhalten" (Art. 18 EGV),
- „Freizügigkeit der Arbeitnehmer [ist] gewährleistet" (Art. 39 EGV),
- „Beschränkungen der freien Niederlassung […] sind […] verboten" (Art. 43 EGV),
- „Beschränkungen des freien Dienstleistungsverkehrs […] sind […] verboten" (Art. 49 EGV),
- „Beschränkungen des Kapitalverkehrs […] [sind] verboten" (Art. 56 EGV).

275 Grundlegend hierzu *Cordewener*, Europäische Grundfreiheiten und nationales Steuerrecht – „Konvergenz" des Gemeinschaftsrechts und „Kohärenz" der direkten Steuern in der Rechtsprechung des EuGH, passim; *Classen*, EWS 1995, S. 97 ff.; *Kingreen*, Die Struktur der Grundfreiheiten des Europäischen Gemeinschaftsrechts, passim; *Jarass*, EuR 1995, S. 202 ff.

schaftsrechts, die Erweiterungen im Anwendungsbereich der Grundfreiheiten um die Fallgruppen der versteckten und der mittelbaren Diskriminierungen sowie die Entwicklung der Grundfreiheiten von Diskriminierungsverboten hin zu Beschränkungsverboten genannt[276].

II. Historische Auslegung

Im Gegensatz zum Völkerrecht, in dem die Vertragsmaterialien wenigstens bei mehrdeutigen Auslegungsergebnissen bzw. zur Bestätigung der durch andere Methoden gewonnenen Erkenntnisse herangezogen werden dürfen, spielt die Entstehungsgeschichte einer Rechtsnorm bei der Auslegung durch den EuGH so gut wie keine Rolle. So greift der EuGH auf die historische Auslegungsmethode für die Auslegung des Primärrechts nicht zurück. Jedenfalls zieht er für das Primärrecht die Entstehungsgeschichte niemals ausdrücklich heran[277]. Anders ist dies jedoch bei der Auslegung des Sekundärrechts. Allerdings stellt er für diesen Bereich auf die historische Auslegung auch nur insoweit ab, als es sich um verschiedene veröffentlichte Fassungen von aufeinander folgenden Rechtsakten oder um mehrere Entwürfe eines solchen Rechtsakts handelt[278].

III. Systematische Auslegung

Mit der systematischen Auslegung wird nicht ein isolierter Begriff oder Text ausgelegt, vielmehr soll der Begriff oder die Textstelle im Kontext des Gesetzes verstanden werden, damit in einem größeren Zusammenhang eine in sich stimmige Auslegung erreicht werden kann[279]. Diese Auslegungsmethode wird in der Regel dann zur Anwendung gebracht, wenn es aufgrund anderer Auslegungsmethoden zu Norm- und Wertungswidersprüchen im Gesamtsystem kommt. Mit der systematischen Auslegung wird der Versuch unternommen, durch Heranziehung aller Normen des Systems den „inneren Zusammenhang" des Texts zu entwickeln, in welchem alle Einzelrechtsnormen einen angemessenen, widerspruchslosen und den Zielen des Texts entsprechenden Sinn erhalten[280]. *Bleckmann/Pieper* gehen davon aus, dass der EuGH in rund 50 v.H. seiner Entscheidungen auf diese Methode zurückgreift[281]. Sie verweisen ebenfalls darauf, dass der EuGH dabei die entwickelte Methode nur kurz andeutet, d.h. den Inhalt einer Normengruppe kurz angibt und dann sofort die notwendigen Folgerungen zieht[282].

Mit seiner bereits klassischen Formel, wonach der Bereich der direkten Steuern zwar nach dem derzeitigen Stand des Gemeinschaftsrechts weder in die Zustän-

---

276 Vgl. hierzu die Ausführungen im 4. Kapitel unter B. IV. 3. c).

277 *Bleckmann/Pieper*, in: Dauses (Hrsg.), Handbuch des EU-Wirtschaftsrechts, Kap. B.I, Rdnr. 40; *Schön*, Gemeinschaftskonforme Auslegung und Fortbildung des nationalen Steuerrechts, S. 174; *ders.*, Die Auslegung europäischen Steuerrechts, S. 53.

278 *Bleckmann/Pieper*, in: Dauses (Hrsg.), Handbuch des EU-Wirtschaftsrechts, Kap. B.I, Rdnr. 40.

279 *Tipke*, Die Steuerrechtsordnung, Bd. III, S. 1253.

280 *Bleckmann/Pieper*, in: Dauses (Hrsg.), Handbuch des EU-Wirtschaftsrechts, Kap. B.I, Rdnr. 29.

281 *Bleckmann/Pieper*, in: Dauses (Hrsg.), Handbuch des EU-Wirtschaftsrechts, Kap. B.I, Rdnr. 30.

282 *Bleckmann/Pieper*, in: Dauses (Hrsg.), Handbuch des EU-Wirtschaftsrechts, Kap. B.I, Rdnr. 30 m.w.N.

digkeit der Gemeinschaft fällt noch einer Harmonisierung ausgesetzt ist, aber aufgrund der Einbindung der nationalen Rechtsordnungen in die Verträge über die Europäische Union und die Europäische Gemeinschaft die Mitgliedstaaten dennoch die ihnen verbliebenen Befugnisse unter Wahrung des Gemeinschaftsrechts auszuüben haben, d.h. die Grundfreiheiten auch in diesem Bereich zu beachten haben[283], bestätigt der EuGH genau diese Feststellungen von *Bleckmann/Pieper*. Der EuGH erkennt in seiner Formel den Wertungswiderspruch zwischen der durch den EG-Vertrag der Gemeinschaft nicht eingeräumten Kompetenz im Bereich der direkten Steuern und den auf die Verwirklichung des Binnenmarkts gerichteten Grundfreiheiten. Er löst diesen Wertungswiderspruch aber sofort mit dem nächsten Halbsatz einseitig zugunsten des Ziels des Binnenmarkts auf. Damit wird nur allzu deutlich, worauf es dem EuGH entscheidend ankommt: Seine Interessen sind im Wesentlichen auf die Entwicklung einheitlicher Wettbewerbsbedingungen und die Durchsetzung der Grundfreiheiten gerichtet[284]. Er gibt damit letztlich einer teleologischen Auslegung den Vorzug. Nicht dieses Ergebnis seiner Auslegung ist m.E. zu kritisieren, sondern das Fehlen jeglicher Begründung und das Ausblenden von „Nebengeräuschen", die sein Auslegungsergebnis in Frage stellen könnten. So wäre bei der Auflösung des gefundenen Wertungswiderspruchs durch die systematische Auslegung sowohl ein Hinweis auf das Subsidiaritätsprinzip notwendig gewesen, als auch eine Auseinandersetzung mit der historischen Entwicklung des Vertrags. So aber belässt es der EuGH seit 1986 bei seinem damals gefundenen Auslegungsergebnis.

IV. Teleologische Auslegung

Im Vordergrund der Auslegungsmethoden des EuGH steht daher bei der Anwendung der Grundfreiheiten nach den vorliegenden Erkenntnissen der teleologische Aspekt der jeweils anzuwendenden Norm[285]. Damit spielen – insbesondere vor dem Hintergrund des dynamischen Charakters der Gemeinschaftsordnung – sowohl die Ziele des Vertrags im Ganzen als auch die spezifische Zielsetzung der einzelnen Vertragsvorschrift eine entscheidende Rolle. Dieses Untersuchungsergebnis wird besonders deutlich, wenn man sich einige Beispiele für den teleologischen Auslegungsansatz des EuGH, der sich – wie bereits erwähnt – nicht aus dem Vertragstext der Grundfreiheiten selbst entnehmen lässt, näher betrachtet.

1. Das Konzept der unmittelbaren Anwendbarkeit der Grundfreiheiten

Schon bei der Festlegung des Inhalts des Vertrags zur Gründung der Europäischen Wirtschaftsgemeinschaft spielten die Grundfreiheiten eine entscheidende Rolle[286]. Allerdings ist ebenfalls festzustellen, dass die Mitgliedstaaten die schrittweise Verwirklichung des Ziels der Errichtung eines Gemeinsamen Markts als einen Vorgang verstanden haben, der aus einer Kombination von ne-

---

[283] Vgl. die Nachweise in FN 126.

[284] *Voß*, in: Dauses (Hrsg.), Handbuch des EU-Wirtschaftsrechts, Kap. J, Rdnr. 10; *Schön*, Die Auslegung europäischen Steuerrechts, S. 47; *ders.*, Gemeinschaftskonforme Auslegung und Fortbildung des nationalen Steuerrechts, DStJG Bd. 19, S. 171.

[285] *Schön*, Gemeinschaftskonforme Auslegung und Fortbildung des nationalen Steuerrechts, DStJG Bd. 19, S. 173.

[286] Vgl. die Ausführungen im 3. Kapitel unter A.

gativen und positiven Integrationselementen bestehen sollte[287]. Zum einen waren die Hindernisse für den freien Verkehr der Waren, Dienstleistungen, Personen sowie auch der Kapital- und Zahlungsmittel innerhalb des Gemeinschaftsgebiets zu beseitigen, zum anderen galt es, die dadurch betroffenen Regelungsbedürfnisse der Mitgliedstaaten durch eine gemeinschaftsweite Rechtssetzung anzuerkennen. Die Grundfreiheiten sollten dabei lediglich einen Rahmen für die weitere Ausfüllung durch sekundäres Gemeinschaftsrecht vorgeben. Jedenfalls war dies im Gemeinschaftsrecht in den Art. 52, 59 und 67 EWGV (jetzt Art. 43, 49 und 56 EGV) so angelegt worden, die während der „Übergangszeit" den „schrittweisen"[288] Erlass bestimmter weiterer Maßnahmen durch die Gemeinschaftsorgane zur Verwirklichung der genannten Grundfreiheiten vorsahen. Die Art. 49, 54, 57 und 63 EWGV (jetzt Art. 40, 44, 47 und 52 EGV) enthielten zudem Regelungen, wie dieser „schrittweise" Prozess konkret durch den Gemeinschaftsgesetzgeber in Gang gesetzt werden sollte. Die Verwirklichung des durch den Vertrag intendierten Integrationsprozesses erforderte also nach den Vorstellungen der Gründungsstaaten detaillierte Maßnahmen des Gemeinschaftsgesetzgebers[289].

Diese Bindung der freien wirtschaftlichen Betätigung an sekundärrechtliche Vorgaben erwies sich jedoch in der Folgezeit als unzureichend, da – wie *Schön* sich ausdrückt – der Gemeinschaftsgesetzgeber seine „Hausaufgaben" mit Ablauf der Übergangszeit am 31.12.1969 bei Weitem nicht erledigt hatte[290]. Als Reaktion auf das fortbestehende Vakuum im Hinblick auf die angestrebte Marktintegration ist daher das bahnbrechende Urteil des EuGH in der Rechtssache „Van Gend & Loos"[291] zu verstehen. In diesem Grundsatzurteil hat der EuGH dem Einzelnen Rechte aus einer Bestimmung zum freien Warenverkehr[292] zugesprochen, die sich nach ihrem ausdrücklichen Wortlaut lediglich an die Mitgliedstaaten wendet. Der EuGH ist in teleologischer Auslegung über den Wortlaut der Vorschrift hinweggegangen, indem er praeter legem ausführt, dass Rechte Einzelner nicht nur entstehen, wenn der Vertrag dies ausdrücklich bestimmt, sondern auch aufgrund von eindeutigen Verpflichtungen, die der Vertrag den Einzelnen wie auch den Mitgliedstaaten und den Organen der Gemeinschaft auferlegt[293]. Mit einer Reihe grundlegender Entscheidungen vor allem des Jahres 1974 hat der EuGH die „Van Gend & Loos"-Rechtsprechung zur unmittelbaren Anwendbarkeit von Regelungen des EWG-Vertrags auf die Kapitel der Waren-, Dienstleistungs- und Personenverkehrsfreiheit übertragen[294]. Allerdings hat der EuGH sich in den genannten Urteilen darauf beschränkt, die Grundfrei-

---

[287] *Cordewener*, Europäische Grundfreiheiten und nationales Steuerrecht – „Konvergenz" des Gemeinschaftsrechts und „Kohärenz" der direkten Steuern in der Rechtsprechung des EuGH, S. 41.

[288] So der ausdrückliche Wortlaut in den Art. 52, 59 und 67 EWGV. Art. 48 EWGV erwähnte nur die Übergangszeit, der nachfolgende Art. 49 EWGV spricht aber von „fortschreitend".

[289] *Everling*, in: Mestmäcker (Hrsg.), FS für v.d. Groeben, S. 115.

[290] *Roth*, in: Schön (Hrsg.) GS für Knobbe-Keuk, S. 735.

[291] EuGH vom 05.02.1963 – Rs. 26/62 (Van Gend & Loos), EuGHE 1963, S. I-1 ff.

[292] Art. 12 EWGV (jetzt Art. 25 EGV).

[293] EuGH vom 05.02.1963 – Rs. 26/62 (Van Gend & Loos), EuGHE 1963, S. I-25.

[294] EuGH vom 21.06.1974 – Rs. 2/74 (Reyners), EuGHE 1974, S. 631 ff. zur Niederlassungsfreiheit; EuGH vom 03.12.1974 – Rs. 33/74 (Van Binsbergen), EuGHE 1974, S. 1299 ff. zur Dienstleistungsfreiheit; EuGH vom 04.12.1974 – Rs. 41/74 (Van Duyn), EuGHE 1974, S. 1337 ff.

heiten erst zum Ende der Übergangszeit für unmittelbar anwendbar zu erklären. Eine Entscheidung, die m.E. auch nach dem Wortlaut der Grundfreiheiten vertretbar erscheint. Der heutige Vertragstext enthält naturgemäß keinerlei Ausführungen zu Übergangsfristen. M.E. bringen aber die Formulierungen speziell in den Art. 43, 49 und 56 EGV[295] in Zusammenschau mit den jeweils den eigentlichen Grundfreiheiten folgenden Bestimmungen der Art. 40, 44, 52 und 60 EGV hinreichend zum Ausdruck, dass es sich hierbei weiterhin um ein Programm handelt, welches für den Marktbürger keine Rechte begründet. Soweit ersichtlich wurde diese Problematik im Wortlaut der genannten Grundfreiheiten vom EuGH bisher nicht angesprochen. Diese Wortlauslegung zeigt letztlich jedoch einen klaren Wertungswiderspruch zu Art. 220 EGV auf, wonach der EuGH die Aufgabe zur Wahrung und Sicherung des Rechts hat. Diesen Wertungswiderspruch würde der EuGH mit Sicherheit im Wege einer systematischen Auslegung zugunsten des Ziels des Binnenmarkts teleologisch auflösen[296]. Im Ergebnis ist damit festzuhalten, dass das Konzept der unmittelbaren Anwendbarkeit der Grundfreiheiten kaum aus dem Vertragstext selbst, sondern in erster Linie teleologisch aus dem Vertragsziel der Integration entwickelt wurde[297].

2. Der Grundsatz des Vorrangs des Gemeinschaftsrechts

Die unmittelbare Anwendbarkeit der Grundfreiheiten war jedoch nur ein halber Schritt hin zu einer effektiven Durchsetzung der subjektiven Rechte des Marktbürgers. Denn damit war nur geklärt, dass ein bestimmter Sachverhalt sowohl vom nationalen Recht als auch vom Gemeinschaftsrecht erfasst wird. Gerade im Konfliktfall, also bei einer Kollision des nationalen Rechts mit den Grundfreiheiten, musste daher geklärt werden, welche Rechtsordnung der anderen vorgeht. Eine ausdrückliche Lösung dieses Problems gibt der EG-Vertrag nicht vor. Er enthält gerade keine Regelung im Sinne einer Kollisionsnorm, wie sie in vielen Rechtsordnungen von Bundesstaaten, in denen Normkonflikte zwischen einzelstaatlicher Ebene und Bundesebene auftreten, aufgenommen worden sind[298]. Der EuGH hat jedoch keinen Zweifel daran gelassen, dass er von einem uneingeschränkten Vorrang des Gemeinschaftsrechts ausgeht[299]. Er begründet dies in seiner grundlegenden Entscheidung in der Rechtsache „Costa/E.N.E.L." im Wesentlichen mit der Eigenständigkeit der durch den EWG-Vertrag geschaffenen Rechtsordnung, die von den Mitgliedstaaten mit echten Hoheitsrechten ausges-

---

295 Art. 43 und 49 EGV verbieten Beschränkungen „nach Maßgabe der folgenden Bestimmungen", Art. 56 EGV spricht von „im Rahmen dieser Bestimmungen".

296 Vgl. hierzu die Ausführungen im 4. Kapitel unter B III.

297 *Cordewener*, Europäische Grundfreiheiten und nationales Steuerrecht – „Konvergenz" des Gemeinschaftsrechts und „Kohärenz" der direkten Steuern in der Rechtsprechung des EuGH, S. 57 m.w.N.

298 Z.B. Art. 31 GG.

299 Nach h.M. bedeutet dies, dass das EG-Recht Anwendungsvorrang jedoch keinen Geltungsvorrang hat. Der Anwendungsvorrang führt nicht zur Nichtigkeit der Norm. Außerhalb des Anwendungsbereichs des EG-Vertrags bleibt die Norm in jedem Fall weiter anwendbar. Das bedeutet, dass die Norm bei rein innerstaatlichen Sachverhalten und bei grenzüberschreitenden Sachverhalten zu Nicht-EG-Staaten weiterhin angewandt werden muss. Der EG-Vertrag verlangt nur, dass die Norm bei grenzüberschreitenden Sachverhalten zu anderen Mitgliedstaaten der Europäischen Union nicht angewandt wird. Vgl. allgemein *Cordewener*, Europäische Grundfreiheiten und nationales Steuerrecht – „Konvergenz" des Gemeinschaftsrechts und „Kohärenz" der direkten Steuern in der Rechtsprechung des EuGH, S. 55 m.w.N. in FN 75.

tattet worden seien und somit von diesen und ihren Angehörigen als verbindlich anzusehen sei[300]. Auch hier verwendet der EuGH also einen kaum aus dem Vertragstext selbst ableitbaren Grundsatz, den er in erster Linie teleologisch aus dem Vertragsziel der Integration entwickelt hat[301].

3. Erweiterungen des Anwendungsbereichs der Grundfreiheiten

Aber auch nach diesen beiden teleologischen Erweiterungen in der Konzeption der Grundfreiheiten war der EuGH noch nicht zufrieden. Vor dem Hintergrund des angestrebten Binnenmarkts hat er daher das Konzept der Personenverkehrsfreiheiten in zweifacher Hinsicht ausgebaut. Denn das Grundproblem der Personenverkehrsfreiheiten besteht darin, dass das Gebot der Inländergleichbehandlung nach dem Wortlaut der einzelnen Vorschriften nur eine Sachverhaltskonstellation im Blick hat, nämlich sog. „Import"-Situationen, d.h. „Zuzugsfälle" mit grenzüberschreitender Leistungserbringung bzw. Standortwechsel des selbständigen/nichtselbständigen Leistungsanbieters aus dem EG-Ausland in das Inland hinein[302]. Zudem werden mit der ausschließlichen Anknüpfung an die ausländische Staatsangehörigkeit schlichtweg nicht alle Fälle erfasst. Verschärfend kommt noch hinzu, dass sich die Vorschriften ausschließlich auf die Gleichbehandlung des jeweils „aktiven" Marktteilnehmers (Arbeitnehmer, Dienstleistungserbringer etc.) beziehen. Die Lösung dieser Grundproblematik bestand darin, dass der EuGH in teleologischer Auslegung der Vorschriften der Grundfreiheiten den jeweiligen Diskriminierungstatbestand von der ausländischen Staatsangehörigkeit als verbotenes Differenzierungskriterium gelöst hat und den Tatbestand der Grundfreiheiten über ein Diskriminierungsverbot hinaus zu einem Beschränkungsverbot entwickelt hat.

a) Fallgruppe der sog. „versteckten" Diskriminierungen[303]

Nach der auch vom EuGH verwandten Gliederung der Grundfreiheitsprüfung in eine Tatbestands- und Rechtfertigungsebene („Schranke"), lässt sich für jede auf

---

300 EuGH vom 15.07.1964 – Rs. 6/64 (Costa/E.N.E.L.), EuGHE 1964, S. 1251 ff.

301 *Cordewener*, Europäische Grundfreiheiten und nationales Steuerrecht – „Konvergenz" des Gemeinschaftsrechts und „Kohärenz" der direkten Steuern in der Rechtsprechung des EuGH, S. 57 m.w.N.

302 *Cordewener*, Europäische Grundfreiheiten und nationales Steuerrecht – „Konvergenz" des Gemeinschaftsrechts und „Kohärenz" der direkten Steuern in der Rechtsprechung des EuGH, S. 113; *Cordewener* weist weiter darauf hin, dass dadurch Benachteiligungen von Inländern gegenüber ausländischen Staatsangehörigen schlichtweg nicht gesehen werden. *Cordewener*, Europäische Grundfreiheiten und nationales Steuerrecht – „Konvergenz" des Gemeinschaftsrechts und „Kohärenz" der direkten Steuern in der Rechtsprechung des EuGH, S. 114.

303 Die Begrifflichkeiten (faktische, verdeckte oder versteckte Diskriminierungen) werden teilweise synonym gebraucht. Nicht selten wird daher der Begriff der versteckten Diskriminierung auch extensiv auf Regelungen ausgedehnt, die zwar faktisch ausländische Produkte schlechter stellen, in großem Umfang aber auch Inlandsprodukte erfassen. Diese Regelungen sind jedoch als Beschränkungen zu erfassen. Vgl. *Jarass*, EuR 1995, S. 202 (211 f.); ebenso im Ergebnis *Kokott*, in: Lehner (Hrsg.), Die Bedeutung der Grundfreiheiten für das Steuerrecht der EU-Mitgliedstaaten, Münchner Schriften zum Internationalen Steuerrecht, Heft 23, S. 18. Daneben ist noch die Fallgruppe der sog. mittelbaren Diskriminierungen zu nennen. Nach der Rechtsprechung des EuGH kommt es nicht darauf an, ob eine staatliche Maßnahme unmittelbar auf ein entsprechendes wirtschaftliches Verhalten abzielt oder sich nur mittelbar darauf auswirkt. Vgl. *Jarass*, EuR 1995, S. 202 (219).

einer Norm beruhende Ungleichbehandlung (Rechtsfolgenseite) auf der Tatbestandsseite ein Differenzierungskriterium finden, das diese Ungleichbehandlung auslöst. Soweit die Grundfreiheiten als Differenzierungskriterium auf die Staatsangehörigkeit abstellen[304], wären sie für den Bereich der direkten Steuern damit bei einer reinen Wortlautauslegung weitgehend bedeutungslos[305]. Der EuGH hat jedoch schon früh klargestellt, dass die gemeinschaftsrechtlichen Diskriminierungsverbote nicht nur unmittelbare, offene bzw. ausdrücklich an verbotene Kriterien wie die Staatsangehörigkeit (oder das Geschlecht) anknüpfende Diskriminierungen erfassen, sondern auch „versteckte" Diskriminierungen[306]. Solche versteckte Diskriminierungen liegen vor, wenn die Ungleichbehandlung auf neutral formulierten Normen beruht, die sich lediglich faktisch zu Lasten von EG-Ausländern auswirken. Mit dieser Erweiterung – praeter legem – schützen die Grundfreiheiten nun nicht nur die EU-Ausländer vor einer Schlechterbehandlung gegenüber den EU-Inländern (offene Diskriminierung). Vielmehr verbieten sie auch die negative Ungleichbehandlung nach ähnlichen Kriterien – namentlich dem Wohnsitz, dem gewöhnlichen Aufenthalt, dem statuarischen oder tatsächlichen Sitz einer Kapitalgesellschaft etc.[307]. Im Steuerrecht fallen dementsprechend auch die zahlreichen an den Wohnsitz des Steuerpflichtigen anknüpfenden Vorschriften in den Anwendungsbereich des Diskriminierungsverbots[308].

Da die Unterscheidung zwischen unbeschränkt steuerpflichtigen Rechtssubjekten mit Wohnort oder Sitz im besteuernden Staat und beschränkt Steuerpflichtigen mit Wohnort oder Sitz im Ausland zu den hergebrachten Grundsätzen der Steuerrechtsordnungen der Mitgliedstaaten zählt, könnte man diese Rechtsprechung des EuGH als zu weitgehende Infragestellung solcher hergebrachten Grundsätze kritisieren. Sie ist aber konsistent im Hinblick auf die konsequente Auslegung der gemeinschaftsrechtlichen Diskriminierungsverbote im Sinne von Verboten auch faktischer Diskriminierungen, wie sie der EuGH auf anderen Gebieten vornimmt[309]. *Kokott* ist deshalb der Meinung, dass es schon einer besonderen Begründung bedürfte, wollte man dem EuGH auf dem Gebiet des Steuerrechts einen Sonderweg bzw. eine restriktivere Haltung abverlangen[310]. M.E. ist diese Auffassung vor dem Hintergrund der historischen Entwicklung bei den Vorschriften über die Rechtsangleichung und zum Subsidiaritätsprinzip im Bereich der direkten Steuern nicht zwingend. Allerdings lässt sich gerade durch die Bestimmung des Art. 54 EGV – die auch nicht mehr mit Übergangsbestimmung

[304] Vgl. Art. 39 Abs. 2, Art. 43 Abs. 1 und Art. 49 EGV.
[305] Im Bereich der direkten Steuern stellt soweit erkennbar lediglich § 2 AStG auf die Staatsangehörigkeit ab.
[306] EuGH vom 12.02.1974 – Rs. 152/73 (Sotgiu), EuGHE 1974, S. 153, Rdnr. 11; EuGH vom 16.02.1978 – Rs. 61/77 (Seefischerei), EuGHE 1978, S. 417, Rdnr. 78; EuGH vom 13.07.1993 – Rs. C-330/91 (Commerzbank), EuGHE 1993, S. I-4017, Rdnr. 14; EuGHE vom 12.04.1994 – Rs. C-1/93 (Halliburton), EuGHE 1994, S. I-1137, Rdnr. 15.
[307] Nunmehr ausdrückliche Einbeziehung in Art. 54 EGV.
[308] EuGH vom 28.01.1986 – Rs. 270/83 (Avoir-Fiscal), EuGHE 1986, S. 273, Rdnr. 18; EuGH vom 13.07.1993 – Rs. C-330/91 (Commerzbank), EuGHE 1993, S. I-4043, Rdnr. 14 f.; EuGH vom 12.04.1994 – Rs. C-1/93 (Halliburton), EuGHE 1994, S. I-1155, Rdnr. 15; EuGH vom 16.07.1998 – Rs. C-264/96 (ICI), EuGHE 1998, S. I-4695, Rdnr. 23 f.
[309] Vgl. die Nachweise in FN 306.
[310] *Kokott*, in: Lehner (Hrsg.), Die Bedeutung der Grundfreiheiten für das Steuerrecht der EU-Mitgliedstaaten, Münchner Schriften zum Internationalen Steuerrecht, Heft 23, S. 17.

überschrieben ist – eine andere Betrachtungsweise in systematischer Auslegung der Vertragstexte rechtfertigen. Zudem nimmt der EuGH auf der Rechtfertigungsebene zum Ausgleich eine differenzierte Prüfung vor[311]. Während bei unmittelbaren Anknüpfungen an die Staatsangehörigkeit eine Diskriminierung regelmäßig vorliegt[312], ist bei lediglich versteckten Ungleichbehandlungen zu untersuchen, ob die unterschiedlich von einer neutral formulierten Norm Betroffenen sich in einer vergleichbaren Lage befinden. Dementsprechend prüft der EuGH bei mittelbaren, auf Wohnsitz oder Kapitalanlageort abstellenden Ungleichbehandlungen auf dem Gebiet des Steuerrechts zur Erfüllung des Diskriminierungstatbestands eingehend die Voraussetzung, ob sich die ungleich Behandelten in einer vergleichbaren Situation befinden[313]. Eine solche vergleichbare Situation liegt nach ständiger Rechtsprechung im Hinblick auf die direkten Steuern für Gebietsansässige und Gebietsfremde in der Regel nicht vor.

Bei den grundsätzlich unzulässigen direkten Diskriminierungen obliegt also dem Staat eine kaum zu erfüllende Rechtfertigungslast, wohingegen die Bejahung mittelbarer Diskriminierungen durch an Wohn- oder Kapitalanlageort anknüpfende Regelungen zusätzlicher Darlegungen bedarf. Der Steuerpflichtige darf dann anders behandelt werden, wenn die Voraussetzung der „vergleichbaren Situation“ nicht gegeben ist. Diese erhöhten Anforderungen, die für die Bejahung einer vertragswidrigen versteckten Diskriminierung im Steuerrecht vorliegen müssen, entsprechen der Ausgangslage, dass der Bereich der Steuern beim gegenwärtigen Stand des Gemeinschaftsrechts nicht in die Zuständigkeit der Gemeinschaft fällt, wenn auch die Mitgliedstaaten die ihnen verbleibenden Befugnisse unter Wahrung des Gemeinschaftsrechts ausüben müssen[314]. Hinzu kommt – wie *Kokott* zutreffend ausführt[315] –, dass der Vertrag die Legitimität einer Differenzierung nach Wohn- und Kapitalanlageort im Steuerrecht ausdrücklich anerkennt. So stellt Art. 58 Abs. 1 Buchst. a) und Abs. 2 EGV fest, dass die Vorschriften über die Freiheit des Kapital- und Zahlungsverkehrs nicht das Recht der Mitgliedstaaten berühren, „die einschlägigen Vorschriften ihres Steuerrechts anzuwenden, die Steuerpflichtige mit unterschiedlichem Wohnort oder Kapitalanlageort unterschiedlich behandeln“, und dass das Kapitel des EG-Vertrags über den Kapital- und Zahlungsverkehr nicht die Anwendbarkeit von Beschränkungen des Niederlassungsrechts berührt, die mit dem Vertrag vereinbar sind. All dies spricht für einen großzügigen Kontrollmaßstab des EuGH im Hinblick auf innerstaatliche Vorschriften, die nach dem Wohn- oder Kapitalanlageort des Steuerpflichtigen differenzieren.

---

311 *Streinz*, Europarecht, Rdnr. 702.
312 *Streinz*, Europarecht, Rdnr. 702.
313 EuGH vom 14.02.1995 – Rs. C-279/93 (Schumacker), EuGHE 1995, S. I-225, Rdnr. 30 f.; EuGH vom 11.08.1995 – Rs. C-80/94 (Wielockx), EuGHE 1995, S. I-2493, Rdnr. 17 f.
314 Vgl. die Nachweise in FN 126.
315 *Kokott*, in: Lehner (Hrsg.), Die Bedeutung der Grundfreiheiten für das Steuerrecht der EU-Mitgliedstaaten, Münchner Schriften zum Internationalen Steuerrecht, Heft 23, S. 11 f.

b) Fallgruppe der sog. „passiven" Diskriminierungen

Doch diese Erweiterung ist nicht die einzige geblieben. Der EuGH hat den Anwendungsbereich der Grundfreiheiten auch in eine andere Richtung über ihren Wortlaut hinaus entfaltet. Nach der Rechtsprechung schützen nämlich die Grundfreiheiten nicht mehr nur – wie es ihrem Wortlaut entspricht – eine bestimmte Aktivität (das grenzüberschreitende Erbringen einer Arbeits-/Dienstleistung, das Sich-Niederlassen im Ausland, die grenzüberschreitende Investition auf dem Kapitalmarkt), sondern privilegieren zugleich auch den jeweiligen Empfänger dieser Aktivitäten, d.h. die passive Arbeitnehmerfreizügigkeit schützt den Arbeitgeber, die passive Dienstleistungsfreiheit eines Fernsehsenders den Fernsehzuschauer, die passive Kapitalverkehrsfreiheit den Darlehensnehmer etc. Für die Arbeitnehmerfreizügigkeit[316], die Niederlassungsfreiheit[317] und die Dienstleistungsfreiheit[318] ist anerkannt, dass sie einen Mitgliedstaat nicht nur daran hindern, Arbeitnehmer, selbständig Tätige sowie Dienstleistende aus dem EG-Ausland in seinem Hoheitsgebiet zu diskriminieren. Vielmehr verbieten die genannten Freiheiten es auch, dass ein Mitgliedstaat seine eigenen Staatsangehörigen daran hindert, sich in anderen EG-Staaten entsprechend zu betätigen. Im Rahmen der Dienstleistungsfreiheit muss ein Staat also beispielsweise sowohl zulassen, dass EG-ausländische Ärzte oder Rechtsanwälte berufliche Tätigkeiten vorübergehend im Inland ausüben als auch, dass inländische Ärzte oder Rechtsanwälte ihre beruflichen Tätigkeiten vorübergehend im EG-Ausland ausüben. Handelt es sich um eine dauerhafte grenzüberschreitende Verlagerung der beruflichen Tätigkeit, gilt das Gleiche im Rahmen der Niederlassungsfreiheit, auch wenn der Wortlaut der entsprechenden Vorschriften[319] sowie ihre entstehungsgeschichtliche Anlehnung an das Fremdenrecht[320] dies nicht ohne weiteres hergeben. Für den freien Kapitalverkehr fand

---

[316] EuGH vom 07.05.1998 – Rs. C-350/96 (Clean Car Autoservice), EuGHE 1998, S. I-2521, Rdnr. 20 f.

[317] EuGH vom 12.04.1994 – Rs. C-1/93 (Halliburton), EuGHE 1994, S. I-1155 ff. allerdings mit zweifelhafter Begründung. Vgl. Ausführungen bei *Cordewener*, Europäische Grundfreiheiten und nationales Steuerrecht – „Konvergenz" des Gemeinschaftsrechts und „Kohärenz" der direkten Steuern in der Rechtsprechung des EuGH, S. 241 f.; klarer: EuGH vom 16.07.1998 – Rs. C-264/96 (ICI), EuGHE 1998, S. I-4695, Rdnr. 22 m.w.N.: „Auch wenn die Bestimmungen über die Niederlassungsfreiheit nach ihrem Wortlaut insbesondere die Inländerbehandlung im AufnahmeMitgliedstaat sichern sollen, so verbieten sie es doch auch, dass der Herkunftsstaat die Niederlassung seiner Staatsangehörigen oder einer nach seinem Recht gegründeten Gesellschaft, die im übrigen der Definition des Art. 58 EGV entspricht, in einem anderen Mitgliedstaat behindert."

[318] EuGH vom 25.07.1991 – Rs. C-353/89 (Kommission/Niederlande), EuGHE 1991, S. 4069, Rdnr. 23.

[319] Vgl. z.B. Art. 43 Abs. 2 EGV für die Niederlassungsfreiheit: „Vorbehaltlich des Kapitels über den Kapitalverkehr umfasst die Niederlassungsfreiheit die Aufnahme und Ausübung selbständiger Erwerbstätigkeiten sowie die Gründung und Leitung von Unternehmen, insbesondere von Gesellschaften im Sinne des Artikels 48 Absatz 2, nach den Bestimmungen des Aufnahmestaats für seine eigenen Angehörigen". Art. 50 Abs. 3 EGV für die Dienstleistungsfreiheit: „[..] der Leistende [kann] zwecks Erbringung seiner Leistungen seine Tätigkeit vorübergehend in dem Staat ausüben, in dem die Leistung erbracht wird, und zwar unter den Voraussetzungen, welche dieser Staat für seine eigenen Angehörigen vorschreibt."

[320] *Randelzhofer*, in: Grabitz/Hilf, EUV/EGV (Altband), vor Art. 48 EGV, Rdnr. 2; *Wölker*, in: Groeben/Thiesing/Ehlermann, Kommentar zum EU-/EG-Vertrag, Vorb. zu Art. 48 – 50 EGV, Rdnr. 13 ff.

sich im alten Art. 67 EWGV selbst schon ein klarer Hinweis darauf, dass neben dem Kapitalgeber auch der Kapitalempfänger geschützt sein soll, denn neben der Staatsangehörigkeit wurde auch der Wohnort „der Parteien“ als verbotenes Differenzierungskriterium genannt. Folgerichtig hatte der EuGH daher im Urteil „Svensson u. Gustavsson“ beide Beteiligte eines Kapitaltransfers in eine einheitliche Betrachtung einbezogen[321]. Letztlich spricht dies für den vom EuGH angewandten großzügigen Kontrollmaßstab im Hinblick auf innerstaatliche Vorschriften. Daneben ist diese Erweiterung des Schutzbereichs auch durchaus argumentativ zu begründen. Die Argumentation ähnelt der Figur der Drittschadensliquidation im Schuldrecht. Wenn ein Mitgliedstaat zwar nicht den ausländischen Fernsehsender als solchen, wohl aber dessen potenzielle Kunden beim Empfang des Senders behindert, so ist der Sender zwar Rechtsträger (aktive Dienstleistungsfreiheit); er ist aber nicht in eigenen Rechten verletzt, sondern verliert lediglich wirtschaftliche Geschäftschancen. Umgekehrt fällt der Zuschauer nicht unter den Wortlaut einer der Grundfreiheiten; insbesondere wird er nicht selber wirtschaftlich tätig. Dass objektiv eine Beeinträchtigung des Binnenmarkts vorliegt, ist aber evident. Da der EuGH sich als Motor der Integration begreift, neigt er dazu, in möglichst weitem Umfang objektiven Normen auch eine subjektive Dimension zu geben und sie damit zu effektivieren.

Festzuhalten bleibt, dass die Grundfreiheiten durch die Erweiterung ihres Anwendungsbereichs auf die Fälle der sog. passiven Diskriminierungen auch Inländer berechtigen können. Allerdings ist es Inländern nicht möglich sich bei jeder Beschränkung ihrer wirtschaftlichen Betätigung und jeder Diskriminierung auf die Grundfreiheiten zu berufen[322]. Eine Begrenzung des weiten tatbestandlichen Anwendungsbereichs der Grundfreiheiten ist daher auf der Rechtfertigungsebene vorzunehmen[323].

c) Von Diskriminierungsverboten hin zu Beschränkungsverboten

Obwohl der EG-Vertrag den Begriff „Grundfreiheiten“ nicht verwendet[324], werden die Bestimmungen über den freien Waren-, Personen-, Dienstleistungs- und Kapitalverkehr (Art. 12, 18, 23, 39, 43, 49 und 56 EGV) nach allgemeiner Ansicht als Grundfreiheiten bezeichnet[325]. Diese Bezeichnung als „Grundfreihei-

---

[321] EuGH vom 14.11.1995 – Rs. C-484/93 (Svensson et Gustavsson), EuGHE 1995, S. I-3974, Rdnr. 10.

[322] *Kokott*, in: Lehner (Hrsg.), Die Bedeutung der Grundfreiheiten für das Steuerrecht der EU-Mitgliedstaaten, Münchner Schriften zum Internationalen Steuerrecht, Heft 23, S. 14.

[323] Vgl. die Ausführungen im 5. Kapitel.

[324] *Lehner*, Begrenzung der nationalen Besteuerungsgewalt durch die Grundfreiheiten und Diskriminierungsverbote des EG-Vertrags, DStJG Bd. 23, S. 265.

[325] Die Bezeichnung "Grundfreiheiten" dient üblicherweise als Oberbegriff für die in Art. 3 Abs. 1 Buchst. c) und Art. 14 Abs. 2 EGV genannten, für das Funktionieren des Binnenmarkts erforderlichen Rechtspositionen. Zu den Grundfreiheiten gehören die Warenverkehrsfreiheit, die Personenverkehrsfreiheit (in ihren beiden Ausprägungen als Arbeitnehmerfreizügigkeit und Niederlassungsfreiheit), die Dienstleistungsfreiheit und die Kapitalverkehrsfreiheit. Da die europäische Integration das Stadium einer reinen Wirtschaftsgemeinschaft verlassen hat, werden auch die allgemeine Freizügigkeit der Unionsbürger und das allgemeine Verbot der Diskriminierung nach der Staatsangehörigkeit als „Grundfreiheiten“ angesehen.

ten" ist jedoch insofern zumindest missverständlich, als die genannten Vorschriften – insbesondere im Bereich der direkten Steuern – keineswegs in erster Linie als Freiheitsrechte, sondern primär als Gleichheitsrechte fungieren. Diese Unterscheidung ist nicht nur von akademischen Interesse, sondern erlangt ganz praktische Bedeutung für den Bürger, der sich auf die „Grundfreiheiten berufen will. Denn Freiheitsrechte gelten absolut, d.h. sie statten ihren Träger mit bestimmten Erlaubnissen aus. In der absoluten Perspektive des Freiheitsrechts beeinträchtigt daher jede Auferlegung einer Steuer den Steuerschuldner. Ob ein Freiheitsrecht verletzt ist, ist damit auch allein eine Sache zwischen dem Träger der Freiheit und dem Hoheitsträger. Ganz anders die Gleichheitsrechte: Sie verbieten Diskriminierungen. Ob eine Diskriminierung vorliegt, lässt sich nur im Drei-Personen-Verhältnis beurteilen, d.h. es muss verglichen werden, ob der Hoheitsträger denjenigen, der sich auf ein Gleichheitsrecht beruft, schlechter behandelt als einen Dritten.

Bei einem ersten Blick auf den Wortlaut der Vorschriften zeigt sich deren freiheitsrechtlicher Gehalt unmittelbar im Begriff der „Beschränkung"[326]. So verbietet beispielsweise Art. 43 Abs. 1 EGV „Beschränkungen der freien Niederlassung", Art. 49 Abs. 1 EGV „Beschränkungen des freien Dienstleistungsverkehrs" und Art. 56 Abs. 1 EGV schließlich „alle Beschränkungen des Kapitalverkehrs". Gleichwohl ist bei einem näheren Blick auf die Formulierungen in den Art. 43 Abs. 2 und Art. 50 Abs. 3 EGV, die auf eine Inländergleichbehandlung abstellen[327], diese erste Erkenntnis wieder in Frage gestellt. Es ist daher zu untersuchen, wie die „Beschränkungen" in der allgemeinen Dogmatik der Grundfreiheiten auszulegen sind[328]. Dabei sind aus der Rechtsprechung des EuGH heraus verschiedene Erscheinungsformen der „Beschränkungen" zu unterscheiden und auf ihre „Systemkonformität" zu überprüfen[329].

[326] Vom Verbot der Diskriminierung (aus Gründen der Staatsangehörigkeit) spricht der EG-Vertrag dagegen ausdrücklich nur in Art. 12 EGV sowie im Verbot der Ungleichbehandlung, das in den jeweiligen Einzelbestimmungen näher ausgestaltet wird. Vgl. EuGH vom 21.06.1974 – Rs. 2/74 (Reyners), EuGHE 1974, S. 631.

[327] Vgl. Einzelheiten hierzu nachfolgend unter aa).

[328] Grundlegend dazu *Cordewener*, Europäische Grundfreiheiten und nationales Steuerrecht – „Konvergenz" des Gemeinschaftsrechts und „Kohärenz" der direkten Steuern in der Rechtsprechung des EuGH, S. 249 ff. u. 377 ff.

[329] Der EuGH unterscheidet nur Anwendungsfälle der Grundfreiheiten als Diskriminierungsverbote einerseits und als Beschränkungsverbote anderseits. Dabei ist die Bezeichnung "Diskriminierungsverbote" den Fällen der Diskriminierung von Ausländern/Gebietsfremden gegenüber Inländern/Ansässigen vorbehalten. Sämtliche anderen Fälle schlägt der EuGH dem Bereich der Beschränkungsverbote zu. Diese dichotomische Einteilung hat primär historische Gründe. Sie spiegelt wider, dass die Grundfreiheiten zunächst nur die erste Fallgruppe (Ausländerdiskriminierung) untersagten, während alle übrigen Fallgruppen erst durch die oben skizzierte Erweiterung des Anwendungsbereichs der Grundfreiheiten sukzessive hinzukamen. Daher wird heute unter dem Sammelbegriff "Beschränkungsverbote" eine disparate Vielzahl von Konstellationen abgehandelt. Sie werden teilweise an einem freiheitsrechtlichen, teilweise aber ebenfalls an einem gleichheitsrechtlichen Maßstab gemessen. Dass sie gleichwohl alle unter der Bezeichnung "Beschränkungsverbote" zusammengefasst werden, führt schon innerhalb dieses Sammelbegriffs häufig zu methodischen Unsicherheiten oder sogar dogmatischen Verwerfungen. Auch die Abgrenzung zu den klassischen Diskriminierungsverboten wirkt zunehmend künstlich. So kommt es nach der Terminologie des EuGH für Zuzugsfälle zur Anwendung der Diskriminierungs-, für Wegzugsfälle dagegen stets nur zur Anwendung der Be-

aa) Grundform der Beschränkung: diskriminierende Regelungen beim Marktzutritt

Grundlage der Rechtsprechung des EuGH zu den Grundfreiheiten ist deren Verständnis als primär gleichheitsrechtliche Diskriminierungsverbote nach der Staatsangehörigkeit bzw. nach der Ansässigkeit[330]. Dieses Verständnis findet eine wichtige Stütze im Wortlaut der Grundfreiheiten, wo allein dieses Verständnis von „Beschränkungen“ deutlich angesprochen wird[331]. So wird die Dienstleistungsfreiheit gemäß Art. 50 Abs. 2 EGV beschränkt, wenn Dienstleistungen nicht „unter den Voraussetzungen, welche dieser Staat für seine eigenen Angehörigen vorschreibt“, erlaubt werden. Notwendig ist also eine Ungleichbehandlung, und zwar anhand der Staatsangehörigkeit, und auch die „Zielrichtung“ der Ungleichbehandlung ist klar: Es muss sich nämlich um eine Schlechterbehandlung eines im Inland tätigen Ausländers (oder Gebietsfremden) gegenüber einem ebenfalls im Inland tätigen Inländer (oder Ansässigen) handeln, mithin um eine sog. Inbound-Situation. Bestätigt wird letztere Erkenntnis durch Art. 49 Abs. 1 EGV, wonach eine Ungleichbehandlung von Personen erfasst wird, „die in einem anderen Staat der Gemeinschaft als demjenigen des Leistungsempfängers ansässig sind“. Die Niederlassungsfreiheit wird gemäß Art. 43 Abs. 2 EGV beschränkt, wenn den Angehörigen anderer Mitgliedstaaten die Aufnahme und Ausübung selbständiger Erwerbstätigkeiten nicht „nach den Bestimmungen des Aufnahmestaats für seine eigenen Angehörigen“ gestattet wird. Auch hier wird wiederum eine Ungleichbehandlung anhand der Staatsangehörigkeit gefordert und auch die „Zielrichtung“ der Ungleichbehandlung ist die Gleiche: Es muss sich um eine Inbound-Situation handeln. Ähnlich ist die Situation bei der Freizügigkeit. Nach Art. 39 Abs. 2 EGV umfasst diese Grundfreiheit „jede auf der Staatsangehörigkeit beruhende Behandlung der Arbeitnehmer der Mitgliedstaaten“. Die Beschränkung der Grundfreiheit ist wiederum in einer Ungleichbehandlung anhand eines Differenzierungskriteriums zu sehen. Und auch hier scheint die Richtung vorgegeben: Es muss sich um einen Inbound-Situation handeln. Im Bereich der Warenverkehrsfreiheit kann die Beeinträchtigung ebenfalls in einer Diskriminierung bestehen, auch wenn dies im Wortlaut des Art. 28 EGV bzw. des Art. 29 EGV weniger deutlich als bei den genannten anderen Grundfreiheiten zum Ausdruck kommt. Mit mengenmäßigen Beschränkungen im Sinne dieser Vorschriften werden Einwirkungen erfasst, die Waren, die eine innergemeinschaftliche Grenze überschreiten, schlechter stellt als Waren, die im Inland zirkulieren. Für die „Maßnahmen gleicher Wirkung“ gilt nichts anderes. Die Warenverkehrsfreiheit ist folglich betroffen, wenn eine Ungleichbehandlung vorliegt und die Differenzierung auf den Umstand abhebt, ob die Ware eine innergemeinschaftliche Grenze überschreitet oder nicht. Unterschiede ergeben sich jedoch im Hinblick auf die Zielrichtung der Vorschriften, denn anders als die übrigen genannten Grundfreiheiten stellen die Art. 28 und 29

---

schränkungsverbote. Diese Unterscheidung ist sachlich kaum zu rechtfertigen. Insgesamt erscheint daher die hier gewählte Auffächerung der vom EuGH pauschal den "Beschränkungsverboten" zugeordneten Fälle in drei einzelne Fallgruppen vorzugswürdig. Sie trägt dem Umstand Rechnung, dass die jeweiligen gemeinschaftsrechtlichen Obersätze stark variieren.

330 *Lehner*, Begrenzung der nationalen Besteuerungsgewalt durch die Grundfreiheiten und Diskriminierungsverbote des EG-Vertrags, DStJG Bd. 23, S. 267 m.w.N.

331 *Jarass*, EuR 1995, S. 202 (211).

EGV sowohl auf „Einfuhrbeschränkungen", als auch „Ausfuhrbeschränkungen" ab. Es werden also gleichermaßen Inbound- und Outbound-Situationen geschützt. Es verwundert deshalb nicht, dass die Warenverkehrsfreiheit – und hier insbesondere die Art. 28 und 29 EGV – insofern auch für das Europäische Steuerrecht prägend geworden sind, als sich dort die allgemeine Dogmatik der Marktfreiheiten entwickelt hat. Aus dem Bereich dieser Grundfreiheiten stammt die Ausdehnung der offenen Diskriminierung auf versteckte Diskriminierungen und weiter auf unterschiedslose Beschränkungen sowie auf Marktaustrittsfälle als Beschränkungen. Diese Wertung wurde – wiederum im Zuge der allgemeinen Konvergenz der Grundfreiheiten – auch auf die anderen Marktfreiheiten übertragen[332] und ist vor allem für die Art. 43, 49 und 56 EGV prägend geworden. Gänzlich anders verhält es sich dagegen mit der Freizügigkeit der Unionsbürger. Denn anders als Art. 12 EGV ist Art. 18 EGV nicht nur ein Gleichheitsrecht, sondern – und sogar primär – ein Freiheitsrecht, also ein echtes Beschränkungsverbot[333]. Ähnliches ist für Art. 56 EGV festzustellen. Nach dem Wortlaut des Art. 56 Abs. 1 EGV hat sich die Gemeinschaft für eine umfassende Liberalisierung des Kapitalverkehrs sogar über die Binnengrenzen der Gemeinschaft hinaus entschieden. Eine Differenzierung zwischen Gebietsansässigen und Gebietsfremden ist daher nicht im Wortlaut angelegt[334]. Ebenso wenig kann differenziert werden zwischen Inbound- und Outbound-Situationen.

bb) Sog. „unterschiedlose" Regelungen beim Marktzutritt

Eine erste Ausweitung des Anwendungsbereichs der Grundfreiheiten über das reine Gebot der Inländergleichbehandlung hinaus, hat der EuGH im Marktzutrittsfall für Regelungen vorgenommen, die weder auf die Herkunft der Ware aus dem Ausland bzw. die Staatsangehörigkeit oder Ansässigkeit abstellen und die auch nicht als versteckte Diskriminierungen verstanden werden können, die aber wegen den von Mitgliedstaat zu Mitgliedstaat unterschiedlichen Regelungsanforderungen zu ähnlichen Effekten führen. Staatliche Aktivitäten, die inländische und ausländische Produkte, Inländer und Ausländer bzw. im Inland wie im Ausland ansässige Personen rechtlich völlig gleich behandeln (sog. „unterschiedslose" Regelungen), werden danach als Beschränkungen verstanden, wenn sie rein tatsächlich und im Ergebnis zu einer Schlechterstellung grenzüberschreitender Waren bzw. von Ausländern oder im Ausland ansässiger Personen führen. So hatte der EuGH in der Rechtsache „Cassis de Dijon"[335] zu entscheiden, ob eine mitgliedstaatliche Vorschrift, die für alle Fruchtliköre einen Mindestalkoholgehalt unabhängig von deren Herkunft vorschrieb, mit Art. 28 EGV vereinbar ist. Zwar sind den Entscheidungsgründen des Gerichtes keine Ausführungen zum Problem der unterschiedslosen Anwendung der streitgegenständlichen Norm auf in- und ausländische Erzeugnisse zu entnehmen. Der EuGH stellt jedoch fest, dass „Hemmnisse für den Binnenhandel der Gemeinschaft, die sich aus den Unterschieden der nationalen Regelungen ... ergeben ...

---

[332] Vgl. hierzu ausführlich *Cordewener*, Europäische Grundfreiheiten und nationales Steuerrecht – „Konvergenz" des Gemeinschaftsrechts und „Kohärenz" der direkten Steuern in der Rechtsprechung des EuGH, passim. In diese Richtung außerhalb des Steuerrechts zuvor bereits *Classen*, EWS 1995, S. 97 ff.; *Kingreen*, Die Struktur der Grundfreiheiten des Europäischen Gemeinschaftsrechts, passim.

[333] Vgl. zu dieser Unterscheidung die Ausführungen im 4. Kapitel unter B. IV. 3.

[334] *Schönfeld*, Hinzurechnungsbesteuerung und Europäisches Gemeinschaftsrecht, S. 55.

[335] EuGH vom 20.02.1979 – Rs. 120/78 (Cassis de Dijon), EuGHE 1979, S. 649 ff.

hingenommen werden [müssen], soweit diese Bestimmungen notwendig sind, um zwingenden Erfordernissen gerecht zu werden“[336]. Der EuGH überspringt damit gleichermaßen die Prüfung des Gebots der Inländergleichbehandlung und wendet sich sofort der Rechtfertigungsebene zu. Damit wird deutlich, dass das Gericht offensichtlich der Warenverkehrsfreiheit auch ein Beschränkungsverbot entnimmt[337].

Vor dem Hintergrund des aufgezeigten Begriffsverständnisses des EuGH, der den gemeinsamen Markt bzw. den Binnenmarkt als durch die wirtschaftlichen Grundfreiheiten konstituiert sieht[338], ist diese Entscheidung des EuGH durchaus nachvollziehbar. Es verwundert weiterhin nicht, dass der EuGH in der Folgezeit, die in der Rechtssache „Cassis de Dijon“ vorgenommene Weiterentwicklung des Schutzgehalts der Warenverkehrsfreiheit auch auf weitere Grundfreiheiten übertragen hat[339]. Deutlicher als die noch sehr dünnen Ausführungen in der Rechtssache „Cassis de Dijon“ sind dabei die Ausführungen des EuGH in der Rechtssache „Gebhard“[340]. Ausgangspunkt dieser Entscheidung ist wiederum der Grundsatz der Inländergleichbehandlung[341]. Für das Marktzutrittsbegehren eines in einem anderen Mitgliedstaat zugelassenen Rechtsanwalts wird allerdings darüber hinaus festgestellt, „dass nationale Maßnahmen, die die Ausübung der durch den Vertrag garantierten grundlegenden Freiheiten behindern oder weniger attraktiv machen können, vier Voraussetzungen erfüllen müssen:
- Sie müssen in nicht diskriminierender Weise angewandt werden,
- sie müssen aus zwingenden Gründen des Allgemeininteresses gerechtfertigt sein,
- sie müssen geeignet sein, die Verwirklichung des mit ihnen verfolgten Zieles zu gewährleisten, und
- sie dürfen nicht über das hinausgehen, was zur Erreichung des Zieles erforderlich ist“[342].

Mithin ist also eine Beschränkung der jeweiligen Grundfreiheit auch dann gegeben, wenn eine Maßnahme im Marktzutrittsfall zwar ohne Diskriminierung zur Anwendung kommt, aber die Ausübung der jeweiligen Freiheit gleichwohl weniger attraktiv macht. Nach dieser Erkenntnis der Ausweitung des Anwendungsbereichs der Grundfreiheiten ist in einem zweiten Schritt nun zu fragen, wie weit

---

336 EuGH vom 20.02.1979 – Rs. 120/78 (Cassis de Dijon), EuGHE 1979, S. 649, Rdnr. 8.
337 *Geiger*, EUV/EGV, Art. 28 EGV, Rdnr. 16.
338 Vgl. die Ausführungen im 3. Kapitel unter A.
339 Für die Niederlassungsfreiheit: EuGH vom 12.07.1984 – Rs. 107/83 (Klopp), EuGHE 1984, S. 2971 ff.; EuGH vom 07.05.1991 – Rs. C-340/89 (Vlassopoulou), EuGHE 1991, S. I-2379 ff.; EuGH vom 31.03.1993 – Rs. 19/92 (Kraus), EuGHE 1993, S. I-1689 ff.; EuGH vom 30.11.1995 – Rs. C-55/94 (Gebhard), EuGHE 1995, S. I-4186 ff.; für die Dienstleistungsverkehrsfreiheit: EuGH vom 28.03.1996 – Rs. C-272/94 (Guiot), EuGHE 1996, S. I-1920 ff.; EuGH vom 12.12.1996 – Rs. C-3/95 (Broede), EuGHE 1996, S. I-6537 ff.; EuGH vom 07.02.2002 – Rs. 279/00 (Kommission/Italien), EuGHE 2002, S. I-1456 ff.; für die Kapitalverkehrsfreiheit liegt so weit ersichtlich noch kein Urteil vor, der von den anderen Grundfreiheiten im Sinne eines umfassenden Beschränkungsverbots abweichende Wortlaut legt jedoch eine entsprechende teleologische Erweiterung nahe. Vgl. *Schönfeld*, Hinzurechnungsbesteuerung und Europäisches Gemeinschaftsrecht, S. 63 m.w.N. in der Literatur.
340 EuGH vom 30.11.1995 – Rs. C-55/94 (Gebhard), EuGHE 1995, S. I-4165 ff.
341 EuGH vom 30.11.1995 – Rs. C-55/94 (Gebhard), EuGHE 1995, S. I-4165, Rdnr. 33 f.
342 EuGH vom 30.11.1995 – Rs. C-55/94 (Gebhard), EuGHE 1995, S. I-4165, Rdnr. 37.

das so entwickelten Beschränkungsverbot im Marktzutrittsfall reicht. Hat der EuGH damit neben dem gleichheitsrechtlichen Verständnis der Grundfreiheiten tatsächlich ein freiheitsrechtliches Verständnis gesetzt? An dieser Stelle ist noch einmal darauf hinzuweisen: In der absoluten Perspektive der Freiheitsrechte beeinträchtigt jede Auferlegung einer Steuer den Steuerschuldner, d.h. in jeder Auferlegung einer Steuer wäre damit letztlich eine tatbestandliche Beschränkung zu sehen[343]. Da jedoch die Steuererhebungskompetenz der Mitgliedstaaten dem Grunde nach gemeinschaftsrechtlich anerkannt ist, wäre hier m.E. eine klare Grenze der Auslegung überschritten worden.

Eine Fallkonstellation, in der es um eine unterschiedslos anwendbare Vorschrift in einem Marktzutrittsfall ging, hatte der EuGH bereits in der Rechtssache „Futura“[344] zu entscheiden. Dort ging es um eine Vorschrift des luxemburgischen Rechts und deren Vereinbarkeit mit Art. 43 Abs. 1 EGV. Nach luxemburgischem Recht war die Möglichkeit des Verlustvortrags einer in Luxemburg gelegenen Zweigniederlassung einer in Frankreich steueransässigen Gesellschaft davon abhängig, dass die französische Gesellschaft für ihre luxemburgische Zweigniederlassung Bücher führte[345]. Mit einem alleinigen Abstellen auf den Grundsatz der Inländergleichbehandlung hätte der EuGH diesen Fall nicht im Sinne einer Vertragsverletzung lösen können, da die luxemburgische Regelung „unterschiedslos“ inländische wie ausländische Steuerpflichtige zur Buchführung verpflichtete. Der EuGH musste gleichsam einen „Kunstgriff“ anwenden. Nach den Ausführungen des Gerichts ist die für alle gleichermaßen geltende Buchführungspflicht nur deshalb als Beschränkung zu qualifizieren, weil Steuerausländern zur Geltendmachung von inländischen Verlusten, die zusätzliche Pflicht aufgegeben wird, „neben ihren eigenen Büchern, die dem Steuerrecht des Mitgliedstaats ihres Sitzes entsprechen müssen, getrennte Bücher über die Tätigkeit ihrer Zweigniederlassung nach dem Steuerrecht des Staats“ zu führen, „in dem die letztere sich befindet“[346]. Die inländische Verhaltenspflicht führt also bei Bestehen einer vergleichbaren ausländischen Verhaltenspflicht zu einer spezifischen Mehrbelastung des Ausländers[347]. Insofern kommt es auch in dieser Fallgruppe zu einer Schlechterstellung des marktzutrittsinteressierten Ausländers gegenüber dem bereits auf dem Markt tätigen Inländer. Der EuGH bewegt sich also weiterhin in einer gleichheitsrechtlichen Prüfung. Ein Beschränkungsverbot mit freiheitsrechtlichem Verständnis liegt dieser Entscheidung damit nicht zugrunde.

Dennoch ist die Entscheidung des EuGH m.E. unter mehreren Gesichtspunkten äußerst problematisch. Dies zeigt eine nähere Untersuchung des „Kunstgriffs“ des Gerichts. Eine gleichheitsrechtliche Prüfung setzt zunächst eine Vergleichspaarbildung voraus. Hierbei sind noch keine Unterschiede gegenüber der Prüfung im Grundfall erkennbar. Einem in einem anderen Mitgliedstaat als dem

---

343 *Cordewener*, Europäische Grundfreiheiten und nationales Steuerrecht – „Konvergenz“ des Gemeinschaftsrechts und „Kohärenz“ der direkten Steuern in der Rechtsprechung des EuGH, S. 289; *Schönfeld*, Hinzurechnungsbesteuerung und Europäisches Gemeinschaftsrecht, S. 66; *Lang*, Kapitalverkehrsfreiheit und Doppelbesteuerungsabkommen, S. 190.

344 EuGH vom 15.05.1997 – Rs. C-250/95 (Futura), EuGHE 1997, S. I-2471 ff.

345 EuGH vom 15.05.1997 – Rs. C-250/95 (Futura), EuGHE 1997, S. I-2471, Rdnr. 23 ff.

346 EuGH vom 15.05.1997 – Rs. C-250/95 (Futura), EuGHE 1997, S. I-2471, Rdnr. 25.

347 *Musil*, IStR 2001, S. 482 (484); *Hoffmann*, Die Grundfreiheiten des EG-Vertrags als koordinationsrechtliche und gleichheitsrechtliche Abwehrrechte, S. 176.

Anwendestaat ansässigem Steuerpflichtigem wird ein Vergleichspartner gegenübergestellt, der im Anwendestaat ansässig ist und sich zudem in einer wirtschaftlich vergleichbaren Situation befindet. Die Veränderung kommt in der zweiten Stufe der Prüfung bei der Feststellung der Ungleichbehandlung. Hier verändert der EuGH den Vergleichsmaßstab. Während im Grundfall lediglich die wirtschaftliche Belastung der Vergleichspartner durch die Besteuerung im Anwendestaat betrachtet wird, ermittelt der EuGH in der Rechtssache „Futura" praktisch die Summe der in beiden Staaten (Ansässigkeits- und Anwendestaat) auferlegten Verpflichtungen bzw. die Summe der in beiden Staaten zu zahlenden Steuern. Es kommt also zu einem belastenden Zusammenwirken zweier Rechtsordnungen. Bei einer reinen gleichheitsrechtlichen Prüfung ist jedoch stets zu beachten, dass Diskriminierungsverbote immer nur gegen ein und denselben Hoheitsträger wirken[348]. Deshalb kann es weder eine rechtlich relevante Ungleichbehandlung darstellen, dass die Mitgliedstaaten ihre Steuerrechtsordnungen unterschiedlich ausgestalten, noch dass das Zusammenwirken mehrerer Steuerrechtsordnungen zu besonderen Belastungen für Einzelne führen kann. Einer aus dem Rahmen fallenden, vergleichsweise hohen Steuerlast in einem Mitgliedstaat oder einer besonders belastenden Mehrfachbesteuerung kann nur durch Steuerrechtsharmonisierung oder -angleichung beziehungsweise durch Doppelbesteuerungsabkommen abgeholfen werden. Die Grundfreiheiten bieten hiergegen keine Handhabe. Das Diskriminierungsverbot des Vertrags „will nämlich Diskriminierungen aus Gründen der Staatsangehörigkeit beseitigen, die sich aus Rechtsvorschriften oder Verwaltungspraktiken eines einzelnen Mitgliedstaats ergeben, nicht aber eine Ungleichbehandlung, die für die Unternehmer der verschiedenen Mitgliedstaaten [beispielsweise] mangels einer gemeinsamen Verkehrspolitik aus den Unterschieden in den nationalen Rechtsvorschriften folgt"[349]. „Unterschiede in der Behandlung und Verzerrungen, die sich ... aus Unterschieden zwischen den Rechtsordnungen der einzelnen Mitgliedstaaten ergeben", sind nicht erfasst[350]. Dies muss m.E. in besonderer Weise in einem Rechtsgebiet gelten, das nicht harmonisiert ist. Gegen eine derartige Ausdehnung des Anwendungsbereichs der Grundfreiheiten spricht auch ein ganz praktisches Problem. Die Anwendung des Gleichheitssatzes setzt – wie soeben ausgeführt – die Bildung von Vergleichsgruppen voraus. Sollten nun mehrere Staaten quasi gemeinsam für eine Ungleichbehandlung zur Verantwortung gezogen werden, so ergäben sich Schwierigkeiten hinsichtlich der Bestimmung der verschiedenen, in den betroffenen Staaten unterschiedlich behandelten Gruppen. Weiterhin könnte eine dogmatisch kaum nachvollziehbare, gerichtliche Geltendmachung des Gleichheitssatzes gegenüber mehreren, durch ihre jeweilige Steuergesetzgebung gemeinsam verantwortlichen Staaten nur dazu führen, dass der Gerichtshof die betroffenen Staaten zur Rechtsangleichung verurteilt. Rechtsangleichung im Steuerrecht ist aber Aufgabe der Legislativorgane der Gemeinschaft und der Mitgliedstaaten.

---

348 *v. Bogdandy*, in: Grabitz/Hilf, EUV/EGV (Altband), Art. 6 EUV, Rdnr. 11; *Birk*, in: Lehner (Hrsg.), Steuerrecht im Europäischen Binnenmarkt, S. 65.

349 EuGH vom 25.01.1983 – Rs. 126/82 (Smit Transport), EuGHE 1983, S. I-92 ff.

350 EuGH vom 13.02.1969 – Rs. 14/68 (Wilhelm), EuGHE 1969, S. 1; EuGH vom 24.11.1993 – verb. Rs. C-267/91 und C-268/91 (Keck und Mithouard), EuGHE 1993, S. I-6097, Rdnr. 6; zuletzt EuGH vom 12.07.2005 – Rs. C 403/03 (Schempp), DStR 2005, S. 2168, Rdnr. 34.

Diese Überlegungen machen m.E. deutlich, dass der EuGH trotz Vergleichspaarbildung im Ergebnis eine freiheitsrechtliche Prüfung mit gleichheitsrechtlichen Elementen vornimmt. Maßstab ist dabei eine synthetische (auf beide Rechtsordnungen bezogene) Bewertung der jeweiligen Vorschrift des nationalen Rechts. Weil sich die spezifische Belastung nur durch eine synthetische, d.h. die beiden nationalen Steuerbelastungen zusammenfassende Bewertung erkennen lässt, hat aber auch die Rechtsfolgenseite nicht einen Adressaten, sondern zwei. Damit stoßen aber die Grundfreiheiten an die Grenze ihrer Leistungsfähigkeit. Man könnte zwar hier eine Art Gesamtschuld beider beteiligter Staaten annehmen. Sie würde jedoch dazu führen, dass der überbelastete Bürger sich einen der beiden Staaten herausgreifen und von ihm die Reduktion der Steuern bis zu der Gesamtbelastung verlangen könnte, die sich ergäbe, wenn sein Fall sich allein in diesem Staat abspielte. Eine Steuerhoheit, der man sich allein durch Ausübung eines Wahlrechts (ohne jede Änderung der tatsächlichen Gestaltung) definitiv entziehen kann, ist allerdings keine solche mehr. *Reimer* kommt deshalb zu dem Ergebnis, dass eine unmittelbare, den Steuerpflichtigen subjektiv berechtigende Wirkung der Grundfreiheiten in diesem Fall mangels Bestimmbarkeit der Rechtsfolge ausscheidet[351].

M.E. ist der Ansatz des EuGH jedoch schon bei der Prüfung des Anwendungsbereichs der jeweiligen Grundfreiheiten, also im vorhergehenden Prüfungsschritt, abzulehnen. Denn während gleichheitsrechtliche Maßstäbe stets relativ sind, so dass sich das jeweilige Bezugssystem – die juristische Messlatte – aus dem innerstaatlichen Recht des Anwendestaats selbst ergibt, erfordert eine freiheitsrechtliche Prüfung ein absolutes, d.h. im Gemeinschaftsrecht selbst angelegtes Bezugssystem[352]. Eine freiheitsrechtliche Prüfung ist daher nur in gemeinschaftsrechtlich stark durchformten Sachbereichen möglich, was aber im nicht harmonisierten Bereich der direkten Steuern gerade nicht der Fall ist. Auch das Subsidiaritätsprinzip in Art. 5 Abs. 2 EGV spricht gegen eine freiheitsrechtliche Prüfung, denn es besagt letztlich, dass das Handeln der Mitgliedstaaten vorrangig anhand selbstgewählter, d.h. im nationalen Recht angelegter Kriterien zu beurteilen ist. Nur dann, wenn Behinderungen des Binnenmarkts durch diesen kompetenzschonenden Ansatz nicht zu beseitigen sind, darf auf gemeinschaftsrechtliche Bezugssysteme rekurriert werden. Damit sind im Gemeinschaftsrecht klare Grenzen für die Auslegung der vorrangig gleichheitsrechtlichen Grundfreiheiten gezogen worden.

cc) Diskriminierende Beschränkungen des Marktaustritts

Bislang wurde der Gewährleistungsgehalt der Grundfreiheiten allein aus dem Blickwinkel des Marktzutrittsstaats betrachtet[353]. Es liegt jedoch auf der Hand, dass eine derartige eindimensionale Betrachtungsweise der Funktion der Grund-

---

351 *Reimer*, in: Lehner (Hrsg.), Die Bedeutung der Grundfreiheiten für das Steuerrecht der EU-Mitgliedstaaten, Münchner Schriften zum Internationalen Steuerrecht, Heft 23, S. 59.

352 Aus dieser prinzipiellen Unterschiedlichkeit der Rechtsquellen des Bezugssystems lässt sich m.E. methodisch ein Vorrang der Gleichheitsprüfung vor der Freiheitsprüfung ableiten.

353 Für die Niederlassungsfreiheit, die Dienstleistungsfreiheit und die Arbeitnehmerfreizügigkeit folgt diese Perspektive aus dem Wortlaut der genannten Grundfreiheiten. Vgl. die Ausführungen im 4. Kapitel unter B. IV. 3. c) aa).

freiheiten nicht gerecht werden kann[354]. Der EuGH versteht deshalb – praeter legem – das in den Grundfreiheiten niedergelegte Beschränkungsverbot nicht nur im Sinne eines Behinderungsverbots durch den Aufnahmemitgliedstaat, sondern zugleich als Gebot an den Herkunftsstaat, die Dienstleistung, den Kapitalverkehr oder die Niederlassung seiner Staatsangehörigen in einem anderen Mitgliedstaat nicht zu behindern[355]. Derartige Beschränkungen durch den Marktaustrittsstaat können aber nicht über eine mit dem Grundsatz der Inländergleichbehandlung kollidierende Diskriminierung erfasst werden, weil die Träger der Grundfreiheit im Regelfall über eine identische Staatsangehörigkeit verfügen. Der EuGH weicht daher für derartige Marktsaustrittskonstellationen auf ein Beschränkungsverbot aus[356]. In den meisten Fällen[357] stellt er dabei ausdrücklich auf eine Ungleichbehandlung des vom marktaustrittsinteressierten Inländers beabsichtigten oder verwirklichten ausländischen Sachverhalts gegenüber dem vergleichbaren inländischen Sachverhalt ab[358]. In diesen entschiedenen Fällen beschränkt sich daher der Gewährleistungsgehalt der Grundfreiheiten auf ein gleichheitsrechtliches Verständnis. Lediglich das Vergleichspaar wird gegenüber dem Grundfall anders gewählt: Der Steuerpflichtige ist im Anwendestaat ansässig und wird von dort aus grenzüberschreitend tätig oder beabsichtigt ein entsprechendes Tätigwerden. Der ebenfalls im Anwendestaat ansässige Vergleichspartner übt dagegen seine – sachlich gleichartige – Tätigkeit innerhalb

---

354 *Schönfeld*, Hinzurechnungsbesteuerung und Europäisches Gemeinschaftsrecht, S. 64.

355 Für die Niederlassungsfreiheit: EuGH vom 27.09.1988 – Rs. 81/87 (Daily Mail), EuGHE 1988, S. 5509, Rdnr. 16; EuGH vom 16.07.1998 – Rs. C-264/96 (ICI), EuGHE 1998, S. I-4695, Rdnr. 21; EuGH vom 18.11.1999 – Rs. C-200/98 (X et Y), EuGHE 1999, S. I-8284, Rdnr. 26; EuGH vom 13.04.2000 – Rs. C-251/98 (Baars), EuGHE 2000, S. I-2787, Rdnr. 28; EuGH vom 14.12.2000 – Rs. C-141/99 (AMID), EuGHE 2000, S. I-11619, Rdnr. 21; EuGH vom 11.03.2004 – Rs. C-9/02 (Lasteyrie du Saillant), EuGHE 2004, S. I-2409, Rdnr. 42. Für die Dienstleistungsverkehrsfreiheit: EuGH vom 10.05.1995 – Rs. C-384/93 (Alpine Investment), EuGHE 1995, S. I-1176, Rdnr. 30; EuGH vom 05.10.1994 – Rs. C-381/93 (Kommission/Frankreich), EuGHE 1994, S. I-5168, Rdnr. 14; EuGH vom 14.07.1994 – Rs. C-379/92 (Peralta), EuGHE 1994, S. I-3501, Rdnr. 40; EuGH vom 17.05.1994 – Rs. C-18/93 (Corsica Ferries I), EuGHE 1994, S. I-1822, Rdnr. 30. Für die Kapitalverkehrsfreiheit folgt der Schutz vor behindernden Maßnahmen seitens des Marktaustrittsstaats bereits aus der Konzeption dieser Grundfreiheit als umfassendes Beschränkungsverbot, vgl. auch EuGH vom 26.09.2000 – Rs. C-478/98 (Kommission/Belgien), EuGHE 2000, S. I-7620, Rdnr. 18; in diesem Sinne auch EuGH vom 14.10.1999 – Rs. C-439/97 (Sandoz), EuGHE 1999, S. I-7066, Rdnr. 19; EuGH vom 14.11.1995 – Rs. C-484/93 (Svensson et Gustavsson), EuGHE 1995, S. 3974, Rdnr. 10.

356 *Randelzhofer/Forsthoff*, in: Grabitz/Hilf, EUV/EGV, Art. 43 EGV, Rdnr. 104.

357 In der Rechtssache „Daily Mail“ (EuGH vom 27.09.1988 – Rs. 81/87 (Daily Mail), EuGHE 1988, S. 5509) stellt der EuGH lediglich fest, dass Art. 43 Abs. 1 EGV auch vor Behinderungen durch den Herkunftsstaat schützt (Rdnr. 16). Er stellt im Anschluss an diese Ausführungen nur noch fest, dass die streitgegenständliche Norm solche Niederlassungsvorgänge in keiner Weise beschränkt (Rdnr. 18). Er nimmt also keine Vergleichspaarbildung vor, obwohl die Bildung eines Vergleichspaares möglich gewesen wäre. Vgl. auch die Ausführungen bei *Schönfeld*, Hinzurechnungsbesteuerung und Europäisches Gemeinschaftsrecht, S. 74.

358 EuGH vom 16.07.1998 – Rs. C-264/96 (ICI), EuGHE 1998, S. I-4695, Rdnr. 23; EuGH vom 26.10.1999 – Rs. C-294/97 (Eurowings), EuGHE 1999, S. I-7447, Rdnr. 40; EuGH vom 28.10.1999 – Rs. C-55/98 (Vestergaard), EuGHE 1999, S. I-7641, Rdnr. 22; EuGH vom 18.11.1999 – Rs. C-200/98 (X et Y) EuGHE 1999, S. I-8284, Rdnr. 28; EuGH vom 13.04.2000 – Rs. C-251/98 (Baars), EuGHE 2000, S. I-2817, Rdnr. 30; EuGH vom 06.06.2000 – Rs. C-35/98 (Verkooijen), EuGHE 2000, S. I-4127, Rdnr. 34; EuGH vom 14.12.2000 – Rs. C-141/99 (AMID), EuGHE 2000, S. I-11619, Rdnr. 23; EuGH vom 11.03.2004 – Rs. C-9/02 (Lasteyrie du Saillant), EuGHE 2004, S. I-2409, Rdnr. 46.

der Grenzen des Anwendestaats aus. Letztlich handelt es sich um die Umkehrung der Fallgruppe der Diskriminierung Gebietsfremder gegenüber Ansässigen. Diese Fallgruppe umfasst damit insbesondere die Wohnsitz- oder Geschäftsverlegung in das Ausland sowie die grenzüberschreitende Verlagerung von Wirtschaftsgütern durch Ansässige, wenn es dabei zu einer höheren inländischen Belastung kommt als bei einem vergleichbaren innerstaatlichen Transfer. Es bleibt jedoch im Ergebnis bei der gleichheitsrechtlichen Prüfung der Grundfreiheiten. Wie bereits ausgeführt[359], entspricht ein solches gleichheitsrechtliches Verständnis der Grundfreiheiten dem im Gemeinschaftsrecht angelegten systematischen Verständnis der Grundfreiheiten.

dd) Sog. „unterschiedlose" Regelungen beim Marktaustritt

Daneben hatte der EuGH allerdings bereits in der Rechtssache „Sandoz"[360] eine „unterschiedslose" Regelung in einem Marktausstrittsfall zu untersuchen. In der Sache ging es darum, ob die Freiheit des Kapitalverkehrs einer mitgliedstaatlichen Maßnahme entgegensteht, die der Steuerverwaltung des entsprechenden Mitgliedstaats die Erhebung einer Beurkundungsgebühr für Darlehensverträge in Höhe von 0,8 v.H. des Darlehenswerts ermöglicht, die von gebietsansässigen Darlehensnehmern bei gebietsfremden Darlehensgebern aufgenommen werden[361]. Der EuGH kommt zu dem Ergebnis, dass „eine Regelung, wie diejenige, um die es im Ausgangsverfahren geht, den Gebietsansässigen eines Mitgliedstaats die Möglichkeit [nimmt], in den Genuss einer Gebührenfreiheit zu gelangen, die für außerhalb des Staatsgebiets geschlossene Darlehensverträge gelten könnte. Daher ist eine derartige Maßnahme geeignet, diese Gebietsansässigen davon abzuhalten, bei in einem anderen Mitgliedstaat ansässigen Personen Darlehen aufzunehmen. Eine solche Regelung stellt daher eine Beschränkung des Kapitalverkehrs ... dar."[362] Bemerkenswert ist letztlich, dass es sich um eine „unterschiedslose Regelung handelt, denn sowohl im Inland als auch im Ausland abgeschlossenen Darlehensverträgen wird die Beurkundungsgebühr auferlegt. Die rechtliche Argumentation des EuGH in dieser Entscheidung erschließt sich, wenn man sich die Ausführungen des Generalanwalts *Leger* in der Rechtssache „Sandoz" näher betrachtet[363], denen sich der EuGH im Übrigen auch ausdrücklich angeschlossen hat[364]. Danach ist es Aufgabe der Kapitalverkehrsfreiheit, „den Gemeinschaftsangehörigen zu ermöglichen, in den Genuss der günstigsten Voraussetzungen zu gelangen, die ihnen in einem der die Gemeinschaft bildenden Staatsgebiete für die Investition und Anlage ihres Kapitals geboten werden"[365]. Die streitgegenständliche Beurkundungsgebühr „nimmt ihnen jedoch die Möglichkeit, in den Genuss einer Gebührenfreiheit zu gelangen, die für außerhalb des Staatsgebiets abgeschlossene Darlehensverträge gelten könnte"[366].

---

[359] Vgl. die Ausführungen im 4. Kapitel unter B. IV. 3. c) bb).
[360] EuGH vom 14.10.1999 – Rs. C-439/97 (Sandoz), EuGHE 1999, S. I-7066 ff.
[361] EuGH vom 14.10.1999 – Rs. C-439/97 (Sandoz), EuGHE 1999, S. I-7066, Rdnr. 2 u. 17.
[362] EuGH vom 14.10.1999 – Rs. C-439/97 (Sandoz), EuGHE 1999, S. I-7066, Rdnr. 19f.
[363] Schlussanträge des Generalanwalts *Leger* vom 20.05.1999 – Rs. C-439/97 (Sandoz), EuGHE 1999, S. 7043 ff.
[364] EuGH vom 14.10.1999 – Rs. C-439/97 (Sandoz), EuGHE 1999, S. I-7066, Rdnr. 19.
[365] Schlussanträge des Generalanwalts *Leger* vom 20.05.1999 – Rs. C-439/97 (Sandoz), EuGHE 1999, S. 7043, Rdnr. 47.
[366] Schlussanträge des Generalanwalts *Leger* vom 20.05.1999 – Rs. C-439/97 (Sandoz), EuGHE 1999, S. 7043, Rdnr. 48.

Im Gegensatz zum Fall der unterschiedslosen Regelung beim Marktzutritt[367] besteht die Schlechterstellung allerdings nun im Vorenthalten einer möglichen Minderbelastung durch den Marktaustrittsstaat.

Im Ergebnis nimmt der EuGH damit auch in dieser Fallgruppe trotz Vergleichspaarbildung eine freiheitsrechtliche Prüfung mit gleichheitsrechtlichen Elementen vor. Wiederum kommt es zu einem belastenden Zusammenwirken zweier Rechtsordnungen. Dieser Ansatz ist daher aus den oben angeführten Erwägungen heraus abzulehnen[368]. An diesem Ergebnis ändert sich auch nichts, wenn es sich – wie vorliegend – um einen Anwendungsfall der Kapitalverkehrsfreiheit handelt. Die Kapitalverkehrsfreiheit ist zwar vom Wortlaut der Vorschrift umfassender angelegt. Gerade im nicht harmonisierten Bereich der direkten Steuern muss jedoch ein freiheitsrechtliches Verständnis hinter den Souveränitätsinteressen der Mitgliedstaaten zurücktreten[369]. Dies ergibt sich auch daraus, dass die allgemeinen Bestimmungen des Art. 3 EGV mit den Einzelnormen in wechselseitiger Beziehung stehen[370]. So ist Art. 56 EGV in Beziehung zu setzen zu den Art. 3, Art. Art. 5 Abs. 2 und Art. 95 Abs. 2 EGV.

V. Völkerrechtliche Auslegung

Obwohl das europäische Recht seinen Ursprung im Völkerrecht, in den römischen Verträgen und wichtigen Nachfolgevereinbarungen[371] hat, hat sich der EuGH schon früh von Versuchen distanziert, die Auslegung des EG-Vertrags und der sekundären Gemeinschaftsvorschriften an den Grundsätzen auszurichten, die seit langem im Völkervertragsrecht für die Auslegung zwischenstaatlicher Abkommen entwickelt wurden und in der Wiener Vertragsrechtskonvention ihren Niederschlag gefunden haben[372]. *Schön* versucht diese Distanzierung des EuGH damit zu rechtfertigen, dass der EG-Vertrag und sein Sekundärrecht nicht der statischen Abgrenzung hoheitlicher Befugnisse zwischen souveränen Staaten diene, sondern eine dynamische, auf fortschreitende Integration angelegte, supranationale Rechtsordnung bildet. Das völkerrechtliche Prinzip, dass die Vertragsparteien in erster Linie durch ihre abgestimmte Vertragspraxis den Inhalt der völkerrechtlichen Vereinbarung festlegen, könne daher nicht für die eigenständige, supranationale Instanz der EG gelten[373]. M.E. stellt ist dies jedoch nicht überzeugend, da gerade im Bereich der direkten Steuern nach dem Willen der Mitgliedstaaten am Ende des Integrationsprozesses keine gemeinsame Steuerrechtsordnung der Mitgliedstaaten stehen soll. Überzeugend sind dagegen die Ausführungen von *Bleckmann/Pieper*, die darauf verweisen, dass das Verhältnis

---

367 Vgl. die Ausführungen im 4. Kapitel unter B. IV. 3. c) bb).

368 Vgl. die Ausführungen im 4. Kapitel unter B. IV. 3. c) bb).

369 So jedenfalls im Ergebnis *Schönfeld*, Hinzurechnungsbesteuerung und Europäisches Gemeinschaftsrecht, S. 84.

370 *Bleckmann/Pieper*, in: Dauses (Hrsg.), Handbuch des EU-Wirtschaftsrechts, Kap. B.I, Rdnr. 35.

371 An dieser Stelle sind beispielhaft die EEA sowie der Vertrag von Maastricht zu nennen.

372 *Schön*, Die Auslegung europäischen Steuerrechts, S. 46; *ders.*, Gemeinschaftskonforme Auslegung und Fortbildung des nationalen Steuerrechts, DStJG Bd. 19, S. 176.

373 *Schön*, Die Auslegung europäischen Steuerrechts, S. 46; *ders.*, Gemeinschaftskonforme Auslegung und Fortbildung des nationalen Steuerrechts, DStJG Bd. 19, S. 176.

des EuGH zu den politischen Organen der EG und zu den Mitgliedstaaten ein ganz anderes ist, als das Verhältnis der internationalen Gerichte zu den Streitparteien. So soll der EuGH gerade die Rechtmäßigkeit des Handelns der Europäischen Organe und der Mitgliedstaaten überprüfen[374]. Nur diese Auffassung lässt sich m.E. zwanglos in Einklang bringen mit der Vorschrift des Art. 220 EGV und den systematischen Zusammenhängen des EG-Vertrags.

C. Zusammenfassung

In der Gesamtschau ist den Urteilen des EuGH in nur sehr wenigen Fällen konkret zu entnehmen, welche Auslegungsmethode das Gericht bei der Entscheidungsfindung angewandt hat. Ausgehend vom Wortlaut der Grundfreiheiten ergibt die Untersuchung jedoch, dass der EuGH sehr schnell zu einer teleologischen Auslegung wechselt. Er lässt sich dabei sehr stark vom Binnenmarktziel leiten. Dieser Auslegungsansatz kommt bereits in frühen Urteilen zum Tragen. So konnte der EuGH nur durch das Konzept der unmittelbaren Anwendbarkeit der Grundfreiheiten sowie dem Grundsatz des Vorrangs des Gemeinschaftsrechts die Grundfreiheiten zu einem wirksamen Instrument zur Verwirklichung des Binnenmarkts entwickeln.

Um die Errichtung eines Binnenmarkts zu fördern, ist der EuGH jedoch noch weiter gegangen. Er hat den Anwendungsbereich der Grundfreiheiten in zweifacher Hinsicht erweitert. Zum einen hat er den jeweiligen Diskriminierungstatbestand von der ausländischen Staatsangehörigkeit als verbotenes Differenzierungskriterium gelöst, d.h. der Gewährleistungsgehalt der Grundfreiheiten beschränkte sich nicht mehr auf ein Verbot der Diskriminierung nach der Staatszugehörigkeit, sondern erfasste auch versteckte, faktische oder mittelbare Diskriminierungen. Zum anderen hat er den Tatbestand der Grundfreiheiten über ein Diskriminierungsverbot hinaus zu einem Beschränkungsverbot entwickelt und damit den Blickwinkel der Vorschriften völlig verändert. Waren vorher nur Marktzutrittskonstellationen erfasst, so wurden nunmehr auch Marktaustrittskonstellationen in den Anwendungsbereich der Grundfreiheiten aufgenommen. Im Marktzutrittsfall bedeutet dies konkret, dass ein Anspruch auf Unterlassung einer Schlechterstellung des ausländischen Marktzutrittsinteressenten gegenüber den inländischen Marktteilnehmern durch Auferlegung spezifischer Mehrbelastungen besteht. Im Marktaustrittsfall verbieten die Grundfreiheiten nach Auffassung des EuGH die Schlechterstellung des vom Marktaustrittsinteressenten verwirklichten ausländischen Sachverhaltes gegenüber dem vergleichbaren inländischen Sachverhalt durch Auferlegung einer Sonderbelastung. Die Untersuchung zeigt jedoch, dass der EuGH bei sog. unterschiedslosen Regelungen trotz formaler Vergleichspaarbildung letztlich eine freiheitsrechtliche Prüfung vornimmt. Gerade im nicht harmonisierten Bereich der direkten Steuern ist dies nicht mit der Systematik des Gemeinschaftsrechts in Einklang zu bringen, da eine freiheitsrechtliche Prüfung ein absolutes, d.h. im Gemeinschaftsrecht selbst angelegtes Bezugssystem erfordert, welches nur in gemeinschaftsrechtlich stark durchformten Sachbereichen vorhanden ist. Einer Auslegung der Grundfreiheiten zu Beschränkungsverboten mit freiheitlichem Grundgehalt sind damit klare Grenzen gesetzt. Insgesamt ist festzuhalten, dass der EuGH durch den einseitig

---

374 *Bleckmann/Pieper*, in: Dauses (Hrsg.), Handbuch des EU-Wirtschaftsrechts, Kap. B.I, Rdnr. 47.

am Binnenmarktziel orientierten Auslegungsansatz die systematischen Gesamtzusammenhänge des Gemeinschaftsrechts vernachlässigt, wie sie insbesondere durch das Subsidiaritätsprinzip sowie die Bereichsausnahme für die direkten Steuern in Art. 95 Abs. 2 EGV zum Ausdruck kommen.

5. Kapitel
Die Grundfreiheiten als Prüfungsmaßstab

Die bisherigen Untersuchungen haben gezeigt, dass der EuGH im Wege der teleologischen Auslegung des Vertragstextes die Grundfreiheiten zu unmittelbar geltenden Individualrechten entwickelt hat. Erst durch diesen Schritt sind die Grundfreiheiten – angesichts der zögerlichen Integrationspolitik der Europäischen Kommission – zu einem machtvollen Hebel auf dem Weg zum Binnenmarkt geworden. In diesem Kapitel soll nun untersucht werden, wie der EuGH bei der Prüfung der Grundfreiheiten vorgeht, d.h. welchen Prüfungsmaßstab er anwendet. Dabei wird die vom EuGH in seinen Entscheidungen angelegte Prüfungssystematik zugrunde gelegt, d.h. es wird eine zweistufige Prüfung vorgenommen.

In der ersten Stufe wird der Tatbestand der jeweiligen Grundfreiheit untersucht. Hier legt der EG-Vertrag fest, welche Handlungen oder Sachverhalte überhaupt geschützt sind. Wer die Grundfreiheiten anwendet, muss also prüfen, ob sein Lebenssachverhalt in den Schutzbereich einer Grundfreiheit fällt und ob der betroffene Mitgliedstaat in diesen Schutzbereich eingegriffen hat. Die zweite Stufe betrifft dann die Rechtfertigung tatbestandlicher Verstöße gegen die Grundfreiheiten. Dem liegt der Gedanke zugrunde, dass nicht jeder Eingriff in den Schutzbereich einer Grundfreiheit automatisch verboten ist. Vielmehr enthält der EG-Vertrag selbst eine Reihe von Spezialerlaubnissen. Sie legen fest, unter welchen Voraussetzungen die jeweilige Grundfreiheit (die der Verwirklichung des Binnenmarkts dient) gegenüber anderen Zielen zurücktreten muss, weil diese anderen Ziele ausnahmsweise als besonders schutzwürdig angesehen werden.

A. Der Tatbestand der Grundfreiheiten

I. Sachlicher Anwendungsbereich der Grundfreiheiten

Die Grundfreiheiten schützen jeweils bestimmte Tätigkeiten bzw. Gegenstände mit jeweils grenzüberschreitendem Bezug. Durch diese beiden Elemente wird der „sachliche Anwendungsbereich" umschrieben. Das Element des grenzüberschreitenden Bezugs darf dabei nicht eng verstanden werden[375]. Der grenzüberschreitende Bezug ist daher vom EuGH auch als gegeben angesehen worden, wenn ein Inländer im Inland benachteiligt wird, die Benachteiligung aber mit einer früheren Tätigkeit in einem anderen Mitgliedstaat oder mit der Inanspruchnahme einer grenzüberschreitenden Dienstleistung zusammenhängt[376]. Eine Bestätigung dieses weiten Verständnisses des „grenzüberschreitenden Bezugs" ist auch dem jüngst ergangenen Urteil des EuGH in der Rechtssache „Schempp" zu entnehmen[377]. Dort wurde ein grenzüberschreitender Bezug darin gesehen, dass die steuerliche Abzugsfähigkeit von Unterhaltsleistungen an einen Empfänger mit Wohnsitz in einem anderen Mitgliedstaat von der steuerlichen

---

[375] *Jarass*, EuR 2000, S. 706 (707).
[376] *Jarass*, EuR 2000, S. 706 (707) m.w.N.
[377] EuGH vom 12.07.2005 – Rs. C 403/03 (Schempp), DStR 2005, S. 1265 ff.

Behandlung der Unterhaltsleistungen in dem Staat abhängig ist, in dem der Empfänger wohnt[378].

1. Das allgemeine Diskriminierungsverbot des Art. 12 EGV

Das Verbot der Diskriminierung nach der Staatsangehörigkeit (Art. 12 Abs. 1 EGV) ist als „Leitmotiv" des EG-Vertrags der historische Kern des Binnenmarkts. Denn auf der Gleichbehandlung der Angehörigen der Mitgliedstaaten bauen alle weiteren, auf eine Marktöffnung und Integration in weiteren Politikbereichen abzielenden Vorschriften des Vertrags auf[379]. Diese grundlegende Bedeutung des Art. 12 EGV unterstreicht bereits seine systematische Stellung im ersten Teil des Vertrags über „Grundsätze"[380]. Art. 12 EGV verbietet Diskriminierungen aufgrund der Staatsangehörigkeit nur im Anwendungsbereich des Vertrags. Diese Begrenzung des sachlichen Anwendungsbereichs von Art. 12 EGV ist jedoch vom EuGH schon immer dahin ausgelegt worden, dass der in Rede stehende Sachverhalt „nicht außerhalb des Gemeinschaftsrechts" stehen darf[381]. Es genügt daher, wenn ein Sachverhalt vorliegt, der Bezug zum Gemeinschaftsrecht hat. Art. 12 EGV kommt jedoch nach seiner ausdrücklichen Anordnung nur „unbeschadet besonderer Bestimmungen dieses Vertrags" zur Anwendung. Daraus schließt der EuGH in ständiger Rechtsprechung, dass Art. 12 EGV autonom nur in durch das Gemeinschaftsrecht geregelten Fällen angewendet werden kann, für die der EG-Vertrag kein besonderes Diskriminierungsverbot vorsieht[382]. Seinen vorrangigen Anwendungsbereich hat Art. 12 EGV damit dort, wo keine besonderen Diskriminierungsverbote bestehen. Sein Anwendungsbereich ist also insbesondere im Bereich der anderen Grundfreiheiten begrenzt[383]. Im Anwendungsbereich der nachfolgend zur Anwendung kommenden Grundfreiheiten ist daher keine Prüfung des Art. 12 EGV vorzunehmen.

2. Die Freizügigkeit der Unionsbürger nach Art. 18 EGV

Die Freizügigkeit der Unionsbürger nach Art. 18 EGV gehört zu den jüngeren Grundfreiheiten[384]. Mit Art. 18 EGV ist erstmals ein umfassendes Recht auf Freizügigkeit und Aufenthalt im EG-Vertrag verankert worden. Vor dem Vertrag von Maastricht gewährte das Gemeinschaftsrecht diese Rechte in Art. 39 Abs. 3, Art. 43 ff. und 49 ff. EGV nur im Zusammenhang mit einer wirtschaftlichen Tätigkeit[385]. Die Freizügigkeit schützt nunmehr in erster Linie die Wohnsitznahme in jedem beliebigen Mitgliedstaat. Anders als z.B. Art. 11 GG erfasst Art. 18 EGV darüber hinaus aber auch – unterhalb der Schwelle eines Umzugs – das freie Umherziehen einschließlich des Reisens und anderer kurzer Aufenthal-

---

[378] EuGH vom 12.07.2005 – Rs. C 403/03 (Schempp), DStR 2005, S. 1265, Rdnr. 24 f.

[379] Schlussanträge des Generalanwalts *Jacobs* – verb. Rs. C-92/92 u. C-326/92 (Phil Collins), EuGHE 1993, S. I-5145, Rdnr. 9 ff.

[380] *Holoubek*, in: Schwarze (Hrsg.), EU-Kommentar, Art. 12 EGV, Rdnr. 4.

[381] *Holoubek*, in: Schwarze (Hrsg.), EU-Kommentar, Art. 12 EGV, Rdnr. 28 m.w.N.

[382] *Holoubek*, in: Schwarze (Hrsg.), EU-Kommentar, Art. 12 EGV, Rdnr. 7 m.w.N.

[383] *Lenz*, EG-Vertrag, Art. 12 EGV, Rdnr. 1.

[384] Sie wurde erst mit der Begründung einer Unionsbürgerschaft durch den Vertrag von Maastricht im Jahr 1993 in den EG-Vertrag eingeführt.

[385] *Hilf*, in: Grabitz/Hilf, EUV/EGV, Art. 18 EGV, Rdnr. 1.

te. Art. 18 EGV ist dabei weit auszulegen[386]. Wie schon bei Art. 12 EGV ist die Ausübung des Freizügigkeitsrechts gerade nicht an ein wirtschaftliches Tätigwerden im Gaststaat geknüpft. So schützt Art. 18 EGV z.B. auch den freien Grunderwerb, wenn ein Unionsbürger sich in einem anderen Mitgliedstaat seinen Altersruhesitz errichten will[387]. Die Vorschrift schützt Unionsbürger auch vor unnötiger zusätzlicher Bürokratie, namentlich der Pflicht zur umfassenden Vorlage bestimmter Dokumente, wenn den eigenen Staatsangehörigen dieses Mitgliedstaats keine derartigen Pflichten auferlegt werden. Damit müssen insbesondere die Einreise-, Anmeldungs- und Ausreiseformalitäten so ausgestaltet sein, dass sie die Ausübung der Freizügigkeit nicht behindern.

Der Anwendungsbereich von Art. 18 EGV ist eröffnet, wenn keine spezielle Gewährleistung eingreift. Die Garantie der allgemeinen Freizügigkeit der Unionsbürger steht damit faktisch in einem Exklusivverhältnis zu den Marktfreiheiten. Denn für den Bereich wirtschaftlicher, d.h. in der Erwerbssphäre anzusiedelnder Aktivitäten gehen die Marktfreiheiten der allgemeinen Freizügigkeit als leges speciales vor. Damit reduziert sich der Anwendungsbereich des Art. 18 Abs. 1 EGV auf privat veranlasste, d.h. nicht aus der Erwerbssphäre motivierte Ortsveränderungen[388]. Mit unter den Begriff der Ortsveränderungen und damit in den Schutzbereich des Art. 18 Abs. 1 EGV fallen nicht nur Grenzübertritt und zeitweiliger Aufenthalt, sondern auch die Wohnsitznahme[389].

Strittig ist, inwieweit Art. 18 EGV auf steuerliche Vorschriften Anwendung findet. Während *Reimer* Art. 18 Abs. 1 EGV auch im steuerlichen Bereich zur Anwendung bringen will[390] und dies damit begründet, dass trotz zeitgleicher Einführung des Art. 95 Abs. 2 EGV kein Steuervorbehalt in Art. 18 EGV aufgenommen worden ist, begründet *Hahn* seine gegensätzliche Auffassung mit der Zielrichtung der Vorschrift, die in erster Linie darauf abzielt, die Grenzkontrollen an den Staatsgrenzen abzuschaffen, sowie der Vorschrift des Art. 95 Abs. 2 EGV, die zeitgleich mit Art. 18 EGV in den EG-Vertrag eingefügt worden ist und den Steuerbereich gerade mit dem Einstimmigkeitserfordernis aus der Rechtsangleichung in der Gemeinschaft bewusst ausnimmt[391]. Der EuGH hätte jüngst in der Rechtssache „Lasteyrie du Saillant“[392] die Gelegenheit, diesen Streit zu entscheiden. In der Sache ging es um einen Wegzugsfall aus privaten Gründen, der jedoch eine französische Steuer ausgelöst hat, die der deutschen Vorschrift des § 6 AStG ähnlich ist. Das vorlegende Gericht ging von einer An-

---

[386] *Hilf*, in: Grabitz/Hilf, EU, Art. 18, Rdnr. 12.

[387] *Kluth*, in: Calliess/Ruffert, EUV/EGV, Art. 18 EGV, Rdnr. 5 m.w.N.

[388] *Reimer*, in: Lehner (Hrsg.), Die Bedeutung der Grundfreiheiten für das Steuerrecht der EU-Mitgliedstaaten, Münchner Schriften zum Internationalen Steuerrecht, Heft 23, S. 73.

[389] So ausdrücklich *Reimer*, in: Lehner (Hrsg.), Die Bedeutung der Grundfreiheiten für das Steuerrecht der EU-Mitgliedstaaten, Münchner Schriften zum Internationalen Steuerrecht, Heft 23, S. 73 unter Hinweis auf die ausdrückliche Erwähnung des Wohnsitzes in Art. 19 EGV; a.A. BFH vom 17.12.1997 – I B 108/97, BStBl. II 1998, S. 558.

[390] *Reimer*, in: Lehner (Hrsg.), Die Bedeutung der Grundfreiheiten für das Steuerrecht der EU-Mitgliedstaaten, Münchner Schriften zum Internationalen Steuerrecht, Heft 23, S. 73.

[391] *Hahn*, Die Vereinbarkeit von Normen des deutschen internationalen Steuerrechts mit EG-Recht, IFSt-Schrift Nr. 378, S. 53, 78 f.

[392] EuGH vom 11.03.2004 – Rs. C-9/02 (Lasteyrie du Saillant), EuGHE 2004, S. I-2409.

wendbarkeit von Art. 52 EGV aus. Denkbar wäre auch eine Anwendbarkeit von Art. 18 EGV gewesen. Der EuGH hat diese Frage letztlich nicht entschieden. Er hat sich formal darauf zurückgezogen, dass in einem Verfahren nach Art. 234 EGV für die Würdigung des konkreten Sachverhalts das vorlegende Gericht zuständig ist und dieses von einer Anwendbarkeit des Art. 52 EGV ausgegangen ist[393]. M.E. kann eine systematische Auslegung der Bestimmungen des EG-Vertrags nur zu dem Ergebnis gelangen, dass Art. 18 EGV im Steuerrecht nicht zur Anwendung kommen kann. Andernfalls wäre jede Form einer Steuererhebung in einem Mitgliedstaat letztlich ein Verstoß gegen die Freizügigkeit der Unionsbürger. Die Argumentation ist im Grunde dieselbe, wie bei der Ausdehnung der Diskriminierungsverbote zu Beschränkungsverboten[394]. Eine freiheitsrechtliche Prüfung einer Grundfreiheit stößt im nicht harmonisierten Bereich der direkten Steuern an ihre Grenzen. Ähnlich wie bei Art. 28 EGV – das in der Vorschrift angelegte Beschränkungsverbot wird dahingehend ausgelegt, dass es nicht der Verwirklichung einer allgemeinen Handlungsfreiheit dient, sondern nur der Beseitigung von Hindernissen, die den Marktzugang in spezifischer Weise erschweren[395] – wird man daher den Anwendungsbereich der Vorschrift zurücknehmen müssen.

3. Die Warenverkehrsfreiheit nach Art. 23 ff. EGV

Die Warenverkehrsfreiheit ist außerhalb des Steuerrechts zum Leitstern der Dogmatik der Grundfreiheiten geworden, denn sie stellt die Grundlage der Gemeinschaft dar, indem sie darauf abzielt, den Warenaustausch unbelastet von wettbewerbsverzerrenden Abgaben im Gebiet der Gemeinschaft zu sichern. Die grenzüberschreitende Zirkulation von beweglichen Sachen, die Gegenstand eines Handelsgeschäfts sein können, soll damit ermöglicht werden[396]. Dies stellt in erster Linie die durch Art. 23 EGV begründete Zollunion sicher, ergänzt insbesondere durch ein Verbot von Abgaben mit gleicher Wirkung sowie durch ein Verbot mengenmäßiger Beschränkung[397]. Die Freiheit des Warenverkehrs bezieht sich deshalb in erster Linie auf Vorgänge des Übergangs einer Ware aus einem Mitgliedstaat in einen anderen. Dabei wendet der EuGH nicht eine formelle, sondern eine materielle, auf die Wirkungen der Abgabe abstellende Betrachtungsweise an. Unabhängig von der rechtlichen Ausgestaltung im Einzelnen wird gefragt, ob eine auch noch so geringe, den in- oder ausländischen Waren wegen ihres Grenzübertritts einseitig auferlegte finanzielle Belastung, eine Abgabe mit gleicher Wirkung, wie sie ein Zoll darstellt vorliegt[398]. In der Rechtssache „Dassonville“[399] hat der EuGH dieses weite Verständnis deutlich zum Ausdruck gebracht: Danach ist „jede Handelsregelung der Mitgliedstaaten, die geeignet ist, den innergemeinschaftlichen Handel unmittelbar oder mittelbar,

---

[393] EuGH vom 11.03.2004 – Rs. C-9/02 (Lasteyrie du Saillant), EuGHE 2004, S. I-2409, Rdnr. 41.
[394] Vgl. die Ausführungen im 4. Kapitel unter B. IV. 3. c) bb) u. dd).
[395] *Leible*, in: Grabitz/Hilf, EUV/EGV, Art. 28 EGV, Rdnr. 8.
[396] *Streinz*, Europarecht, S. 281 f.; *Oppermann*, Europarecht, S. 507 ff.; *Lecheler*, Einführung in das Europarecht, S. 223 ff.
[397] EuGH vom 01.07.1969 – verb. Rs. 2 u. 3/69 (Sociaal Fonds voor de Diamantarbeiders), EuGHE 1969, S. 221 ff.
[398] EuGH vom 01.07.1969 – verb. Rs. 24/68 (Kommission/Italienische Republik), EuGHE 1969, S. 202 ff.
[399] EuGH vom 11.07.1974 – Rs. 8/74 (Dassonville), EuGHE 1974, S. 837 ff.

tatsächlich oder potentiell zu behindern, ... als Maßnahme mit gleicher Wirkung wie eine mengenmäßige Beschränkung anzusehen“. Da es auf die Wirkung der Abgabe ankommt, ist damit grundsätzliche jede steuerliche Norm daraufhin zu prüfen, ob die Grundfreiheit des freien Warenverkehrs berührt ist[400].

Im Bereich der direkten Steuern ist die Warenverkehrsfreiheit – soweit ersichtlich – bislang nicht relevant geworden[401]. Dies mag seinen Grund darin haben, dass das Einkommen- und Körperschaftsteuerrecht fast ausnahmslos nicht an Waren (Umlaufvermögen) anknüpft, sondern allenfalls an Anlagevermögen. Gerade der nachfolgend[402] zu prüfende Sachverhalt einer Entstrickung durch rechtsgeschäftsloses Verbringen in eine in einem anderen Mitgliedstaat belegene Betriebstätte betrifft jedoch auch das Umlaufvermögen und berührt damit grundsätzlich den Anwendungsbereich der Vorschrift. Die Abgrenzung zur Dienstleistungsfreiheit erfolgt danach, ob Gegenstand des grenzüberschreitenden Verkehrs ein körperlicher Gegenstand oder eine unkörperliche Leistung ist[403]. Bei der Kapitalverkehrsfreiheit handelt es sich um ein lex specialis, d.h. Beschränkungen von Zahlungen, die sich auf den Warenverkehr beziehen, fallen unter die Kapitalverkehrsfreiheit[404]. Die Abgrenzung zur Niederlassungsfreiheit wird dagegen auf Tatbestandsebene vorgenommen. Dabei ist zu beachten, dass zwar die Gründung eines Unternehmens als Handelsgeschäft qualifiziert werden kann, genau dieser Fall aber nach der Intention der Grundfreiheiten von der Niederlassungsfreiheit erfasst werden soll[405].

4. Die Arbeitnehmerfreizügigkeit nach Art. 39 ff. EGV

Die Arbeitnehmerfreizügigkeit gehört mit der Niederlassungsfreiheit zur Gruppe der Personenverkehrsfreiheiten[406]. Die Bedeutung der Arbeitnehmerfreizügigkeit für das Recht der direkten Steuern kann nicht hoch genug eingeschätzt werden. Die wichtigsten und bis heute zugleich umstrittensten Leitentscheidungen des EuGH zur Einkommensteuer sind Entscheidungen zu Art. 39 EGV[407]. Der sachliche Schutzbereich von Art. 39 EGV erfasst jede Art der abhängigen Beschäftigung mit Ausnahme von Beschäftigungen im öffentlichen Dienst (Art. 39 Abs. 4 EGV). Der Begriff des Arbeitnehmers ist dabei nicht nach nationalem Recht zu bestimmen, denn es handelt sich um einen selbständigen Begriff des Gemeinschaftsrechts[408]. In seinem Kern erfasst er jedoch ausschließlich die Personen,

---

400 *Hahn*, Die Vereinbarkeit von Normen des deutschen internationalen Steuerrechts mit EG-Recht, IFSt-Schrift Nr. 378, S. 42.
401 *Reimer*, in: Lehner (Hrsg.), Die Bedeutung der Grundfreiheiten für das Steuerrecht der EU-Mitgliedstaaten, Münchner Schriften zum Internationalen Steuerrecht, Heft 23, S. 70.
402 Vgl. die Ausführungen im 8. Kapitel.
403 *Randelzhofer/Forsthoff*, in: Grabitz/Hilf, EUV/EGV, Art. 49/50 EGV, Rdnr. 135.
404 *Ress/Ukrow*, in: Grabitz/Hilf, EUV/EGV, Art. 56 EGV, Rdnr. 183.
405 *Schönfeld*, Hinzurechnungsbesteuerung und Europäisches Gemeinschaftsrecht, S. 53.
406 *Jarass*, EuR 1995, S. 202 (206); *Randelzhofer/Forsthoff*, in: Grabitz/Hilf, EUV/EGV, Art. 39 EGV, Rdnr. 2.
407 EuGH vom 08.05.1990 – Rs. C-175/88 (Biehl), EuGHE 1990, S. I-1792 ff.; EuGH vom 14.02.1995 – Rs. C-279/93 (Schumacker), EuGHE 1995, S. I-225 ff.; EuGH vom 14.09.1999 – Rs. C-391/97 (Gschwind), EuGHE 1999, S. I-5451 ff.
408 *Randelzhofer/Forsthoff*, in: Grabitz/Hilf, EUV/EGV, Art. 39EGV, Rdnr. 10; *Bleckmann*, Europarecht, S. 253.

die eine abhängige Erwerbstätigkeit ausüben und diese zur Basis ihres Lebensunterhalts machen wollen[409]. Art. 39 EGV erstreckt sich jedoch nicht nur auf die Arbeitsbedingungen als solche, d.h. die berufliche Sphäre des Arbeitnehmers, sondern schützt auch das private Vorfeld und Umfeld der Arbeitsausübung bis hin zu einem Aufenthaltsrecht des nicht erwerbstätigen Ehegatten des Arbeitnehmers[410]. Diese sehr weite Auslegung hat jedoch mittlerweile durch die Einführung der Unionsbürgerschaft (Art. 17 EGV) und die allgemeine Freizügigkeit (Art. 18 EGV), über welche das allgemeine Diskriminierungsverbot (Art. 12 EGV) diese Fälle erfasst[411], an Bedeutung verloren. Der grenzüberschreitende Bezug ergibt sich wie bei der Niederlassungsfreiheit aus einem grenzüberschreitenden Aspekt der handelnden Person[412]: Der Arbeitnehmer überschreitet eine innergemeinschaftliche Grenze. In den nachfolgend zu untersuchenden Fällen ist die Arbeitnehmerfreizügigkeit nicht von Bedeutung[413]. Weitere, vertiefte Ausführungen zur Arbeitnehmerfreizügigkeit sind daher nicht veranlasst.

5. Die Dienstleistungsfreiheit nach Art. 49, 50 EGV

Die in Art. 49 Abs. 1, Art. 50 EGV[414] kodifizierte Freiheit des Dienstleistungsverkehrs erfasst den Dienstleistungsverkehr zwischen Personen, die in einem Mitgliedstaat der Gemeinschaft ansässig sind. Der Vertrag enthält allerdings keine griffige Definition des Begriffs der Dienstleistung[415]. Ein volkswirtschaftlicher Dienstleistungsbegriff ist jedenfalls nicht anzunehmen[416]. Positiv erfasst werden nach Art. 50 Abs. 1 EGV als Dienstleistungen diejenigen Leistungen, die in der Regel gegen Entgelt erbracht werden. Negativ scheidet Art. 50 Abs. 1 EGV alle Leistungen aus dem Dienstleistungsbegriff aus, die den Vorschriften über den freien Waren- und Kapitalverkehr und über die Freizügigkeit der Personen unterliegen. Art. 50 Abs. 2 EGV nennt zusätzlich im Rahmen einer positiven Auszählung als Beispiele für Dienstleistungen gewerbliche, kaufmännische, handwerkliche und freiberufliche Tätigkeiten.

Wie die anderen Grundfreiheiten ist die Dienstleistungsfreiheit nicht auf Sachverhalte anwendbar, die mit keinem Element über die Grenzen eines Mitgliedstaats hinausweisen und auch keinen Berührungspunkt mit dem Gemeinschaftsrecht besitzen. Der grenzüberschreitende Bezug bei der Dienstleistungsfreiheit hängt dabei grundsätzlich mit der Person des Inhabers zusammen, etwa weil der Dienstleistende eine Grenze überschreitet. Die Dienstleistungsfreiheit ist aber als Besonderheit gegenüber den sonstigen Grundfreiheiten neben einer Personen- auch als Produktfreiheit angelegt[417]. Sie kommt zum Tragen, wenn allein die Dienstleistung die Grenze überschreitet. Zusammenfassend können damit für

---

409 *Bleckmann*, Europarecht, S. 254.
410 *Randelzhofer/Forsthoff*, in: Grabitz/Hilf, EUV/EGV, Art. 39 EGV, Rdnr. 136 bis 138.
411 *Randelzhofer/Forsthoff*, in: Grabitz/Hilf, EUV/EGV, Art. 39 EGV, Rdnr. 137.
412 *Jarass*, EuR 1995, S. 202 (206).
413 Vgl. die Ausführungen im 3.Teil.
414 Art. 49 und 50 EGV bilden eine Einheit. Dies wird in der Regel durch eine gemeinsame Zitierung zum Ausdruck gebracht. Vgl. z.B. *Randelzhofer/Forsthoff*, in: Grabitz/Hilf, EUV/EGV, Art. 49/50 EGV, Anmerkung auf S. 1 unten.
415 *Randelzhofer/Forsthoff*, in: Grabitz/Hilf, EUV/EGV, Art. 49/50 EGV, Rdnr. 24.
416 *Schönfeld*, Hinzurechnungsbesteuerung und Europäisches Gemeinschaftsrecht, S. 51 m.w.N.
417 *Randelzhofer/Forsthoff*, in: Grabitz/Hilf, EUV/EGV, Art. 49/50 EGV, Rdnr. 3, 40.

die Definition der Dienstleistung folgende konstitutive Merkmale herausgestellt werden: Es muss sich um eine unkörperliche[418], selbständige[419] Leistung handeln, die grenzüberschreitend und unter grundsätzlicher Teilnahme am Wirtschaftsleben gegen Entgelt erbracht wird[420].

Daneben kommt – plastischer als bei den anderen Grundfreiheiten – neben der Aktivdimension (Schutz dessen, der die Dienstleistung erbringt) auch die Passivdimension zum Tragen: Art. 49, 50 EGV schützen in dieser Dimension auch die Freiheit des Empfängers der Dienstleistung. Im Steuerrecht ist diese doppelte Dimension im Streit um die belgische Parabolantennenabgabe relevant geworden[421]: Hier hat der EuGH erkannt, dass durch Art. 49 EGV nicht nur die privaten Produzenten von Fernsehsendungen geschützt sind, sondern auch Fernsehzuschauer. Sie haben ein Recht darauf, mit Parabolantennen („Satellitenschüsseln") ausländische Programme zu sehen, ohne daran durch besondere Abgaben mit Lenkungszweck (Vermeidung der Verschandelung des Ortsbildes) in diskriminierender Weise beschränkt zu werden.

Art. 50 Abs. 1 EGV enthält zudem insoweit eine Einschränkung des Anwendungsbereichs der Norm, als dass Dienstleistungen im Sinne der Art. 49 ff. EGV dann nicht vorliegen, wenn die Tätigkeiten den Vorschriften über den freien Warenverkehr, den freien Kapitalverkehr oder die Freizügigkeit unterliegen. Nach herrschender Auffassung gelten die Regeln der Art. 49 ff. EGV daher nur subsidiär gegenüber den in Art. 50 EGV genannten Freiheiten, ferner auch nur subsidiär gegenüber den dort genannten Regeln über die Niederlassungsfreiheit[422]. Letztlich gewinnt die Vorschrift damit ihre Konturen in der Abgrenzung zu den anderen Grundfreiheiten[423]. *Schönfeld* weist jedoch zutreffend nach, dass es gerade im Bereich der passiven Dienstleistungsfreiheit Sachverhaltskonstellationen geben kann (Empfänger einer Dienstleistung im Rahmen der passiven Dienstleistungsfreiheit begibt sich in den Staat des Leistungserbringers), bei denen es zu Überschneidungen zur Niederlassungsfreiheit kommt[424]. Hinsichtlich der Abgrenzung zur Kapitalverkehrsfreiheit wird eine subsidiäre Geltung der Dienstleistungsfreiheit nicht mehr angenommen[425].

6. Die Niederlassungsfreiheit nach Art. 43 ff. EGV

Die Niederlassungsfreiheit gehört neben der Arbeitnehmerfreizügigkeit zu der Gruppe der Personenverkehrsfreiheiten[426]. Die Freizügigkeit der Personen ist nach Art. 3 Abs. 1 Buchst. c), Art. 14 Abs. 2 EGV ein wesentlicher Bestandteil

---

418 Insoweit Abgrenzung zur Warenverkehrsfreiheit.
419 Insoweit Abgrenzung zur Arbeitnehmerfreizügigkeit.
420 *Schönfeld*, Hinzurechnungsbesteuerung und Europäisches Gemeinschaftsrecht, S. 52.
421 EuGH vom 29.11.2001 – Rs. C-17/00 (De Coster), EuGHE 2001, S. I-9445 ff.
422 *Hahn*, Die Vereinbarkeit von Normen des deutschen internationalen Steuerrechts mit EG-Recht, IFSt-Schrift Nr. 378, S. 39 m.w.N.
423 *Randelzhofer/Forsthoff*, in: Grabitz/Hilf, EUV/EGV, Art. 49/50 EGV, Rdnr. 24.
424 *Schönfeld*, Hinzurechnungsbesteuerung und Europäisches Gemeinschaftsrecht, S. 246.
425 Vgl. hierzu die Ausführungen im 5. Kapitel unter A. I. 7.
426 *Jarass*, EuR 1995, S. 202 (206); *Randelzhofer/Forsthoff*, in: Grabitz/Hilf, EUV/EGV, Art. 43 EGV, Rdnr. 2.

des Binnenmarkts. Die Niederlassungsfreiheit stellt daher, wie der EuGH immer wieder betont, einen „fundamentalen Grundsatz des Vertrags“ bzw. „eines der Grundprinzipien des Vertrags“ dar[427]. Art. 43 EGV enthält keine ausdrückliche Definition des Begriffs der „Niederlassung“[428]. Die Absätze des Art. 43 EGV umschreiben allerdings, worauf diese Grundfreiheit inhaltlich abstellt[429]. So gibt Art. 43 Abs. 2 EGV zwar keine Definition des Begriffs „Niederlassung“, umschreibt aber die wesentlichen Kriterien und gibt konkrete Beispielsfälle. Vorbehaltlich der Kapitel über den Kapitalverkehr umfasst die Niederlassungsfreiheit danach also „die Aufnahme und Ausübung selbständiger Erwerbstätigkeiten sowie die Gründung und Leitung von Unternehmen, insbesondere von Gesellschaften im Sinne des Art. 48 Abs. 2 EGV, nach den Bestimmungen des Aufnahmestaats für seine eigenen Angehörigen.“ Ein zentrales Definitionselement ist demzufolge das Merkmal der selbständigen Erwerbstätigkeit[430]. Die Wortwahl macht bereits deutlich, dass es sich dabei um wirtschaftliche Sachverhalte handeln muss[431], die unter Teilnahme am allgemeinen wirtschaftlichen Verkehr auf die Erbringung von Leistungen gegen Entgelt gerichtet sind[432]. Zugleich ergibt sich daraus eine Abgrenzung auf der Tatbestandsebene zur Arbeitnehmerfreizügigkeit[433].

Art. 43 Abs. 1 Satz 1 EGV, wonach lediglich „Beschränkungen der freien Niederlassung von Staatsangehörigen eines anderen Mitgliedstaats verboten“ sind, macht deutlich, dass weder reine Inlandssachverhalte noch die schlichte grenzüberschreitende Erbringung einer Leistung im Blickpunkt der Niederlassungsfreiheit stehen. Die vorrangige Zielrichtung der Vorschrift ist die Verlagerung einer zuvor in einem anderen Mitgliedstaat ausgeübten Erwerbstätigkeit sowie deren Neuaufnahme[434]. Eine solche angestrebte Eingliederung impliziert, „in stabiler und kontinuierlicher Weise am Wirtschaftsleben eines anderen Mitgliedstaats als seines Herkunftsstaats teilzunehmen und daraus Nutzen zu ziehen, wodurch die wirtschaftliche Verflechtung innerhalb der Gemeinschaft im Bereich der selbständigen Tätigkeit gefördert wird“[435]. Aus diesen Ausführungen des EuGH aber den Schluss zu ziehen, dass die bloße Ausübung einer Erwerbstätigkeit in einem anderen Mitgliedstaat unter keinen Umständen von der Niederlassungsfreiheit erfasst wird, wäre voreilig. Gegen eine derartige Annahme spricht bereits die ausdrückliche Erwähnung in Art. 43 Abs. 2 EGV. Wenn man sich darüber hinaus den inneren Zusammenhang zwischen Etablierung und Ausübung einer wirtschaftlichen Tätigkeit vergegenwärtigt, wird klar, dass es erfor-

---

427 *Randelzhofer/Forsthoff*, in: Grabitz/Hilf, EUV/EGV, Art. 43 EGV, Rdnr. 4 m.w.N.
428 *Randelzhofer/Forsthoff*, in: Grabitz/Hilf, EUV/EGV, Art. 43 EGV, Rdnr. 13; *Schlag*, in: Schwarze (Hrsg.), EU-Kommentar, Art. 43 EGV, Rdnr. 15.
429 *Eyles*, Das Niederlassungsrecht der Kapitalgesellschaften in der Europäischen Gemeinschaft, S. 39.
430 *Schlag*, in: Schwarze (Hrsg.), EU-Kommentar, Art. 43 EGV, Rdnr. 10; *Eyles*, Das Niederlassungsrecht der Kapitalgesellschaften in der Europäischen Gemeinschaft, S. 38.
431 *Randelzhofer/Forsthoff*, in: Grabitz/Hilf, EUV/EGV, Art. 43 EGV, Rdnr. 15.
432 *Randelzhofer/Forsthoff*, in: Grabitz/Hilf, EUV/EGV, Art. 43 EGV, Rdnr. 15 ff.; *Schlag*, in: Schwarze (Hrsg.), EU-Kommentar, Art. 43 EGV, Rdnr. 21 ff.; *Roth*, in: Dauses (Hrsg.), Handbuch des EU-Wirtschaftsrechts, E. I., Rdnr. 40 f.; *Lackhoff*, Die Niederlassungsfreiheit des EGV, S. 34 ff.
433 *Randelzhofer/Forsthoff*, in: Grabitz/Hilf, EUV/EGV, Art. 43 EGV, Rdnr. 112.
434 *Roth*, in: Dauses (Hrsg.), Handbuch des EU-Wirtschaftsrechts, E. I., Rdnr. 35 f.
435 EuGH vom 30.11.1995 – Rs. C-55/94 (Gebhard), EuGHE 1995, S. I-4195 ff.

derlich ist, neben der Aufnahme zugleich die Ausübung einer Erwerbstätigkeit durch einen anderen Staatsangehörigen unter den Schutz der Niederlassungsfreiheit zu stellen[436]. Ergänzend zu Art. 41 Abs. 1 Satz 1 EGV erweitert Art. 43 Abs. 1 Satz 2 EGV dessen Anwendungsbereich auf alle Arten eines sog. secondary establishment. Geschützt sind damit auch die feste Einrichtung mit bloß dienendem Charakter (die nach Art. 5 Abs. 4 OECD-MA steuerlich nicht Betriebstätten sind) ebenso wie die zivilrechtlich unselbständige Zweigniederlassung (die nach Art. 5 Abs. 1 bis 3 oder Abs. 5 OECD-MA Betriebstätte ist) und die Tochter-Kapitalgesellschaft. Die Niederlassungsfreiheit erfasst wiederum nur grenzüberschreitende Sachverhalte. Die Grenzüberschreitung besteht bei der Niederlassungsfreiheit grundsätzlich darin, dass sich der Niederlassungsberechtigte der Hoheitsgewalt eines Staats gegenübersieht, dessen Angehöriger er nicht ist[437].

Zusammenfassend ist festzuhalten, dass die Niederlassungsfreiheit die Neuetablierung, die Verlagerung sowie die damit verbundene Ausübung solcher Betätigungen schützt, die in einem anderen Mitgliedstaat unter Teilnahme am allgemeinen wirtschaftlichen Verkehr und Nutzung einer auf Dauer angelegten festen Einrichtung auf die entgeltliche Erbringung von Leistungen gerichtet sind[438]. Die Abgrenzung zu den anderen Grundfreiheiten ergibt sich teilweise bereits auf der Tatbestandsebene (Arbeitnehmerfreizügigkeit[439], Dienstleistungsfreiheit[440]), teilweise erst auf der Konkurrenzebene (Diskriminierungsverbot[441], Kapitalverkehrsfreiheit[442]).

7. Die Kapitalverkehrsfreiheit nach Art. 56 ff. EGV

Die Kapitalverkehrsfreiheit ist die jüngste der Grundfreiheiten und wurde erst 1993 mit dem Vertrag von Maastricht[443] in den EG-Vertrag eingefügt. Unmittelbare Wirkung erlangte die Kapitalverkehrsfreiheit abgestuft erst im Vorfeld der Wirtschafts- und Währungsunion, zunächst in Ausführung der Kapitalverkehrs-Richtlinie vom 24.06.1988[444] zum 01.01.1990 und endgültig in Art. 73b EGV a.F. bzw. 56 EGV zum 01.01.1994[445]. Im Vergleich zu den anderen Grundfreiheiten, die zu diesem Zeitpunkt aufgrund der Rechtsprechung des EuGH bereits ein erhebliches Schutzniveau aufwiesen, wurde den Mitgliedstaaten aufgrund des Liberalisierungsvorbehalts in der Vorgängervorschrift des Art. 67 EWG-Vertrag bis dahin nur eine sehr eingeschränkte Liberalisierungsverpflichtung

---

[436] *Schönfeld*, Hinzurechnungsbesteuerung und Europäisches Gemeinschaftsrecht, S. 50.
[437] *Randelzhofer/Forsthoff*, in: Grabitz/Hilf, EUV/EGV, Art. 43 EGV, Rdnr. 10.
[438] *Schönfeld*, Hinzurechnungsbesteuerung und Europäisches Gemeinschaftsrecht, S. 51.
[439] Vgl. die Ausführungen im 5. Kapitel unter A. I. 4.
[440] Vgl. die Ausführungen im 5. Kapitel unter A. I. 5.
[441] Vgl. die Ausführungen im 5. Kapitel unter A. I. 1.
[442] Vgl. die Ausführungen im 5. Kapitel unter A. I. 7.
[443] Maastrichter Vertrag vom 07.02.1992 (BGBl. II 1992, S. 1253), in Kraft seit dem 01.11.1993 (BGBl. II 1994, S. 2024).
[444] Richtlinie 88/361/EWG des Rates vom 24.06.1988 zur Durchführung von Art. 67 des Vertrages, ABl. 1988 L 178, S. 5 ff.
[445] Zur Entwicklung *Schön*, in: GS für Knobbe-Keuk, S. 743 ff.

auferlegt[446]. Selbst der EuGH konnte der Freiheit des Kapitalverkehrs zu diesem Zeitpunkt keine unmittelbare Wirkung zuerkennen[447].

Die Gründe für diesen vergleichsweise behutsamen Anpassungsprozeß sind durchaus vielfältiger Natur[448]. Ein zentraler Grund hierfür war aber mit Sicherheit die Sorge der Mitgliedstaaten, dass bei einer Beseitigung von Behinderungen des innergemeinschaftlichen Kapitalverkehrs durch das Primärrecht ein wesentlicher Teil der staatlichen Souveränität, nämlich die Besteuerungshoheit, verloren gehen könnte[449]. Eine nicht unbegründete Sorge, wenn man bedenkt, dass jede wirtschaftliche Betätigung in mehr oder weniger starkem Umfang mit Kapitalströmen verbunden ist und das Ertragsteuerrecht eben an diese wirtschaftliche Betätigung anknüpft[450]. Ausfluss dieser Sorge ist letztlich auch die zusammen mit Art. 56 EGV eingefügte Ausnahmevorschrift des Art. 58 Abs. 1 Buchst. a) EGV. Diese Regelung, wonach es weiterhin den einzelnen Mitgliedstaaten obliegen soll, „die einschlägigen Vorschriften ihres Steuerrechts anzuwenden, die Steuerpflichtige mit unterschiedlichem Wohnort und Kapitalanlageort unterschiedlich behandeln", deutet auf eine entsprechende „Absicherungsabsicht" der Mitgliedstaaten hin[451]. Auf diese historische Entwicklung wird später noch einmal einzugehen sein[452].

Art. 56 EGV regelt in seinem Absatz 1 die Freiheit des Kapitalverkehrs und in seinem Absatz 2 die Freiheit des Zahlungsverkehrs[453]. Mit der Vorschrift sollen insgesamt grenzüberschreitende Geld- und Wertpapierinvestitionen geschützt werden, um so die Mobilität des Kapitals als eine der Grundvoraussetzungen für einen einheitlichen Wirtschaftsraum sicherzustellen. Denn letztlich ist Voraussetzung für eine Betätigung aller anderen wirtschaftlichen Grundfreiheiten, dass der Produktionsfaktor „Kapital" dort eingesetzt werden kann, wo es wirtschaftlich zweckmäßig ist[454].

---

446 Der Umfang der Liberalisierung (Art 67 Abs. 1: „soweit es ... notwendig ist") war der Beurteilung durch den Rat nach Maßgabe des in Art. 69 EWG-Vertrag vorgesehenen Verfahrens vorbehalten.

447 EuGH vom 11.11.1981 – Rs. 203/80 (Casati), EuGHE 1981, S. 2614; EuGH vom 31.01.1984 – verb. Rs. 286/82 (Luisi), 26/83 (Carbone), EuGHE 1984, S. 405; die unmittelbare Wirkung der Zahlungsverkehrsfreiheit wurde dagegen angenommen, da bei den von Art. 67 Abs. 2 EWG-Vertrag erfassten laufenden Zahlungen aufgrund der kleineren Beträge keine Störungen der Finanz- und Devisenmärkte zu erwarten seien. Vgl. *Kiemel*, in: Groeben/Thiesing/Ehlermann, EWG-Vertrag, Art. 67 EWGV, Rdnr. 18.

448 Vgl. im Einzelnen *Rohde*, Freier Kapitalverkehr in der Europäischen Gemeinschaft, S. 60 ff.; *Matzka*, Das österreichische Steuerrecht im Lichte der Freiheit des Kapitalverkehrs, S. 31.

449 *Schönfeld*, Hinzurechnungsbesteuerung und Europäisches Gemeinschaftsrecht, S. 45.

450 *Tipke*, Die Steuerrechtsordnung Bd. I, S. 479 ff.

451 *Dautzenberg*, RIW 1998, S. 537 (538).

452 Vgl. die Ausführungen im 5. Kapitel unter A. II. 6.

453 Nach allgemeiner Ansicht handelt es sich bei beiden „Freiheiten" um einheitliche, aufeinander bezogene Regelungen, die als „Auslegungsregel" eine einheitliche Prüfung ermöglichen *Ress/Ukrow*, in: Grabitz/Hilf, EUV/EGV, Art. 56 EGV, Rdnr. 1.

454 So im Ergebnis *Schönfeld*, Hinzurechnungsbesteuerung und Europäisches Gemeinschaftsrecht, S. 42 f. m.w.N.

a) Die Freiheit des Kapitalverkehrs nach Art. 56 Abs. 1 EGV

Der Vertrag selbst erläutert den Begriff des Kapitalverkehrs in Absatz 1 der Vorschrift nicht. Was hierunter zu verstehen ist, muss daher dem systematischen Zusammenhang des Vertrags und den Normen des Sekundärrechts entnommen werden. Dabei ist von einer fortdauernden Bedeutung der Art. 67 ff. EWG-Vertrag sowie der Kapitalverkehrs-Richtlinie von 1988[455] auszugehen[456]. Art. 67 ff. EWG-Vertrag haben zwar seit 01.01.1994 keine unmittelbare Bindungskraft mehr, bleiben aber die primärgemeinschaftsrechtliche Grundlage der Kapitalverkehrs-Richtlinie und haben insofern Bedeutung bei der historischen Auslegung von Art. 56 ff. EGV. Die Kapitalverkehrs-Richtlinie selbst ist durch den EU-Vertrag nie aufgehoben worden[457], ist aber als Teil des gemeinschaftsrechtlichen Standards (aquis communautaire) nach wie vor als Interpretationshilfe von Relevanz, auch wenn angesichts der umfassenden Regelungen in Art. 56 ff. EGV eine Konkretisierung der Kapitalverkehrsfreiheit durch eine Richtlinie nicht mehr notwendig erscheint[458].

Zur Frage, welche Vorgänge im Einzelnen dem Kapitalverkehr unterfallen, enthält die Kapitalverkehrs-Richtlinie in ihrem Artikel 1 entsprechende Ausführungen[459]. Wichtig ist dabei die Erläuterung des Ausdrucks „Kapitalverkehr" durch den Verweis in Art. 1 Abs. 1 Satz 2 der Richtlinie auf die Nomenklatur in deren Anhang I. Dort sind unter der Überschrift „Direktinvestitionen" folgende Vorgänge genannt:

> *„1. Gründung und Erweiterung von Zweigniederlassungen oder neuen Unternehmen, die ausschließlich dem Geldgeber gehören, und vollständige Übernahme bestehender Unternehmen*
> *2. Beteiligung an neuen oder bereits bestehenden Unternehmen zur Schaffung oder Aufrechterhaltung dauerhafter Wirtschaftsbeziehungen*
> *3. Langfristige Darlehen zur Schaffung oder Aufrechterhaltung dauerhafter Wirtschaftsbeziehungen*
> *4. Reinvestitionen von Erträgen zur Aufrechterhaltung dauerhafter Wirtschaftsbeziehungen*
> *A. Direktinvestitionen von Gebietsfremden im Inland*
> *B. Direktinvestitionen von Gebietsansässigen im Ausland."*

---

455 Richtlinie 88/361/EWG des Rates vom 24.06.1988 zur Durchführung von Art. 67 des Vertrages, ABl. 1988 L 178, S. 5 ff.

456 *Ress/Ukrow*, in: Grabitz/Hilf, EUV/EGV, vor Art. 56 EGV, Rdnr. 13 ff.

457 *Ress/Ukrow*, in: Grabitz/Hilf, EUV/EGV, vor Art. 56 EGV, Rdnr. 14.

458 Vgl. auch EuGH vom 14.12.1995 – verb. Rs. C-163/94 (Sanz de Lera) und C-165/94 (Jimenez) und C-250/94 (Kapanoglu), EuGHE 1995, S. I-4837 ff.; EuGH vom 16.03.1999 – Rs. C-222/97 (Trummer und Mayer), EuGHE 1999, S. I-1678 ff.

459 Art. 1 lautet wie folgt:
„(1) Unbeschadet der nachstehenden Bestimmungen beseitigen die Mitgliedstaaten die Beschränkungen des Kapitalverkehrs zwischen den Gebietsansässigen in den Mitgliedstaaten. Zur Erleichterung der Durchführung dieser Richtlinie wird der Kapitalverkehr entsprechend der Nomenklatur in Anhang I gegliedert.
(2) Die mit dem Kapitalverkehr zusammenhängenden Zahlungstransaktionen erfolgen zu den gleichen Devisenbedingungen, die bei Zahlungen für laufende Transaktionen gelten."

Der Ausdruck „Direktinvestitionen“ ist unter der Überschrift „Begriffsbestimmungen“ am Ende des Anhangs I näher bestimmt. Danach sind Direktinvestitionen:

> *„Investitionen jeder Art durch natürliche Personen, Handels-, Industrie- oder Finanzunternehmen zur Schaffung oder Aufrechterhaltung dauerhafter und direkter Beziehungen zwischen denjenigen, die die Mittel bereitstellen, und den Unternehmern oder Unternehmen, für die die Mittel zum Zwecke einer wirtschaftlichen Tätigkeit bestimmt sind. Der Begriff der Direktinvestitionen ist also im weitesten Sinne gemeint.*
> *Zu den Unternehmen unter I 1 der Nomenklatur zählen juristisch unabhängige Unternehmen (hundertprozentige Tochtergesellschaften) und Zweigniederlassungen (Filialen).*
> *Bei den unter I 2 der Nomenklatur genannten Unternehmen, die als Aktiengesellschaften betrieben werden, ist eine Beteiligung im Sinne einer Direktinvestition dann vorhanden, wenn das im Besitz einer natürlichen Person oder eines anderen Unternehmens oder eines sonstigen Inhabers befindliche Aktienpaket entweder nach den bestehenden nationalen Rechtsvorschriften für Aktiengesellschaften oder aus anderen Gründen den Aktieninhabern die Möglichkeit gibt, sich tatsächlich an der Verwaltung dieser Gesellschaft oder an deren Kontrolle zu beteiligen.“*

Daraus kann gefolgert werden, dass der Ausdruck „ Kapitalverkehr“ im Sinne des Absatzes 1 der Vorschrift die Vorgänge von der Gründung bis zu der Beteiligung an Unternehmen umfasst, und auch solche, die nicht über den Kapitalmarkt im technischen Sinne erfolgen, also auch die Gründung von Unternehmen unmittelbar durch Angehörige eines anderen Mitgliedstaats. Der Begriff „Kapitalverkehr“ erfasst daher jedweden grenzüberschreitenden Transfer von Werten in Form von Finanz- oder Realkapital[460].

b) Die Freiheit des Zahlungsverkehrs nach Art. 56 Abs. 2 EGV

Art. 67 Absatz 2 EWG-Vertrag sprach demgegenüber von „laufenden Zahlungen“, die mit dem Kapitalverkehr zusammenhängen, während Art. 73b Abs. 2 EGV a.F. und Art. 56 Abs. 2 EGV vom „Zahlungsverkehr“ sprechen. Dies sind Zahlungen, die nicht unmittelbar oder mittelbar der Übertragung des Kapitals im Sinne des Absatzes 1 dienen, sondern deren wirtschaftliche Folge sind. Unter Art. 56 Abs. 2 EGV fallen daher insbesondere die Erträge der in einem anderen Mitgliedstaat vorgenommenen Vermögensanlage, z.B. Zinsen, Dividenden, Gewinne, Mieten, Pachten usw.[461]. Von Absatz 2 wird daher lediglich der bloße Zahlungsvorgang erfasst[462]. Es ist durchaus zutreffend, wenn von einer Annexfreiheit zu den übrigen Grundfreiheiten gesprochen wird[463]. Dennoch wird durch die Regelung des freien Zahlungsverkehrs in einem gemeinsamen Kapitel mit

---

460 *Schönfeld*, Hinzurechnungsbesteuerung und Europäisches Gemeinschaftsrecht, S. 47 mw.N.
461 *Ress/Ukrow*, in: Grabitz/Hilf, EUV/EGV, Art. 56 EGV, Rdnr. 174 ff.
462 *Schön*, in: GS für Knobbe-Keuk, S. 749.
463 *Bröhmer*, in: Calliess/Ruffert, EU/EG, Art. 56 EGV, Rdnr. 55; *Schweitzer/Hummer*, Europarecht, S. 369.

den Regelungen zum Kapitalverkehr nach allgemeiner Ansicht nicht nur die Binnenmarktrelevanz des freien Zahlungsverkehrs unterstrichen, sondern letztlich auch die Gleichgewichtigkeit dieser Freiheit mit den übrigen Grundfreiheiten, auch wenn der Zahlungsverkehr weder in Art. 3 EGV noch in Art. 14 Abs. 2 EGV erwähnt wird[464].

c) Der Steuervorbehalt in Art. 58 EGV

Im Hinblick auf den sachlichen Schutzbereich betrifft eine weitere Besonderheit den sog. Steuervorbehalt. Nach dem Wortlaut von Art. 58 Abs. 1 Buchst. a) EGV berührt die Kapitalverkehrsfreiheit nicht das Recht der Mitgliedstaaten, „die einschlägigen Vorschriften ihres Steuerrechts anzuwenden, die Steuerpflichtige mit unterschiedlichem Wohnort oder Kapitalanlageort unterschiedlich behandeln". Zugleich wird in Art. 58 Abs. 1 Buchst. b) EGV den Mitgliedstaaten das Recht zur Vornahme derjenigen „unerlässlichen Maßnahmen" garantiert, die erforderlich sind, „um Zuwiderhandlungen gegen innerstaatliche Rechts- und Verwaltungsvorschriften, insbesondere auf dem Gebiet des Steuerrechts" zu verhindern. Dieser (scheinbare) Generalvorbehalt wird jedoch durch eine rechtswirksame Erklärung der Mitgliedstaaten zum Maastrichter Vertrag praktisch widerrufen[465]. Art. 58 Abs. 1 EGV hat damit nur noch die Bedeutung einer sog. „stand-still"-Klausel. Die Mitgliedstaaten dürfen lediglich ihre Ende 1993 bestehenden Beschränkungen der Kapitalverkehrsfreiheit bestehen lassen. Für alle neuen Beschränkungen oder Diskriminierungen gilt Art. 56 EGV aber uneingeschränkt[466]. Zudem ist die Vorschrift des Art. 58 Abs. 3 EGV zu beachten. Darin wird klargestellt, dass die „Maßnahmen und Verfahren" nach Absatz 1 „weder ein Mittel zur willkürlichen Diskriminierung noch eine verschleierte Beschränkung des freien Kapital- und Zahlungsverkehrs im Sinne des Artikels 56 darstellen" dürfen. Der EuGH hat daraus geschlossen, dass die in Art. 58 Abs. 1 Buchst. a) EGV[467] genannten Differenzierungen nach Anlage- und Wohnort ein gemeinschaftsrechtlich akzeptiertes Allgemeininteresse in geeigneter, erforderlicher und verhältnismäßiger Weise verwirklichen müssen[468]. Letztlich wendet der EuGH damit im Anwendungsbereich des Art. 56 Abs. 1 EGV dieselben Maßstäbe an, wie bei den Regeln über den freien Waren-, Dienstleistungs- und

---

464 *Ress/Ukrow*, in: Grabitz/Hilf, EUV/EGV, Art. 56 EGV, Rdnr. 172.

465 Erklärung zu Art. 73d des Vertrags zur Gründung der Europäischen Gemeinschaft vom 29.07.1992, ABl. EG 1992, C 191, S. 99.

466 Die zeitliche Grenze soll jedoch nicht für das Verhältnis zu Drittstaaten gelten. Vgl. *Schön*, in: FS für Wassermeyer, S. 514 unter Hinweis auf Satz 2 der Erklärung zu Art. 73d des Vertrags zur Gründung der Europäischen Gemeinschaft vom 29.07.1992, ABl. EG 1992, C 191, S. 99.

467 In der Rechtssache „Verkooijen" hat der EuGH erstmals auch das Verhältnis von Art. 58 Abs. 3 EGV zu Art. 58 Abs. 1 Buchst. a) EGV erläutert und das formale Argument zurückgewiesen, dass mit „Maßnahmen und Vorschriften" in Absatz 3 nicht „Vorschriften" in Absatz 1 Buchst. a) gemeint sein könnten. Vgl. EuGH vom 06.06.2000 – Rs. C-35/98 (Verkooijen), EuGHE 2000, S. I-4126, Rdnr. 45.

468 EuGH vom 06.06.2000 – Rs. C-35/98 (Verkooijen), EuGHE 2000, S. I-4071, Rdnr. 43 ff.; EuGH vom 21.11.2002 – Rs. C-436/00 (X et Y) EuGHE 2002, S. I-10829, Rdnr. 72; EuGH vom 11.12.2003 – Rs. C-364/01 (Barbier), EuGHE 2003, S. I-15013, Rdnr. 72 f.; EuGH vom 07.09.2004 – Rs. C-319/02 (Manninen), DStRE 2004, S. 1220, Rdnr. 28 ff.

Personenverkehr[469]. Im Ergebnis bedeutet dies auf Ebene der Rechtfertigung die Prüfung der „rule of reason“, sowie der Verhältnismäßigkeit[470].

d) Die Abgrenzung zu den anderen Grundfreiheiten

Der außerordentlich weit gefasste Anwendungsbereich der Kapitalverkehrsfreiheit kann zu sich überschneidenden Tatbeständen und damit zu Konkurrenzverhältnissen mit den anderen Grundfreiheiten führen. Während das Verhältnis zur Warenverkehrsfreiheit[471] sowie zur Arbeitnehmerfreizügigkeit[472] auf Tatbestandsebene geklärt scheint, besteht für das Verhältnis zur Dienstleistungsfreiheit und insbesondere zur Niederlassungsfreiheit noch Klärungsbedarf. Der EG-Vertrag gibt dabei wenig Anhaltspunkte für eine Lösung der Konkurrenzfrage. Zwar stellen die Art. 43 Abs. 2, Art. 51 EGV die Ausübung der Niederlassungsfreiheit und der Dienstleistungsfreiheit unter den Vorbehalt einer entsprechenden Liberalisierung des Kapitalverkehrs, doch ist wie *Schön* zutreffend hinweist, diese Liberalisierung spätestens mit der Wirtschafts- und Währungsunion erfolgt[473]. Zudem behandeln diese Vorschriften nicht die Frage, ob eine der Grundfreiheiten Vorrang genießt, wenn tatsächlich beide ihrem Tatbestand nach eingreifen können. Denn einerseits scheint Art. 43 Abs. 2 EGV einen Vorrang der Kapitalverkehrsfreiheit gegenüber der Niederlassungsfreiheit anzuordnen. Anderseits kann Art. 43 Abs. 2 EGV aber auch so verstanden werden, als erlaube er lediglich eine Übertragung der Einschränkbarkeit von Art. 56 ff. EGV auf Art. 43 ff. EGV, lasse aber eine Überschneidung im Schutzbereich (etwa im Wege einer Simultananwendung beider Grundfreiheiten) durchaus zu[474].

Im Schrifttum ist zunächst die Annahme einer wechselseitigen Exklusivität der jeweils eingreifenden Grundfreiheiten vertreten worden[475]. Mittlerweile kann diese Auffassung wohl als überholt betrachtet werden[476]. Die wohl herrschende Meinung spricht sich nun dafür aus, die in einem Lebenssachverhalt verwirklichten Grundfreiheiten durchaus parallel zur Anwendung zu bringen. *Schön* begründet diese Auffassung damit, dass die Verwirklichung der Grundfreiheiten auf diese Weise größtmögliche Reichweite erlangt und damit dem „Effet utile“-Gedanken in der Auslegung des Vertrags entsprochen wird[477]. M.E. ist diese Auslegung keineswegs zwingend. Ein Beleg für diese Auslegung lässt sich auch

---

469 *Schön*, in: FS für Wassermeyer, S. 515.

470 Hierzu grundlegend *Ruppe*, in: Lechner/Staringer/Tumper (Hrsg.), Kapitalverkehrsfreiheit, S. 20 f. sowie die Ausführungen im 5. Kapitel unter B.

471 Der Transfer von gesetzlichen Zahlungsmitteln und Goldmünzen fällt unter die Kapitalverkehrsfreiheit, EuGH vom 23.11.1978 – Rs. 7/78 (Thompson), EuGHE 1978, S. 2247 ff.

472 Abgrenzungsschwierigkeiten ergeben sich allenfalls beim Immobilienerwerb durch EG-Ausländer. Vgl. *Ress/Ukrow*, in: Grabitz/Hilf, EUV/EGV, Art. 56 EGV, Rdnr. 22; vgl. aber auch die Entscheidung in der Rechtssache „Konle“, in der der EuGH im Falle eines Immobilienerwerbs die Vorschriften der Art. 12 und Art. 43 EGV nicht mehr geprüft hat, da er Art. 56 EGV als einschlägig angesehen hat. EuGH vom 01.06.1999 – Rs. C-302/97 (Konle), EuGHE 1999, S. I-3099, Rdnr. 55.

473 *Schön*, in: FS für Wassermeyer, S. 498.

474 In diesem Sinn auch *Bröhmer*, in: Calliess/Ruffert, EUV/EGV, Art. 56 EGV Rdnr. 25.

475 *Schön*, in: FS für Wassermeyer, S. 498 m.w.N.

476 *Schön*, in: FS für Wassermeyer, S. 499 m.w.N. in FN 43.

477 *Schön*, in: FS für Wassermeyer, S. 499.

kaum in der Rechtsprechung des EuGH wieder finden. Wenn *Ress/Ukrow* in ihrer Kommentierung zu Art. 56 EGV[478] die Urteile des EuGH in den Rechtssachen „Svensson und Gustavsson“[479], „Parodi“[480], „Ambry“[481] und „Konle“[482] als Beispiele für die Möglichkeit einer parallelen Anwendung der Vorschriften über den Kapitalverkehr und anderer Grundfreiheiten anführen, so hält diese Aussage einer näheren Prüfung kaum stand. Lediglich in der Rechtssache „Svensson und Gustavsson“[483] prüft der EuGH tatsächlich eine parallele Anwendung der Dienstleistungsfreiheit und der Kapitalverkehrsfreiheit[484], allerdings noch zum alten Recht des Art. 67 EWG-Vertrag. In den Rechtssachen „Ambry“ und „Konle“ zieht sich der EuGH dagegen darauf zurück, dass bei Feststellung eines Verstoßes gegen Art. 43 oder 49 EGV die Prüfung von Art. 56 EGV nicht mehr erforderlich sei und umgekehrt[485]. Anders wiederum in der Rechtssache „Parodi“, wo der EuGH, nachdem er eine Anwendung der Kapitalverkehrsfreiheit abgelehnt hat, erst die Prüfung der Dienstleistungsfreiheit vornimmt[486]. Interessanterweise führt *Schön* gerade das Urteil des EuGH in der Rechtssache „Konle“ als Beleg dafür an, dass der EuGH im Bereich der Niederlassungsfreiheit den Schutz der Kapitalverkehrsfreiheit akzeptiert[487]. Eine Aussage, die so nicht zutreffend ist. Daran vermag auch der Verweis von *Schön* auf das Urteil des EuGH in der Rechtssache „X und Y“[488] nichts zu ändern. Denn in diesem Urteil nimmt der EuGH ebenso wie in der Rechtssache „Parodi“[489] lediglich eine Prüfung des Art. 56 EGV vor, soweit der Anwendungsbereich des Art. 43 EGV nicht eröffnet ist[490]. Auch in der von *Schön*[491] weiter angeführten Rechtssache „De Baeck“[492] empfiehlt der EuGH dem vorlegenden nationalen Gericht eine Prüfung, ob eine Beschränkung der Niederlassungsfreiheit vorliegt, und nur für den Fall, dass eine solche nicht festgestellt werden kann, wird eine Beschränkung der Kapitalverkehrsfreiheit angenommen[493]. M.E. sind dies Belege dafür, dass der EuGH doch von einem Exklusivitätsverhältnis ausgeht, ansonsten hätte er sofort – ohne Zurückverweisung – den Verstoß gegen die Kapitalverkehrsfreiheit feststellen können. Eine Klärung dieses Konkurrenzverhältnisses ist dabei von großem Interesse, da aufgrund der Garantie der Kapitalverkehrsfreiheit auch im Verkehr mit Drittstaaten der Anwendungsbereich der Niederlassungsfreiheit

---

478 *Ress/Ukrow*, in: Grabitz/Hilf, EUV/EGV, Art. 56 EGV, Rdnr. 33.
479 EuGH vom 14.11.1995 – Rs. C-484/93 (Svensson et Gustavsson), EuGHE 1995, S. 3974 ff.
480 EuGH vom 09.07.1997 – Rs. C-222/95 (Parodi), EuGHE 1997, S. I-391 ff.
481 EuGH vom 01.12.1998 – Rs. C-410/96 (Ambry), EuGHE 1998, S. I-7875 ff.
482 EuGH vom 01.06.1999 – Rs. C-302/97 (Konle), EuGHE 1999, S. I-3099 ff.
483 EuGH vom 14.11.1995 – Rs. C-484/93 (Svensson et Gustavsson), EuGHE 1995, S. 3974, Rdnr. 11 f.
484 EuGH vom 14.11.1995 – Rs. C-484/93 (Svensson et Gustavsson), EuGHE 1995, S. 3974, Rdnr. 12.
485 EuGH vom 01.12.1998 – Rs. C-410/96 (Ambry), EuGHE 1998, S. I-7875, Rdnr. 40; EuGH vom 01.06.1999 – Rs. C-302/97 (Konle), EuGHE 1999, S. I-3099, Rdnr. 55. Vgl. auch die weiteren Nachweise bei *Schön*, in: FS für Wassermeyer, S. 499 in FN 47.
486 EuGH vom 09.07.1997 – Rs. C-222/95 (Parodi), EuGHE 1997, S. I-391, Rdnr. 16 f.
487 *Schön*, in: FS für Wassermeyer, S. 500.
488 *Schön*, in: FS für Wassermeyer, S. 500 in FN 49.
489 EuGH vom 09.07.1997 – Rs. C-222/95 (Parodi), EuGHE 1997, S. I-391 ff.
490 EuGH vom 21.11.2002 – Rs. C-436/00 (X et Y) EuGHE 2002, S. I-10829, Rdnr. 68.
491 *Schön*, in: FS für Wassermeyer, S. 500 in FN 49.
492 EuGH vom 08.06.2004 – Rs. C-268/03 (De Baeck), EuGHE 2004, S. I-5961 ff.
493 EuGH vom 08.06.2004 – Rs. C-268/03 (De Baeck), EuGHE 2004, S. I-5961, Rdnr. 24 f.

auf die Drittstaaten faktisch ausgedehnt würde. Die Versuche von *Schön*[494], diese Wirkung zu begrenzen, wären weitgehend unnötig, käme man zu diesem Exklusivitätsverhältnis.

II. Persönlicher Anwendungsbereich der Grundfreiheiten

1. Das allgemeine Diskriminierungsverbot des Art. 12 EGV

Auf Art. 12 EGV können sich als Berechtigte die Angehörigen der Mitgliedstaaten berufen, d.h natürliche Personen – über Art. 17 EGV sind damit alle Unionsbürger erfasst – und juristische Personen. Für juristische Personen ist die Staatsangehörigkeit dabei in Art. 48 EGV geregelt[495]. Der persönliche Anwendungsbereich des Art. 12 EGV beschränkt sich zwar nicht ausdrücklich auf Angehörige der Mitgliedstaaten, dennoch ist davon auszugehen, dass sich grundsätzlich Drittstaatsangehörige nicht auf Art. 12 EGV berufen können[496].

2. Die Freizügigkeit der Unionsbürger nach Art. 18 EGV

In den persönlichen Schutzbereich des Art. 18 EGV fallen nur natürliche Personen. Sie müssen Unionsbürger sein (unabhängig davon, ob sie zusätzlich die Staatsangehörigkeit eines Drittstaats haben). Nicht geschützt sind dagegen deren Familienangehörige ohne eigene Unionsbürgerschaft. Den unionsfremden Familienangehörigen kommt allerdings sekundärrechtlicher Schutz zu. Außerdem kann der Unionsbürger unter Umständen im Wege seiner Personenverkehrsfreiheiten (namentlich der Art. 39, 43 und 49 EGV) seinen Angehörigen ein Zuzugsrecht verschaffen[497].

3. Die Arbeitnehmerfreizügigkeit nach Art. 39 ff. EGV

Der personelle Anwendungsbereich der Arbeitnehmerfreizügigkeit erfasst Arbeitnehmer, die die Staatsangehörigkeit eines Mitgliedstaats besitzen, sowie deren Familienangehörige[498]. Dies ergibt sich zwar nicht zwingend aus dem Wortlaut der Vorschrift, wird aber von der herrschenden Meinung so angenommen[499]. Drittstaatsangehörige werden grundsätzlich nicht vom personellen Anwendungsbereich der Art. 39 ff. EGV erfasst, können aber aufgrund spezieller Abkommen in ihrer Rechtsstellung zumindest angenähert sein[500]. Eine Vielzahl sekundärrechtlicher Gewährleistungen ergänzt die Bestimmungen der Art. 39 ff. EGV[501].

---

494 *Schön*, in: FS für Wassermeyer, S. 502 ff. Näheres hierzu enthalten die Ausführungen im 5. Kapitel unter A. II. 6.

495 *v. Bogdandy*, in: Grabitz/Hilf, EUV/EGV, Art. 6 EUV, Rdnr. 32.

496 *Holoubek*, in: Schwarze (Hrsg.), EU-Kommentar, Art. 12 EGV, Rdnr. 19 m.w.N.

497 EuGH vom 11.07.2002 – Rs. C-60/00 (Mary Carpenter), EuGHE 2002, S. I-6279 ff.

498 *Randelzhofer/Forsthoff*, in: Grabitz/Hilf, EUV/EGV, Art. 39 EGV, Rdnr. 66.

499 *Randelzhofer/Forsthoff*, in: Grabitz/Hilf, EUV/EGV, Art. 39 EGV, Rdnr. 67 m.w.N.

500 *Randelzhofer/Forsthoff*, in: Grabitz/Hilf, EUV/EGV, Vorbem. zu den Art. 39-55 EGV, Rdnr. 27 bis 38.

501 Vgl. vor allem die seit ihrem Erlass mehrfach veränderte Verordnung (EWG) Nr. 1612/68 vom 15.10.1968.

4. Die Dienstleistungsfreiheit nach Art. 49 ff. EG

Für die Freiheit des Dienstleistungsverkehrs in ihrer Ausprägung als Personenfreiheit[502] gelten der Niederlassungsfreiheit vergleichbare Voraussetzungen[503]. Die Dienstleistungsfreiheit erfasst daher – wie die Niederlassungsfreiheit – sowohl natürliche Personen als auch Personenmehrheiten (Personengesellschaften) und juristische Personen. Erbringer und Empfänger der Dienstleistung müssen zudem über die Zugehörigkeit zu einem Mitgliedstaat verfügen[504]. Für die Dienstleistungsfreiheit in ihrer Ausprägung als Produktfreiheit dürfte jedoch eine Erweiterung des persönlichen Anwendungsbereichs in Betracht kommen. Denn ebenso wenig, wie bei der Warenverkehrsfreiheit, wo es unerheblich ist, ob die Person, die die Warentransaktion durchführt, über die Staatsangehörigkeit eines Mitgliedstaats verfügt oder in diesem ansässig ist[505], dürfte es für die Dienstleistungsfreiheit unerheblich sein, ob die an dem Leistungsaustausch beteiligten Personen Angehörige eines Drittstaats sind[506]. Allenfalls ist zu verlangen, dass eine der beteiligten Personen – der aktive Leistungserbringer oder der passive Leistungsempfänger – über eine entsprechende Gemeinschaftszugehörigkeit verfügt[507]. EuGH-Urteile zu dieser Problematik liegen – soweit ersichtlich – noch nicht vor.

5. Die Niederlassungsfreiheit nach Art. 43 ff. EGV

Die Niederlassungsfreiheit setzt gemäß Art. 43 EGV für ihre Anwendbarkeit voraus, dass die sich in einem anderen Mitgliedstaat niederlassende Person über die Staatsangehörigkeit eines Mitgliedstaats verfügt[508]. Für Gesellschaften wird die so geforderte Zugehörigkeit zur Gemeinschaft über Art. 48 Abs. 1 EGV hergestellt. Erforderlich ist danach, dass die Gesellschaft nach den Rechtsvorschriften eines Mitgliedstaats gegründet wurde, ihren satzungsmäßigen Sitz, ihre Hauptverwaltung oder Hauptniederlassung in einem Mitgliedstaat hat[509]. Zusammengefasst erlaubt die durch Art. 43 EGV garantierte Niederlassungsfreiheit damit allen Unternehmensträgern – unabhängig von deren Rechtsform, also wiederum unter Einschluss der natürlichen Personen –, Niederlassungen in anderen EU-Mitgliedstaaten zu errichten. Träger dieser Grundfreiheit können allerdings nur „Staatsangehörige" bzw. „Angehörige" eines Mitgliedstaats sein (Art. 43 Abs. 1 Sätze 1 und 2 EGV). Über das EWR-Abkommen wird der Schutz allerdings auch auf Staatsangehörige Norwegens, Island und Liechtensteins ausgedehnt.

---

[502] Vgl. zur Unterscheidung der Dienstleistungsfreiheit in Personen- und Produktfreiheit die Ausführungen im 5. Kapitel unter A. I. 5.
[503] *Jarass*, EuR 2000, S. 707 (708).
[504] *Holoubek*, in: Schwarze (Hrsg.), EU-Kommentar, Art. 49 EGV, Rdnr. 22 ff.
[505] *Jarass*, EuR 2000, S. 707 (708).
[506] *Randelzhofer/Forsthoff*, in: Grabitz/Hilf, EUV/EGV, Art. 49/50 EGV, Rdnr. 17.
[507] *Randelzhofer/Forsthoff*, in: Grabitz/Hilf, EUV/EGV, Art. 49/50 EGV, Rdnr. 16.
[508] *Jarass*, EuR 2000, S. 707 (708).
[509] *Schlag*, in: Schwarze (Hrsg.), EU-Kommentar, Art. 43 EGV, Rdnr. 27.

6. Die Kapitalverkehrsfreiheit nach Art. 56 ff. EGV

Der persönliche Schutzbereich der Kapitalverkehrsfreiheit erfasst nicht nur Unionsbürger oder die in einem EU-Staat Ansässigen, sondern auch in einem Drittstaat ansässige Drittstaatsangehörige, soweit sie in der Gemeinschaft investieren. Diese sog. „Erga-Omnes"-Wirkung folgt aus dem Umstand, dass sich die Gemeinschaft nach dem Wortlaut des Art. 56 Abs. 1 EGV, wonach eine Beschränkung des Kapitalverkehrs auch gegenüber Drittstaaten verboten ist, für eine umfassende Liberalisierung des Kapitalverkehrs über die Binnengrenzen der Gemeinschaft hinaus entschieden hat. Eine Differenzierung zwischen Gebietsansässigen und Gebietsfremden ist damit nicht mehr erforderlich[510]. Gleichsam als Gegengewicht zum Verlust von mitgliedstaatlicher Regelungssouveränität wird den Mitgliedstaaten über Art. 57 Abs. 1 EGV jedoch eine „Fortbestandsgarantie" für solche Vorschriften gewährt, die zum 31.12.1993 auf Grund einzelstaatlicher Rechtsvorschriften für den Kapitalverkehr bestanden haben. Eine Besonderheit der „Fortbestandsgarantie" besteht jedoch darin, dass sie nicht nur einen zeitlichen Rahmen für Rechtsvorschriften setzt, sondern auch über eine inhaltliche Dimension verfügt. Nach dem Wortlaut der Norm gilt diese Garantie nämlich nur für beschränkende Vorschriften im Zusammenhang mit „Direktinvestitionen …, mit der Niederlassung, der Erbringung von Finanzdienstleistungen oder der Zulassung von Wertpapieren zu den Kapitalmärkten"[511]. Weiter wurde dem Rat gegenüber Drittstaaten in Art. 57 Abs. 2 EGV eine Regelungskompetenz eingeräumt, bestimmte Maßnahmen für den Kapitalverkehr mit den Drittstaaten zu beschließen. Allerdings besteht diese Regelungskompetenz wiederum nur beschränkt für Maßnahmen im Zusammenhang mit Direktinvestitionen einschließlich Anlagen in Immobilien, mit der Niederlassung, der Erbringung von Finanzdienstleistungen oder der Zulassung von Wertpapieren zu den Kapitalmärkten[512].

Es ist *Schön* darin beizupflichten, wenn er in Frage stellt, ob aus Art. 56 EGV tatsächlich eine Pflicht der Mitgliedstaaten gefolgert werden muss, Kapitalanlagen in oder aus Staaten, die entweder nicht der Europäischen Gemeinschaft angehören oder sich gar als Steueroasen einen Namen gemacht haben, kraft Gemeinschaftsrecht beschränkungs- und diskriminierungsfrei zu besteuern, während den begünstigten Drittstaaten ihrerseits keinerlei Bindung durch den EG-Vertrag oder bilaterale Rechtsakte auferlegt ist[513]. Ein von *Schön* dargestellter, aber letztlich wieder verworfener, Vorschlag ist die Begrenzung der „Erga-Omnes"-Wirkung durch eine wechselseitige Exklusivität der Grundfreiheiten auf der Ebene der Konkurrenz der jeweils betroffenen Grundfreiheiten[514]. M.E. spricht einiges dafür, dass der EuGH diesen Weg beschreiten wird. Zudem wird

---

[510] *Kiemel*, in: Groeben/Thiesing/Ehlermann, EU/EG, Art. 56 EGV, Rdnr. 23 ff.; *Glaesner*, in: Schwarze (Hrsg.), EU-Kommentar, Art. 56 EGV, Rdnr. 18.

[511] Zur Reichweite der Fortbestandsgarantie im Hinblick auf die Hinzurechnungsbesteuerung nach dem AStG sowie die Gesellschafterfremdfinanzierung in § 8a KStG a.F., *Schönfeld*, IStR 2005, S. 410 ff.

[512] Weitere Sonderregelungen bestehen nach Art. 59 EGV für den Sonderfall, dass Kapitalbewegungen nach oder aus dritten Staaten unter außergewöhnlichen Umständen das Funktionieren der Wirtschafts- und Währungsunion schwerwiegend stören.

[513] *Schön*, in: FS für Wassermeyer, S. 490 f.

[514] Vgl. die Ausführungen im 5. Kapitel unter A. I. 7. d).

auch auf die Zweckbestimmung der Regelungen der Art. 56 ff. EGV abzustellen sein. Denn durch Art. 56 Abs. 1 EGV wird gerade nicht eine uneingeschränkte und weltweite Öffnung des Binnenmarkts für Kapital in und aus Drittstaaten angestrebt[515]. Die „Erga-Omnes"-Wirkung soll vielmehr verhindern, dass einzelne Mitgliedstaaten gegenüber Nicht-EU-Staaten unterschiedliche Schranken für den Kapitalverkehr errichten, welche den einheitlichen Rahmen des europäischen Kapitalmarkts innerhalb der Gemeinschaft verzerren. M.E. zutreffend zieht *Schön* hierbei einen Vergleich zur Zollunion, wo es gerade auch um die Wahrung einer einheitlichen Außengrenze geht. Er leitet aus dieser Überlegung ab, dass die Wirkung des Art. 56 Abs. 1 EGV im Steuerrecht auf solche Abgaben beschränkt werden kann, welche unmittelbar den Kapitalverkehr belasten. Steuern auf das Innehaben oder die Erträge des Vermögens müssen dagegen im Verhältnis zu Drittstaaten nicht in derselben Weise ausgestaltet werden wie innerhalb der Gemeinschaft. Auf der Ebene der Rechtfertigung[516] spricht sich *Schön* zudem unter Berufung auf die Ausführungen von Generalanwältin *Kokott* in der Rechtssache „Manninen"[517] mit guten Gründen dafür aus, im Verhältnis zu Drittstaaten bestimmte mitgliedstaatliche Interessen (Schutz des Steueraufkommens, Steueraufsicht, Kohärenz) stärker zu betonen als innerhalb der Gemeinschaft[518].

III. Vorliegen einer „Beschränkung"

Die Grundfreiheiten verbieten jedem Mitgliedstaat (Anwendestaat) die ungerechtfertigte Diskriminierung Gebietsfremder gegenüber Ansässigen. Dies ist in der Terminologie des EuGH die klassische Ausprägung der Grundfreiheiten als Diskriminierungsverbote, obwohl nach dem Wortlaut der Vorschriften vom Begriff der „Beschränkung"[519] die Rede ist. So verbietet beispielsweise Art. 43 Abs. 1 EGV „Beschränkungen der freien Niederlassung", Art. 49 Abs. 1 EGV „Beschränkungen des freien Dienstleistungsverkehrs" und Art. 56 Abs. 1 EGV schließlich „alle Beschränkungen des Kapitalverkehrs". Die weiteren Formulierungen in den Art. 43 Abs. 2 und Art. 50 Abs. 3 EGV machen jedoch die klassische Ausprägung als reines Diskriminierungsverbot deutlich, indem dort auf eine Inländergleichbehandlung abgestellt wird[520]. Es ist daher zu untersuchen, wie der Begriff der „Beschränkung" in der allgemeinen Dogmatik der Grundfreiheiten auszulegen ist[521]. Dabei sind nach der Rechtsprechung des EuGH verschiedene Erscheinungsformen der „Beschränkungen" zu unterscheiden sowie in bestimmten Fallgruppen Vergleichbarkeitsprüfungen vorzunehmen.

---

[515] Vgl. die Ausführungen bei *Schön*, in: FS für Wassermeyer, S. 502-511.

[516] Vgl. auch die Ausführungen im 5. Kapitel unter B.

[517] Schlussanträge von Generalanwältin *Kokott* vom 18.03.2004 – Rs. C-319/02 (Manninen), IStR 2004, S. 313, Rdnr. 79.

[518] *Schön*, in: FS für Wassermeyer, S. 511 ff.

[519] Vom Verbot der Diskriminierung (aus Gründen der Staatsangehörigkeit) spricht der EG-Vertrag dagegen ausdrücklich nur in Art. 12 EGV sowie im Verbot der Ungleichbehandlung, das in den jeweiligen Einzelbestimmungen näher ausgestaltet wird. EuGH vom 21.06.1974 – Rs. 2/74 (Reyners), EuGHE 1974, S. 631.

[520] Vgl. die Ausführungen im 4. Kapitel unter B. IV. 3. c).

[521] Grundlegend dazu *Cordewener*, Europäische Grundfreiheiten und nationales Steuerrecht – „Konvergenz" des Gemeinschaftsrechts und „Kohärenz" der direkten Steuern in der Rechtsprechung des EuGH, insbesondere S. 249 ff. u. 377 ff.

1. Erweiterungen zum Beschränkungsverbot

Der EuGH musste die Konzeption der Grundfreiheiten, wie bereits aufgezeigt wurde[522], gleich in mehrfacher Hinsicht erweitern. Zum einen, weil nach dem Wortlaut der einzelnen Vorschriften[523] das Gebot der Inländergleichbehandlung nur in eine Richtung angelegt ist, nämlich auf „Import"-Situationen, d.h. grenzüberschreitende Leistungserbringung bzw. Standortwechsel des selbständigen oder nichtselbständigen Leistungsanbieters aus dem EG-Ausland in das Inland hinein (sog. „Zuzugsfälle")[524]. Zum anderen, weil nach dem Wortlaut der Vorschriften mit der ausschließlichen Anknüpfung an die ausländische Staatsangehörigkeit schlichtweg nicht alle Fälle erfasst werden könnten. Verschärfend kommt hinzu, dass sich die Vorschriften auch noch ausschließlich auf die Gleichbehandlung des jeweils „aktiven" Marktteilnehmers (Arbeitnehmer, Dienstleistungserbringer etc.) beziehen. Der EuGH hat daher in teleologischer Auslegung der Vorschriften der Grundfreiheiten den jeweiligen Diskriminierungstatbestand von der ausländischen Staatsangehörigkeit als verbotenes Differenzierungskriterium gelöst[525] und den Tatbestand über ein reines Diskriminierungsverbot hinaus in mehrfacher Hinsicht zu einem Beschränkungsverbot entwickelt. So hat er den primär als gleichheitsrechtlich verstandenen Grundfreiheiten einen freiheitsrechtlichen Gehalt beigemessen[526] sowie die Richtung der jeweiligen Grundfreiheit auch auf „Export"-Situationen ausgedehnt[527].

Ausgangspunkt dieser Entwicklung war die Vorschrift der Warenverkehrsfreiheit. Im Bereich der Warenverkehrsfreiheit besteht die Besonderheit, dass im Wortlaut der Art. 28 EGV bzw. Art. 29 EGV der gleichheitsrechtliche Charakter der Vorschriften weniger deutlich zum Ausdruck kommt als bei den anderen Grundfreiheiten. Zudem stellt die Warenverkehrsfreiheit im Hinblick auf die Zielrichtung der Vorschriften – anders als die anderen Grundfreiheiten – sowohl auf „Einfuhrbeschränkungen" als auch „Ausfuhrbeschränkungen" ab. Es werden also gleichermaßen Inbound- und Outbound-Situationen geschützt. Es verwundert deshalb nicht, dass die Warenverkehrsfreiheit – und hier insbesondere Art. 28 und 29 EGV – insofern auch für das Europäische Steuerrecht prägend geworden sind, als sich dort die allgemeine Dogmatik der Marktfreiheiten entwickelt hat. Aus dem Bereich dieser Grundfreiheiten stammt die Ausdehnung der offenen Diskriminierung auf versteckte Diskriminierungen und weiter auf unterschiedslose Beschränkungen sowie auf Marktaustrittsfälle als Beschränkungen. Diese Wertung wurde – wiederum im Zuge der allgemeinen Konvergenz der Grundfreiheiten – auch auf die anderen Marktfreiheiten übertragen[528] und ist vor allem für die Art. 43, 49 und 56 EGV prägend geworden.

---

522 Vgl. die Ausführungen im 4. Kapitel unter B. IV. 3. c).

523 Ausnahmen sind insoweit die Kapitalverkehrsfreiheit (Art. 56 EGV) sowie die Warenverkehrsfreiheit (Art. 28 ff. EGV).

524 *Cordewener*, Europäische Grundfreiheiten und nationales Steuerrecht – „Konvergenz" des Gemeinschaftsrechts und „Kohärenz" der direkten Steuern in der Rechtsprechung des EuGH, S. 113.

525 Vgl. die Ausführungen im 4. Kapitel unter B. IV. 3. a).

526 Vgl. die Ausführungen im 4. Kapitel unter B. IV. 3. c).

527 Vgl. die Ausführungen im 4. Kapitel unter B. IV. 3. a).

528 Vgl. hierzu ausführlich *Cordewener*, Europäische Grundfreiheiten und nationales Steuerrecht – „Konvergenz" des Gemeinschaftsrechts und „Kohärenz" der direkten Steuern in der Rechtsprechung des EuGH, passim. In diese Richtung außerhalb des Steuerrechts zu-

Anders verhält es sich dagegen mit der Freizügigkeit der Unionsbürger. Denn im Unterschied zu Art. 12 EGV ist Art. 18 EGV nicht nur ein Gleichheitsrecht, sondern – und dies primär – ein Freiheitsrecht, ein echtes Beschränkungsverbot. Ähnliches ist für Art. 56 EGV festzustellen. Nach dem Wortlaut des Art. 56 Abs. 1 EGV hat sich die Gemeinschaft für eine umfassende Liberalisierung des Kapitalverkehrs sogar über die Binnengrenzen der Gemeinschaft hinaus entschieden. Eine Differenzierung zwischen Gebietsansässigen und Gebietsfremden ist daher nicht im Wortlaut angelegt[529]. Ebenso wenig kann zwischen Inbound- und Outbound-Situationen differenziert werden.

Zusammenfassend kann festgehalten werden, dass sich der Gewährleistungsgehalt der Grundfreiheiten nicht in einem Verbot der Diskriminierung nach der Staatsangehörigkeit erschöpft. Es wurde eine Ausdehnung auf sog. versteckte Diskriminierungen vorgenommen[530] und auch die Passivseite in den Schutzbereich der Grundfreiheiten mit aufgenommen[531]. Die Grundfreiheiten werden daneben aber auch als gleichheitsrechtliches Verbot von Beschränkungen entfaltet, die nicht nur Zuzugs-, sondern auch Wegzugsfälle erfassen[532]. In einzelnen Fällen ist sogar bei den sog. „unterschiedlosen" Regelungen eine Entwicklung hin zu einem freiheitsrechtlichen Verständnis der Grundfreiheiten zu erkennen[533]. Insgesamt müssen daher bei der Prüfung, ob eine „Beschränkung" einer Grundfreiheit vorliegt, vier Fallgruppen unterschieden werden:

- Grundfall: Diskriminierende Regelung beim Marktzutritt.
- Sog. „unterschiedlose" Regelung beim Marktzutritt.
- Diskriminierende Beschränkung beim Marktaustritt.
- Sog. „unterschiedlose" Regelung beim Marktaustritt

Soweit der EuGH bei sog. unterschiedslosen Regelungen trotz Vergleichspaarbildung eine freiheitsrechtliche Prüfung vornimmt, ist dies gerade im nicht harmonisierten Bereich der direkten Steuern nicht mit der Systematik des Gemeinschaftsrechts in Einklang zu bringen[534]. Eine freiheitsrechtliche Prüfung erfordert ein absolutes, d.h. im Gemeinschaftsrecht selbst angelegtes, Bezugssystem, welches nur in gemeinschaftsrechtlich stark durchformten Sachbereichen vorhanden ist.

---

vor bereits *Classen*, EWS 1995, S. 97 ff.; *Kingreen*, Die Struktur der Grundfreiheiten des Europäischen Gemeinschaftsrechts, passim.

529 *Schönfeld*, Hinzurechnungsbesteuerung und Europäisches Gemeinschaftsrecht, S. 55.

530 Vgl. die Ausführungen im 4. Kapitel unter B. IV. 3. a).

531 Vgl. die Ausführungen im 4. Kapitel unter B. IV. 3. b).

532 Vgl. die Ausführungen im 4. Kapitel unter B. IV. 3. a).

533 Vgl. die Ausführungen im 4. Kapitel unter B. IV. 3. c).

534 A.A. *Schönfeld*, der zwar eine Erweiterung des Schutzgehalts der Grundfreiheiten von relativen Gleichheitsrechten zu absoluten Freiheitsrechten ablehnt, aber aus dem Prinzip der gegenseitigen Anerkennung ein Vergleichsmaßstabskonzept entwickelt, das die Grundfreiheiten auch in der Gestalt der Beschränkungsverbote als Gleichheitsrechte versteht. Vgl. *Schönfeld*, Hinzurechnungsbesteuerung und Europäisches Gemeinschaftsrecht, S. 57 ff.

2. Prüfung der Vergleichbarkeit

Eine Besonderheit bei der Prüfung des Tatbestands der Grundfreiheiten – jedenfalls in ihrer klassischen Ausprägung als Diskriminierungsverbot – besteht darin, dass auf der Tatbestandsebene das Vorliegen einer Diskriminierung durch einen Vergleich zu ermitteln ist. Dabei ist eine Gegenüberstellung des konkreten Steuerpflichtigen[535] mit einem gedachten Vergleichspartner[536] vorzunehmen, d.h. es ist zu prüfen, ob der Steuerpflichtige und sein gedachter Vergleichspartner sich in vergleichbaren Situationen befinden. Ob dies der Fall ist, lässt sich nur durch eine erste – inzidente – Gleichheitsprüfung feststellen. Hier ist dogmatisch bislang Vieles ungeklärt. Der EuGH geht von dem Grundsatz aus, dass Nichtansässige und Ansässige sich nicht in gleichartigen Situationen befinden[537]. Für Unternehmen ist die Gleichartigkeit jedenfalls dann zu bejahen, wenn der Steuerpflichtige durch eine Betriebstätte im Anwendestaat tätig wird[538]. Demgegenüber nimmt der EuGH für Privatpersonen in den Grenzpendler-Fällen grundsätzlich nur dann eine Gleichartigkeit an, wenn der Steuerpflichtige[539] in seinem Wohnsitzstaat "keine nennenswerten" Einkünfte hat und sein Einkommen "im Wesentlichen" aus einer Tätigkeit bezieht, die er im Anwendestaat ausübt[540]. Nur in diesem Fall ist ein im Tätigkeitsstaat (Anwendestaat) Ansässiger tauglicher Vergleichspartner. Erzielt der Steuerpflichtige dagegen im Heimatstaat Einkünfte in einer Höhe, die ihn bereits dort in den Genuss der üblichen persönlichen Vergünstigungen kommen lassen, so bleibt es bei seiner grundsätzlichen Verschiedenheit von den im Anwendestaat Ansässigen; die Vergleichspaarbildung misslingt. Nach der Rechtsprechung des EuGH soll es also primär auf die Höhe der Einkünfte im Heimatstaat des Steuerpflichtigen ankommen.

Die Beurteilung der Vergleichbarkeit einer Situation ist jedoch durchaus facettenreich[541]. Während der EuGH in der Rechtssache „Schumacker“[542] regelmäßig die tatsächliche Situation Gebietsansässiger und Gebietsfremder vergleicht, be-

---

535 Der Steuerpflichtige muss in einem anderen Mitgliedstaat als dem Anwendestaat ansässig sein. Weiter muss es sich bei ihm um einen Unionsbürger oder eine nach dem Recht irgendeines Mitgliedstaats rechtsfähige Körperschaft handeln. Die Grundfreiheiten sind auch dann anwendbar, wenn der Steuerpflichtige – auch oder sogar ausschließlich – die Staatsangehörigkeit des Anwendestaats selbst besitzt oder eine nach dessen Recht gegründete juristische Person ist.

536 Der Vergleichspartner muss im Anwendestaat ansässig sein und er muss sich in einer wirtschaftlich gleichen Lage wie der Steuerpflichtige selbst befinden.

537 EuGH vom 14.02.1995 – Rs. C-279/93 (Schumacker), EuGHE 1995, S. I-225, Rdnr. 31 bis 34; EuGH vom 12.05.1998 – Rs. C-336/96 (Gilly), EuGHE 1998, S. I-2832 ff., Rdnr. 49; EuGH vom 14.09.1999 – Rs. C-391/97 (Gschwind), EuGHE 1999, S. I-5451, Rdnr. 22; vgl. hierzu auch FG Köln vom 27.10.1997 – 1 K 4228/97, EFG 1998, S. 210.

538 Ständige Rspr. seit EuGH 28.01.1986 – Rs. 270/83 (Avoir-Fiscal), EuGHE 1986, S. 273, Rdnr. 14, 18; EuGH vom 21.09.1999 – Rs. C-307/97 (Saint Gobain), EuGHE 1999, S. I-6161, Rdnr. 47 f.

539 Ggf. unter Einschluss der Einkünfte des zusammenveranlagten Ehegatten; so im Fall EuGH vom 14.09.1999 – Rs. C-391/97 (Gschwind), EuGHE 1999, S. I-5451, Rdnr. 29.

540 EuGH vom 14.02.1995 – Rs. C-279/93 (Schumacker), EuGHE 1995, S. I-225, Rdnr. 36 f.; EuGH vom 14.09.1999 – Rs. C-391/97 (Gschwind), EuGHE 1999, S. I-5451, Rdnr. 27.

541 *Lang*, SWI 2005, S. 365 (370); kritisch auch *ders.*, SWI 2005, S. 336 (344).

542 EuGH vom 14.02.1995 – Rs. C-279/93 (Schumacker), EuGHE 1995, S. I-225, Rdnr. 30 ff.

trachtet er wiederum in anderen Fällen die tatsächliche und die rechtliche Situation[543] oder teilweise nur die rechtliche Situation[544]. Soweit der EuGH die rechtliche Situation verglichen hat, hat er sich dabei auf die Beurteilung der Vergleichbarkeit von verschiedenen Regelungen eines Mitgliedstaats bezogen. In der Rechtssache „Schempp" bereichert der EuGH die Vergleichbarkeitsprüfung insoweit um ein weiteres Element, indem er Regelungen in Deutschland und in Österreich – also von verschiedenen Mitgliedstaaten – miteinander vergleicht[545]. Zudem stellt er dabei auf den Empfänger der Unterhaltsleistung ab. *Lang* weist zutreffend darauf hin, dass das Ergebnis in der Rechtssache „Schempp" – Unterschiedlichkeit der Situation – nicht selbstverständlich ist[546]. So könnte man den Fall auch anders entscheiden, wenn man nämlich – wie bisher – auf die tatsächliche Situation abstellen würde, da die Unterhaltsleistungen, die die Ehefrau im konkreten Fall erhielt, schon deshalb nicht zu besteuern waren, weil sie unterhalb des Grundfreibetrags lagen. Insgesamt ist daran zu erkennen, dass sich die Rechtsprechung stark im Wandel befindet. Während in älteren Urteilen oftmals ohne großen Begründungsaufwand die Vergleichbarkeit bejaht worden ist, wird nunmehr ein anderer Prüfungsmaßstab angelegt. Es spricht dabei Einiges für die Vermutung von *Lang*, dass der EuGH lediglich den Kohärenzgedanken auf die Tatbestandsebene verlagert hat, um sich so nicht in Widerspruch zu seiner eigenen Rechtsprechung im Hinblick auf die Kohärenzprüfung auf der Rechtfertigungsebene zu setzen[547]. So hat er in der Rechtssache „Schempp" einen Vergleich zwischen zwei Rechtsordnungen vorgenommen, was der EuGH bislang auf der Rechtfertigungsebene stets kategorisch zurückgewiesen hat[548]. Zu einem völligen Verzicht auf die Prüfung der Gleichartigkeit der wirtschaftlichen Verhältnisse scheint der EuGH dagegen im Falle des Zu- oder Wegzugs[549] bereit zu sein. M.E. ist kein Grund ersichtlich, warum man sich nicht auch in diesen Fällen die Frage stellen muss, ob tatsächlich eine Vergleichbarkeit der Situation zwischen einem Gebietsansässigen, der im Inland verbleibt, und einem Gebietsansässigen, der wegziehen will, gegeben ist.

Insgesamt erscheint im Bereich der Vergleichbarkeitsprüfung noch Vieles im Fluss. In der Literatur wird die Auffassung vertreten, dass die Weite der Perspektive in Abhängigkeit vom Gegenstand der beanstandeten nationalen Norm variiert, d.h., wenn sich die Ungleichbehandlung auf bestimmte Einkunftsquellen beziehe, sei auf der Stufe der Vergleichspaarbildung für die Prüfung der Gleichartigkeit speziell auf diese Einkunftsquellen abzustellen. Wenn sie sich dagegen auf die steuerlichen Aspekte der persönlichen Lebensführung beziehe,

---

[543] EuGH vom 12.09.2002 – Rs. C-431/01 (Mertens), EuGHE 2002, S. I-7073, Rdnr. 32.
[544] Zuletzt zur zweiten Vorlagefrage EuGH vom 05.07.2005 – Rs. 376/03 (D.), DStR 2005, S. 1219, Rdnr. 61.
[545] EuGH vom 12.07.2005 – Rs. C 403/03 (Schempp), DStR 2005, S. 1265, Rdnr. 39.
[546] *Lang*, SWI 2005, S.411 (413).
[547] *Lang*, SWI 2005, S. 411 (414).
[548] Allerdings deutet sich durch das Urteil in der Rechtssache „Marks & Spencer" (EuGH vom 13.12.2005 – Rs. C-446/03 (Marks & Spencer), DStR 2005, S. 2168) möglicherweise eine Änderung in der Rechtsprechung des EuGH an. Vgl. die Ausführungen im 5. Kapitel unter B. II. 1.
[549] EuGH vom 08.05.1990 – Rs. C-175/88 (Biehl), EuGHE 1990, S- I-1792 ff., Rdnr. 16; zuletzt EuGH vom 11.03.2004 – Rs. C-9/02 (Lasteyrie du Saillant), EuGHE 2004, S. I-2409, Rdnr. 46.

so sei die weite subjektbezogene Sicht maßgebend.[550] M.E. stellt dies einen Ansatz dar, der zu wenig auf die „zwischenstaatliche Gerechtigkeit" abstellt. Es erscheint daher vorzugswürdig, den Gedanken des EuGH aufzugreifen, der – ohne es auszusprechen – den Kohärenzgedanken an diesem Punkt der Prüfung anwendet. Allerdings sollte dieser Gedanken nicht in einem eingeengten Sinne verstanden werden, sondern im Sinne einer „zwischenstaatlichen Gerechtigkeit"[551].

B. Die Rechtfertigung tatbestandlicher Verstöße

Eine mitgliedstaatliche Regelung, die persönlich und sachlich den Tatbestand eines oder mehrerer Diskriminierungsverbote des EG-Vertrags erfüllt, kann ausnahmsweise gerechtfertigt werden[552]. Allerdings herrscht über Umfang und Wirkungsweise der Rechtfertigungsgründe im EG-Vertrag bis heute keine vollständige Klarheit[553]. Der EuGH ist zwar im Streitfall sehr restriktiv, teilweise öffnet er jedoch das Spektrum möglicher Rechtfertigungsgründe während er in anderen Entscheidungen einen numerus clausus von Rechtfertigungsgründen annimmt. Die Rechtfertigungsprüfung vollzieht sich dabei in zwei Prüfungsschritten. Zunächst ist ein einschlägiger Rechtfertigungsgrund zu identifizieren[554]. Wichtig ist hierbei, dass der EuGH bei dieser Prüfung niemals über den Vortrag der Beteiligten (also regelmäßig den Vorlagebeschluss eines nationalen Gerichts, die Stellungnahmen der Beteiligten des Ausgangsverfahrens vor dem EuGH, ferner die Stellungnahmen der Europäischen Kommission und evtl. der Mitgliedstaaten) hinausgeht. Verwenden die Mitgliedstaaten auf die Rechtfertigungsprüfung nur geringe Mühe und tragen wenig substanziierte Schutzbehauptungen vor, kommt sie das oft teuer zu stehen. Sobald die Subsumtion ergibt, dass ein Rechtfertigungsgrund einschlägig ist, beginnt der zweite Teil der Rechtfertigungsprüfung. Er ähnelt beispielsweise der Verhältnismäßigkeitsprüfung (i.w.S.) im nationalen Verfassungsrecht[555].

I. Allgemeines

Die Grundfreiheiten des EG-Vertrags kennen mit den geschriebenen und den ungeschriebenen Rechtfertigungsgründen zwei Gruppen von Rechtfertigungsgründen[556]. Der Kanon der ausdrücklich im EG-Vertrag kodifizierten Rechtfertigungsgründe ist dabei allerdings klein. Im Bereich der Warenverkehrsfreiheit erlaubt die Regelung des Art. 30 Satz 1 EGV Beeinträchtigungen der Warenein-

---

550 *Reimer*, in: Lehner (Hrsg.), Die Bedeutung der Grundfreiheiten für das Steuerrecht der EU-Mitgliedstaaten, Münchner Schriften zum Internationalen Steuerrecht, Heft 23, S. 48 f. m.w.N.

551 Vgl. die Ausführungen im 5. Kapitel unter B. II. 1.

552 Dadurch unterscheiden sich die Diskriminierungsverbote des EGV von denjenigen in Doppelbesteuerungsabkommen (Art. 24 OECD-MA), die tatbestandlich enger gefasst, dafür aber keinerlei Rechtfertigung zugänglich sind. *Rust,* in: Vogel/Lehner, DBA, Art. 24, Rdnr. 4.

553 Vgl. die Ausführungen im 5. Kapitel unter B. I.

554 Vgl. die Ausführungen im 5. Kapitel unter B. II.

555 Vgl. die Ausführungen im 5. Kapitel unter B. III.

556 *Randelzhofer/Forsthoff*, in: Grabitz/Hilf, EUV/EGV, vor Art. 39-55 EGV, Rdnr. 137.

und ausfuhrfreiheit, „die aus Gründen der öffentlichen Sittlichkeit, Ordnung und Sicherheit, zum Schutz der Gesundheit und des Lebens von Menschen, Tieren oder Pflanzen, des nationalen Kulturguts von künstlerischem, geschichtlichem oder archäologischem Wert oder des gewerblichen und kommerziellen Eigentums gerechtfertigt sind“. Im Bereich der Freizügigkeit der Arbeitnehmer sind nach Art. 39 Abs. 3 EGV Beeinträchtigungen „aus Gründen der öffentlichen Ordnung, Sicherheit und Gesundheit“ gerechtfertigt. In Art. 39 Abs. 4 EGV wird zudem bestimmt, dass die Arbeitnehmerfreizügigkeit keine Anwendung auf Beschäftigte in der öffentlichen Verwaltung findet. Eine ähnliche Ausnahme enthält Art. 45 EGV für mit der Ausübung öffentlicher Gewalt verbundene Tätigkeiten im Hinblick auf die Niederlassungsfreiheit und über Art. 55 EGV auch für den freien Dienstleistungsverkehr. Art. 46 Abs. 1 EGV erlaubt im Rahmen der Niederlassungsfreiheit – und bei entsprechender Anwendung über Art. 55 EGV auch im Rahmen der Dienstleistungsfreiheit – „Rechts- und Verwaltungsvorschriften, die eine Sonderregelung für Ausländer vorsehen und aus Gründen der öffentlichen Ordnung, Sicherheit und Gesundheit gerechtfertigt sind“[557].

Soweit die geschriebenen Rechtfertigungsgründe überhaupt das Recht der direkten Steuern betreffen, werden die dort geregelten Zwecksetzungen regelmäßig nicht durch steuerrechtliche Normen verfolgt. Die geschriebenen Rechtfertigungsgründe sind daher für das Recht der direkten Steuern weitgehend irrelevant. Allerdings kommt in den geschriebenen Rechtfertigungsgründen ein allgemeiner Rechtsgedanke der „zwingenden Gründe des Allgemeininteresses“ zum Ausdruck, den sich der EuGH in richterlicher Rechtsfortbildung nutzbar gemacht hat. So hat der EuGH seit langem anerkannt, dass es außerhalb der genannten Vertragsklauseln wichtige mitgliedstaatliche Interessen gibt, die nicht ohne weiteres vor den Grundfreiheiten zurückweichen müssen. Zuerst hat der EuGH diese Grundsätze im Bereich der Warenverkehrsfreiheit formuliert. Nach einer ersten Andeutung im „Dassonville“-Urteil[558] formulierte der EuGH in der „Cassis de Dijon“-Entscheidung[559] bereits deutlich ungeschriebene Ausnahmetatbestände[560], die auch als „rule of reason“[561] bezeichnet werden. Der EuGH sprach damit im Bereich der Warenverkehrsfreiheit einen Grundsatz aus, der

---

[557] Weitere spezielle Ausnahmen finden sich in Art. 31 EGV für staatliche Handelsmonopole und in Art. 86 Abs. 2 EGV für Dienstleistungen erbringende Unternehmen der Daseinsvorsorge und Finanzmonopole; zur zuletzt genannten Vorschrift *Jarass*, EuR 2000, S. 707 (717) m.w.N.; zur Regelung des Art. 58 Abs. 1 EGV, der bestimmte Beeinträchtigungen der Kapital- und Zahlungsverkehrsfreiheit zulässt vgl. die Ausführungen im 5. Kapitel unter A. I. 7. c); m.E. handelt es sich dabei um eine Regelung, die den Anwendungsbereich der Kapitalverkehrsfreiheit betrifft; a.A. wohl *Jarass*, EuR 2000, S. 707 (718), der sich allerdings nicht ausdrücklich mit Art. 58 Abs. 1 EGV auseinandersetzt, und wohl auch *Ress/Ukrow*, in: Grabitz/Hilf, EUV/EGV, Art. 58 EGV, Rdnr. 1.

[558] EuGH vom 11.07.1974 – Rs. 8/74 (Dassonville), EuGHE 1974, S. 852, Rdnr. 6: „... kann ein Mitgliedstaat Maßnahmen ergreifen, ..., jedoch darf er nur unter der Bedingung einschreiten, dass die getroffenen Maßnahmen sinnvoll sind“.

[559] EuGH vom 20.02.1979 – Rs. 120/78 (Rewe-Zentral-AG), EuGHE 1979, S. 649, Rdnr. 8.

[560] „Hemmnisse für den Binnenhandel der Gemeinschaft, die sich aus den Unterschieden der nationalen Regelungen ... ergeben, müssen hingenommen werden, soweit diese Bestimmungen notwendig sind, um zwingenden Erfordernissen gerecht zu werden, insbesondere den Erfordernissen einer wirksamen steuerlichen Kontrolle, des Schutzes der öffentlichen Gesundheit, der Lauterbarkeit des Handelsverkehrs und des Verbraucherschutzes“.

[561] Zur Terminologie des Begriffs *Cordewener*, Europäische Grundfreiheiten und nationales Steuerrecht – „Konvergenz“ des Gemeinschaftsrechts und „Kohärenz“ der direkten Steuern in der Rechtsprechung des EuGH, S. 61 m.w.N.

auch auf die anderen Grundfreiheiten übertragbar ist[562]. Letztlich hat das Gericht damit einen Ausgleich zur extensiven Interpretation der tatbestandlichen Reichweite der Grundfreiheiten schaffen wollen[563].

Weitgehend ungeklärt ist allerdings das Verhältnis zwischen den unterschiedlichen Eingriffsarten – Beschränkungen und Diskriminierungen – und der „rule of reason". Einigkeit besteht wohl darin, dass ungeschriebene Rechtfertigungsgründe Maßnahmen rechtfertigen können, die lediglich beschränkender Natur sind[564]. Strittig ist dies hingegen bei versteckten Diskriminierungen[565]. Erschwert wird die Diskussion, worauf *Hahn* zutreffend hinweist[566], dadurch, dass in der Literatur mittelbare Diskriminierungen teilweise den Beschränkungen zugeordnet werden, mit der Folge, dass offene Diskriminierungen nur an den geschriebenen Rechtfertigungsgründen zu messen wären, während mittelbare Diskriminierungen als Beschränkungen der „rule of reason" unterlägen[567]. Zutreffend dürfte daher sein, wenn man auch bei versteckten Diskriminierungen – in dem hier verstandenen Sinn[568] – ungeschriebene Rechtfertigungsgründe heranzieht[569]. Argumentativ lässt sich dies damit begründen, dass letztlich mit dem Verhältnismäßigkeitsmaßstab ein Instrument zur Verfügung steht, um die Schwere der Beeinträchtigung auf der zweiten Stufe der Rechtfertigungsprüfung angemessen berücksichtigen zu können. Auch wenn mittlerweile im Bereich der offenen Diskriminierungen zunehmend die Frage diskutiert wird, ob ungeschriebene Rechtfertigungsgründe zur Anwendung kommen können, dürfte noch herrschende Ansicht sein, dass für diese Fallgruppe nur die geschriebenen Rechtfertigungsgründe eingreifen können[570].

II. Einzelne Rechtfertigungsgründe

Aus der Vielzahl der von der Rechtsprechung entwickelten ungeschriebenen Rechtfertigungsgründe werden nachfolgend diejenigen ausgewählt und vorgestellt, die bei der Beurteilung steuerlicher Normen eine gewisse Bedeutung erlangt haben, sei es, dass sie vom EuGH anerkannt worden sind, sei es, dass sie nur geprüft worden sind. Im Übrigen ist an dieser Stelle darauf hinzuweisen, dass es keinen „Kanon" ungeschriebener Rechtfertigungsgründe geben kann, da es sich bei den von den Mitgliedstaaten vorgetragenen Rechtfertigungsargumenten um einen ständig in Bewegung befindlichen Prozess handelt, der von den

---

[562] *Hahn*, DStZ 2005, S. 507 (507).
[563] *Cordewener*, Europäische Grundfreiheiten und nationales Steuerrecht – „Konvergenz" des Gemeinschaftsrechts und „Kohärenz" der direkten Steuern in der Rechtsprechung des EuGH, S. 69.
[564] *Randelzhofer/Forsthoff*, in: Grabitz/Hilf, EUV/EGV, vor Art. 39-55 EGV, Rdnr. 138.
[565] Vgl. zu den Begrifflichkeiten die Ausführungen im 4. Kapitel unter B. IV. 3. a).
[566] *Hahn*, DStZ 2005, S. 507 (508).
[567] *Hahn*, DStZ 2005, S. 507 (508) in FN 412.
[568] Vgl. die Ausführungen im 4. Kapitel unter B. IV. 3. a).
[569] In diesem Sinn wohl auch, allerdings mit abweichender Begrifflichkeit (Direkte/Indirekte Diskriminierungen) *Randelzhofer/Forsthoff*, in: Grabitz/Hilf, EUV/EGV, vor Art. 39-55 EGV, Rdnr. 139.
[570] *Randelzhofer/Forsthoff*, in: Grabitz/Hilf, EUV/EGV, vor Art. 39-55 EGV, Rdnr. 140.

Fallumständen, der Vorlagefrage sowie dem Vortrag der Parteien abhängig ist[571].

1. Kohärenz

Besondere Beachtung verdient zunächst der Rechtfertigungsgrund der Kohärenz. Der EuGH hat ihn in zwei Entscheidungen aus dem Jahr 1992 eingeführt[572] und seitdem immer wieder aufgegriffen, allerdings nie mehr als Rechtfertigungsgrund durchgreifen lassen[573]. Der – selbst nach Auffassung der Generalanwältin *Kokott*[574] – etwas „diffuse“ Begriff der Kohärenz konnte sich, obwohl er in der Rechtsprechung niemals feste Konturen gewonnen hat[575], aber dennoch in der Rechtsprechung und der Literatur fest etablieren und gehört heute zum gesicherten Bestand an Rechtfertigungsgründen[576]. Gleichwohl ist, wie bereits angedeutet wurde, undeutlich geblieben, was das Erfordernis der Kohärenz bedeutet. Weder in der „Bachmann“-Entscheidung noch in den Nachfolgeentscheidungen des EuGH wird die konkrete gedankliche Grundlage dieses Ansatzpunkts des EuGH hinreichend deutlich. In der Rechtssache „Bachmann“[577] hat das Gericht jedenfalls einen unmittelbaren Zusammenhang zwischen der Abzugsfähigkeit der Beiträge und der Besteuerung der von den Versicherern in Erfüllung der Verträge geschuldeten Beträge als notwendig angesehen, um die Kohärenz des betreffenden Steuersystems aufrecht zu erhalten. In der Rechtssache „Danner“[578] hat der EuGH beispielsweise genau wegen des Fehlens dieser Korrespondenz den Rechtfertigungsgrund der Kohärenz nicht als gegeben ange-

---

[571] *Cordewener*, Europäische Grundfreiheiten und nationales Steuerrecht – „Konvergenz“ des Gemeinschaftsrechts und „Kohärenz“ der direkten Steuern in der Rechtsprechung des EuGH, S. 931.

[572] EuGH vom 28.01.1992 Rs. – C-240/90 (Bachmann), EuGHE 1992, S. I-5383 ff.; EuGH vom 28.01.1992 – Rs. C-300/90 (Kommission/Belgien), EuGHE 1992, S. I-305 ff.

[573] Z.B. EuGH vom 11.08.1995 – Rs. C-80/94 (Wielockx), EuGHE 1995, S. I-2493, Rdnr. 23 ff.; EuGH vom 14.11.1995 – Rs. C-484/93 (Svensson et Gustavsson), EuGHE 1995, S. 3974, Rdnr. 16 f.; EuGH vom 27.06.1996 – Rs. C-107/94 (Asscher), EuGHE 1996, S. I-3089, Rdnr. 58 f.; EuGH vom 16.07.1998 – Rs. C-264/96 (ICI), EuGHE 1998, S. I-4695, Rdnr. 29; EuGH vom 26.10.1999 – Rs. C-294/97 (Eurowings), EuGHE 1999, S. I-7447, Rdnr. 41; EuGH vom 28.10.1999 – Rs. C-55/98 (Vestergaard), EuGHE 1999, S. I-7641, Rdnr. 24; EuGH vom 13.04.2000 – Rs. C-251/98 (Baars), EuGHE 2000, S. I-2787, Rdnr. 40; EuGH vom 06.06.2000 – Rs. C-35/98 (Verkooijen), EuGHE 2000, S. I-4071, Rdnr. 56 ff.; EuGH vom 03.10.2002 – Rs. C-136/00 (Danner), EuGHE 2002, S. I-8147, Rdnr. 36 ff.; EuGH vom 21.11.2002 – Rs. C-436/00 (X et Y) EuGHE 2002, S. I-10860, Rdnr. 51 ff.; EuGH vom 12.12.2002 – Rs. C-324/00 (Lankhorst-Hohorst), EuGHE 2002, S. I-11779, Rdnr. 39 ff.; EuGH vom 11.03.2004 – Rs. C-9/02 (Lasteyrie du Saillant), EuGHE 2004, S. I-2409, Rdnr. 61 ff.; zuletzt EuGH vom 07.09.2004 – Rs. C-319/02 (Manninen), DStRE 2004, S. 1220, Rdnr. 40 ff.

[574] Schlussanträge der Generalanwältin *Kokott* vom 18.03.2004 – Rs. C-319/02 (Manninen), IStR 2004, S. 313 ff.

[575] *Reimer*, in: Lehner (Hrsg.), Die Bedeutung der Grundfreiheiten für das Steuerrecht der EU-Mitgliedstaaten, Münchner Schriften zum Internationalen Steuerrecht, Heft 23, S. 60 m.w.N.

[576] *Prokisch*, in: Lehner (Hrsg.), Die Bedeutung der Grundfreiheiten für das Steuerrecht der EU-Mitgliedstaaten, Münchner Schriften zum Internationalen Steuerrecht, Heft 23, S. 128.

[577] EuGH vom 28.01.1992 Rs. – C-240/90 (Bachmann), EuGHE 1992, S. I-5383 ff.

[578] EuGH vom 03.10.2002 – Rs. C-136/00 (Danner), EuGHE 2002, S. I-8147, Rdnr. 36 ff.

sehen[579]. Es lässt sich danach als Erkenntnis festhalten, dass der Blickwinkel der Prüfung nicht auf die den Diskriminierungsvorwurf begründende Norm verengt ist, sondern auch damit in einem spezifischen inneren Zusammenhang stehende weitere Regelungen einzubeziehen sind[580]. Mit diesem erweiterten Prüfungsansatz soll letztendlich auch gewährleistet werden, dass Steuerpflichtige durch einseitige Vorteilsmitnahmen im grenzüberschreitenden Wirtschaftsverkehr den systematischen Regelungszusammenhang des nationalen Steuerrechts stören, in dem die korrelierenden Nachteile nur die rein nationalen Sachverhalte betreffen.

Dieser „Grundansatz" des EuGH ist in der Sache zu begrüßen, macht er doch das Bestreben des Gerichtshofs deutlich, einen Ausgleich zwischen den primärrechtlichen Grundfreiheiten der Marktteilnehmer und mitgliedstaatlichen Regelungskomplexen herzustellen, die sich in besonderem Maß durch die Verwirklichung von Lastengleichheit für alle davon betroffenen Steuerpflichtigen sowie von Systemgerechtigkeit innerhalb der jeweiligen nationalen Steuerrechtsordnung auszeichnen[581]. Entscheidend für den „Gestaltungsspielraum", den der Kohärenzgedanke den Mitgliedstaaten letztendlich einräumt, ist jedoch die Reichweite des Begriffs des „unmittelbaren Zusammenhangs". Davon ist abhängig, inwieweit ein Bedürfnis der Mitgliedstaaten nach einer Aufrechterhaltung des Funktions- und Gerechtigkeitszusammenhangs ihrer nationalen Bestimmungen von Seiten des Gemeinschaftsrechts als schutzwürdig anerkannt wird.

Der EuGH hat diesen „Grundansatz" in den nachfolgenden Entscheidungen unter verschiedenen Gesichtspunkten präzisiert. Er verlangt zum einen eine „strenge Wechselbeziehung", d.h. einen unmittelbaren sachlichen Zusammenhang im Sinne einer spezifischen Konditionalität zwischen konkreten Steuervor- und -nachteilen[582]. Bloße Kompensationseffekte in außersteuerlichen Bereichen genügen demgegenüber nicht[583]. Nachteile sind daher nur hinzunehmen, wenn ihnen anderweitige Vorteile in der Person desselben Steuerpflichtigen und bei derselben Steuerart gegenüberstehen[584]. Eine Berufung auf den Kohärenzgedanken ist daher nur möglich, wenn die Kriterien „derselbe Steuerpflichtige" und „die-

579 Der Steuerpflichtige hatte, unabhängig davon, ob er Beiträge zu Versicherungen in Deutschland abgezogen hatte, die Erträge in Frankreich versteuern müssen.

580 *Cordewener*, Europäische Grundfreiheiten und nationales Steuerrecht – „Konvergenz" des Gemeinschaftsrechts und „Kohärenz" der direkten Steuern in der Rechtsprechung des EuGH, S. 964.

581 *Cordewener*, Europäische Grundfreiheiten und nationales Steuerrecht – „Konvergenz" des Gemeinschaftsrechts und „Kohärenz" der direkten Steuern in der Rechtsprechung des EuGH, S. 961.

582 EuGH vom 11.08.1995 – Rs. C-80/94 (Wielockx), EuGHE 1995, S. I-2493, Rdnr. 24; EuGH vom 27.06.1996 – Rs. C-107/94 (Asscher), EuGHE 1996, S. I-3089, Rdnr. 58 f.; EuGH vom 16.07.1998 – Rs. C-264/96 (ICI), EuGHE 1998, S. I-4695, Rdnr. 29; EuGH vom 28.10.1999 – Rs. C-55/98 (Vestergaard), EuGHE 1999, S. I-7641, Rdnr. 24.

583 *Cordewener*, Europäische Grundfreiheiten und nationales Steuerrecht – „Konvergenz" des Gemeinschaftsrechts und „Kohärenz" der direkten Steuern in der Rechtsprechung des EuGH, S. 968.

584 EuGH vom 14.11.1995 – Rs. C-484/93 (Svensson et Gustavsson), EuGHE 1995, S. 3974, Rdnr. 16; EuGH vom 26.10.1999 – Rs. C-294/97 (Eurowings), EuGHE 1999, S. I-7447, Rdnr. 41 ff.

selbe Steuerart" erfüllt werden[585]. Eine weitere Präzisierung des Kohärenzgedankens ist der Entscheidung „Wielockx"[586] zu entnehmen. Danach darf sich aus den von dem betreffenden Mitgliedstaat abgeschlossenen Doppelbesteuerungsabkommen nicht ergeben, dass ein „intern" unter Erfüllung obiger Kriterien in der innerstaatlichen Gesetzgebung angelegter spezifischer Regelungszusammenhang „extern" aufgegeben worden ist[587]. Im Ergebnis widerspricht der Mitgliedstaat nach Auffassung des EuGH durch die entgegenstehenden DBA-Vorschriften seinem eigenen möglichen Verteidigungsvorbringen und löst damit den systemimmanenten Zusammenhang zu weiteren Regelungen. Damit finden letztlich über die Verhältnismäßigkeitsprüfung[588] in Verbindung mit dem seit der Entscheidung in der Rechtssache „Avoir-Fiscal"[589] zunehmend vom EuGH verwandten „Anerkennungsgrundsatz"[590] die Doppelbesteuerungsabkommen Eingang in die Grundfreiheitsprüfung[591].

Der EuGH hat den Begriff des „unmittelbaren Zusammenhangs" damit sehr eng begrenzt. Die Frage, die sich angesichts dieser Rechtsprechung geradezu aufdrängt, ist, inwieweit die Kohärenz des Steuersystems auch konkret als ein mit dem EG-Vertrag vereinbares Ziel herangezogen werden kann, wenn im System inländische und grenzüberschreitende Sachverhalte unterschiedlich behandelt werden – oder anders ausgedrückt: Gebietet der EG-Vertrag, dass die Kohärenz allein auf nationaler Ebene hergestellt werden muss? Um diese Frage beantworten zu können, muss man sich vor Augen halten, welches Ziel dem Gedanken der Wahrung der Kohärenz des Steuersystems zugrunde liegt. Generalanwältin *Kokott* hat dies in ihren Schlussanträgen in der Rechtssache „Manninen" zutreffend herausgearbeitet[592]. Danach ist in der Sache „nichts anderes gemeint als die Vermeidung einer Doppelbesteuerung oder die Gewährleistung, dass ein Sachverhalt überhaupt (einmal) besteuert wird"[593]. Geht man von diesen Grundannahmen aus, ist es nur folgerichtig, wenn man auf das Kriterium desselben Steuerpflichtigen verzichtet und nur noch fordert, dass die Besteuerung sich auf dieselben Einnahmen oder denselben wirtschaftlichen Vorgang bezieht und durch die rechtliche Ausgestaltung des Systems gewährleistet ist, dass der Vorteil dem

---

[585] Vgl. auch beispielhaft die Ausführungen in der Rechtssache „Bosal", EuGH vom 18.09.2003 – Rs. C-168/01 (Bosal), IStR 2003, S. 666, Rdnr. 30 unter Bezugnahme auf die Entscheidung in der Rechtssache „Baars", EuGH vom 13.04.2000 – Rs. C-251/98 (Baars), EuGHE 2000, S. I-2787, Rdnr. 40. Ungeklärt ist bislang, ob diese Kriterien zwingend sind und kumulativ vorliegen müssen. Vgl. Schlussanträge der Generalanwältin *Kokott* vom 18.03.2004 – Rs. C-319/02 (Manninen), IStR 2004, S. 317, Rdnr. 55.

[586] EuGH vom 11.08.1995 – Rs. C-80/94 (Wielockx), EuGHE 1995, S. I-2493 ff.

[587] *Cordewener*, Europäische Grundfreiheiten und nationales Steuerrecht – „Konvergenz" des Gemeinschaftsrechts und „Kohärenz" der direkten Steuern in der Rechtsprechung des EuGH, S. 969.

[588] Vgl. die Ausführungen im 5. Kapitel unter B. III.

[589] EuGH vom 28.01.1986 – Rs. 270/83 (Avoir-Fiscal), EuGHE 1986, S. 306 ff.

[590] Vgl. die Ausführungen im 5. Kapitel unter B. III.

[591] *Cordewener*, Europäische Grundfreiheiten und nationales Steuerrecht – „Konvergenz" des Gemeinschaftsrechts und „Kohärenz" der direkten Steuern in der Rechtsprechung des EuGH, S. 970.

[592] Schlussanträge der Generalanwältin *Kokott* vom 18.03.2004 – Rs. C-319/02 (Manninen), IStR 2004, S. 313 ff.

[593] Schlussanträge der Generalanwältin *Kokott* vom 18.03.2004 – Rs. C-319/02 (Manninen), IStR 2004, S. 317 Rdnr. 51.

einen Steuerpflichtigen nur dann zugute kommt, wenn der Nachteil bei dem anderen Steuerpflichtigen auch tatsächlich und in demselben Umfang eintritt[594]. Generalanwalt *Maduro* hat diese Gedanken in seinen Schlussanträgen in der Rechtssache „Marks & Spencer"[595] aufgegriffen. Im Ergebnis sieht er die britische Regelung einer Begrenzung des Verlustabzugs im Konzern als gerechtfertigt an, wenn der Verlustabzug davon abhängig gemacht wird, dass nachgewiesen wird, dass die Verluste der in anderen Mitgliedstaaten ansässigen Tochtergesellschaften in diesen Mitgliedstaaten keine gleichwertige Besteuerung erfahren haben[596]. Der EuGH hat allerdings diesen „Aufweichungstendenzen" in seiner Entscheidung in der Rechtssache „Manninen", die den Schlussanträgen der genannten Generalanwälte zeitlich nachfolgte, zumindest vorläufig eine Absage erteilt[597]. Allerdings hat er nunmehr in seiner Entscheidung in der Rechtssache „Marks & Spencer"[598] diesen Ansatz der Generalanwälte wieder aufgegriffen. Ohne es als Kohärenz zu bezeichnen, hat er den Mitgliedstaaten die Möglichkeit zugestanden, Regelungen zu schaffen, die eine doppelte Verlustberücksichtigung verhindern sollen – ein Ansatz, den man durchaus im Sinne einer zwischenstaatlichen Kohärenz verstehen kann. Auch in der Rechtssache „Schempp" hat er einen Vergleich zwischen zwei Rechtsordnungen vorgenommen[599]. In der letztgenannten Entscheidung hat er sich dabei jedoch eines „Kniffs" bedient. So hat er im Ergebnis die Prüfung des Kohärenzgedanken auf die Tatbestandsebene verlagert, um sich so wohl nicht in Widerspruch zu seiner eigenen Rechtsprechung im Hinblick auf die Kohärenzprüfung auf der Rechtfertigungsebene zu setzen[600]. Die Entwicklung der Rechtsprechung erscheint in diesem Punkt aber noch nicht abgeschlossen.

Der „alten" Rechtsprechung des EuGH ist m.E. zuzugestehen, dass die Kohärenz einer Steuerrechtsordnung primär aus sich selbst heraus zu bestimmen ist. Danach bestünde die Kohärenz eines nationalen Steuersystems insbesondere darin, dass der Kanon abziehbarer Aufwendungen oder Verluste symmetrisch dem Kanon steuerbarer Einnahmen entspricht. Dieses rein nationale Verständnis eines Steuersystems muss jedoch gerade im grenzüberschreitenden Wirtschaftsverkehr durch ein gleichsam internationales Verständnis ergänzt werden. Dabei sind insbesondere auch die Aufgaben und Ziele der Doppelbesteuerungsabkommen, nämlich eine Doppelbesteuerung zu vermeiden oder die Einmalbesteuerung eines Sachverhalts sicherzustellen, in die Überlegungen miteinzubeziehen. In einem zweiten Schritt muss die Kohärenz daher als ein Zustand begriffen werden, in dem eine nationale Steuerrechtsordnung den Vorgaben des Internationalen Steuerrechts genügt. Dieses Ergebnis stützt sich auf das Verständnis der primärrechtlichen Regelungen zur Harmonisierungskompetenz gerade für den Bereich der direkten Steuern, wie z.B. das Subsidiaritätsprinzip in Art. 5

---

[594] Schlussanträge der Generalanwältin *Kokott* vom 18.03.2004 – Rs. C-319/02 (Manninen), IStR 2004, S. 317 Rdnr. 61.

[595] Schlussanträge des Generalanwalts *Maduro* vom 07.04.2005 – Rs. C-446/03 (Marks & Spencer), RIW 2005, S. 383 ff.

[596] Schlussanträge des Generalanwalts *Maduro* vom 07.04.2005 – Rs. C-446/03 (Marks & Spencer), RIW 2005, S. 383, Rdnr. 80.

[597] EuGH vom 07.09.2004 – Rs. C-319/02 (Manninen), DStRE 2004, S. 1220, Rdnr. 42 ff.

[598] EuGH vom 13.12.2005 – Rs. C-446/03 (Marks & Spencer), DStR 2005, S. 2168, Rdnr. 47.

[599] Vgl. die Ausführungen im 5. Kapitel unter A. III. 2.

[600] *Lang*, SWI 2005, S. 411 (414).

Abs. 2 EGV und die Rechtsangleichungsvorschrift des Art. 95 Abs. 2 EGV, die neben das Binnenmarktziel andere Strukturprinzipien setzen. Es ist unverständlich, wenn nach dem bisherigen Verständnis des EuGH innerstaatliche Normen zwar am Gemeinschaftsrecht gemessen werden, der Kohärenzgedanke sich aber nicht an gemeinschaftsrechtlichen Maßstäben messen lassen soll. Im Ergebnis bedeutet dies, dass das nationale Recht so zugeschnitten sein muss, dass alle Einkünfte exakt einmal besteuert und alle Aufwendungen exakt einmal berücksichtigt werden, so dass es weder zu Doppelbesteuerung noch zu sog. weißen Einkünften käme. Dieses Kohärenzverständnis würde damit zutreffend auf die zwischenstaatliche Gerechtigkeit abstellen[601].

2. Öffentliche Ordnung (Ordre public)

Als weiterer ungeschriebener Rechtfertigungsgrund wurden seitens des EuGH die Belange des nationalen Ordre public, d.h. die Wahrung unverzichtbarer Gemeinwohlbelange des einzelnen Mitgliedstaats, anerkannt. Anders als die Kohärenz gehört der Vorbehalt der öffentlichen Ordnung zu den im EGV ausdrücklich niedergelegten Schranken der Grundfreiheiten[602]. Ihrem Wortlaut und Kontext nach dienen die Ordre-Public-Vorbehalte aber vor allem der Gefahrenabwehr, also ordnungsrechtlichen Zwecken, und haben daher für den Bereich des Ertragsteuerrechts keine praktische Bedeutung. Als hieraus abgeleitete ungeschriebene Rechtfertigungsgründe lassen sich aber Belange einer wirkungsvollen verfahrensmäßigen Anwendung der bestehenden Gesetze sowie die Festsetzung und Durchsetzung entstandener Steueransprüche ansehen. Dazu gehört insbesondere das Anliegen der sog. „Steueraufsicht". Erst Recht ist die Bekämpfung von Steuerstraftaten und Steuerordnungswidrigkeiten ein tauglicher Rechtfertigungsgrund.

a) Wirksame Steueraufsicht

Eine wirksame Steueraufsicht bzw. -kontrolle ist in der Rechtsprechung des EuGH seit der „Cassis de Dijon"-Entscheidung[603] als ungeschriebener Rechtfertigungsgrund etabliert, der eine Beschränkung der Freiheiten zu rechtfertigen vermag[604]. Der EuGH hat in nachfolgenden Entscheidungen bestätigt, dass „die Wirksamkeit der Steueraufsicht einen zwingenden Grund des Allgemeininteresses darstellt, der eine Beschränkung der vom EG-Vertrag gewährten Grundfreiheiten rechtfertigen kann"[605]. Inhaltlich ist jedoch nicht eindeutig bestimmt, was

---

[601] So im Ergebnis *Reimer*, in: Lehner (Hrsg.), Die Bedeutung der Grundfreiheiten für das Steuerrecht der EU-Mitgliedstaaten, Münchner Schriften zum Internationalen Steuerrecht, Heft 23, S. 62; unter Hinweis auf eine Parallele zur Judikatur des U.S. Supreme Court *Cordewener*, Europäische Grundfreiheiten und nationales Steuerrecht – „Konvergenz" des Gemeinschaftsrechts und „Kohärenz" der direkten Steuern in der Rechtsprechung des EuGH, S. 972 f.

[602] vgl. Art. 30, 39 Abs. 3, Art. 46 Abs. 1, Art. 55, 58 Abs. 1 EGV.

[603] EuGH vom 20.02.1979 – Rs. 120/78 (Rewe-Zentral-AG), EuGHE 1979, S. 662, Rdnr. 8.

[604] *Randelzhofer/Forsthoff*, in: Grabitz/Hilf, EUV/EGV, vor Art. 39-55 EGV, Rdnr. 240.

[605] EuGH vom 18.09.1986 – Rs. 176/84 (Biersteuer), EuGHE 1987, S. 1193, Rdnr. 27; EuGH vom 15.05.1997 – Rs. C-250/95 (Futura), EuGHE 1997, S. I-2471, Rdnr. 31; EuGH vom

mit dem pauschalen Oberbegriff der „Steueraufsicht" gemeint ist[606]. Nach Auffassung von *Cordewener* deckt der Terminus als Oberbegriff jedenfalls das „formelle Verfahrenspflichtverhältnis" zwischen dem einzelnen Steuerpflichtigen und dem steuerberechtigten Hoheitsträger ab[607]. Als nähere Konkretisierung der Begrifflichkeit erscheint daher eine Anlehnung an die Begrifflichkeiten der nationalen Abgabenordnung weiterführend. Dort wird in § 209 AO die besondere Steueraufsicht im Bereich der Verbrauchsteuern geregelt. Darüber hinaus ist jedoch eine allgemeine Steueraufsicht anerkannt[608]. Sie umfasst jede Beaufsichtigung durch die Finanzbehörden zum Zwecke der Erfüllung der in §§ 85 ff. AO genannten Aufgaben. Die Tätigkeit der Betriebsprüfung und der Fahndungsdienste als Spezialfälle der allgemeinen Steueraufsicht rechnen dazu[609]. Darüber hinaus ließe sich unter den weiten Begriff der „steuerlichen Kontrolle" auch das mitgliedstaatliche Anliegen der Verhinderung der Steuerhinterziehung und Steuerumgehung subsumieren. Hierzu sind in der Rechtsprechung des EuGH allerdings eigenständige Ansätze erkennbar, auf die nachfolgend einzugehen ist[610]. Der EuGH hat zudem Buchführungspflichten und Aufbewahrungsvorschriften als Fälle der Steueraufsicht angesehen[611], sowie sonstige Nachweispflichten[612] und die Verfahren des Quellensteuerabzugs[613] unter diesem Gesichtspunkt geprüft.

Die Tragweite des Rechtfertigungsgrunds ist allerdings recht begrenzt[614]. Denn der EuGH misst der gegenseitigen Amtshilfe der Steuerbehörden der Mitgliedstaaten, die durch die Amtshilfe-Richtlinie[615] institutionalisiert ist, eine wesentliche Bedeutung für die Beurteilung der Rechtfertigung zu. Eine Rechtfertigung kommt danach nur in Betracht, wenn die über die Amtshilfe zu erlangenden Auskünfte generell nicht geeignet sind, die nationale Kontrolle zu ermöglichen, und für die nationale Kontrolle nicht Anforderungen gestellt werden, die über das Erforderliche hinausgehen[616]. Er schränkt damit den an sich gegebenen Rechtfertigungsgrund über eine Verhältnismäßigkeitsprüfung[617] wieder ein, und kommt in vielen Entscheidungen mehr oder weniger pauschal zu dem Ergebnis, dass das verfolgte Ziel (Ermittlung des Sachverhalts) mit den Mitteln der Amtshilfe-Richtlinie besser zu erreichen wäre[618]. *Cordewener* verweist jedoch auf

---

08.07.1999 – Rs. C-254/97 (Baxter), EuGHE 1999, S. I-4828, Rdnr. 18; EuGH vom 28.10.1999 – Rs. C-55/98 (Vestergaard), EuGHE 1999, S. I-7641, Rdnr. 25; EuGH vom 26.09.2000 – Rs. C-478/98 (Kommission/Belgien), EuGHE 2000, S. I-7587, Rdnr. 39 f.

606 *Hahn*, DStZ 2005, S. 507 (509).

607 *Cordewener*, Europäische Grundfreiheiten und nationales Steuerrecht – „Konvergenz" des Gemeinschaftsrechts und „Kohärenz" der direkten Steuern in der Rechtsprechung des EuGH, S. 939.

608 *Tipke/Kruse*, AO/FGO, Vorb. § 209 AO, Rdnr. 3.

609 *Tipke/Kruse*, AO/FGO, Vorb. § 209 AO, Rdnr. 3.

610 Vgl. die Ausführungen nachfolgend unter b).

611 EuGH vom 15.05.1997 – Rs. C-250/95 (Futura), EuGHE 1997, S. I-2471, Rdnr. 32.

612 EuGH vom 28.10.1999 – Rs. C-55/98 (Vestergaard), EuGHE 1999, S. I-7641, Rdnr. 25.

613 EuGH vom 09.04.2004 – Rs. C-334/02 (Kommission/Frankreich), IStR 2004, S. 275, Rdnr. 28.

614 *Randelzhofer/Forsthoff*, in: Grabitz/Hilf, EUV/EGV, vor Art. 39-55 EGV, Rdnr. 240.

615 Richtlinie 77/799/EWG des Rates vom 19.12.1977 über die gegenseitige Amtshilfe zwischen den zuständigen Behörden der Mitgliedstaaten im Bereich der direkten Steuern, ABl. 1977 Nr. L 336, S. 15 ff.

616 EuGH vom 15.05.1997 – Rs. C-250/95 (Futura), EuGHE 1997, S. I-2471, Rdnr. 23 bis 41.

617 Vgl. die Ausführungen nachfolgend unter III.

618 *Hahn*, DStZ 2005, S. 507 (509).

Tendenzen in der Rechtsprechung des EuGH, die darauf hindeuten, dass die Mitgliedstaaten bei Ermittlungsmaßnahmen zu Lasten eines grenzüberschreitend tätigen Marktteilnehmers sich nicht einzig und allein auf die ihnen durch die Amtshilfe-Richtlinie zur Verfügung gestellten Mittel verweisen lassen müssen[619].

b) Vermeidung der Steuerumgehung und Steuerhinterziehung (Steuerflucht)

Unter Umständen kann das Interesse eines Mitgliedstaats an der Bekämpfung individueller Steuerumgehung oder Steuerhinterziehung[620] ein tauglicher Rechtfertigungsgrund sein[621]. Die Schwierigkeiten dieses Rechtfertigungsgrunds liegen in der Abgrenzung zwischen legitimer Ausübung innergemeinschaftlicher Mobilitätsgarantien und illegitimer „Steuerflucht". Die Grundfreiheiten erlauben den Unionsbürgern gerade die Ausnutzung des – grundsätzlich legitimen – Steuerwettbewerbs zwischen den Mitgliedstaaten. Die Steuerflucht kann auf einen Missbrauch von Gestaltungsmöglichkeiten zurück zu führen sein, sie kann aber auch in der Wahrnehmung der Chancen bestehen, die sich dem Steuerpflichtigen durch einen ruinösen globalen Steuerwettbewerb bieten[622].

Während für die Fallgruppe der Steuerhinterziehung weitgehend Einigkeit besteht, dass hierunter jedenfalls die vorsätzlich erfolgende Falschangabe der für die Besteuerung erheblichen Tatsachen oder ihre pflichtwidrige Nichtangabe seitens des Steuerpflichtigen gegenüber den Steuerbehörden fallen[623], fällt die tatbestandliche Eingrenzung der zweiten Fallgruppe der „Steuerumgehung" deutlich schwerer. Der EuGH hat in einigen Entscheidungen die „Künstlichkeit" der Umgehungskonzeption betont. So hat er beispielsweise in der Rechtssache „X et Y" von „künstlich geschaffenen, der Umgehung der schwedischen Steuergesetze dienenden Sachverhalten" gesprochen[624]. Zweifel, ob der EuGH an dieser Auffassung tatsächlich festhält, könnten sich allerdings aus der Entscheidung in der Rechtssache „Lasteyries de Saillant"[625] ergeben. Dort führt der EuGH unter Berufung auf die Ausführungen des Generalanwalts aus, dass die französischen Behörden „u.a. die Besteuerung eines Steuerpflichtigen vorsehen [könnten], der nach verhältnismäßig kurzem Aufenthalt in einem anderen Mitgliedstaat und nach Realisierung der Wertsteigerungen nach Frankreich zurückkehrt; so würden Auswirkungen auf die Situation von Steuerpflichtigen, die in gutem

[619] *Cordewener*, Europäische Grundfreiheiten und nationales Steuerrecht – „Konvergenz" des Gemeinschaftsrechts und „Kohärenz" der direkten Steuern in der Rechtsprechung des EuGH, S. 941 m.w.N.; hierauf wird im 3. Teil noch gesondert eingegangen werden müssen.

[620] Die Terminologie ist nicht immer einheitlich und eindeutig, z.T. wird auch nur einheitlich von Steuerflucht gesprochen. Vgl. auch *Tipke/Lang*, Steuerrecht, S. 165.

[621] *Hahn*, DStZ 2005, S. 507 (510 f.).

[622] *Thömmes*, in: GS für Knobbe-Keuk, S. 822 ff. mit umfangreichen Nachweisen zur Rspr. des EuGH.

[623] *Cordewener*, Europäische Grundfreiheiten und nationales Steuerrecht – „Konvergenz" des Gemeinschaftsrechts und „Kohärenz" der direkten Steuern in der Rechtsprechung des EuGH, S. 952 m.w.N.

[624] EuGH vom 21.11.2002 – Rs. C-436/00 (X et Y) EuGHE 2002, S. I-10829, Rdnr. 42.

[625] EuGH vom 11.03.2004 – Rs. C-9/02 (Lasteyrie du Saillant), EuGHE 2004, S. I-2409 ff.

Glauben von ihrer Freiheit der Niederlassung in einem anderen Mitgliedstaat Gebrauch machen wollen, vermieden“[626]. Letztlich versagt der EuGH, wie *Fischer* zutreffend betont[627], nunmehr auch einer dolosen Ausweichstrategie durch „Gestaltung“ von Fakten die Anerkennung. Frankreich könnte damit das kurzfristige „Hakenschlagen“ über die Grenze ohne Verstoß gegen die Grundfreiheiten besteuern. Ob diese Aussage des EuGH in einer einzelnen Entscheidung tatsächlich eine Abkehr vom Merkmal der „Künstlichkeit“ bedeutet, muss sich allerdings erst noch zeigen. Vorsicht ist hier geboten angesichts der doch sehr restriktiven Haltung des EuGH in der Vergangenheit. Jedenfalls ist festzuhalten, dass allein die Ersparnis von Steuern den Rechtfertigungsgrund der „Steuerflucht“ nicht zu tragen vermag[628]. Der sehr enge Anwendungsbereich dieses Rechtfertigungsgrunds ergibt sich letztlich auch daraus, dass der EuGH im Rahmen der Verhältnismäßigkeitsprüfung[629] voraussetzt, dass die jeweilige Vorschrift tatbestandlich an einen konkreten Umgehungs- oder Missbrauchsfall anknüpft und die Vorschrift zudem auf der Rechtsfolgenseite strikt auf die Abwendung der Umgehung bzw. des Missbrauchs gerichtet ist[630]. Der EuGH verlangt damit im Ergebnis die individuelle Feststellung des Missbrauchs im konkreten Fall[631]. Eine Vorgabe, die die in der Regel typisierenden Missbrauchsvorschriften der Mitgliedstaaten bislang nicht erfüllen konnten.

Einen völlig neuen Weg in der Auslegung des Rechtfertigungsgrunds der Steuerflucht scheint der EuGH mittlerweile in der Rechtssache „Marks & Spencer“[632] eingeschlagen zu haben. Dort hat er grundsätzlich beschränkende Maßnahmen als gerechtfertigt angesehen, durch die einer Verlustübertragung innerhalb eines Gesellschaftskonzerns in Richtung der Gesellschaften entgegengewirkt werden soll, die in den Mitgliedstaaten ansässig sind, in denen die höchsten Steuersätze gelten und in denen der steuerliche Wert der Verluste damit am Höchsten ist[633]. Damit hätte der EuGH sich auch von seinem bisherigen Abstellen auf eine individuelle Feststellung des Missbrauchs im Einzelfall gelöst. Es bleibt abzuwarten, ob der EuGH dies in weiteren Entscheidungen auch tatsächlich so bestätigt.

3. Nicht als Rechtfertigungsgründe taugliche Gesichtspunkte

Für eine Reihe von mitgliedstaatlichen Zwecksetzungen hat der EuGH die Eignung als Rechtfertigungsgrund a priori verneint. Mit anderen Worten: Er hat unabhängig von der konkreten Ausgestaltung des mitgliedstaatlichen Steuerrechts bestimmte Gesichtspunkte von vornherein aus dem Kanon zulässiger Rechtferti-

---

626 EuGH vom 11.03.2004 – Rs. C-9/02 (Lasteyrie du Saillant), EuGHE 2004, S. I-2409, Rdnr. 54.

627 *Fischer*, FR 2005, S. 630 (631).

628 *Hahn*, DStZ 2005, S. 507 (510) unter Hinweis auf die Entscheidung in der Rechtssache „ICI“.

629 Vgl. die Ausführungen im 5. Kapitel unter B. III.

630 *Randelzhofer/Forsthoff*, in: Grabitz/Hilf, EUV/EGV, vor Art. 39-55 EGV, Rdnr. 241.

631 *Hahn*, DStZ 2005, S. 507 (510).

632 EuGH vom 13.12.2005 – Rs. C-446/03 (Marks & Spencer), DStR 2005, S. 2168 ff.

633 EuGH vom 13.12.2005 – Rs. C-446/03 (Marks & Spencer), DStR 2005, S. 2168, Rdnr. 49.

gungsgründe ausgeschlossen. Hierzu zählt insbesondere der Fiskalzweck als solcher. Die Sicherung des Steueraufkommens vermag für sich genommen niemals eine diskriminierende oder beschränkende Regelung zu rechtfertigen[634]. Diese Aussage bedeutet allerdings nicht, dass jede Maßnahme, die auch der Sicherung des Steueraufkommens dient, automatisch gemeinschaftsrechtswidrig wäre. Vielmehr können andere Rechtfertigungsgründe nach wie vor eingreifen. Anders als in anderen Rechtsbereichen ist nach der Rechtsprechung des EuGH ein sog. überindividueller Schadensausgleich durch Gewährung kompensatorischer Vorteile für andere Personen oder in anderen Bereichen für den Steuerbereich kein tauglicher Rechtfertigungsgrund[635]. In diesem Punkt ist die Rechtsprechung freilich angreifbar, wenn man eine gewisse Ausdehnung des Kohärenzgedankens im Sinne einer zwischenstaatlichen Gerechtigkeit befürwortet[636]. Weiter nicht als Rechtfertigungsgründe anerkannt sind die Pauschalierungs- und Typisierungskompetenz des Gesetzgebers und verwaltungspraktische Erwägungen[637], die unterhalb der Schwelle der – erforderlichen – Missbrauchsbekämpfung bleiben. Auch der Hinweis der Mitgliedstaaten, dass in dem fraglichen Rechtsbereich noch keine Sekundärrechtsmaßnahmen zu verzeichnen sind und die Mitgliedstaaten deshalb zum Erlass der strittigen Regelungen befugt seien, wurde vom EuGH nicht als Rechtfertigungsgrund anerkannt. Bereits im „Avoir Fiscal"-Urteil hat der Gerichtshof diesen Einwand mit der Feststellung zurückgewiesen, „dass eine mangelnde Harmonisierung der Rechtsvorschriften der Mitgliedstaaten über die Körperschaftsteuer die fragliche Ungleichbehandlung nicht rechtfertigen kann"[638]. Worauf *Cordewener* zutreffend hinweist, geht es dabei letztlich um die vorgelagerte Frage, ob die Realisierung der Grundfreiheiten durch den Erlass sekundärrechtlicher Maßnahmen konditioniert ist[639]. Der EuGH hat diese Frage eindeutig zugunsten einer unmittelbaren Anwendbarkeit der Primärrechtsnormen beantwortet. Ein Ergebnis, an dem man m.E. angesichts des Wortlauts des Primärrechts durchaus Zweifel haben kann[640].

III. Verhältnismäßigkeitsprüfung

Das Vorliegen eines Rechtsfertigungsgrunds allein reicht nicht aus, um einen Eingriff zu rechtfertigen. Letzterer muss vielmehr den Anforderungen des Verhältnismäßigkeitsgrundsatzes genügen[641]. Dieser Grundsatz kommt in den geschriebenen Rechtfertigungsgründen[642] teilweise darin zum Ausdruck, dass die

---

[634] *Thömmes*, in: GS für Knobbe-Keuk, S. 824 ff. m.w.N. zur Rspr. des EuGH.

[635] EuGH vom 28.01.1986 – Rs. 270/83 (Avoir-Fiscal), EuGHE 1986, S. 273, Rdnr. 21; EuGH vom 27.06.1996 – Rs. C-107/94 (Asscher), EuGHE 1996, S. I-3089, Rdnr. 53; EuGH vom 21.09.1999 – Rs. C-307/97 (Saint-Gobain), EuGHE 1999, S. I-6195, Rdnr. 54; EuGH vom 26.10.1999 – Rs. C-294/97 (Eurowings), EuGHE 1999, S. I-7447, Rdnr. 43, 44; EuGH vom 06.06.2000 – Rs. C-35/98 (Verkooijen), EuGHE 2000, S. I-4071, Rdnr. 61; EuGH vom 12.12.2002 – Rs. C-385/00 (de Groot), EuGHE 2002, S. I-11819.

[636] Vgl. die Ausführungen im 5. Kapitel unter B. II. 1.

[637] *Thömmes*, in: GS für Knobbe-Keuk, S. 820 f. m.w.N.

[638] EuGH vom 28.01.1986 – Rs. 270/83 (Avoir-Fiscal), EuGHE 1986, S. 273, Rdnr. 24.

[639] *Cordewener*, Europäische Grundfreiheiten und nationales Steuerrecht – „Konvergenz" des Gemeinschaftsrechts und „Kohärenz" der direkten Steuern in der Rechtsprechung des EuGH, S. 932.

[640] Vgl. die Ausführungen im 4. Kapitel unter B. IV. 1.

[641] Statt vieler *Jarass*, EuR 2000, S. 706 (721).

[642] Vgl. die Ausführungen im 5. Kapitel unter B. I.

Ausnahme im Hinblick auf das verfolgte Ziel „gerechtfertigt" sein muss. Gleiches gilt für die ungeschriebenen Rechtfertigungsgründe des „zwingenden Allgemeininteresses"[643]. Der Verhältnismäßigkeitsgrundsatz schränkt damit die tatbestandlich erfüllten Rechtfertigungsgründe ein und wirkt so als Schranken-Schranke[644], wie dies beim Verhältnismäßigkeitsgrundsatz im deutschen Verfassungsrecht ebenfalls der Fall ist[645]. Nach der Rechtsprechung des EuGH[646] muss die Maßnahme danach geeignet sein, das mit ihr verfolgte Ziel zu erreichen. Zugleich darf sie nicht über das hinausgehen, was hierzu objektiv notwendig ist; es darf also das gleiche Ergebnis nicht durch weniger einschneidende Maßnahmen erreicht werden können[647]. Ferner muss eine Angemessenheit in dem Sinne bestehen, dass Beeinträchtigung der Grundfreiheit einerseits und verfolgtes Ziel andererseits nicht in einem Missverhältnis zueinander sehen[648]. Auch wenn der EuGH in seinen allgemeinen Formulierungen vielfach nur die beiden ersten Teilelemente nennt, lassen sich in der Sache die drei genannten Elemente unterscheiden[649].

1. Geeignetheit

Der Grundsatz der Verhältnismäßigkeit setzt damit zunächst die Geeignetheit der mitgliedstaatlichen Maßnahme voraus. Die Beschränkung muss geeignet sein, „die Verwirklichung des mit ihr angestrebten Ziels zu gewährleisten"[650]. Es braucht dabei nicht das am besten geeignete Mittel zu sein; eine Förderung des Ziels genügt[651].

2. Erforderlichkeit

Des Weiteren muss das Prinzip der Erforderlichkeit beachtet werden. Hier wird der Schwerpunkt der Verhältnismäßigkeitsprüfung liegen[652]. Eine Maßnahme darf nicht über das hinausgehen, was zum Erreichen des im zwingenden Allgemeininteresse liegenden Ziels notwendig ist. Ebenso wie im deutschen Verfassungsrecht geht es um die Frage, ob ein anderes Mittel zur Verfügung steht, das ebenso wirksam ist, aber nicht so stark in die Grundfreiheit eingreift. Generell darf die Maßnahme nicht über das zur Verfolgung des Ziels Notwendige hinausgehen[653]. Im Fall von Diskriminierungen schließt das Erforderlichkeitsprinzip die Prüfung ein, ob das angestrebte Ziel auch durch eine nicht-diskriminierende Beschränkung erreicht werden kann. Insbesondere Regeln, die

---

643 *Jarass*, EuR 2000, S. 706 (721).

644 *Hahn*, DStZ 2005, S. 507 (513) m.w.N.

645 *Cordewener*, Europäische Grundfreiheiten und nationales Steuerrecht – „Konvergenz" des Gemeinschaftsrechts und „Kohärenz" der direkten Steuern in der Rechtsprechung des EuGH, S. 334.

646 Vgl. z.B. EuGH vom 14.12.1995 – Rs. C-163/94 (Sanz de Lera), EuGHE 1995, S. I-4821, Rdnr. 22.

647 Vgl. zuletzt EuGH vom 11.03.2004 – Rs. C-9/02 (Lasteyrie du Saillant), EuGHE 2004, S. I-2409, Rdnr. 49.

648 *Calliess/Ruffert*, EUV/EGV, Art. 30 EGV, Rdnr. 49.

649 *Jarass*, EuR 2000, S. 706 (721).

650 EuGH vom 21.09.1999 – Rs. C-124/97 (Läärä), EuGHE 1999, S. I-6067, Rdnr. 31.

651 EuGH vom 10.07.1980 – Rs. 152/78 (Kommission/Frankreich), EuGHE 1980, S. 2316.

652 *Hahn*, DStZ 2005, S. 507 (514).

653 *Jarass*, EuR 2000, S. 706 (722).

der Steueraufsicht dienen, stehen unter diesem Vorbehalt. Der EuGH verweist als milderes Mittel regelmäßig auf die Möglichkeit der Amtshilfe-Richtlinie[654].

3. Angemessenheit

Schließlich muss die Voraussetzung der Angemessenheit gewahrt sein. Das verfolgte Ziel muss „hinreichend schwerwiegend" im Verhältnis zur Beeinträchtigung der Grundfreiheit sein[655]. Ein grobes Missverhältnis darf jedenfalls nicht vorliegen[656]. Es ist nicht ganz geklärt, ob – vergleichbar der Lage im deutschen Verfassungsrecht – noch eine Abwägung zwischen der Grundfreiheit und dem Schutzgut erfolgen muss. Teilweise wird die Ansicht vertreten, dass das zwingende Allgemeininteresse einer solchen Abwägung zu unterziehen sei[657]. Der EuGH verweist in diesen Fällen auf den Verhältnismäßigkeitsgrundsatz, so dass nach deutschem Verständnis eine Abwägung erforderlich wäre[658]. Bei der Beurteilung der Angemessenheit spielt auch eine Rolle, ob der Mitgliedstaat in ähnlichen Fällen vergleichbare Maßstäbe anlegt[659]. Der Maßstab der Angemessenheit kann z.B. bei der Niederlassungsfreiheit einerseits und der Dienstleistungsfreiheit andererseits unterschiedlich ausfallen, da dem sich Niederlassenden und damit sich in die Wirtschaft des Aufnahmestaats Integrierenden mehr zugemutet werden kann, als dem Dienstleistungen Erbringenden, der gerade dies nicht tut[660]. Im Ergebnis reicht daher die Niederlassungsfreiheit nicht so weit, wie die Dienstleistungsfreiheit und die Warenverkehrsfreiheit[661].

4. Anerkennungsgrundsatz

Eine Besonderheit – auch im Vergleich mit dem nationalen Verfassungsrecht – stellt in der Rechtsprechung des EuGH sowie den Schlussanträgen der Generalanwaltschaft die besondere Rechtsfigur des sog. Anerkennungsgrundsatzes dar. Dieser Grundsatz besagt, dass eine Maßnahme dann als nicht erforderlich gilt, wenn der jeweilige Mitgliedstaat durch sein eigenes Verhalten an anderer Stelle (insbesondere durch anderweitige Normen) zeigt, dass er durchaus auch ohne die diskriminierende Maßnahme auskommt[662]. Mittlerweile wurde der Anwendungsbereich des Anerkennungsgrundsatzes von rein innerstaatlichen Vorschriften über Verwaltungsvorschriften bis hin zu Regelungen in zwischenstaatlichen Doppelbesteuerungsabkommen ausgedehnt[663]. Es liegt auf der Hand, dass hier-

---

[654] Vgl. auch die Ausführungen im 5. Kapitel unter B. II. 2. a).
[655] Zur Warenverkehrsfreiheit bspw. EuGH vom 11.03.1986 – Rs. 121/85 (Conegate), EuGHE 1986, S. 1007, Rdnr. 15; EuGH vom 14.07.1998 – Rs.-389/96 (Aher-Waggon), EuGHE 1998, S. I-4473, Rdnr. 20.
[656] *Jarass*, EuR 2000, S. 706 (722).
[657] *Jarass*, EuR 2000, S. 706 (722).
[658] *Hahn*, DStZ 2005, S. 507 (515).
[659] EuGH vom 11.03.1986 – Rs. 121/85 (Conegate), EuGHE 1986, S. 1007, Rdnr. 18.
[660] *Hahn*, DStZ 2005, S. 507 (515); *Roth*, in: Dauses (Hrsg.), Handbuch des EG-Wirtschaftsrechts, Kap. E I, Rdnr. 71; *Jarass*, EuR 2000, S. 706 (722).
[661] *Jarass*, EuR 2000, S. 706 (723).
[662] Diese Rechtsfigur nahm ihren Ausgangspunkt in der Rs. „Avoir-Fiscal", EuGH vom 28.01.1986 – Rs. 270/83 (Avoir-Fiscal), EuGHE 1986, S. 273, Rdnr. 20.
[663] *Cordewener*, Europäische Grundfreiheiten und nationales Steuerrecht – „Konvergenz" des Gemeinschaftsrechts und „Kohärenz" der direkten Steuern in der Rechtsprechung des EuGH, S. 827 m.w.N.

durch der Spielraum der Mitgliedstaaten, den Diskriminierungsvorwurf zu widerlegen, erheblich beschnitten wird. Es ist daher *Birk* zuzustimmen, wenn er unter Hinweis auf die Funktion der Gleichbehandlungskomponente im Sinne einer „Kästchengleichheit" quasi eine Zurückhaltung des EuGH in dieser Frage anmahnt[664]. Immerhin darf man nicht vergessen, dass im nicht harmonisierten Bereich der direkten Steuern Besonderheiten zu beachten sind[665].

C. Zusammenfassung

Zusammenfassend ist festzuhalten, dass der EuGH bei der Überprüfung einer nationalen Rechtsvorschrift anhand der Grundfreiheiten zweistufig vorgeht. In der ersten Stufe wird der Tatbestand der jeweiligen Grundfreiheit untersucht. Die zweite Stufe betrifft dann die Rechtfertigung tatbestandlicher Verstöße gegen die Grundfreiheiten.

Neben der Identifizierung der jeweils einschlägigen Grundfreiheit ist auf der ersten Prüfungsstufe von besonderer Bedeutung, ob eine Beschränkung der jeweiligen Grundfreiheit zu erkennen ist. An diesem Punkt der Prüfung hat der EuGH zahlreiche Erweiterungen des Anwendungsbereichs der Grundfreiheiten vorgenommen. So beschränkt sich der Gewährleistungsgehalt der Grundfreiheiten nicht in einem Verbot der Diskriminierung nach der Staatsangehörigkeit. Neben einer Ausdehnung auf sog. versteckte Diskriminierungen, wurde auch die Passivseite in den Schutzbereich der Grundfreiheiten mit aufgenommen. Die Grundfreiheiten werden daneben aber auch als gleichheitsrechtliches Verbot von Beschränkungen entfaltet und erfassen damit nicht nur Zuzugs-, sondern auch Wegzugsfälle. Die eigentliche gleichheitsrechtliche Prüfung – jedenfalls in der klassischen Ausprägung als Diskriminierungsverbot – besteht dann in der Prüfung der Vergleichbarkeit. Hierzu wird dem konkreten Steuerpflichtigen ein gedachter Vergleichspartner gegenüber gestellt. Insgesamt ist gerade in diesem Bereich allerdings noch Vieles im Fluss. So nimmt der EuGH beispielsweise im Zuzugs- und Wegzugsfall bislang keine Vergleichbarkeitsprüfung vor, obwohl hierfür kein Grund erkennbar ist.

Auch über Umfang und Wirkungsweise der Rechtsfertigungsgründe auf der zweiten Prüfungsstufe bestehen noch viele Unklarheiten. Erkennbar ist, dass der EuGH – obwohl er den Anwendungsbereich der Grundfreiheiten zu Lasten der Mitgliedstaaten stark ausgedehnt hat – auf der Rechtfertigungsebene keinen Ausgleich hierfür schaffen will und daher sehr restriktiv das Vorliegen eines Rechtfertigungsgrunds prüft. Grundgedanke der Rechtfertigung tatbestandlicher Verstöße gegen die Grundfreiheiten ist jedenfalls, dass nicht jeder Eingriff in den Schutzbereich einer Grundfreiheit automatisch verboten ist. Als besonders schutzwürdige Ziele sind bislang vom EuGH im Wesentlichen die Kohärenz ei-

[664] *Birk*, in: Lehner (Hrsg.), Steuerrecht im Europäischen Binnenmarkt, DStJG Bd. 19, S. 73 f. u. 76 f.; a.A. *Cordewener*, Europäische Grundfreiheiten und nationales Steuerrecht – „Konvergenz" des Gemeinschaftsrechts und „Kohärenz" der direkten Steuern in der Rechtsprechung des EuGH, S. 829 mit nicht überzeugendem Hinweis, dass Gleichbehandlungsgebot schon längst über die verengte „Inländergleichbehandlung" hinausreicht.

[665] Vgl. die Ausführungen im 3. Kapitel unter B. u. C.

ner steuerlichen Regelung, die Sicherstellung einer wirksamen Steueraufsicht und die Verhinderung von Steuerflucht anerkannt worden. Gerade der Rechtfertigungsgrund der Kohärenz wird jedoch im Ergebnis wiederum sehr stark eingeschränkt. Denn der EuGH fordert eine strenge, unmittelbare Wechselbeziehung zwischen den Vorteilen und den Nachteilen der beschränkenden Maßnahme, d.h. den Nachteilen müssen Vorteile in derselben Person und bei derselben Steuerart gegenüberstehen. Ebenfalls stark entwertet wurde der Rechtfertigungsgrund der Steuerflucht. Dort verlangt der EuGH die individuelle Feststellung des Missbrauchs im konkreten Fall und erkennt damit typisierende Mißbrauchsvorschriften im Ergebnis nicht an. Mittlerweile gibt es jedoch Zeichen, dass der EuGH bereit ist, auf der Rechtfertigungsebene die Belange der Mitgliedstaaten stärker zu berücksichtigen. Die Entwicklung steht an diesem Punkt jedoch erst am Anfang. Der EuGH nimmt zudem auf dieser Prüfungsstufe noch eine weitere Einschränkung vor. Denn selbst wenn ein Rechtfertigungsgrund identifiziert worden ist, reicht dies allein noch nicht aus, um einen Eingriff zu rechtfertigen. Letzterer muss vielmehr den Anforderungen des Verhältnismäßigkeitsgrundsatzes genügen. Der Verhältnismäßigkeitsgrundsatz schränkt damit die tatbestandlich erfüllten Rechtfertigungsgründe ein und wirkt so als Schranken-Schranke. Die beschränkende Maßnahme muss im Ergebnis geeignet sein, das mit ihr verfolgte Ziel zu erreichen, sie darf zugleich nicht über das hinausgehen, was hierzu objektiv notwendig ist, und die Beeinträchtigung der Grundfreiheit einerseits und das verfolgte Ziel andererseits dürfen nicht in einem Missverhältnis zueinander stehen.

6. Kapitel

Die Grenzen der Rechtsprechung des EuGH

In den letzten Jahren hat der EuGH zentrale Vorschriften des Steuerrechts verschiedener Mitgliedstaaten für europarechtswidrig erklärt[666]. Er hat dabei seine klassische Rechtsprechung zu den Grundfreiheiten auf die gewachsenen Strukturen nationaler Steuersysteme angewandt. Verwerfungen innerhalb der Steuersysteme waren und sind die Folge. Angesichts der Vielzahl der derzeit anhängigen Verfahren, die unmittelbar oder mittelbar weitere zentrale Vorschriften des deutschen Steuersystems betreffen[667], verwundert es nicht, wenn mittlerweile sogar eine „Notwehr gegen Europa" thematisiert wird[668]. Es ist daher zu untersuchen, ob und wenn ja, welche Grenzen der EuGH bei seiner Rechtsprechungstätigkeit zu beachten hat.

A. Das Verhältnis des Gemeinschaftsrechts zum nationalen Recht

In erster Linie ist dabei das Verhältnis des Gemeinschaftsrechts zum nationalen Recht und dort insbesondere zum Verfassungsrecht zu untersuchen. Die Grundproblematik verdeutlicht anschaulich *Fischer*, der den europäischen Binnenmarkt mit einem Spielsalon vergleicht, in dem nicht mehr 25 Billardtische stehen, sondern nur noch ein einziger, auf dem alle Kugeln ungehindert überallhin rollen können[669]. Im Bereich des Steuerwesens sieht er dagegen weiterhin 25 Spieltische, da jeder Mitgliedstaat seinen eigenen Spieltisch für diesen Bereich hütet. Der EuGH hat allerdings dieser Auffasssung bereits früh – obwohl der EG-Vertrag unstrittig keine entsprechende Kollisionsnorm bereitstellt – widersprochen und keinen Zweifel daran gelassen, dass er von einem uneingeschränkten Vorrang des Gemeinschaftsrechts ausgeht[670]. Er begründet dies in seiner grundlegenden Entscheidung in der Rechtsache „Costa/E.N.E.L." im Wesentlichen mit der Eigenständigkeit der durch den EWG-Vertrag geschaffenen Rechtsordnung, die von den Mitgliedstaaten mit echten Hoheitsrechten ausgestattet worden und somit von diesen und ihren Angehörigen als verbindlich anzusehen sei[671]. In nachfolgenden Entscheidungen hat der EuGH diese Auffassung bestätigt und ausdrücklich auch auf das Verhältnis zu nationalem Verfassungs-

---

666 Für Deutschland ist in diesem Zusammenhang auf das Urteil in der Rechtssache „Lankhorst-Hohorst" (EuGH vom 12.12.2002 – Rs. C-324/00 (Lankhorst-Hohorst), EuGHE 2002, S. I-11779 ff.) hinzuweisen, worin der EuGH die deutsche Vorschrift zur Gesellschafterfremdfinanzierung (§ 8a KStG) für europarechtswidrig erklärt hat.

667 Z.B. Verfahren in der Rechtssache „Cadburry Schweppes" – Rs. C-196/04, Abl. EU 2004, Nr. C 168, S. 13 ff.

668 *Ahmann*, DStZ 2005, S. 75 ff.; *Fischer*, FR 2005, S. 457 ff.

669 *Fischer*, Handelsblatt vom 30.08.2005.

670 Vgl. die Ausführungen im 4. Kapitel unter B. IV. 2.

671 EuGH vom 15.07.1964 – Rs. 6/64 (Costa/E.N.E.L.), EuGHE 1964, S. 1251 ff.

recht erstreckt[672]. Über die vom EuGH angeführte Begründung hinaus wird dieser Grundsatz des Vorrangs des Gemeinschaftsrechts auch auf den sog. effet utile[673] gestützt, der letztlich nur durch eine einheitliche und nicht diskriminierende Anwendung des Gemeinschaftsrechts in allen Mitgliedstaaten sichergestellt werden kann[674].

Das Bundesverfassungsgericht hat diesen Vorrang des Gemeinschaftsrechts verfassungsrechtlich anerkannt, allerdings mit dem Vorbehalt einer Letztkontrolle zur Sicherung äußerster Grenzen. Entscheidende Bedeutung kommt hierbei nach wie vor der Maastricht-Entscheidung des Bundesverfassungsgerichts[675] zu. Während das Bundesverfassungsgericht in seiner unter der Bezeichnung „Solange I"[676] viel zitierten und kritisierten[677] Entscheidung aus dem Jahr 1974 noch betont hatte, dass es über die Anwendbarkeit von Gemeinschaftsrecht in Deutschland entscheiden werde, solange das Gemeinschaftsrecht keinen von einem Parlament beschlossenen Grundrechtskatalog enthalte, der dem des Grundgesetzes adäquat sei, hatte es in seiner „Solange II"-Entscheidung[678] diese Entscheidung wieder umgekehrt[679]. Nun erkannte das Bundesverfassungsgericht an, dass der erforderliche Grundrechtsstandard mittlerweile insbesondere durch die Rechtsprechung des EuGH gewährleistet werde. Solange das Gemeinschaftsrecht einen solchen wirksamen Grundrechtsschutz garantiere, wollte das Bundesverfassungsgericht seine Gerichtsbarkeit über die Anwendung von abgeleitetem Gemeinschaftsrecht nicht mehr ausüben. Diese Entscheidung hat auch nach der Maastricht-Entscheidung bis heute Relevanz. So hat das Bundesverfassungsgericht in seiner Bananenmarktordnung-Entscheidung[680] ausdrücklich betont, dass an den Grundsätzen dieser Entscheidung auch im Maastricht-Urteil festgehalten worden ist[681]. Dennoch können dem Maastricht-Urteil einige Aussagen entnommen werden, die darauf hindeuten, dass das Bundesverfassungsgericht die Gelegenheit genutzt hat, um sein Verhältnis zum EuGH in verschiedenen Teilbereichen neu zu definieren.

I. Rechtsfortbildung, aber keine Vertragsänderung

Das Bundesverfassungsgericht hat in seiner Maastricht-Entscheidung zunächst die Souveränität der Mitgliedstaaten betont, die es weiterhin als „Herren der

---

[672] EuGH vom 17.12.1970 – Rs. 11/70 (Internationale Handelsgesellschaft), EuGHE 1970, S. 1125, Rdnr. 3; EuGH vom 09.03.1978 – Rs. 106/77 (Simmenthal), EuGHE 1978, S. 629, Rdnr. 21 ff.

[673] Art. 10 EGV.

[674] *Wunderlich/Albath*, DStZ 2005, S. 547 (547 ff.).

[675] BVerfG vom 12.10.1993 – 2 BvR 2134/92 u. 2 BvR 2159/92, BVerfGE 89, S. 155 ff.

[676] BVerfG vom 29.05.1974 – 2 BvL 52/71, BVerfGE 37, S. 271 ff.

[677] Vgl. nur die abweichenden Voten der Richter *Rupp*, *Hirsch* und *Wand*, BVerfGE 37, S. 291 ff.

[678] BVerfG vom 22.10.1986 – 2 BvR 197/83, BVerfGE 73, S. 339 ff.

[679] *Häde*, BB 1993, S. 2457 (2461) m.w.N.

[680] BVerfG vom 07.06.2000 – 2 BvL 1/97, BVerfGE 102, S. 147 ff.

[681] BVerfG vom 07.06.2000 – 2 BvL 1/97, BVerfGE 102, S. 147, Rdnr. 61.

Verträge“ ansieht[682]. Am Ende seines Urteils stellt das Gericht zudem noch einmal klar, dass der Unionsvertrag, ebenso wie die durch ihn geänderten Gemeinschaftsverträge dem Prinzip der begrenzten Einzelermächtigung folgt[683]. Der Schluss von den – vor allem in der Präambel und in Art. 2 EUV (ex-Artikel B) genannten – Zielen der Union auf konkrete Befugnisse ist daher unzulässig. Im Subsidiaritätsprinzip des Art. 5 Abs. 2 EGV (Art. 3b EGV a.F.) sieht das Bundesverfassungsgericht eine weitere Grenze[684]. Es begründe keine Befugnisse der Gemeinschaft, sondern begrenze die Ausübung bereits anderweitig eingeräumter Kompetenzen. Der Grundsatz der Verhältnismäßigkeit des Art. 5 Abs. 3 EGV (Artikel 3b Abs. 3 EGV a.F.) gelte darüber hinaus selbst im Hinblick auf ausschließliche Zuständigkeiten der Gemeinschaft[685]. Als Folge dieser klarstellenden Grundsätze kommt das Gericht zu dem Ergebnis, dass es weiterhin prüfen kann, ob Einrichtungen oder Organe der Gemeinschaft das Primärrecht in einer Weise handhaben oder fortbilden, die vom deutschen Zustimmungsgesetz nicht mehr gedeckt ist. Es behält sich in diesen Fällen vor, die Unverbindlichkeit der daraus hervorgehenden Rechtsakte für den deutschen Hoheitsbereich festzustellen[686]. Seine „Aufsichtsfunktion“ gegenüber dem EuGH, aber auch anderen Organen der Europäischen Gemeinschaft verdeutlicht das Bundesverfassungsgericht mit dem fast belehrend wirkenden Hinweis, in Zukunft werde „bei der Auslegung von Befugnisnormen durch Einrichtungen und Organe der Gemeinschaften zu beachten sein, dass der Unions-Vertrag grundsätzlich zwischen der Wahrnehmung einer begrenzt eingeräumten Hoheitsbefugnis und der Vertragsänderung unterscheidet“. Die Vertragsauslegung dürfe deshalb im Ergebnis nicht einer Vertragserweiterung gleichkommen[687].

Damit hat das Bundesverfassungsgericht auf der Rechtsgrundlage des Art. 23 GG konkretisiert, dass der EuGH zwar rechtsfortbildend tätig werden darf, allerdings hat er die Trennlinie zwischen einer Rechtsfortbildung innerhalb der Verträge und einer deren Grenzen sprengenden, vom Vertragsrecht nicht gedeckten Rechtssetzung zu beachten[688]. Damit sind dem EuGH im Hinblick auf die Harmonisierung und Rechtsangleichung auf dem Gebiet der direkten Steuern deutliche Grenzen gesetzt worden. Haben also die Mitgliedstaaten der Europäischen Gemeinschaft nur begrenzte Kompetenzen auf dem Gebiet der Harmonisierung und Angleichung des Steuerrechts übertragen, können die Gemeinschaften – und damit auch der EuGH als Organ der Gemeinschaften[689] – nur diese begrenzten Aufgaben wahrnehmen. Diese Entscheidung der „Herren der Verträ-

---

[682] BVerfG vom 12.10.1993 – 2 BvR 2134/92 u. 2 BvR 2159/92, BVerfGE 89, S. 155, Rdnr. 112.
[683] BVerfG vom 12.10.1993 – 2 BvR 2134/92 u. 2 BvR 2159/92, BVerfGE 89, S. 155, Rdnr. 156.
[684] BVerfG vom 12.10.1993 – 2 BvR 2134/92 u. 2 BvR 2159/92, BVerfGE 89, S. 155, Rdnr. 158 ff.
[685] BVerfG vom 12.10.1993 – 2 BvR 2134/92 u. 2 BvR 2159/92, BVerfGE 89, S. 155, Rdnr. 162.
[686] BVerfG vom 12.10.1993 – 2 BvR 2134/92 u. 2 BvR 2159/92, BVerfGE 89, S. 155, Rdnr. 106 a.E.
[687] BVerfG vom 12.10.1993 – 2 BvR 2134/92 u. 2 BvR 2159/92, BVerfGE 89, S. 155, Rdnr. 106 a.E.
[688] *Fischer*, FR 2005, S. 457 (459).
[689] Vgl. Art. 7 Abs. 1 Satz 2, Art. 220 EGV.

ge“ darf dann auch nicht dadurch umgangen werden, dass der Gerichtshof durch eine zu extensive Auslegung der vertraglichen Ermächtigungsgrundlagen in Verbindung mit dem Integrationsziel der Gemeinschaft doch eine Vereinheitlichung der innerstaatlichen Steuerrechtssysteme bewirkt. Die Grenzen zwischen den Verfahren der Vertragsauslegung und der Vertragsänderung müssen gewahrt bleiben. Die dem EuGH so gesetzten Grenzen sind auch bei der Erörterung der Bedeutung der vertraglichen Diskriminierungs- und Beschränkungsverbote für das Steuerrecht zu beachten, d.h. es ist zu prüfen, ob die Rechtsprechung des EuGH letztlich zu einer Harmonisierung mitgliedstaatlicher Vorschriften führt. Zuletzt hatte das Bundesverfassungsgericht in seiner Entscheidung zum Europäischen Haftbefehl[690] Gelegenheit, sich zum Verhältnis des Gemeinschaftsrechts zum nationalen Verfassungsrecht zu äußern. Es hat diese Gelegenheit genutzt und wiederum betont, dass mit Blick auf den Grundsatz der Subsidiarität, auf den Art. 23 GG ausdrücklich abstellt, „die nationale Identität und Staatlichkeit in einem einheitlichen europäischen Rechtsraum zu wahren“[691] sind.

Wenn nun *Wunderlich/Albath* darauf abstellen, dass für die direkten Steuern zwar kein expliziter Harmonisierungsauftrag besteht, allerdings eine Harmonisierung direkter Steuern auf der Grundlage der Binnenmarktkompetenz des Art. 94 EGV möglich ist[692], und hieraus ableiten wollen, dass der EuGH im Bereich der direkten Steuern zur Harmonisierung durch seine praktizierte extensive Auslegung der Grundfreiheiten ermächtigt ist, so ist diese Auffassung m.E. schlichtweg nicht haltbar. Es ist bezeichnend, dass als mögliche Vorschriften, die die direkten Steuern aus dem Anwendungsbereich des Gemeinschaftsrechts ausnehmen könnten, mit keinem Wort auf die Bereichsausnahme von Art. 95 Abs. 2 EGV eingegangen wird. Diese Vorschrift ist jedoch zentral für das Verständnis des Verhältnisses von Gemeinschaftsrecht zu nationalem Recht. Nach dem Willen des Gemeinschaftsgesetzgebers sollten bei der integrationspolitischen Vertiefung der Zielsetzungen des Gemeinsamen Markts aus Gründen der Wahrung von Souveränitätsinteressen gewisse Grenzen eingezogen werden. Gerade die Bereichsausnahmen in Art. 95 Abs. 2 EGV belegen, dass damit in diesen Sachbereichen nach dem insoweit eindeutigen Willen der Mitgliedstaaten im Ergebnis jede Rechtsangleichung auf der Grundlage von Art. 95 Abs. 1 EGV verhindert werden sollte. Der EuGH berücksichtigt dies zumindest in seiner Rechtsprechung zu den direkten Steuern nicht, wenn er offensichtlich von einer uneingeschränkten Anwendung der Grundfreiheiten zur Verwirklichung des Binnenmarktziels ausgeht[693]. Auch der Hinweis von *Wunderlich/Albath*, dass der EuGH dies selbst in Bereichen praktiziere, in denen die Mitgliedstaaten ihre Zuständigkeit behalten haben[694], macht diese Aussage nicht richtiger. Zudem ist zu kritisieren, dass auf den vom Bundesverfassungsgericht als besonders wichtig erachteten Grundsatz der Subsidiarität ebenfalls nicht eingegangen wird.

690 BVerfG vom 18.07.2005 – 2 BvR 2236/04, BGBl. I 2005, S. 2300 ff.
691 BVerfG vom 18.07.2005 – 2 BvR 2236/04, BGBl. I 2005, S. 2300, Rdnr. 75.
692 *Wunderlich/Albath*, DStZ 2005, S. 547 (549).
693 Vgl. auch die Ausführungen im 3. Kapitel unter B. II. 5. u. 6.
694 *Wunderlich/Albath*, DStZ 2005, S. 547 (549) unter Hinweis auf eine Entscheidung des EuGH, die die nationale Verteidigungspolitik betraf.

II. Anwendbarkeit von Grundrechten

Das Bundesverfassungsgericht nimmt zudem in seiner Maastricht-Entscheidung auch Stellung zu der Frage, ob ein Grundrechtsschutz gegen Akte europäischer Organe gegeben ist. In seiner „Solange I"-Entscheidung[695] hatte das Gericht noch ausgeführt, dass es nur Akte der deutschen Staatsgewalt zum Gegenstand seiner Kontrolle machen könne. Die Verfassungsbeschwerde eines Deutschen unmittelbar gegen eine Verordnung der Europäischen Gemeinschaft hielt es damals folgerichtig für unzulässig[696]. Im EUROCONTROL-Beschluss von 1981[697] hat es seine Auffassung noch einmal ausführlich begründet. Von dieser Auffassung rückt es mit der Maastricht-Entscheidung ausdrücklich ab. So führt das Bundesverfassungsgericht aus, dass „die in der Präambel des Grundgesetzes angelegte und in Art. 23 und Art. 24 GG geregelte Offenheit für eine europäische Integration … zur Folge [hat], dass grundrechtserhebliche Eingriffe auch von europäischen Organen ausgehen können und ein Grundrechtsschutz dementsprechend für das gesamte Geltungsgebiet dieser Maßnahmen gewährleistet sein muss"[698]. Damit ist klar – und dies bestätigt das Bundesverfassungsgericht auch ausdrücklich[699] – , dass Akte einer besonderen, von der Staatsgewalt der Mitgliedstaaten geschiedenen öffentlichen Gewalt die Grundrechtsberechtigten in Deutschland betreffen können und damit die Gewährleistungen des Grundgesetzes berühren, was wiederum die Aufgabenstellung des Bundesverfassungsgerichts eröffnet. Das Bundesverfassungsgericht bekräftigt und verstärkt damit seinen Anspruch, das Gemeinschaftsrecht überprüfen zu können. Allerdings wendet sich das Gericht nicht vollständig von seiner bisherigen Haltung ab. Seine Gerichtsbarkeit über die Anwendbarkeit von abgeleitetem Gemeinschaftsrecht will es nämlich in einem Verhältnis der Kooperation und gegenseitigen Ergänzung zum EuGH ausüben[700]. Danach soll der EuGH den Grundrechtsschutz in jedem Einzelfall für das gesamte Gebiet der Europäischen Union garantieren. Seine eigene Rolle beschränkt das Verfassungsgericht auf die generelle Gewährleistung der unabdingbaren Grundrechtsstandards, also auf eine Art Aufsicht über den EuGH[701]. Hieraus wollen *Wunderlich/Albath* nun ableiten, dass nur ganz ausnahmsweise, nämlich im Falle eines generell und systematisch nicht mehr gewährleisteten Grundrechtsschutzes auf europäischer Ebene, Rechtsakte der Gemeinschaft am Maßstab der deutschen Grundrechte geprüft werden können[702] – eine Auffassung, die sich so nicht aus der Maastricht-Entscheidung ableiten lässt. Dort wird davon gesprochen, dass der „unabdingbare Grundrechtsstandard" durch das Verfassungsgericht gewährleistet werden soll. Dies ist m.E. nicht gleichzusetzen mit einem „generell und systematisch

---

[695] BVerfG vom 29.05.1974 – 2 BvL 52/71, BVerfGE 37, S. 271 ff.

[696] BVerfG vom 29.05.1974 – 2 BvL 52/71, BVerfGE 37, S. 271, Rdnr. 40.

[697] BVerfG vom 23.06.1981 – 2BvR 1107/77, 2 BvR 1124/77, 2 BvR 195/79, BVerfGE 58, S. 1, Rdnr. 77 ff.

[698] BVerfG vom 12.10.1993 – 2 BvR 2134/92 u. 2 BvR 2159/92, BVerfGE 89, S. 155, Rdnr. 69.

[699] BVerfG vom 12.10.1993 – 2 BvR 2134/92 u. 2 BvR 2159/92, BVerfGE 89, S. 155, Rdnr. 70.

[700] BVerfG vom 12.10.1993 – 2 BvR 2134/92 u. 2 BvR 2159/92, BVerfGE 89, S. 155, Rdnr. 70 a.E.

[701] BVerfG vom 12.10.1993 – 2 BvR 2134/92 u. 2 BvR 2159/92, BVerfGE 89, S. 155, Rdnr. 70 a.E.

[702] *Wunderlich/Albath*, DStZ 2005, S. 547 (550).

nicht mehr gewährleisteten Grundrechtsstandard". Zudem lässt sich aus der Entscheidung des Bundesverfassungsgerichts zum Europäischen Haftbefehl[703] zu dieser Frage eine präzisierte Haltung des Bundesverfassungsgerichts entnehmen. So stellt das Gericht klar, dass „das gemeinschaftsrechtliche Verbot der Diskriminierung nach der Staatsangehörigkeit nicht umfassend angelegt [ist], sondern ... im Einklang mit dem Prinzip der begrenzten Einzelermächtigung nur für die vertraglich festgelegten Ziele, insbesondere im Rahmen der Grundfreiheiten" gilt[704]. Diese Aussage zur bereichsspezifischen Begrenzung des europäischen Diskriminierungsverbots aus Gründen der mitgliedstaatlichen Staatsangehörigkeit lässt sich m.E. zwanglos auf die bereichsspezifischen Begrenzungen der Grundfreiheiten bei den direkten Steuern übertragen. Im Ergebnis bedeutet dies, dass selbstverständlich eine Überprüfung der Auslegung der gemeinschaftsrechtlichen Grundfreiheiten am Maßstab der deutschen Grundrechte möglich ist. Dies wird insbesondere im Rahmen der Verhältnismäßigkeitsprüfung bedeutsam, denn eine Norm, die gegen das nationale Verfassungsrecht verstößt, kann m.E. nicht als geeignet angesehen werden, um ein vorgegebenes Ziel zu erreichen. Sähe man dies anders, wäre damit die von der Entscheidung zum Europäischen Haftbefehl geforderte nationale Identität und Staatlichkeit in einem einheitlichen europäischen Rechtsraum stark beschnitten[705].

B. Vereinbarkeit mit den Doppelbesteuerungsabkommen

Die Vereinbarkeit einer innerstaatlichen Norm mit dem OECD-Musterabkommen kann eine Zurückhaltung des EuGH bei der Anwendung der Grundfreiheiten erforderlich machen. In der Literatur ist schon vielfach auf diesen Aspekt hingewiesen worden[706]. In der Tat scheint der EuGH eine gewisse Zurückhaltung in derartigen Fallkonstellationen erkennen zu lassen. So hat er in der Rechtssache „Gilly"[707] darauf hingewiesen, dass eine nach der Staatsangehörigkeit unterscheidende Verteilungsnorm keinen Diskriminierungsvorwurf begründet, weil Art. 293 zweiter Gedankenstrich EGV den Vertragsstaaten die Befugnis lässt, die Kriterien für die Aufteilung ihrer Steuerhoheit untereinander festzulegen, um Doppelbesteuerungen zu vermeiden. In der Rechtssache „Gschwind"[708] hat er diesen Aspekt m.E. zutreffend im Rahmen der Vergleichspaarbildung angesprochen. Dies ist deshalb zutreffend, weil die Diskriminierungsverbote den Vertragsstaaten eines Doppelbesteuerungsabkommens letztlich nicht vorgeben können, wie die Besteuerung zwischen dem Wohnsitzstaat und dem Quellenstaat aufzuteilen ist, denn die Grundfreiheiten sind nicht auf die Lösung bilateral verursachter Diskriminierungen zugeschnitten[709]. Versteht man die Grundfreiheiten als reine Gleichheitsrechte, ist stets zu beachten, dass Diskriminierungsverbote immer nur gegen ein und denselben Hoheitsträger wir-

---

703 BVerfG vom 18.07.2005 – 2 BvR 2236/04, BGBl. I 2005, S. 2300 ff.
704 BVerfG vom 18.07.2005 – 2 BvR 2236/04, BGBl. I 2005, S. 2300, Rdnr. 74.
705 BVerfG vom 18.07.2005 – 2 BvR 2236/04, BGBl. I 2005, S. 2300, Rdnr. 75.
706 Statt vieler *Avery Jones*, European Taxation 1996, S. 46 (49).
707 EuGH vom 12.05.1998 – Rs. C-336/96 (Gilly), EuGHE 1998, S. I-2832, Rdnr. 31.
708 EuGH vom 14.09.1999 – Rs. C-391/97 (Gschwind), EuGHE 1999, S. I-5451, Rdnr. 24 f.
709 *Lehner*, in Vogel/Lehner, DBA, Einl., Rdnr. 265.

ken[710]. Deshalb kann es weder eine rechtlich relevante Ungleichbehandlung darstellen, dass die Mitgliedstaaten ihre Steuerrechte unterschiedlich ausgestalten, noch dass das Zusammenwirken mehrerer Steuerrechtsordnungen zu besonderen Belastungen für Einzelne führen kann[711]. Einer besonders belastenden Mehrfachbesteuerung kann nur durch Steuerrechtsharmonisierung oder Steuerangleichung oder eben durch Doppelbesteuerungsabkommen abgeholfen werden. Die Grundfreiheiten bieten hiergegen keine Handhabe. Die Diskriminierungsverbote des Vertrags wollen Diskriminierungen aus Gründen der Staatsangehörigkeit beseitigen, die sich aus Rechtsvorschriften oder Verwaltungspraktiken eines einzelnen Mitgliedstaats ergeben, nicht aber eine Ungleichbehandlung, die für die Unternehmer der verschiedenen Mitgliedstaaten mangels einer gemeinsamen Steuerpolitik aus den Unterschieden in den nationalen Rechtsvorschriften folgt. Wäre der EuGH in den genannten Fällen zu einer anderen Lösung gekommen, hätte er letztlich im Ergebnis eine freiheitsrechtliche Prüfung vorgenommen. Diese Rechtsprechung des EuGH wurde auch nicht durch nachfolgende Entscheidungen überholt[712]. So hatte der EuGH zwar bereits mehrfach Fälle einer „juristischen Doppelbesteuerung“[713] zu entscheiden, in der Sache ging es aber dort nur noch um rechtliche Diskriminierungen aufgrund der innerstaatlichen Besteuerung, nachdem die Kollision bereits aufgrund des vorhandenen Doppelbesteuerungsabkommens aufgelöst worden war[714].

In gleicher Weise ist eine Lösung zu suchen, wenn es um die Frage geht, ob die Methoden zur Vermeidung der Doppelbesteuerung gegen die Grundfreiheiten verstoßen können. In der Literatur wird z.B. die Auffassung vertreten, dass die Anrechnungsmethode, anders als die Freistellungsmethode, bei niedrigem Steuersatz im Quellenstaat zu einer „Hochschleusung“ auf das Besteuerungsniveau des Sitzstaats führt[715]. Auch in diesem Fall ist jedoch zu beachten, dass letztlich das Zusammenwirken zweier Rechtsordnungen nicht gleichheitsrechtlich erfasst werden kann. Auf die Entscheidung des EuGH in der Rechtssache „AMID“[716] lässt sich diese Auffassung jedenfalls nicht stützen[717]. Denn auch in dieser Entscheidung ging es letztlich um eine Diskriminierung aufgrund einer innerstaatli-

---

[710] *v. Bogdandy*, in: Grabitz/Hilf, EUV/EGV (Altband), Art. 6 EUV, Rdnr. 11; *Birk*, in: Lehner (Hrsg.), Steuerrecht im Europäischen Binnenmarkt, S. 65.

[711] Vgl. auch die Ausführungen im 4. Kapitel unter B. IV. 3. b) u. c).

[712] A.A. insoweit *Randelzhofer/Forsthoff*, in: Grabitz/Hilf, EUV/EGV, vor 39-55 EGV, Rdnr. 260.

[713] Zur Begrifflichkeit siehe Tz. 1 der Einleitung des Kommentars zum OECD-MA: „International juridical double taxation can be generally defined as the imposition of comparable taxes in two (or more) States on the same taxpayer in respect of the same subject matter and for identical periods.”

[714] EuGH vom 21.09.1999 – Rs. C-307/97 (Saint-Gobain), EuGHE 1999, S. I-6195, Rdnr. 57 f. Vgl. auch weitere Nachweise bei *Cordewener*, Europäische Grundfreiheiten und nationales Steuerrecht – „Konvergenz“ des Gemeinschaftsrechts und „Kohärenz“ der direkten Steuern in der Rechtsprechung des EuGH, S. 860 in FN 149.

[715] Vgl. statt vieler *Randelzhofer/Forsthoff*, in: Grabitz/Hilf, EUV/EGV, vor 39-55 EGV, Rdnr. 262.

[716] EuGH vom 14.12.2000 – Rs. C-141/99 (AMID), EuGHE 2000, S. I-11619 ff.

[717] A.A. offensichtlich FG München vom 15.02.2005 – 1 V 305/04, Tz. 4, nicht veröffentlicht.

chen Norm, die Verluste in einer bestimmten Reihenfolge den Gewinnen zugeordnet hatte[718].

Eine andere – im Rahmen dieser Arbeit aber nicht zu klärende – Frage ist, ob aus den Diskriminierungsverboten ein allgemeines Prinzip der Meistbegünstigung abzuleiten ist. Hintergrund dieser Fragestellung ist, dass der Abschluss von Abkommen zur Vermeidung einer Doppelbesteuerung zur Folge haben kann, dass Ausländer, zu deren Gunsten solche Abkommen bestehen, besser gestellt sind, als andere Ausländer. Eine solche Ungleichbehandlung zwischen verschiedenen EG-Ausländern oder sogar zwischen Drittstaatsangehörigen und EG-Ausländern ist jedoch keine Ungleichbehandlung durch mehrere Hoheitsträger. Die Ungleichbehandlung resultiert vielmehr aus der Gesetzgebung des besteuernden Staats, der derartige Abkommen innerstaatlich implementiert, so dass die Grundfreiheiten grundsätzlich anwendbar sind. Denn diese gebieten nach heutigem Verständnis nicht nur eine Gleichbehandlung mit Inländern, sondern verbieten sogar jede Diskriminierung auf Grund der Staatsangehörigkeit. In seiner Entscheidung in der Rechtsache „D.“[719] hat der EuGH jedenfalls dem Prinzip der Meistbegünstigung eine klare Absage erteilt[720].

C. Festlegungen im Sekundärrecht

Eine besonders interessante Frage ist, ob Festlegungen in sekundärrechtlichen Vorschriften die Anwendung der Grundfreiheiten beschränken oder gar ausschließen können. Der EuGH hat diese Frage bereits sehr früh beantwortet, indem er den Grundfreiheiten eine unmittelbare Wirksamkeit zuerkannt hat[721]. Damit sind auch sekundärrechtliche Regelungen am Maßstab der Grundfreiheiten überprüfbar. Dieses Ergebnis stimmt jedoch insoweit bedenklich, als beispielsweise in der Fusions-Richtlinie aus dem Jahr 1990[722] für den Fall einer grenzüberschreitenden Verschmelzung ein Besteuerungsverzicht des Wegzugstaats nur für die Wirtschaftsgüter vorgesehen ist, die auch nach dem Wegzug im Rahmen einer inländischen Betriebstätte steuerlich verhaftet bleiben. Diese Konzeption ist auch in der jüngsten Erweiterung der Fusions-Richtlinie auf die Europäische Aktiengesellschaft beibehalten worden[723]. Damit besteht ein beachtenswerter Gegensatz zwischen der Auslegung der Grundfreiheiten durch den EuGH in der Rechtssache „Lasteyrie du Saillant“ [724] und den Regelungen der Fusions-Richtlinie. Hält man sich nun vor Augen, was die eigentliche Intention

---

[718] EuGH vom 14.12.2000 – Rs. C-141/99 (AMID), EuGHE 2000, S. I-11619, Rdnr. 3 ff.; die Entscheidung wirft jedoch die Frage auf, ob der Kohärenzgedanke nicht im Sinne einer "zwischenstaatlichen Gerechtigkeit" zur Anwendung hätte kommen müssen.

[719] EuGH vom 05.07.2005 – Rs. 376/03 (D.), DStR 2005, S. 1219 ff.

[720] Zur Entscheidung in der Rechtssache „D.“ *Lang*, SWI 2005, S. 365 (370).

[721] Vgl. die Ausführungen im 4. Kapitel unter B. IV. 1.

[722] Richtlinie 90/434/EWG des Rates vom 23.07.1990 über das gemeinsame Steuersystem für Fusionen, Spaltungen, die Einbringung von Unternehmensteilen und den Austausch von Anteilen, die Gesellschaften verschiedener Mitgliedstaaten betreffen, ABl. 1990, L 285, S. 1 ff.

[723] Richtlinie 2005/19/EG des Rates vom 17.02.2005, ABl. EU Nr. L 58, S. 16 ff.

[724] EuGH vom 11.03.2004 – Rs. C-9/02 (Lasteyrie du Saillant), EuGHE 2004, S. I-2409, Rdnr. 44.

der „Herren der Verträge“ war und dass im Bereich der direkten Steuern nur unter den Voraussetzungen des Art. 95 Abs. 2 EGV eine Harmonisierung möglich ist, ergeben sich hieraus m.E. berechtigte Zweifel[725]. *Schön* hat diese berechtigten Zweifel ohne nähere Begründung weggewischt, indem er den Mitgliedstaaten die Befugnis abspricht, durch Verabschiedung von Richtlinien die Durchschlagskraft der Grundfreiheiten zu beschränken[726].

D. Sonstige Begrenzungen

I. Bedeutung der Regelung innerhalb des Steuerrechts des Anwendestaats

Das Subsidiaritätsprinzip in Art. 5 Abs. 2 EGV bzw. das Gebot an die Union in Art. 6 Abs. 3 EUV, die nationale Identität der Mitgliedstaaten zu wahren, gebieten es m.E., dass der EuGH in die Abwägung der gemeinschaftsrechtlichen Belange mit den mitgliedstaatlichen Interessen auch die Bedeutung einstellt, die die beanstandete Regelung für den Anwendestaat hat. Dieser Prüfungspunkt darf aber nicht dazu führen, dass ein und dasselbe Argument mehrfach berücksichtigt wird. So war insbesondere die Frage, ob die beanstandete Regelung systematisch wichtig ist im Sinne eines dem Gleichheitssatz genügenden ordnungsgemäßen Zusammenspiels mit anderen Normen des innerstaatlichen Steuerrechts, bereits Gegenstand der Kohärenzprüfung[727]. Diese Frage kann also hier nicht erneut berücksichtigt werden.

Nicht notwendig zur Kohärenz gehört dagegen der Gesichtspunkt der fiskalischen Relevanz der Regelung. Diesem Gesichtspunkt kommt – wie gesehen[728] – keine rechtfertigende Wirkung zu. Insbesondere kann ein Mitgliedstaat eine Diskriminierung nicht dadurch europarechtstauglich machen, dass er sie für den einzelnen Steuerpflichtigen besonders gravierend ausgestaltet. Umgekehrt erscheint es zulässig, wenn der EuGH umso leichter zu einem Verstoß gegen die Grundfreiheiten gelangt, je geringer die objektive fiskalische Bedeutung der beanstandeten Regelung für den betroffenen Mitgliedstaat ist. Der Respekt des EuGH vor der Normsetzungskompetenz dieses Mitgliedstaats kann in diesen Fällen geringer angesetzt werden.

II. Vergleich mit anderen mitgliedstaatlichen Steuersystemen

Ein weiterer Aspekt ist die Verbreitung der beanstandeten nationalen Regelung in den anderen Mitgliedstaaten[729]. Findet sich die beanstandete Regelung nur im Steuerrecht des Anwendestaats und bildet damit – gemeinschaftsweit betrachtet – einen Einzelfall, so ist der EuGH relativ schnell bereit, einen Verstoß gegen

---

[725] Vgl. näher hierzu die Ausführungen im 3. Teil.
[726] *Schön*, IStR 2004, S. 289 (297).
[727] Vgl. die Ausführungen im 5. Kapitel unter B. II. 1.
[728] Vgl. die Ausführungen im 5. Kapitel unter B. II. 3.
[729] *Hinnekens*, European Taxation 1996, S. 286 (303).

die Grundfreiheiten anzunehmen. Handelt es sich dagegen um eine Regelung, die – so oder ähnlich – auch in vielen anderen Mitgliedstaaten vorkommt, also gewissermaßen zum gemeineuropäischen Bestand steuerrechtlicher Normen gehört, kommt einer verwerfenden Entscheidung des EuGH ungleich stärker harmonisierende Bedeutung zu. In diesem Fall wird ein Verstoß gegen Grundfreiheiten nur ausnahmsweise zu bejahen sein; die Anforderungen an das Gewicht der Rechtfertigungsgründe sind dann vergleichsweise gering.

III. Haushalterische Wirkungen der Rechtsprechung

Der EuGH hat zwar wiederholt ausgesprochen, dass Steuermindereinnahmen für sich genommen keine Einschränkung der Grundfreiheiten rechtfertigen können[730], diese Rechtsprechung vermag jedoch im Bereich der direkten Steuern nicht zu überzeugen. So weisen *Wunderlich/Albath* zu Recht darauf hin, dass die Mitgliedstaaten – anders als beispielsweise im Bereich der Warenverkehrsfreiheit – nicht in der Lage sind, das durch die EuGH-Rechtsprechung entstehende Vakuum durch entsprechende Harmonisierungsmaßnahmen zu füllen[731]. Sie sprechen sich daher dafür aus, die drohenden finanziellen Folgen zumindest bei der Entscheidung über eine Beschränkung der Urteilswirkung in Analogie zu Art. 231 Abs. 2 EGV – unter allerdings engen Voraussetzungen[732] – verstärkt zu berücksichtigen. Zudem verweisen sie auf einen Vorschlag von Generalanwalt *Jacobs*, der in der Rechtssache „Banca Populare die Cremona" im Hinblick auf die drohenden erheblichen Steuerausfälle eine Übergangsregelung vorgeschlagen hat[733]. Diese Argumentation wird Bedeutung erlangen, wenn es um die Frage der Funktionsfähigkeit des nationalen Steuersystems geht[734].

E. Zusammenfassung

Zusammenfassend ist festzuhalten, dass sich Grenzen der Rechtsprechung des EuGH im Bereich der direkten Steuern insbesondere aus dem nationalen Verfassungsrecht ergeben. Zwar hat der EuGH bereits früh – obwohl der EG-Vertrag unstrittig keine entsprechende Kollisionsnorm bereitstellt – keinen Zweifel daran gelassen, dass er von einem uneingeschränkten Vorrang des Gemeinschaftsrechts ausgeht, das Bundesverfassungsgericht hat diesen Vorrang des Gemeinschaftsrechts allerdings in seiner Maastricht-Entscheidung mit einem Vorbehalt versehen. Der EuGH darf danach zwar grundsätzlich rechtsfortbildend tätig werden, allerdings hat er die Trennlinie zwischen einer Rechtsfortbildung innerhalb der Verträge und einer deren Grenzen sprengenden, vom Vertragsrecht

---

730 Vgl. z.B. EuGH vom 21.09.1999 – Rs. C-307/97 (Saint-Gobain), EuGHE 1999, S. I-6161, Rdnr. 51; EuGH vom 18.09.2003 – Rs. C-168/01 (Bosal), EuGHE 2003, S. I-9409, Rdnr. 42.

731 *Wunderlich/Albath*, DStZ 2005, S. 547 (552).

732 Vgl. die entsprechenden Hinweise auf Entscheidungen des EuGH in anderen Rechtsbereichen *Wunderlich/Albath*, DStZ 2005, S. 547 (552).

733 Schlussanträge des Generalanwalts *Jacobs* vom 17.03.2005 – Rs. C-475/03 (Banca Populare di Cremona), abrufbar unter http://curia.eu.int.

734 Ansätze zu einem entsprechenden Rechtfertigungsgrund finden sich in der Entscheidung in der Rechtssache "Marks & Spencer", EuGH vom 13.12.2005 – Rs. C-446/03 (Marks & Spencer), DStR 2005, S. 2168, Rdnr. 49. Vgl. auch die Ausführungen im 8. Kapitel.

nicht gedeckten Rechtssetzung zu beachten. Haben also die Mitgliedstaaten der Europäischen Gemeinschaft nur begrenzte Kompetenzen auf dem Gebiet der Harmonisierung und Angleichung des Steuerrechts übertragen, wie es insbesondere durch die Bereichsausnahme in Art. 95 Abs. 2 EGV sowie das Subsidiaritätsprinzip in Art. 5 Abs. 2 EGV zum Ausdruck kommt, kann auch der EuGH als Organ der Gemeinschaften nur diese begrenzten Aufgaben wahrnehmen. Die Grenzen zwischen den Verfahren der Vertragsauslegung und der Vertragsänderung müssen gewahrt bleiben.

Zudem ist festzuhalten, dass das Bundesverfassungsgericht zwar seine Rolle auf die generelle Gewährleistung der unabdingbaren Grundrechtsstandards und damit auf eine Art Aufsicht über den EuGH beschränkt hat. Dies hat jedoch nicht zur Folge, dass nur noch ganz ausnahmsweise Rechtsakte der Gemeinschaft am Maßstab der deutschen Grundrechte geprüft werden können. Insbesondere aus der Entscheidung zum Europäischen Haftbefehl lässt sich ableiten, dass selbstverständlich eine Überprüfung der Auslegung der gemeinschaftsrechtlichen Grundfreiheiten am Maßstab der deutschen Grundrechte möglich ist. Würde man dies anders sehen, wäre damit eine starke Einschränkung der nationalen Identität und Staatlichkeit in einem einheitlichen europäischen Rechtsraum verbunden. Im Ergebnis bedeutet dies, dass eine Norm, die gegen das nationale Verfassungsrecht verstößt, im Rahmen der Verhältnismäßigkeit nicht als geeignet angesehen werden kann, um das vorgegebene Ziel zu erreichen.

Die Vereinbarkeit einer Norm mit Regelungen in den DBA kann ebenfalls eine Grenze der Rechtsprechung des EuGH zur Folge haben. Hierbei ist von Bedeutung, dass die Grundfreiheiten Beschränkungen beseitigen wollen, die sich aus Rechtsvorschriften oder Verwaltungspraktiken eines einzelnen Mitgliedstaats ergeben, nicht aber eine Ungleichbehandlung, die für die Unternehmer der verschiedenen Mitgliedstaaten mangels einer gemeinsamen Steuerpolitik aus den Unterschieden in den nationalen Rechtsvorschriften folgt. Festlegungen der Mitgliedstaaten im Sekundärrecht sind insbesondere im Hinblick auf die Bereichsausnahme in Art. 95 Abs. 2 EGV zu beachten. Neuere Entwicklungen deuten auch darauf hin, dass der EuGH verstärkt mit den haushalterischen Auswirkungen seiner Entscheidungen beschäftigen wird.

3. Teil

Einwirkungen der Grundfreiheiten im Bereich der Internationalen Einkünfteabgrenzung

Die Frage der Angemessenheit der Vergütungen für einen Leistungsaustausch zwischen verbundenen Unternehmen sowie zwischen Unternehmensteilen (insbesondere Stammhaus und Betriebsstätte) rückt immer mehr in den Mittelpunkt des steuerlichen Interesses[735]. Die Gewinnabgrenzung und die Zurechnung von Einkünften zählen dabei zu den am schwierigsten zu lösenden Problemen im Internationalen Steuerrecht. Mit der Zunahme grenzüberschreitender Wirtschaftsvorgänge verschärft sich diese Problematik. Entstrickungsregelungen, Einkünftekorrekturvorschriften oder erhöhte Mitwirkungs- und Dokumentationsanforderungen bei Verrechnungspreisen sollen es der Finanzverwaltung ermöglichen, den „zutreffenden“ Gewinn im jeweiligen Staat zu ermitteln und zu besteuern. Sie rufen allerdings wiederum den EuGH auf den Plan, der derartigen Instrumentarien naturgemäß kritisch gegenübersteht. Nachfolgend werden drei zentrale Komplexe aus dem Bereich der Gewinnabgrenzung und der Zurechnung von Einkünften einer Prüfung anhand der Grundfreiheiten unterzogen. Exemplarisch für eine Enstrickungsregelung im betrieblichen Bereich wird die Verwaltungsregelung in Tz. 2.6. der sog. Betriebsstätten-Verwaltungsgrundsätze[736] herausgegriffen und eine Überprüfung anhand der Grundfreiheiten vorgenommen. Dabei kann bereits auf dogmatische Erkenntnisse aus der Entscheidung des EuGH in der Rechtssache „Lasteyrie du Saillant“[737] zurückgegriffen werden. Weiter widmet sich die Arbeit der Untersuchung, ob sich die nationale Einkünftekorrekturvorschrift des § 1 AStG sowie die im Jahr 2003 neu geschaffenen Dokumentationspflichten in § 90 Abs. 3 AO zur Bestimmung des korrekten Verrechnungspreises innerhalb des vom EG-Vertrag vorgegebenen Rahmens der Grundfreiheiten bleiben. In beiden Teilkomplexen liegen jedoch keine Entscheidungen des EuGH vor, auf die unmittelbar dogmatisch aufgesetzt werden kann. Es ist daher eine eigenständige europarechtliche Würdigung dieser Themenbereiche vorzunehmen. Als Hilfestellung ist dabei auf die im 2. Teil der Arbeit herausgearbeiteten dogmatischen Grundlagen und die dort zugrunde gelegten Entscheidungen des EuGH zurückzugreifen.

7. Kapitel
Steuerentstrickung bei grenzüberschreitender Überführung von Wirtschaftsgütern

Die ertragsteuerliche Behandlung der Überführung von Wirtschaftsgütern in einen ausländischen Produktionsstandort ist derzeit ein hochaktuelles Thema. So hat die Entscheidung des EuGH in der Rechtssache „Lasteyries de Saillant“[738]

---

[735] Vgl. die Ausführungen im 1. Teil.
[736] BMF-Schreiben vom 24.12.1999 – IV B 4 – S 1300 – 111/99, BStBl. I 1999, S. 1076 ff.
[737] EuGH vom 11.03.2004 – Rs. C-9/02 (Lasteyrie du Saillant), EuGHE 2004, S. I-2409 ff.
[738] EuGH vom 11.03.2004 – Rs. C-9/02 (Lasteyrie du Saillant), EuGHE 2004, S. I-2409 ff.

geradezu eine Flut von Veröffentlichungen zur Besteuerung des Wegzugs natürlicher bzw. juristischer Personen ausgelöst[739]. Die Bundesregierung hat sich mit einer Reaktion auf das Urteil des EuGH lange Zeit gelassen. Mittlerweile liegt jedoch der „Entwurf eines Gesetzes über steuerliche Begleitmaßnahmen zur Einführung der Europäischen Gesellschaft und zur Änderung weiterer steuerlicher Vorschriften“[740] vor. Darin wird neben einer Änderung des § 6 AStG und des § 21 Abs. 2 Satz 1 Nr. 2 UmwStG ein allgemeiner Entstrickungstatbestand neu in § 4 Abs. 1 Satz 2 EStG-E aufgenommen. Dadurch soll – nach der derzeit vorliegenden Fassung des Gesetzentwurfs – eine Entnahme unter entsprechender Aufdeckung der stillen Reserven gesetzlich fingiert werden, bei „Ausschluss oder ... Beschränkung des Besteuerungsrechts der Bundesrepublik Deutschland“[741]. Von Interesse für die nachfolgende Untersuchung ist dabei, dass es sich laut der Gesetzesbegründung bei dieser gesetzlichen Fiktion um eine Klarstellung zum geltenden Recht handeln soll.

A. Darstellung des geltenden Rechts

I. Allgemeines zum Realisationsprinzip

Vermögensmehrungen, die im Bereich des Betriebsvermögens entstanden sind, unterliegen grundsätzlich der Einkommensbesteuerung. Nach dem sog. Realisationsprinzip[742] kommt es allerdings grundsätzlich erst dann zu einer Besteuerung, wenn ein Realisationstatbestand auch tatsächlich verwirklicht wird. Das Realisationsprinzip ist als tragendes Prinzip der handelsrechtlichen – und über den Maßgeblichkeitsgrundsatz auch der steuerbilanziellen – Gewinnermittlung Ausdruck des allgemeinen Imparitätsprinzips[743]. Dieses besagt, dass nur die am Bilanzstichtag realisierten Gewinne (Wertsteigerungen) gemäß § 252 Abs. 1 Nr. 4 Halbs. 2 HGB auszuweisen sind. *Vogel*[744] hat in einem grundlegenden Aufsatz aus dem Jahr 1974 bereits darauf hingewiesen, dass das Realisationsprinzip als Verfassungsprinzip anzusehen ist, da eine Besteuerung nicht realisierter Gewinne nicht mehr allein den Ertrag des Vermögens erfasst, der der Disposition des Steuergesetzgebers weitgehend zur Verfügung steht, sondern in die Vermögenssubstanz und damit in das durch Art. 14 GG gewährleistete Eigentumsgrundrecht eingreift[745].

---

[739] *Aigner/Tissot*, SWI 2004, S. 293 ff.; *Eicker/Schwind*, EWS 2004, S. 186 ff.; *Elicker*, IStR 2005, S. 89 ff.; *Ettinger/Eberl*, GmbHR 2005, S. 152 ff.; *Franz*, EuZW 2004, S. 270 ff.; *Haase*, IStR 2004, S. 232 ff.; *Ismer/Reimer/Rust*, EWS 2004, S. 207 ff.; *Kessler/Huck/Obser/Schmalz*, DStZ 2004, S. 813 ff., 855 ff.; *Kessler/Huck*, StuW 2005, S. 193 ff.; *Kleinert/Probst*, DB 2004, S. 673 ff.; *Kraft/Müller*, RIW 2004, S. 366 ff.; *Lausterer*, DStZ 2004, S. 299 ff.; *van Lishaut*, FR 2004, S. 1301 ff.; *Rödder*, IStR 2005, S. 297 ff.; *Schaumburg*, in: FS für Wassermeyer, S. 411 ff.; *Schindler*, IStR 2004, S. 300 ff.; *ders.*, IStR 2004, S. 711 ff.; *Schnitger*, BB 2004, S. 804 ff.; *Schön*, IStR 2004, S. 289 ff.; *Thömmes*, IWB Fach 11a, S. 754 ff.; *Wassermeyer*, GmbHR 2004, S. 613 ff.

[740] Entwurf vom 19.09.2005, kurz SEStEG genannt.

[741] Vgl. § 4 Abs. 1 Satz 2 Halbs. 2 EStG-E.

[742] *Weber-Grellet*, in: Schmidt, EStG, § 5, Rdnr. 78 ff.; *Jacobs*, Internationale Unternehmensbesteuerung, S. 559.

[743] *Kessler/Huck*, StuW 2005, S. 193 (198).

[744] *Vogel*, StuW 1974, S. 193 (200).

[745] Ebenso zuletzt *Kessler/Huck*, StuW 2005, S. 193 (205) m.w.N.

Die Realisation setzt grundsätzlich einen „entgeltlichen Umsatz am Markt" voraus[746]. Dieser Umsatzakt wird im Normalfall durch eine sog. Außentransaktion in Form einer Veräußerung des betreffenden Wirtschaftsguts verwirklicht. Der bloße innerbetriebliche Betriebsvermögenstransfer stellt daher grundsätzlich keinen „Umsatz am Markt" im beschriebenen Sinne dar, da es nicht zu einem entgeltlichen Rechtsträgerwechsel kommt[747]. In begrenztem Umfang hat der Gesetzgeber jedoch Fälle geschaffen, bei denen es zu einer Beendigung der Steuerverhaftung kommt, ohne dass die stillen Reserven im Wege einer Außentransaktion verwirklicht werden. Diese Vorgänge bezeichnet man auch als (objektbezogene[748]) „Steuerentstrickung"[749]. Hierzu gehören vor allem die folgenden Fallkonstellationen:

- Die Entnahme i.S.d. § 4 Abs. 1 Satz 1 i.V.m. § 6 Abs. 1 Nr. 4 EStG,
- die Betriebsaufgabe i.S.d. § 16 Abs. 3 EStG,
- die Einkünftekorrektur nach § 1 AStG[750],
- die Wegzugsbesteuerung nach § 6 AStG,
- die Veräußerung einbringungsgeborener Anteile i.S.d. § 21 Abs. 1 i.V.m. § 21 Abs. 2 Nr. 2 UmwStG sowie
- die Liquidationsbesteuerung i.S.d. §§ 11, 12 KStG.

II. Überführung von Wirtschaftsgütern in eine ausländische Betriebsstätte

Im Gegensatz zu den genannten „Steuerentstrickungsnormen" fehlt es bei der Fallkonstellation „Überführung von Wirtschaftsgütern in eine ausländische Betriebsstätte" an einer ausdrücklichen gesetzlichen Normierung. Dies verwundert, da die Besteuerung bzw. Nichtbesteuerung von stillen Reserven in Zusammenhang mit der grenzüberschreitenden Überführung von Wirtschaftsgütern in der Praxis von großer Bedeutung ist. Diese wichtige Fallkonstellation ist dennoch nicht gänzlich ungeregelt. Die Finanzverwaltung schreibt in Tz. 2.6. der Betriebsstätten-Verwaltungsgrundsätze[751] vor, wie die grenzüberschreitende Überführung von Wirtschaftsgütern zwischen Unternehmensteilen zu behandeln ist. Dabei sind verschiedene Fallgruppen zu unterscheiden, wobei die Regelung in Tz. 2.6. – auch wenn darauf nicht ausdrücklich hingewiesen wird – nur für den Fall gilt, dass die direkte Gewinnabgrenzungsmethode praktiziert wird[752].

1. Geltung der Anrechnungsmethode oder Betriebsstätte in einem Nicht-DBA-Staat

Die Überführung von Wirtschaftsgütern des Anlage- und Umlaufvermögens in eine Betriebsstätte, die entweder in einem Nicht-DBA-Staat unterhalten wird

---

[746] *Baumbach/Duden/Hopt*, HGB, § 252 HGB, Rdnr. 13.

[747] Das Realisationsprinzip wird aber bei bestimmten Außentransaktionen durchbrochen, wie z.B. bei Vorgängen nach dem UmwStG sowie beim Transfer von Wirtschaftsgütern innerhalb bestimmter Betriebsvermögen oder Sonderbetriebsvermögen nach § 6 Abs. 5 Satz 3 EStG.

[748] Im Gegensatz dazu steht die sog. subjektbezogene Steuerentstrickung, die eintreten kann, wenn der Steuerpflichtige in einen ausländischen Staat verzieht. Vgl. hierzu *Schaumburg*, Internationales Steuerrecht, S. 279.

[749] *Heinicke*, in: Schmidt, EStG, § 4, Rdnr. 360; *Schaumburg*, Internationales Steuerrecht, S. 277.

[750] Vgl. hierzu die Ausführungen im 8. Kapitel.

[751] BMF-Schreiben vom 24.12.1999 – IV B 4 – S 1300 – 111/99, BStBl. I 1999, S. 1076 ff.

[752] *Kramer*, IStR 2000, S. 449 (450).

oder für die nach einem DBA die Anrechnungsmethode gilt, löst keine Besteuerung aus[753]. Die Nichtbesteuerung dieser Fallgruppe steht jedoch unter dem Vorbehalt, dass die Besteuerung der stillen Reserven sichergestellt sein muss. Diese Einschränkung ergibt nur dann einen Sinn, wenn auch die Überführung von Wirtschaftsgütern in dieser Fallkonstellation in geeigneter Weise festgehalten wird. Nach richtiger Auffassung wird man daher eine Erfassung der stillen Reserven in dieser Konstellation nicht allein deshalb als gewährleistet ansehen können, weil die Betriebsstätte in einem Nicht-DBA-Staat liegt oder die Anrechnungsmethode gilt[754]. Vielmehr wird man eine Besteuerung der stillen Reserven nur dann als gewährleistet ansehen können, wenn sie auch zu einem späteren Zeitpunkt noch beim Steuerpflichtigen erfasst werden können, nicht aus der Steuerverstrickung ausscheiden und in einer ordnungsgemäßen Buchführung erfasst sind[755]. Diese Notwendigkeit ergibt sich schon daraus, dass die Höhe des in einer Auslandsbetriebsstätte erwirtschafteten Gewinns von einer präzisen Zuordnung der Wirtschaftsgüter abhängig ist. Denn für die Berechnung des anrechenbaren Höchstbetrags nach § 34c EStG, § 26 KStG kommt es darauf an, exakt zu bestimmen, inwieweit deutsche Steuer auf die ausländischen Einkünfte entfällt. Jedenfalls hat die Finanzverwaltung mit der Regelung in Tz. 2.6.1. der Betriebsstätten-Verwaltungsgrundsätze ihre ursprüngliche Auffassung aufgegeben, wonach die Besteuerung von stillen Reserven immer dann nicht mehr gewährleistet ist, wenn Wirtschaftsgüter ins Ausland überführt werden[756].

2. Geltung der Freistellungsmethode

Die Überführung eines Wirtschaftsguts des Anlage- oder Umlaufvermögens in eine ausländische Betriebsstätte, deren Einkünfte durch ein DBA freigestellt sind, bewirkt gemäß Tz. 2.6.1. der Betriebsstätten-Verwaltungsgrundsätze die Aufdeckung der stillen Reserven zum Fremdvergleichspreis im Zeitpunkt der Überführung[757]. Anders noch als im „Vorgänger-Schreiben" aus dem Jahr 1990[758] geht die Finanzverwaltung offensichtlich davon aus, dass in Höhe der stillen Reserven sofort ein Gewinn des inländischen Stammhauses entsteht und dass der Gewinnausweis nur „aus Billigkeit"[759] aufgeschoben werden könne[760]. Dem liegt wohl die von äquivalenztheoretischen Vorstellungen getragene Erwägung zugrunde, dass etwaige Wertsteigerungen durch eine öffentliche Güter verzehrende Geschäftstätigkeit des Stammhauses im Inland entstanden seien und

---

[753] BMF-Schreiben vom 24.12.1999 – IV B 4 – S 1300 – 111/99, BStBl. I 1999, S. 1076, Tz. 2.6.1.

[754] So aber *Strunk/Kaminski*, IStR 2000, S. 33 (36); wohl auch *Kramer*, IStR 2000, S. 449 (450).

[755] *Kempka*, StuW 1995, S. 242 (244); *Pfaar*, IStR 2000, S. 42 (44); *Reith*, Internationales Steuerrecht, S. 449.

[756] *Strunk/Kaminski*, IStR 2000, S. 33 (36) mit Hinweisen auf frühere Tendenzen in der Finanzverwaltung.

[757] BMF-Schreiben vom 24.12.1999 – IV B 4 – S 1300 – 111/99, BStBl. I 1999, S. 1076, Tz. 2.6.1.

[758] BMF-Schreiben vom 12.02.1990 – IV B 2 – S 2135 – 4/90 u. IV C 5 – S 1300 – 21/90, BStBl. I 1990, S. 172; dort wurde in der bloßen Verbringung von Wirtschaftsgütern innerhalb des Betriebs von einer Betriebsstätte in eine andere keine Gewinnrealisierung gesehen, „weil der betriebliche Bereich nicht verlassen wird".

[759] BMF-Schreiben vom 24.12.1999 – IV B 4 – S 1300 – 111/99, BStBl. I 1999, S. 1076, Tz. 2.6.1.

[760] Vgl. die Ausführungen im 7. Kapitel unter A. III.

deshalb das darauf entfallende Steuersubstrat allein dem Inland zustehe. Darüber hinaus mehren diese Wertsteigerungen diejenige Leistungsfähigkeit des Stammhauses, die bis zum Grenzübertritt der Wirtschaftsgüter der Besteuerung im Inland unterliege, aufgrund der DBA-Freistellung im Ausland dieser aber entzogen sei[761].

a) Steuerliche Behandlung von Anlagevermögen

Bei der Verbringung von materiellen Wirtschaftsgütern des Anlagevermögens ist „als Gewinn (Verlust) der Unterschiedsbetrag zwischen dem Fremdvergleichspreis des Wirtschaftsguts und dem Wert zu erfassen, den das Wirtschaftsgut nach § 6 EStG (Buchwert) im Zeitpunkt seiner Überführung hat“[762]. Eingetretene voraussichtliche dauernde Wertminderungen des Wirtschaftsguts im Zeitpunkt der Überführung sind bei der Berechnung des Fremdvergleichspreises zu berücksichtigen. Die Gewinnrealisierung wird dann in einem zweiten Schritt durch die Bildung eines (passiven) Merkpostens bzw. Ausgleichpostens in einer Nebenrechnung neutralisiert. Worauf *Kramer* zutreffend hinweist, wird durch die Bildung von Merkposten damit letztlich der Gewinnausweis aufgeschoben[763]. Man bezeichnet diese Methode auch als Merkpostenmethode[764]. Korrespondierend zum Stammhaus hat die ausländische Betriebsstätte den (positiven) Unterschiedsbetrag zwischen Buchwert und Fremdvergleichspreis in einem (aktiven) Merkposten zu erfassen[765]. Der Ausgleichsposten wird grundsätzlich erst beim Ausscheiden des Wirtschaftsguts aus der ausländischen Betriebsstätte erfolgswirksam aufgelöst. Bei abnutzbarem Anlagevermögen ist der Ausgleichsposten vorher entsprechend der restlichen Nutzungsdauer des Wirtschaftsguts in der ausländischen Betriebsstätte zeitanteilig erfolgswirksam aufzulösen[766]. Damit erfolgt in diesem Fall eine ratierliche Besteuerung der stillen Reserven korrespondierend zu der erhöhten AfA vom aufgestockten Buchwert in der Betriebsstätte durch zeitanteilige Auflösung des Merkpostens. Ist das Wirtschaftsgut zehn Jahre nach der Überführung noch in der ausländischen Betriebsstätte vorhanden, dann ist der Merkposten in jedem Fall aufzulösen[767].

---

[761] So jedenfalls die Argumentation der deutschen Regierung zur französischen Wegzugsbesteuerung in der Rechtssache „Lasteyrie du Saillant“; EuGH vom 11.03.2004 – Rs. C-9/02 (Lasteyrie du Saillant), EuGHE 2004, S. I-2409, Rdnr. 32.

[762] BMF-Schreiben vom 24.12.1999 – IV B 4 – S 1300 – 111/99, BStBl. I 1999, S. 1076, Tz. 2.6.1. Buchst. a).

[763] *Kramer*, IStR 2000, S. 449 (450).

[764] Daneben werden auch Begrifflichkeiten wie „aufgeschobene Besteuerung“ (vgl. *Frotscher*, Internationales Steuerrecht, § 7 Rdnr. 35) oder „Ausgleichspostenmethode“ (*Scheffler*, RIW 2000, S. 569 (569)) verwendet.

[765] Im Verlustfall ist bei dem Stammhaus ein aktiver Merkposten zu bilden, dem bei der ausländischen Betriebsstätte korrespondierend ein passiver Merkposten gegenüber steht.

[766] BMF-Schreiben vom 24.12.1999 – IV B 4 – S 1300 – 111/99, BStBl. I 1999, S. 1076, Tz. 2.6.1. Buchst. a).

[767] BMF-Schreiben vom 24.12.1999 – IV B 4 – S 1300 – 111/99, BStBl. I 1999, S. 1076, Tz. 2.6.1. Buchst. a).

b) Steuerliche Behandlung von Umlaufvermögen

Die steuerliche Behandlung von Umlaufvermögen folgt der steuerlichen Behandlung von beweglichem Anlagevermögen[768], allerdings ohne die Berücksichtigung von Abschreibungen[769].

c) Steuerliche Behandlung von immateriellen Wirtschaftsgütern

Die steuerliche Behandlung (nicht bilanzierter) selbstgeschaffener immaterieller Wirtschaftsgüter des Anlagevermögens folgt der steuerlichen Behandlung von beweglichem Anlagevermögen und Umlaufvermögen[770]. In Höhe des Fremdvergleichspreises ist also wiederum ein Merkposten zu bilden, der nach Maßgabe der Nutzung des immateriellen Wirtschaftsguts in der Auslandsbetriebsstätte oder seines Ausscheidens aus dieser erfolgswirksam aufzulösen ist. Irritierend an dieser Fallkonstellation ist allenfalls, dass handels- und steuerrechtlich das Wirtschaftsgut nicht aktiviert und auch nicht abgeschrieben werden darf. Obwohl also kein Gewinn realisiert wird, ist der Gewinn aufzuteilen. Der Ansatz in einer bloßen Nebenrechnung, für die die handelsrechtlichen Grundsätze ordnungsgemäßer Buchführung nicht gelten, dürfte jedoch zulässig sein[771].

d) Wahlrecht des Steuerpflichtigen

Der Steuerpflichtige kann entgegen der aufgeschobenen Besteuerung durch die Merkpostenmethode auch die sofortige Gewinnrealisierung wählen[772]. Er kann dabei sein Wahlrecht für jedes Wirtschaftsjahr und für jede Betriebsstätte getrennt ausüben. Zudem kann er die Wahl für die Wirtschaftsgüter des Anlage- und des Umlaufvermögens jeweils unterschiedlich ausüben, innerhalb der Vermögensarten aber nur einheitlich. Die dargestellten Grundsätze der Merkpostenmethode gelten dabei auch im Falle der Überführung eines Wirtschaftsguts von einer Nicht-DBA-Betriebsstätte in eine DBA-Betriebsstätte mit Freistellungsmethode[773].

e) Sonderfall: Rückführung des Wirtschaftsguts in das Inland

Wird ein Wirtschaftsgut aus einer in einem DBA-Staat gelegenen Auslandsbetriebsstätte in das inländische Stammhaus zurück verbracht, soll der gebildete Merkposten erfolgsneutral aufgelöst werden. Eine wahlweise erfolgte Gewinnrealisierung soll rückgängig gemacht werden[774].

---

[768] Vgl. die Ausführungen im 7. Kapitel unter A. II. 2. a).

[769] BMF-Schreiben vom 24.12.1999 – IV B 4 – S 1300 – 111/99, BStBl. I 1999, S. 1076, Tz. 2.6.1. Buchst. b).

[770] BMF-Schreiben vom 24.12.1999 – IV B 4 – S 1300 – 111/99, BStBl. I 1999, S. 1076, Tz. 2.6.1. Buchst. c).

[771] *Kramer*, IStR 2000, S. 449 (455).

[772] BMF-Schreiben vom 24.12.1999 – IV B 4 – S 1300 – 111/99, BStBl. I 1999, S. 1076, Tz. 2.6.1. Buchst. d).

[773] BMF-Schreiben vom 24.12.1999 – IV B 4 – S 1300 – 111/99, BStBl. I 1999, S. 1076, Tz. 2.6.1. Buchst. e).

[774] BMF-Schreiben vom 24.12.1999 – IV B 4 – S 1300 – 111/99, BStBl. I 1999, S. 1076, Tz. 2.6.2.

3. Überführung durch einen beschränkt steuerpflichtigen Unternehmensträger

Überführt ein beschränkt Steuerpflichtiger ein Wirtschaftsgut aus einer inländischen Betriebsstätte in das ausländische Stammhaus oder in eine ausländische Betriebsstätte des ausländischen Unternehmens, soll die Merkpostenmethode nicht zur Anwendung kommen[775]. Die stillen Reserven, die in dem ins Ausland verbrachten Wirtschaftsgut liegen, sind daher sofort als Gewinn auszuweisen. Als Begründung wird in den Betriebsstätten-Verwaltungsgrundsätzen angeführt, dass Wirtschaftsgüter, die ein beschränkt Steuerpflichtiger in das ausländische Stammhaus oder dessen ausländische Betriebsstätte überführt, aus der deutschen Besteuerungshoheit ausscheiden. Überführt ein beschränkt Steuerpflichtiger im umgekehrten Fall ein Wirtschaftsgut aus dem ausländischen Stammhaus oder aus einer ausländischen Betriebsstätte des ausländischen Unternehmens in eine inländische Betriebsstätte, so ist dieses Wirtschaftsgut mit dem Fremdvergleichspreis im Zeitpunkt der Überführung anzusetzen[776].

4. Überführung in eine ausländische Personengesellschaft

Die dargestellten Grundsätze der Betriebsstätten-Verwaltungsgrundsätze zur „klassischen"[777] Betriebsstätte gelten nicht für den Fall der Überführung eines Wirtschaftsguts von einem inländischen Betriebsvermögen in eine ausländische Personengesellschaft. In diesem Fall kommt es zu einer Sofortbesteuerung, ohne dass die Möglichkeit der Bildung eines Merkpostens gegeben ist[778].

III. Nationale Rechtsgrundlage einer „Entstrickungsbesteuerung" nach Tz. 2.6. der Betriebsstätten-Verwaltungsgrundsätze?

Spätestens mit der Entscheidung des EuGH in der Rechtssache „Biehl" dürfte feststehen, dass eine Beschränkung des Schutzgehalts einer Grundfreiheit im Bereich des Steuerrechts lediglich durch eine die Beschränkung beseitigende nationale Maßnahme geheilt werden kann, die als verpflichtende Rechtsvorschrift existiert[779]. Die Betriebsstätten-Verwaltungsgrundsätze haben jedoch keine Rechtsnormqualität. Zudem wird in den Betriebsstätten-Verwaltungsgrundsätzen ausdrücklich davon gesprochen, dass ein Gewinn im Zeitpunkt der Überführung des Wirtschaftsguts „aus Billigkeit noch nicht zu be-

---

775 BMF-Schreiben vom 24.12.1999 – IV B 4 – S 1300 – 111/99, BStBl. I 1999, S. 1076, Tz. 2.6.3.

776 BMF-Schreiben vom 24.12.1999 – IV B 4 – S 1300 – 111/99, BStBl. I 1999, S. 1076, Tz. 2.6.3. Satz 3.

777 Zur Differenzierung *Reith*, Internationales Steuerrecht, S. 449. In der Literatur wird teilweise auch von echter Betriebsstätte gesprochen, vgl. *Pfaar*, Keine Besteuerung bei Überführung von Wirtschaftsgütern in ausländische Betriebsstätten, IStR 2000, S. 42 (44 f.).

778 BMF-Schreiben vom 24.12.1999 – IV B 4 – S 1300 – 111/99, BStBl. I 1999, S. 1076, Tz. 2.6.4.

779 EuGH vom 08.05.1990 – Rs. C-175/88 (Biehl), EuGHE 1990, S. I-1789, Rdnr. 18; EuGH vom 14.02.1995 – Rs. C-279/93 (Schumacker), EuGHE 1995, S. I-249, Rdnr. 56 f.; EuGH vom 26.10.1995 – Rs. C-151/94 (Kommission/Luxemburg), EuGHE 1995, S. I-3699, Rdnr. 18. Vgl. dazu auch *Cordewener*, Europäische Grundfreiheiten und nationales Steuerrecht – „Konvergenz" des Gemeinschaftsrechts und „Kohärenz" der direkten Steuern in der Rechtsprechung des EuGH, S. 422 ff.

steuern“ ist[780]. In der Rechtssache „Schumacker“ hat der EuGH ausdrücklich entschieden, dass es gerade nicht ausreicht, wenn der Steuerpflichtige auf Billigkeitsmaßnahmen der Steuerverwaltung im Einzelfall verwiesen wird[781], um den Anforderungen des Gemeinschaftsrechts zu genügen. Bevor daher mit der eigentlichen europarechtlichen Prüfung begonnen werden kann, ist zu prüfen, ob die Regelung in Tz. 2.6. der Betriebsstätten-Verwaltungsgrundsätze auf eine nationale Rechtsvorschrift gestützt werden kann.

1. Die finale Entnahmetheorie des BFH

Eine ausdrückliche gesetzliche Regelung der Frage, ob und in welcher Höhe die Überführung von Wirtschaftsgütern von einem Betriebsvermögen in ein anderes Betriebsvermögen desselben Steuerpflichtigen eine Steuerpflicht auslöst[782], fehlte jedenfalls bis zur Einführung des § 6 Abs. 5 EStG durch das Steuerentlastungsgesetz 1999/2000/2002[783]. Es wird noch zu erörtern sein, ob sich durch die Einführung des § 6 Abs. 5 EStG im grenzüberschreitenden Kontext hieran etwas geändert hat. Vorerst soll jedoch dargestellt werden, wie die Rechtslage bis dahin von der Rechtsprechung des BFH bestimmt worden ist.

a) Die Rechtsauffassung des I. Senats

Der BFH hatte in der grundlegenden Entscheidung vom 16.07.1969[784] einen Fall zu beurteilen, in dem ein betriebliches Einzelwirtschaftsgut aus dem inländischen Stammhaus in eine österreichische Betriebsstätte überführt wurde. In der Sache war zu entscheiden, ob der aufgezeigte Sachverhalt zu einer Gewinnrealisierung im Zeitpunkt der Überführung des Wirtschaftsguts führte oder nicht. Der I. Senat des BFH hat dabei die Lösung auf der Ebene der Auslegung des Entnahmetatbestandes des § 4 Abs. 1 Satz 2 EStG gesucht.

Er hat dabei wie folgt differenziert: Besteht mit dem ausländischen Staat kein DBA, bleiben die in dem überführten Wirtschaftsgut enthaltenen stillen Reserven aufgrund der fortbestehenden unbeschränkten inländischen Steuerpflicht (Welteinkommensprinzip) dem deutschen Besteuerungsrecht unterworfen[785]. Der Entnahmetatbestand ist nicht erfüllt, weil eine Aufdeckung der stillen Reserven in diesen Fällen nicht erforderlich ist. Eine Milderung trete in diesen Fällen allein durch die Steueranrechnung nach § 34c EStG ein. Besteht hingegen mit dem Belegenheitsstaat der ausländischen Betriebsstätte ein DBA, „das – wie im Streitfalle das DBA-Österreich in seinem Art. 4 Abs. 1 – das Besteuerungsrecht für die Einkünfte der Betriebsstätte dem Belegenheitsstaat zuweist, so scheiden die in den Wirtschaftsgütern enthaltenen stillen Reserven bei ihrer Überführung in die ausländische Betriebsstätte aus dem steuerlich erheblichen Bereich aus“[786]. Der BFH ging demnach von der Auffassung aus, dass die Zuwei-

[780] BMF-Schreiben vom 24.12.1999 – IV B 4 – S 1300 – 111/99, BStBl. I 1999, S. 1076, Tz. 2.6.1. Buchst. a) u. b).
[781] EuGH vom 14.02.1995 – Rs. C-279/93 (Schumacker), EuGHE 1995, S. I-225, Rdnr. 57.
[782] Außerhalb des Regelungsbereichs des UmwStG sowie spezieller Vorschriften wie §§ 11, 12 KStG.
[783] Steuerentlastungsgesetz 1999/2000/2002 vom 24.03.1999, BGBl. I 1999, S. 402.
[784] BFH vom 16.07.1969 – I 266/65, BStBl. II 1970, S. 175 ff.
[785] BFH vom 16.07.1969 – I 266/65, BStBl. II 1970, S. 176.
[786] BFH vom 16.07.1969 – I 266/65, BStBl. II 1970, S. 176 f.

sung der Betriebsstättengewinne an den Quellenstaat und die Freistellungsmethode im Wohnsitzstaat dazu führen, dass die in den betrieblichen Wirtschaftsgütern enthaltenen stillen Reserven dem Quellenstaat allein zugeteilt werden[787]. Allein mit Blick auf diesen finalen Gesichtspunkt wurde das Vorliegen des Entnahmetatbestandes bejaht und die Aufdeckung der stillen Reserven für erforderlich gehalten.

Dieser Auffassung des I. Senats ist in der Folgezeit der VIII. Senat in einem ganz ähnlichen Sachverhalt, ebenfalls das DBA-Österreich betreffend, beigetreten[788]. Es ist allerdings zweifelhaft, ob der BFH an dieser Rechtsprechung heute noch festhält[789]. Der BFH hatte zwar bislang noch keine Gelegenheit, diese Rechtsprechung ausdrücklich aufzugeben[790], allerdings hat er mit Urteil vom 20.07.1988[791] in einem Fall der Aufwandsrealisation, wie *Hemmelrath* betont, „neue Ausgangspunkte"[792] bei der Betriebsstättenbesteuerung geschaffen. Danach ist der Gewinn einer Betriebsstätte nach den gleichen Regeln zu bestimmen, die auch für selbständige Gewerbebetriebe gelten. Im entschiedenen Urteilsfall bedeutete dies, dass alle Aufwendungen als Betriebsausgaben abgezogen werden konnten, die durch die Tätigkeit der Betriebsstätte veranlasst waren. Unerheblich für diese Aufwandszuordnung war, ob die Aufwendungen im In- oder Ausland angefallen waren oder ob die Betriebsstätte oder das Stammhaus sie getragen hatte. Allerdings wurde betont, dass die Kosten erst dann zu berücksichtigen sind, wenn sie sich „für das Gesamtunternehmen aufwandsmäßig auswirken"[793]. Damit wird zugleich der Charakter der Betriebsstätte als unselbständiger Teil des Gesamtunternehmens betont. Diese Auffassung lässt sich jedoch schwer mit der finalen Entnahmetheorie in Einklang bringen, die ja gerade bei einer Überführung von Wirtschaftsgütern in eine ausländische Betriebsstätte eine Realisierung der stillen Reserven nicht mehr als sichergestellt ansieht und eine sofortige Realisation annimmt, ohne die Auswirkungen für das Gesamtunternehmen zu betrachten. Im Falle einer Ertragsrealisation hat der BFH allerdings in einer Entscheidung vom 14.06.1988[794] – also in unmittelbarer zeitlicher Nähe – noch einmal die finale Entnahmetheorie bestätigt. *Buciek*[795] führt wiederum zwei neuere Entscheidungen des BFH an[796], in denen das Gericht im Falle einer Grundstückseinlage durch Steuerausländer mit dem Gedanken der „Verstrickung" als einlageähnlichem Vorgang argumentiert, weist jedoch gleichzeitig darauf hin, dass es voreilig wäre, diese Entscheidungen auf die Überführungsproblematik zu übertragen. Diese Frage kann jedoch letztlich unbeantwortet bleiben, da in dem hier interessierenden Zusammenhang nur geprüft werden

---

787 *Geissler*, Gewinnrealisierung am Ende eines Unternehmens, S. 266.
788 BFH vom 30.05.1972 – VIII R 111/69, BStBl. II 1972, S. 760 ff.
789 Bejahend *Geissler*, Gewinnrealisierung am Ende eines Unternehmens, S. 266 unter Hinweis auf BFH vom 14.06.1988 – VIII R 387/83, BStBl. II 1989, S. 187 ff.; ebenso *Kramer*, StuW 1991, S. 151 (156); a.A. *Buciek*, DStZ 2003, S. 139 (145) m.w.N. unter Berufung auf BFH vom 20.07.1988 – I R 49/84, BStBl. II 1989, S. 140 ff.
790 *Kessler/Huck*, StuW 2005, S. 193 (195).
791 BFH vom 20.07.1988 – I R 49/84, BStBl. II 1989, S. 142.
792 *Hemmelrath*, in: Vogel, DBA, Art. 7, Rdnr. 82.
793 BFH vom 20.07.1988 – I R 49/84, BStBl. II 1989, S. 142.
794 BFH vom 14.06.1988 – VIII R 387/83, BStBl. II 1989, S. 187 ff.
795 *Buciek*, DStZ 2003, S. 139 (146).
796 BFH vom 05.06.2002 – I R 81/00, BFH/NV 2002, S. 1383; BFH vom 05.06.2002 – I R 105/00, IStR 2002, S. 596.

soll, ob eine nationale Rechtsgrundlage für die finale Entnahmetheorie des BFH gefunden werden kann.

b) Würdigung

Es ist daher zu prüfen, ob der Entnahmetatbestand des § 4 Abs. 1 Satz 2 EStG dieses Auslegungsergebnis der älteren BFH-Rechtsprechung tatsächlich trägt. Dabei muss man sich zunächst vor Augen halten, dass der Entnahmetatbestand nach dem Gesetzeswortlaut drei Tatbestandsmerkmale enthält:

- Das Vorliegen einer willentlichen Entnahmehandlung,
- die Loslösung des Wirtschaftsguts vom Betrieb (Entnahmeerfolg) und
- die außerbetriebliche Veranlassung der Entnahmehandlung (Entnahmezweck)[797].

Problematisch ist in diesem Zusammenhang der Entnahmezweck, der durch das Tatbestandsmerkmal „für andere betriebsfremde Zwecke" beschrieben wird. Der BFH bejaht dabei eine entsprechende Mehrdeutigkeit des Wortteils „betriebsfremd". Dieser Wortteil kann sich danach auf das gesamte betriebliche Vermögen oder nur auf die jeweilige wirtschaftliche Einheit beziehen. Nur durch diese variable Zweckinterpretation im Sinne eines „finalen Betriebsbegriffs"[798] kommt der BFH überhaupt zu dem Ergebnis, dass bei einer zwischenbetrieblichen Überführung eines Wirtschaftsguts aus einem Betriebsvermögen in ein anderes Betriebsvermögen desselben Steuerpflichtigen eine Entnahmehandlung vorliegt, wenn die spätere steuerliche Erfassung der stillen Reserven nicht gewährleistet ist. *Geissler* weist diese Auslegung m.E. zutreffend zurück, indem er nachweist, dass der BFH letztlich den Zweck der Entnahmevorschrift allein auf das Tatbestandsmerkmal „Sicherstellung der Besteuerung der stillen Reserven" reduziert[799]. Dies stellt jedoch eine Auslegung der „betriebsfremde Zwecke" dar, die dem Wortlaut der Vorschrift nicht mehr gerecht wird. Zutreffend weist *Geissler*[800] daher darauf hin, dass dieses Tatbestandsmerkmal im Sinne einer außerbetrieblichen Veranlassung zu verstehen ist.

Darüber hinaus werden der finalen Entnahmetheorie des BFH aber aus einem ganz anderen Grund die gedanklichen Grundlagen entzogen[801], denn die Rechtsprechung des BFH geht bereits von der unzutreffenden Prämisse aus, dass das inländische Besteuerungsrecht verloren geht, mithin eine Besteuerung der stillen Reserven nicht mehr sichergestellt ist[802]. Wie *Hemmelrath* zutreffend feststellt, geht es bei der Übertragung von Wirtschaftsgütern aber nicht um eine Frage des innerstaatlichen Rechts, sondern letztlich um eine Gewinnabgrenzung nach Abkommensrecht, die nach den Grundsätzen des Art. 7 Abs. 2 OECD-MA vorzunehmen ist[803]. Danach ist die Gewinnabgrenzung so vorzunehmen, als ob die Betriebsstätte ein selbständiges Unternehmen wäre. Entsprechend dem Verursa-

---

797 *Geissler*, Gewinnrealisierung am Ende eines Unternehmens, S. 90.
798 *Pfaar*, IStR 2000, S. 42 (44).
799 *Geissler*, Gewinnrealisierung am Ende eines Unternehmens, S. 89.
800 *Geissler*, Gewinnrealisierung am Ende eines Unternehmens, S. 89.
801 *Pfaar*, IStR 2000, S. 42 (44).
802 *Wassermeyer*, in: Debatin/Wassermeyer, DBA, Art. 7 OECD-MA, Rdnr. 246; *Kempka*, StuW 1995, S. 242 (248); *Kramer*, StuW 1991, S. 151 (156); *Reith*, Internationales Steuerrecht, S. 457 f.; mittelbar *Kessler/Huck*, StuW 2005, S. 193 (203).
803 *Hemmelrath*, in: Vogel, DBA, Art. 7, Rdnr. 122.

chungsprinzip[804] sind die stillen Reserven auch nach Verbringung des Wirtschaftsguts ins Ausland in dem Staat zu versteuern, in dem sie entstanden sind, jedoch periodengerecht erst im Zeitpunkt ihrer Realisierung. Damit gewähren die dem Art. 7 OECD-MA entsprechenden Regelungen in den DBA dem Betriebsstättenstaat das Besteuerungsrecht lediglich für den Teil der stillen Reserven, die während der Zugehörigkeit des Wirtschaftsguts in der ausländischen Betriebsstätte entstanden sind. Korrespondierend gilt die Freistellung in der Bundesrepublik Deutschland auch nur für diesen Teil der Betriebsstätteneinkünfte, denn die Freistellung nach den dem Art. 23 A OECD-MA entsprechenden Regelungen erfordert eine ebensolche Besteuerungsmöglichkeit im Betriebsstättenstaat[805].

c) Sonstige Rechtsvorschriften

Der Gesetzgeber hat allerdings mit der Einführung des § 6 Abs. 5 Satz 1 EStG bezweckt, der Entnahmerechtsprechung eine gesetzliche Grundlage zu geben[806]. Dieser „Versuch" muss jedoch als gescheitert angesehen werden. Denn § 6 Abs. 5 Satz 1 EStG enthält lediglich eine Regelung dahingehend, dass in den Fällen, in denen Einzelwirtschaftsgüter von einem Betriebsvermögen in ein anderes Betriebsvermögen desselben Steuerpflichtigen überführt werden, ausnahmsweise dann eine Gewinnrealisierung ausgelöst wird, wenn die Besteuerung der stillen Reserven nicht sichergestellt ist. Diese Entstrickungsklausel verfehlt freilich weitgehend ihre Wirkung, weil weder das ausländische Stammhausvermögen, noch das ausländische Betriebsstättenvermögen ein „anderes Betriebsvermögen" ist[807]. Darüber hinaus erscheint es nicht zutreffend, aus § 6 Abs. 5 Satz 1 EStG eine Modifikation des Entnahmebegriffs oder eine Definition der „betriebsfremden Zwecke" abzuleiten. § 6 Abs. 5 Satz 1 EStG ist eine reine Bewertungsvorschrift, die gerade eine Entnahme voraussetzt. Sie kommt daher erst zur Anwendung, wenn feststeht, dass eine Entnahme stattgefunden hat. Auch auf dem Art. 7 Abs. 2 OECD-MA entsprechende Abkommensregelungen kann ein nationaler Steueranspruch nicht gestützt werden, da hierdurch nach Wortlaut und Zielsetzung lediglich die Abgrenzung von Unternehmensgewinnen, deren Höhe sich nach nationalem Recht bestimmt, geregelt werden soll. Auch hier gilt, dass die Abkommensnormen keine Steuertatbestände schaffen, sondern nur bestehende Steueransprüche begrenzen[808].

2. Das allgemeine Entstrickungsprinzip

Der Gedanke eines allgemeinen Entstrickungstatbestands ist – soweit ersichtlich – erstmals[809] vom Vertreter des Bundesministeriums der Finanzen in dem Verfahren, das zur Entscheidung vom 16.07.1969[810] geführt hat, geltend gemacht

---

[804] Nach Art. 7 Abs. 1 Satz 2 OECD-MA hat der Quellen- und Belegenheitsstaat ein Besteuerungsrecht nur hinsichtlich derjenigen Gewinne, die der Betriebsstätte wirtschaftlich zuzurechnen sind. Dies sind die Gewinne, die auf die Wirtschaftstätigkeit der Betriebsstätte zurückzuführen sind, also wirtschaftlich durch die Betriebsstätte verursacht wurden. Vgl. *Hemmelrath*, in: Vogel, DBA, Art. 7, Rdnr. 45.

[805] *Pfaar*, IStR 2000, S. 42 (44).

[806] *Kessler/Huck*, StuW 2005, S. 193 (200) m.w.N.

[807] *Schaumburg*, in: FS für Wassermeyer, S. 430.

[808] Statt vieler *Kramer*, StuW 1991, S. 151 (156).

[809] *Kessler/Huck*, StuW 2005, S. 193 (197).

[810] BFH vom 16.07.1969 – I 266/65, BStBl. II 1970, S. 175 ff.

worden. Er hatte ausgeführt, dass die von ihm vertretene Gesetzesauslegung „die Konkretisierung eines allgemeinen ertragsteuerlichen Prinzips sei, für das die Entnahmeregelung nach dem Wortlaut des § 4 Abs. 1 EStG nur ein – wenn auch besonders sinnfälliges – Beispiel ist. Dieses Prinzip könne mit der Formel Gewinnverwirklichung durch Steuerentstrickung umschrieben werden[811]. Vereinzelt haben sich im Schrifttum Stimmen gefunden, die einen allgemeinen Grundsatz der Steuerentstrickung bejahten[812]. Die absolut herrschende Meinung im Schrifttum[813] geht jedoch – ebenso wie die Judikatur des BFH[814] – davon aus, dass das geltende Recht keinen allgemeinen Grundsatz der Gewinnrealisierung durch Steuerentstrickung kennt. Wie *Geissler* zutreffend feststellt, handelt es sich bei den gesetzlich kodifizierten Entstrickungstatbeständen der § 12 KStG, § 21 UmwStG und § 6 AStG um von den gesetzgeberischen Grundwertungen abweichende Ausnahmevorschriften[815]. Eine Analogie scheitert daher bereits am Vorliegen einer planwidrigen Regelungslücke. Gleiches muss m.E. auch für die Vorschrift des § 16 Abs. 3 Satz 2 EStG[816] gelten, die für den speziellen Fall der Realteilung eine Buchwertfortführung erlaubt, wenn die Besteuerung der stillen Reserven sichergestellt ist.

3. Zwischenergebnis

Weder dem EStG noch den ertragsteuerlichen Nebengesetzen lässt sich ein übergeordnetes Entstrickungsprinzip entnehmen. Die Rechtsprechung des BFH, die sich auf eine extensive Auslegung des allgemeinen Entnahmetatbestandes im Sinne eines „finalen Betriebsbegriffs“ stützt, kommt dagegen zu dem Auslegungsergebnis, dass bei einer zwischenbetrieblichen Überführung eines Wirtschaftsguts aus einem Betriebsvermögen in ein anderes Betriebsvermögen desselben Steuerpflichtigen eine Entnahmehandlung vorliegt, wenn die spätere steuerliche Erfassung der stillen Reserven nicht gewährleistet ist. Es handelt sich um eine Auslegung, die vom Wortlaut der Vorschrift – „betriebsfremde Zwecke“ – nicht mehr gedeckt ist, da der Zweck der Entnahmevorschrift allein auf das Tatbestandsmerkmal „Sicherstellung der Besteuerung der stillen Reserven“ reduziert wird. Zudem geht die Rechtsprechung schon von der unzutreffenden Prämisse aus, dass das inländische Besteuerungsrecht verloren geht, mithin eine Besteuerung der stillen Reserven nicht mehr sichergestellt ist. Im Ergebnis kann daher festgestellt werden, dass die Regelung in Tz. 2.6. der Betriebsstätten-Verwaltungsgrundsätze nicht auf eine nationale Rechtsvorschrift gestützt werden kann. Damit ist – für den Fall, dass der Schutzbereich der Grundfreiheiten betroffen ist[817] – von einem Verstoß gegen die Grundfreiheiten des EG-Vertrags schon allein deshalb auszugehen, weil eine Beschränkung des Schutzgehalts ei-

---

[811] BFH vom 16.07.1969 – I 266/65, BStBl. II 1970, S. 176.

[812] Vgl. die Nachweise bei *Geissler*, Gewinnrealisierung am Ende eines Unternehmens, S. 283.

[813] Statt vieler *Schaumburg*, Internationales Steuerrecht, S. 163 f.; *Knobbe-Keuk*, Bilanz- und Unternehmenssteuerrecht, S. 277 f.; *Heinicke*, in: Schmidt, EStG, § 4, Rdnr. 360; *Wassermeyer*, in: Flick/Wassermeyer, Außensteuerrecht, § 6 AStG, Rdnr. 5.

[814] BFH vom 09.02.1972 – I R 205/66, BStBl. II 1972, S. 455 ff.; BFHvom 16.12.1975 – VIII R 3/74, BStBl. II 1976, S. 246 ff.; BFH vom 14.06.1988 – VIII R 387/83, BStBl. II 1989, S. 187 ff.; BFH vom 08.04.1992 – I R 160/90, BStBl. II 1992, S. 763 f.

[815] *Geissler*, Gewinnrealisierung am Ende eines Unternehmens, S. 286 ff.

[816] § 16 Abs. 3 Satz 2 EStG wurde durch das Gesetz zur Fortentwicklung des Unternehmenssteuerrechts vom 20.12.2001 (BGBl. I, S. 3858) in das EStG eingefügt.

[817] Vgl. die Ausführungen nachfolgend unter B. II.

ner Grundfreiheit im Bereich des Steuerrechts lediglich durch eine die Beschränkung beseitigende nationale Maßnahme geheilt werden kann, die als verpflichtende Rechtsvorschrift ausgestaltet ist[818].

B. Prüfung der Steuerentstrickung nach Tz. 2.6. Betriebsstätten-Verwaltungsgrundsätze an den Grundfreiheiten

Für die nun folgende eigentliche Prüfung der Entstrickungsbesteuerung bei der Überführung der grenzüberschreitenden Überführung von Wirtschaftsgütern nach Tz. 2.6. der Betriebsstätten-Verwaltungsgrundsätze[819] an den Grundfreiheiten ist zunächst eine sorgfältige Darstellung und Analyse der Entscheidung des EuGH in der Rechtssache „Lasteyries de Saillant"[820] notwendig, da nach – soweit ersichtlich – einhelliger Meinung im Schrifttum[821] diese Entscheidung eine erhebliche Bedeutung nicht nur für die Frage hat, ob § 6 AStG EG-konform ist, sondern auch, ob weitere Entstrickungstatbestände des nationalen Rechts die Vorgaben des Gemeinschaftsrechts erfüllen. Dabei ist auch darauf einzugehen, ob die Vorschrift des § 6 AStG europarechtskonform ist und falls nein, wie die deutsche Wegzugsbesteuerung ausgestaltet werden muss, um vor den kritischen Augen der Luxemburger Richter bestehen zu können. In einem zweiten Schritt werden die gewonnenen Erkenntnisse dann auf die in Tz. 2.6. der Betriebsstätten-Verwaltungsgrundsätze geregelten Fallkonstellationen übertragen. Dabei wird auf beiden Prüfungsstufen auf die im 5. Kapitel dargestellten dogmatischen Grundlagen zurückgegriffen, wobei nur auf tatsächlich problematische Prüfungspunkte eingegangen wird.

I. Die Entscheidung in der Rechtssache „Lasteyries de Saillant"

1. Der Ausgangsfall

Der Ausgangsfall betrifft den Wegzug einer natürlichen Person in einen anderen Mitgliedstaat der Europäischen Union. Der Kläger verließ Frankreich am 12.09.1998 und verlegte seinen Wohnsitz nach Belgien. Im Zeitpunkt des Wegzugs hielt der Kläger mit seinen Familienangehörigen unmittelbar oder mittelbar Wertpapiere, die zum Bezug von mehr als 25 v.H. der Gewinne einer französischen Gesellschaft berechtigten. Er hielt damit eine von Art. 167bis CGI erfasste wesentliche Beteiligung. Da der gemeine Wert dieser Wertpapiere im Zeitpunkt des Wegzugs über ihren Anschaffungskosten lag, wurde eine Steuer gemäß Art. 167bis CGI festgesetzt.

---

[818] EuGH vom 08.05.1990 – Rs. C-175/88 (Biehl), EuGHE 1990, S. I-1789, Rdnr. 18; EuGH vom 14.02.1995 – Rs. C-279/93 (Schumacker), EuGHE 1995, S. I-249, Rdnr. 56 f.; EuGH vom 26.10.1995 – Rs. C-151/94 (Kommission gegen Luxemburg), EuGHE 1995, S. I-3699, Rdnr. 18. Dazu auch *Cordewener*, Europäische Grundfreiheiten und nationales Steuerrecht – „Konvergenz" des Gemeinschaftsrechts und „Kohärenz" der direkten Steuern in der Rechtsprechung des EuGH, S. 422 ff.

[819] BMF-Schreiben vom 24.12.1999 – IV B 4 – S 1300 – 111/99, BStBl. I 1999, S. 1076 ff.

[820] EuGH vom 11.03.2004 – Rs. C-9/02 (Lasteyrie du Saillant), EuGHE 2004, S. I-2409 ff.

[821] *Eicker/Schwind*, EWS 2004, S. 186 (186); *Ettinger/Eberl*, GmbHR 2005, S. 152 (153 f.); *Haase*, IStR 2004, S. 232 ff.; *Kessler/Huck/Obser/Schmalz*, DStZ 2004, S. 855 (858); *Kessler/Huck*, StuW 2005, S. 193 ff.; *Kleinert/Probst*, DB 2004, S. 673 ff.; *Rödder*, IStR 2005, S. 297 (297); *Schaumburg*, in: FS für Wassermeyer, S. 411 (413); *Schindler*, IStR 2004, S. 711 (711); *Schnitger*, BB 2004, S. 804 (811); *Thömmes*, IWB Fach 11a, S. 754 (755); *Wassermeyer*, GmbHR 2004, S. 613 (615 f.).

Nach Art. 167bis I.-1. CGI werden Steuerpflichtige, die ihren steuerlichen Wohnsitz[822] während der letzten zehn Jahre mindestens sechs Jahre in Frankreich hatten, in jenem Zeitpunkt, zu dem sie ihren Wohnsitz in das Ausland verlegen, hinsichtlich der Wertsteigerungen ihrer Beteiligungen besteuert. Unter Art. 167bis CGI fallen Gesellschaften, Aktionäre, Kommanditisten und Inhaber von Genussscheinen, die gemeinsam mit ihren Ehegatten sowie ihren Verwandten in aufsteigender oder absteigender Linie unmittelbar oder mittelbar Wertpapiere halten, die zu irgendeinem Zeitpunkt im Laufe der letzten fünf Jahre zum Bezug von mehr als 25 v.H. der Gewinne einer Gesellschaft mit Sitz in Frankreich[823] berechtigten[824]. Die Zahlung der auf die festgestellte Wertsteigerung anfallenden Steuer kann grundsätzlich bis zum Zeitpunkt der tatsächlichen Realisation aufgeschoben werden[825]. Dieser Zahlungsaufschub setzt aber voraus, dass der Steuerpflichtige den Betrag der Wertsteigerung erklärt, einen Antrag auf Zahlungsaufschub stellt, einen in Frankreich ansässigen (Steuer-) Bevollmächtigten benennt und vor seinem Wegzug der für die Steuererhebung zuständigen Finanzbehörde ausreichende Sicherheiten leistet[826]. Zusätzlich sind die Steuerpflichtigen, denen ein Zahlungsaufschub gewährt wurde, jährlich zu einer Erklärung der (noch nicht realisierten) Gewinne verpflichtet, für die ein Zahlungsaufschub gewährt wurde[827]. Der Steuerpflichtige hat spätestens acht Tage vor der Verlegung des Wohnsitzes in das Ausland einen Vorschlag für Sicherheiten vorzulegen. Diese Sicherheiten können geleistet werden entweder durch Barzahlung auf ein Interimskonto der Finanzverwaltung oder Schuldverschreibungen auf die Finanzverwaltung, die Begebung einer Bürgschaft, durch Wertpapiere, durch in staatlich anerkannten Lagern hinterlegte Waren, über die ein auf die Finanzverwaltung indossierter Lagerpfandschein ausgestellt ist, durch Bestellung einer Hypothek oder durch Verpfändung eines fonds de commerce. Stellt sich heraus, dass die geleisteten Sicherheiten an Wert verlieren oder nicht ausreichen, kann die Verwaltung den Steuerpflichtigen jederzeit zur Leistung einer zusätzlichen Sicherheit auffordern. Kommt der Steuerpflichtige dieser Aufforderung nicht innerhalb eines Monats nach, wird die Zwangsbeitreibung eingeleitet. Die Steuer, deren Zahlung aufgeschoben wurde, fällt jedoch nur in Höhe eines Betrags an, der auf Grundlage der Differenz zwischen dem Anschaffungswert der betreffenden Wertpapiere einerseits und dem Veräußerungspreis andererseits bestimmt wird. Der überschießende Betrag der (vorläufig) festgesetzten Steuer wird von Amts wegen in Abzug gebracht. Die vom Steuerpflichtigen im Ausland auf die tatsächlich realisierte Wertsteigerung gezahlte Steuer ist auf die in Frankreich festgesetzte Einkommensteuer anzurechnen, sofern sie mit dieser vergleichbar ist. Nach Ablauf einer Frist von fünf Jahren ab dem Wegzug oder wenn der Steuerpflichtige seinen Wohnsitz zu einem früheren Zeitpunkt wieder nach Frankreich verlegt, wird die (vorläufig) festgesetzte Steuer von Amts wegen erlassen, sofern sich die Wertpapiere zu diesem Zeitpunkt noch im Vermögen des Steuerpflichtigen befinden. Die Vorschrift des Art. 167bis CGI gilt für

---

[822] Im Originaltext wird der Begriff „domicile fiscal" verwendet. Dieser entspricht wohl dem uns bekannten Wohnsitzbegriff. Vgl. *Hahn*, SWI 2002, S. 473 (473).

[823] Entsprechend der deutschen Regelung zur Wegzugsbesteuerung werden daher Beteiligungen mit Sitz im Ausland nicht erfasst.

[824] Art. 160 CGI.

[825] Art. 167bis II.-1. CGI.

[826] Art. 167bis II.-1. CGI a.E.

[827] Art. 167bis II.-2. i.V.m. Art. 170 I. CGI.

Steuerpflichtige, die ihren Wohnsitz ab dem 09.09.1998 in das Ausland verlegen[828].

Vor dem Conseil d´ État rügte der Kläger die Gemeinschaftsrechtswidrigkeit des Art. 167bis CGI. Da Steuerpflichtige, die ihren Wohnsitz in Frankreich beibehalten, nicht von Art. 167 bis CGI erfasst werden, ein allenfalls gewährter Zahlungsaufschub nicht automatisch erfolgt und die mit der Bestellung der Sicherheiten verbundenen Schwierigkeiten geeignet sind, die Niederlassungsfreiheit zu behindern, stellte sich auch der Conseil d´ État die Frage des Verstoßes gegen Gemeinschaftsrecht. Einen Verstoß gegen das Grundrecht auf Freizügigkeit hatte der Conseil d´ État dagegen mit Urteil vom 14.12.2001 interessanterweise verneint[829]. Das Gericht legte dem Gerichtshof mit Entscheidung vom 14.12.2001 folgende Frage zur Vorabentscheidung vor:

> *„Verwehrt es der in Artikel 52 EG-Vertrag (nach Änderung jetzt Artikel 43 EG) verankerte Grundsatz der Niederlassungsfreiheit einem Mitgliedstaat, zur Vorbeugung gegen die Steuerflucht eine Regelung wie die hier beschriebene einzuführen, wonach Wertsteigerungen bei Verlegung des steuerlichen Wohnsitzes besteuert werden?"*[830]

2. Die Entscheidung des EuGH

a) Identifikation der einschlägigen Grundfreiheit

Der EuGH hat in seiner Entscheidung vom 11.03.2004 einen Verstoß gegen die Niederlassungsfreiheit bejaht. Allerdings hatten Vertreter der niederländischen und der deutschen Regierung vorgebracht, dass es mangels entsprechender Angaben im Vorlagebeschluss nicht möglich sei, zu beurteilen, ob der Kläger von der in Art. 43 EGV garantierten Niederlassungsfreiheit Gebrauch gemacht habe[831]. So war aus dem Vorlagebeschluss nicht erkennbar, ob der Kläger aus privaten oder beruflichen Gründen umgezogen war. Hierzu führte der Generalanwalt aus, dass der Kläger in den beim Gerichtshof eingereichten Erklärungen vorgebracht hatte, dass er seinen Wohnsitz nach Belgien verlegt habe, um dort seine Erwerbstätigkeit auszuüben[832]. Den Einwand der Regierungen hat der EuGH unter Hinweis auf seine ständige Rechtsprechung[833] weggewischt, wonach der Gerichtshof nach Art. 234 EGV befugt ist, dem nationalen Gericht, das ihm ein Vorabentscheidungsersuchen vorgelegt hat, alle Kriterien für die Auslegung des Gemeinschaftsrechts an die Hand zu geben, die dem nationalen Gericht im Hinblick auf die Entscheidung des Ausgangsrechtsstreits von Nutzen

[828] Der Kläger hat Frankreich am 12.09.1998 verlassen, also kurze Zeit nach Inkrafttreten der Regelung.

[829] *Richter*, IStR 2003, S. 157 (158) unter Hinweis darauf, dass nach Auffassung des Conseil d´ État die französische Wegzugsbesteuerung bei Wohnsitzwechsel einer natürlichen Person kein tatsächliches Hindernis bei der effektiven Ausübung der persönlichen Freizügigkeit einer Person darstelle.

[830] EuGH vom 11.03.2004 – Rs. C-9/02 (Lasteyrie du Saillant), EuGHE 2004, S. I-2409, Rdnr. 18.

[831] EuGH vom 11.03.2004 – Rs. C-9/02 (Lasteyrie du Saillant), EuGHE 2004, S. I-2409, Rdnr. 19.

[832] Schlussanträge des Generalanwalts *Mischo* vom 13.03.2003 – Rs. C-9/02 (Lasteyrie du Saillant), Rdnr. 17, abrufbar unter http://curia.eu.int.

[833] EuGH vom 25.02.2003 – Rs. C-326/00 (IKA), EuGHE 2003, S. I-1703, Rdnr. 27 m.w.N.

sein können. Ist das vorlegende Gericht daher zu dem Schluss gelangt, dass Art. 43 EGV einschlägig ist, wird diese Frage vom EuGH beantwortet[834].

b) Vorliegen einer Beschränkung

Der Gerichtshof macht in seiner Entscheidung in sehr knapper Form deutlich, dass er das in den Grundfreiheiten niedergelegte Beschränkungsverbot nicht nur im Sinne eines Behinderungsverbots durch den Aufnahmemitgliedstaat, sondern zugleich als Gebot an den Herkunftsstaat, die Niederlassung seiner Staatsangehörigen in einem anderen Mitgliedstaat nicht zu behindern, versteht. So führt er einleitend aus, dass zwar die Niederlassungsfreiheit insbesondere die Inländerbehandlung im Aufnahmestaat sichern soll, die Vorschriften es aber auch verbieten, dass der Herkunftsmitgliedstaat die Niederlassung seiner Staatsangehörigen in einem anderen Mitgliedstaat behindert[835]. Der EuGH verweist insoweit auf sein Urteil in der Rechtssache „Baars“, wo er entschieden hatte, dass es für einen Verstoß ausreicht, wenn die nationale Vorschrift geeignet ist, die betroffene Person vom Gebrauch der Niederlassungsfreiheit abzuhalten[836]. Weiter betont der Gerichtshof, dass Art. 43 EGV selbst geringfügige oder unbedeutende Beschränkungen der Niederlassungsfreiheit verbietet[837].

Nach Auffassung des Gerichtshofs verbietet Art. 167bis CGI einem französischen Steuerpflichtigen zwar nicht, von seinem Niederlassungsrecht Gebrauch zu machen. Die Vorschrift ist jedoch geeignet, die Ausübung dieses Rechts zu beschränken, da sie zumindest „abschreckende“ Wirkung hat[838]. Dabei stellt das Gericht zum Vergleich auf eine Person ab, die in Frankreich ihren Wohnsitz beibehält[839]. Der EuGH kommt nach dieser Vergleichspaarbildung zu dem Ergebnis, dass der Steuerpflichtige, der seinen Wohnsitz in einen anderen Mitgliedstaat verlegen möchte, gegenüber einer Person, die ihren Wohnsitz in Frankreich beibehalten will, unterschiedlich behandelt wird, da er allein wegen der Verlegung seines Wohnsitzes in einen anderen Mitgliedstaat für ein Einkommen steuerpflichtig wird, das noch nicht realisiert ist und über das er somit nicht verfügen kann. Die anschließende Prüfung der Verfahrensvorschriften zu Art. 167bis CGI bestätigt nach Auffassung des EuGH dieses Ergebnis. So wird eine Beschränkung insbesondere darin gesehen, dass der mögliche Zahlungsaufschub nicht automatisch erfolgt, sondern an strenge Voraussetzungen, u.a. an die Leistung von Sicherheiten, geknüpft ist. Diese Sicherheiten haben als solche eine beschränkende Wirkung, da sie den Steuerpflichtigen an der Nutzung der als

[834] EuGH vom 11.03.2004 – Rs. C-9/02 (Lasteyrie du Saillant), EuGHE 2004, S. I-2409, Rdnr. 41.

[835] EuGH vom 11.03.2004 – Rs. C-9/02 (Lasteyrie du Saillant), EuGHE 2004, S. I-2409, Rdnr. 42.

[836] EuGH vom 13.04.2000 – Rs. C-251/98 (Baars), EuGHE 2000, S. I-2787, Rdnr. 28.

[837] EuGH vom 11.03.2004 – Rs. C-9/02 (Lasteyrie du Saillant), EuGHE 2004, S. I-2409, Rdnr. 43 unter Hinweis auf EuGH vom 15.02.2000 – Rs. C-34/98 (Kommission/Frankreich), EuGHE 2000, S. I-995, Rdnr. 49.

[838] EuGH vom 11.03.2004 – Rs. C-9/02 (Lasteyrie du Saillant), EuGHE 2004, S. I-2409, Rdnr. 45.

[839] EuGH vom 11.03.2004 – Rs. C-9/02 (Lasteyrie du Saillant), EuGHE 2004, S. I-2409, Rdnr. 46.

Sicherheit geleisteten Vermögenswerte hindern[840]. Der EuGH folgt insoweit erkennbar den Schlussanträgen des Generalanwalts, der eine Beschränkung der Niederlassungsfreiheit unabhängig von den Bestellungsmodalitäten bereits in der Verpflichtung zur Sicherheitsleistung erkannt hatte[841].

c) Rechtfertigung der Beschränkung

Vor dem Gerichtshof wurden von den Mitgliedstaaten im Wesentlichen vier Gründe vorgetragen, die eine Beschränkung der Niederlassungsfreiheit aus teilweise vom EuGH bereits in anderen Verfahren anerkannten zwingenden Gründen des Allgemeininteresses rechtfertigen sollten.

aa) Steuermindereinnahmen

Der von der dänischen Regierung vorgetragene Rechtfertigungsgrund, wonach Art. 167bis CGI die Erosion der Besteuerungsgrundlagen des betroffenen Mitgliedstaats verhindern solle, indem er vermeide, dass Steuerpflichtige einen Nutzen aus den Unterschieden zwischen den Steuerregelungen der Mitgliedstaaten zögen[842], wurde vom EuGH unter Hinweis auf seine ständige Rechtsprechung zurückgewiesen. Danach sind Steuermindereinnahmen nicht als zwingender Grund des Allgemeininteresses anzusehen[843].

bb) Steuerflucht und Steueraufsicht

Dem Argument der französischen Regierung, dass die fragliche Vorschrift eine Steuerflucht zu verhindern versuche, widmete der EuGH dagegen deutlich mehr Aufmerksamkeit. So wurde von der französischen Regierung vorgetragen, dass Anlass für den Erlass des Art. 167bis CGI das Verhalten bestimmter Steuerpflichtiger gewesen sei, die vor der Veräußerung von Wertpapieren ihren steuerlichen Wohnsitz allein deshalb verlegt hätten, um die Zahlung der in Frankreich auf die Wertsteigerungen zu entrichtenden Steuern zu umgehen[844]. Die Verknüpfung des Zahlungsaufschubs an die Leistung von Sicherheiten sieht die französische Regierung aufgrund des Fehlens wirksamer bilateraler und multilateraler internationaler Verträge, die gleiche Maßnahmen zur Einziehung der Steuerschuld wie in Frankreich erlaubten, als gerechtfertigt an[845].

Der EuGH weist diese Argumentation im Wesentlichen damit zurück, dass Art. 167bis CGI weit über das hinausgeht, was zur Erreichung des mit ihm verfolg-

---

[840] EuGH vom 11.03.2004 – Rs. C-9/02 (Lasteyrie du Saillant), EuGHE 2004, S. I-2409, Rdnr. 47.

[841] Schlussanträge des Generalanwalts *Mischo* vom 13.03.2003 – Rs. C-9/02 (Lasteyrie du Saillant), Rdnr. 42, abrufbar unter http://curia.eu.int.

[842] EuGH vom 11.03.2004 – Rs. C-9/02 (Lasteyrie du Saillant), EuGHE 2004, S. I-2409, Rdnr. 59.

[843] EuGH vom 11.03.2004 – Rs. C-9/02 (Lasteyrie du Saillant), EuGHE 2004, S. I-2409, Rdnr. 60.

[844] EuGH vom 11.03.2004 – Rs. C-9/02 (Lasteyrie du Saillant), EuGHE 2004, S. I-2409, Rdnr. 25.

[845] EuGH vom 11.03.2004 – Rs. C-9/02 (Lasteyrie du Saillant), EuGHE 2004, S. I-2409, Rdnr. 26.

ten Ziels erforderlich ist[846]. So wird gerügt, dass Art. 167bis CGI nicht speziell darauf abzielt, Umgehungskonstellationen zu erfassen, sondern allgemein alle Fälle erfasst, in denen ein Steuerpflichtiger, der wesentliche Beteiligungen an französischen Gesellschaften hält, seinen Wohnsitz ins Ausland verlegt[847]. Eine allgemeine Vermutung von Steuerflucht oder Steuerhinterziehung kann jedoch nach Auffassung des Gerichts nicht auf den Umstand gestützt werden, dass eine natürliche Person ihren Wohnsitz in einen anderen Mitgliedstaat verlegt[848]. Im Rahmen der Verhältnismäßigkeitsprüfung betont der EuGH, dass sich das verfolgte Ziel auch durch Maßnahmen erreichen lässt, die weniger einschneidend sind oder die Niederlassungsfreiheit weniger beschränken und sich spezifisch auf die Gefahr einer vorübergehenden Wohnsitzverlegung beziehen[849]. Die Regelungen zur Sicherstellung der Besteuerung sieht der EuGH schon deshalb nicht als gerechtfertigt an, weil die Besteuerungsregelung selbst schon nicht geeignet ist, das Ziel der Vorschrift zu rechtfertigen[850].

cc) Kohärenz

Das von der niederländischen Regierung vorgetragene Argument, die streitige Regelung sei erforderlich, um die Kohärenz des französischen Steuersystems zu wahren, wurde dagegen vom EuGH mit knapper Begründung zurückgewiesen. Der Kohärenzgedanke war damit begründet worden, dass die kombinierte Wirkung der Besteuerung im Falle der Auswanderung und die Forderung von Sicherheiten, an die der Aufschub der tatsächlichen Zahlung der Steuer geknüpft ist, notwendig sei, weil ein unmittelbarer Zusammenhang zwischen dem Aufschub der jährlichen Besteuerung des Kapitalzuwachses und der tatsächlichen Erhebung der Steuer bei Verlegung des Wohnsitzes ins Ausland bestehe[851]. Der EuGH weist diese Argumentation unter Hinweis auf die Zielsetzung der Regelung zurück, wonach durch Art. 167bis CGI gerade nicht die Besteuerung von Wertsteigerungen sichergestellt werden soll[852].

dd) Aufteilung der Besteuerungsrechte

Das Vorbringen der deutschen Regierung, dass die Aufteilung der Besteuerungsrechte zwischen dem Wegzugsstaat und dem Aufnahmestaat zu berücksichtigen sei, verwirft der Gerichtshof mit einem kurzen Verweis auf die Ausführungen des Generalanwalts. Dieser hatte angeführt, dass es in der vorliegenden Rechtssache nicht um die Aufteilung der Besteuerungsrechte zwischen den Mitglied-

---

[846] EuGH vom 11.03.2004 – Rs. C-9/02 (Lasteyrie du Saillant), EuGHE 2004, S. I-2409, Rdnr. 52.
[847] EuGH vom 11.03.2004 – Rs. C-9/02 (Lasteyrie du Saillant), EuGHE 2004, S. I-2409, Rdnr. 50.
[848] EuGH vom 11.03.2004 – Rs. C-9/02 (Lasteyrie du Saillant), EuGHE 2004, S. I-2409, Rdnr. 51.
[849] EuGH vom 11.03.2004 – Rs. C-9/02 (Lasteyrie du Saillant), EuGHE 2004, S. I-2409, Rdnr. 54.
[850] EuGH vom 11.03.2004 – Rs. C-9/02 (Lasteyrie du Saillant), EuGHE 2004, S. I-2409, Rdnr. 57.
[851] EuGH vom 11.03.2004 – Rs. C-9/02 (Lasteyrie du Saillant), EuGHE 2004, S. I-2409, Rdnr. 61.
[852] EuGH vom 11.03.2004 – Rs. C-9/02 (Lasteyrie du Saillant), EuGHE 2004, S. I-2409, Rdnr. 65.

staaten geht, sondern um die Frage, ob die vorgelegten Maßnahmen mit der Niederlassungsfreiheit vereinbar sind[853].

II. Anmerkungen zur Entscheidung in der Rechtssache „Lasteyrie de Saillant"

1. Identifikation der einschlägigen Grundfreiheit

Der EuGH hat in seiner Entscheidung letztlich offen gelassen, ob der Kläger tatsächlich in der zu entscheidenden Vorlagefrage von seinem Niederlassungsrecht Gebrauch gemacht hat. Mit dem Hinweis auf Art. 234 EGV hat der EuGH den Ball wieder an das nationale Gericht zurückgespielt. Dieses erhält vom EuGH lediglich Kriterien für die Auslegung des Gemeinschaftsrechts an die Hand, die Entscheidung, ob im konkreten Fall eine Grundfreiheit tatsächlich verletzt worden ist, obliegt dann wieder dem nationalen Gericht[854]. Diese Praxis des EuGH nimmt beispielsweise Generalanwalt *Leger* in seinen Schlussanträgen in der Rechtssache „Ritter-Coulais" zum Anlass, die Vorlagefrage des nationalen Gerichts ungefragt auf die seiner Ansicht nach einschlägige Grundfreiheit zu fokussieren[855]. Der EuGH hat mittlerweile in der Rechtssache „Ritter-Coulais" den Generalanwalt bestätigt und darauf hingewiesen, dass selbst wenn das vorlegende Gericht seine Frage auf die Auslegung einer bestimmten Grundfreiheit beschränkt hat, der Gerichtshof nicht gehindert ist, dem vorlegenden Gericht über die Vorlagefrage hinaus Hinweise zur Auslegung des Gemeinschaftsrechts zu geben[856]. Diese Vorgehensweise ist jedoch m.E. in sich widersprüchlich. Einerseits hält man sich in der Rechtssache „Lasteyrie du Saillant" eng an die Vorlagefrage des nationalen Gerichts und bejaht einen Verstoß gegen die Niederlassungsfreiheit, obwohl diese erkennbar nicht tangiert ist, während man andererseits die Vorlagefrage stark abwandelt. Jedenfalls scheinen die Ausführungen des Generalanwalts wie auch die Rechtsprechung des EuGH in diesem Punkt stark ergebnisorientiert zu sein. Wünschenswert wäre es, wenn sich der EuGH im Sinne eines effektiven Rechtsschutzes dazu durchringen könnte, eine Aussage zu treffen, ob im vorgelegten Rechtsstreit von einer entsprechenden Grundfreiheit Gebrauch gemacht worden ist. Art. 220 EGV legt zumindest nahe, dass eine entsprechende Aussage mit zur Aufgabe „Auslegung des Gemeinschaftsrechts" gehört.

2. Vorliegen einer Beschränkung

Der EuGH versteht das in den Grundfreiheiten niedergelegte Beschränkungsverbot nicht nur im Sinne eines Behinderungsverbots durch den Aufnahmemitgliedstaat, sondern zugleich als Gebot an den Herkunftsstaat, die Grundfreiheiten seiner Staatsangehörigen in einem anderen Mitgliedstaat nicht zu behin-

---

[853] Schlussanträge des Generalanwalts *Mischo* vom 13.03.2003 – Rs. C-9/02 (Lasteyrie du Saillant), Rdnr. 82, abrufbar unter http://curia.eu.int; EuGH vom 11.03.2004 – Rs. C-9/02 (Lasteyrie du Saillant), EuGHE 2004, S. I-2409, Rdnr. 68.

[854] EuGH vom 11.03.2004 – Rs. C-9/02 (Lasteyrie du Saillant), EuGHE 2004, S. I-2409, Rdnr. 41.

[855] Schlussanträge des Generalanwalts *Leger* vom 01.03.2005 – Rs. C-152/03 (Ritter-Coulais), IStR 2005, S. 237, Rdnr. 32.

[856] EuGH vom 21.02.2006 – Rs. C-152/03 (Ritter-Coulais), Rdnr. 29, abrufbar unter http://curia.eu.int.

dern[857]. Für Marktsaustrittskonstellationen musste das Gericht hierzu auf ein Beschränkungsverbot ausweichen[858], da der Grundsatz der Inländergleichbehandlung keine Fallkonstellationen erfassen kann, in denen die Träger der Grundfreiheit typischerweise über eine identische Staatsangehörigkeit verfügen.

Dieses Verständnis der Niederlassungsfreiheit als Beschränkungsverbot ist allerdings in dieser Deutlichkeit neu. Zwar hat der EuGH bereits in der Rechtssache „Daily Mail“ betont, dass die Niederlassungsfreiheit nicht nur die Inländerbehandlung im Aufnahmemitgliedstaat sicherstellen wolle, sondern auch dem Herkunftsstaat eine Behinderung der Niederlassung seiner Staatsangehörigen verbiete[859]. Er hat aber in dieser Entscheidung keineswegs das Recht des britischen Fiskus in Frage gestellt, die Emigration einer britischen Gesellschaft zum Anlass für die Aufdeckung der stillen Reserven zu nehmen[860]. Er sah es vielmehr als ausreichend an, wenn eine Gesellschaft von dem Niederlassungsrecht im Allgemeinen durch die Gründung von Agenturen, Zweigniederlassungen und Tochtergesellschaften oder weiter dadurch Gebrauch macht, dass sie an der Gründung einer Gesellschaft in einem anderen Mitgliedstaat teilnimmt[861]. Damit sei letztlich der Niederlassungsfreiheit genüge getan, eine Sitzverlegung unter Beibehaltung der Rechtspersönlichkeit wird im Grunde als eine darüber hinausgehende Möglichkeit gesehen, die nicht mehr erforderlich ist. Diese „Zurückhaltung“ hat der EuGH in späteren Verfahren wieder aufgegeben[862]. In der Entscheidung „Lasteyries de Saillant“ hat er nun diese Auslegung der Niederlassungsfreiheit als Beschränkungsverbot in aller Deutlichkeit vollzogen.

Weiter anzumerken ist, dass der EuGH in seiner Entscheidung zwar eine Vergleichspaarbildung[863], aber keine Prüfung der Vergleichbarkeit der wirtschaftlichen Verhältnisse vornimmt[864]. In Marktzutrittskonstellationen wird dagegen regelmäßig neben der Vergleichspaarbildung eine Vergleichbarkeitsprüfung durchgeführt[865]. Der Gerichtshof bestätigt insoweit seine bisherigen Prüfungsmaßstäbe bei Marktaustrittskonstellationen[866]. Allerdings könnte sich in diesem Punkt ein Wandel in der Rechtsprechung des EuGH andeuten. In der Rechtssache „Schempp“ bereichert der EuGH die Vergleichbarkeitsprüfung nämlich um ein weiteres Element, als er Regelungen in der Bundesrepublik Deutschland und in der Republik Österreich – also von verschiedenen Mitgliedstaaten – miteinander vergleicht[867]. Man könnte dies als eine Änderung des Prüfungsmaßstabs begreifen. M.E. wird der Gedanke der Einmalbesteuerung von Erträgen, also ein Kohärenzgesichtspunkt, in die Vergleichbarkeitsprüfung auf der Tatbestands-

---

[857] Vgl. die Ausführungen im 4. Kapitel unter B. IV. 3. c) cc).
[858] *Randelzhofer/Forsthoff*, in: Grabitz/Hilf, EUV/EGV, Art. 43 EGV, Rdnr. 104.
[859] EuGH vom 27.09.1988 – Rs. 81/87 (Daily Mail), EuGHE 1988, S. 5509, Rdnr. 8.
[860] EuGH vom 27.09.1988 – Rs. 81/87 (Daily Mail), EuGHE 1988, S. 5509, Rdnr. 10.
[861] EuGH vom 27.09.1988 – Rs. 81/87 (Daily Mail), EuGHE 1988, S. 5509, Rdnr. 9.
[862] EuGH vom 21.11.2002 – Rs. 436/00 (X et Y), EuGHE 2002, S. I-10829, Rdnr. 36 f.
[863] Ein Steuerpflichtiger, der seinen Wohnsitz in einen anderen Mitgliedstaat verlegen möchte, wird mit einer Person verglichen, die ihren Wohnsitz in Frankreich beibehalten will.
[864] EuGH vom 11.03.2004 – Rs. C-9/02 (Lasteyrie du Saillant), EuGHE 2004, S. I-2409, Rdnr. 46.
[865] Vgl. die Ausführungen im 5. Kapitel unter A. III. 2.
[866] EuGH vom 08.05.1990 – Rs. C-175/88 (Biehl), EuGHE 1990, S. I-1792, Rdnr. 16.
[867] EuGH vom 12.07.2005 – Rs. C 403/03 (Schempp), DStR 2005, S. 1265, Rdnr. 39.

ebene verlagert. Es erscheint nicht allzu abwegig, diesen Schritt auch in Marktaustrittskonstellationen zu vollziehen. Dies würde bedeuten, dass man sich die Frage stellen muss, ob ein Steuerpflichtiger, der seinen Wohnsitz in einen anderen Mitgliedstaat verlegen möchte, sich tatsächlich in einer wirtschaftlich vergleichbaren Situation mit einer Person befindet, die ihren Wohnsitz in Frankreich beibehalten will. Letzterer kann gerade nicht verhindern, dass die stillen Reserven einer Kapitalbeteiligung in der Zukunft versteuert werden müssen. Dagegen schafft sich der Steuerpflichtige, der seinen Wohnsitz verlegen will, unter Umständen wirksame Möglichkeiten, wie er eine Besteuerung in der Zukunft vermeiden kann. Zudem sind an dieser Stelle auch die Regelungen der Doppelbesteuerungsabkommen in die Überlegungen einzubeziehen. So berührt der Wegzug innerhalb eines Mitgliedstaats nicht das Recht eines Mitgliedstaats auf latente Wertsteigerungen zuzugreifen. Er kann mit der Besteuerung zuwarten, bis die Wertsteigerungen tatsächlich etwa im Wege einer Veräußerung realisiert werden. Der Umzug in einen anderen Mitgliedstaat führt dagegen zum Verlust des Besteuerungsrechts seitens des früheren Wohnsitzstaats, da er regelmäßig nach den jeweiligen Doppelbesteuerungsabkommen sein ihm zustehendes Besteuerungsrecht nur bis zum Zeitpunkt der Wohnsitzverlegung ausüben darf[868].

3. Rechtfertigung der Beschränkung

Von den vier Rechtfertigungsgründen, die von den Mitgliedstaaten im Verfahren vorgebracht wurden, hat der Gerichtshof letztlich nur zwei Rechtfertigungsgründe – einen davon allerdings nur sehr eingeschränkt – als grundsätzlich tauglich anerkannt.

a) Steuerflucht

Der EuGH weist zwar die Argumentation der französischen Regierung zurück, die fragliche Vorschrift versuche eine Steuerflucht zu verhindern und sei deshalb als zwingender Grund des Allgemeininteresses anzuerkennen. Inzident erkennt er jedoch an, dass die Verhinderung von Steuerflucht eine Beschränkung der Niederlassungsfreiheit rechtfertigen kann. Lediglich auf der Stufe der Verhältnismäßigkeitsprüfung entwertet der EuGH den eigentlich akzeptierten Rechtfertigungsgrund, indem er eine tatbestandliche Anknüpfung der jeweiligen Norm an einen konkreten Umgehungs- oder Missbrauchsfall fordert. Der EuGH verlangt damit die individuelle Feststellung des Missbrauchs im konkreten Fall[869]. Eine allgemeine Vermutung von Steuerflucht oder Steuerhinterziehung reicht dagegen nicht aus. Genau dies kritisiert der Gerichtshof aber im Fall der Regelung des Art. 167bis CGI, der die Umgehungskonstellation immer dann vermutet, wenn ein Steuerpflichtiger, der wesentliche Beteiligungen an französischen Gesellschaften hält, seinen Wohnsitz ins Ausland verlegt[870]. Die Konsequenz dieser vom EuGH geforderten Anknüpfung der jeweiligen Norm an einen konkreten Umgehungs- oder Missbrauchsfall auf der Tatbestandsebene besteht auf der Rechtsfolgenseite darin, dass die Vorschrift zudem strikt auf die Abwen-

---

868 Siehe Art. 13 Abs. 5 OECD-MA.
869 *Hahn*, DStZ 2005, S. 507 (510).
870 EuGH vom 11.03.2004 – Rs. C-9/02 (Lasteyrie du Saillant), EuGHE 2004, S. I-2409, Rdnr. 50.

dung der Umgehung bzw. des Missbrauchs gerichtet sein muss[871]. Im Fall des Art. 167bis CGI hat diese Betrachtung die Feststellung zur Folge, dass die Vorschrift letztlich weit über das hinausgeht, was zur Erreichung des mit ihr verfolgten Ziels erforderlich ist[872].

Bemerkenswert ist jedoch, dass der EuGH – jedenfalls in der vorliegenden Entscheidung – nicht weiter eine „Künstlichkeit" der Umgehungskonzeption verlangt. In der Rechtssache „X et Y" hatte er beispielsweise noch von „künstlich geschaffenen, der Umgehung der schwedischen Steuergesetze dienenden Sachverhalten" gesprochen[873]. Nunmehr führt der EuGH unter Berufung auf die Ausführungen des Generalanwalts aus, dass die französischen Behörden „u.a. die Besteuerung eines Steuerpflichtigen vorsehen [könnten], der nach verhältnismäßig kurzem Aufenthalt in einem anderen Mitgliedstaat und nach Realisierung der Wertsteigerungen nach Frankreich zurückkehrt"[874]. Damit wäre auch die Besteuerung einer dolosen Ausweichstrategie durch „Gestaltung" von Fakten möglich[875]. Im Ergebnis ändert jedoch diese Lockerung im Anforderungsprofil der Verhältnismäßigkeitsprüfung wenig am Befund: Eine Typisierung von Missbrauchsvorschriften ist nur in einem sehr begrenztem Umfang möglich. In der Rechtsetzungspraxis der Mitgliedstaaten dürfte dieser Rechtfertigungsgrund daher nur noch in Ausnahmefällen von Bedeutung sein.

b) Kohärenz bzw. Sicherstellung der Besteuerung stiller Reserven

Das von der niederländischen Regierung vorgetragene Argument, die streitige Regelung sei erforderlich, um die Kohärenz des französischen Steuersystems zu wahren, ist vom EuGH m.E. zu Recht zurückgewiesen worden. Der Kohärenzgedanke war damit begründet worden, dass die kombinierte Wirkung der Besteuerung im Falle der Auswanderung und die Forderung von Sicherheiten, an die der Aufschub der tatsächlichen Zahlung der Steuer geknüpft ist, notwendig sei, weil ein unmittelbarer Zusammenhang zwischen dem Aufschub der jährlichen Besteuerung des Kapitalzuwachses und der tatsächlichen Erhebung der Steuer bei Verlegung des Wohnsitzes ins Ausland bestehe[876]. Diese Argumentation ist schon vom Ansatz her verfehlt. So wäre zunächst einmal zu fragen gewesen, ob die Kohärenz des französischen Steuersystems eine Besteuerung des Wertzuwachses im Falle des Wegzugs erforderlich macht. Erst wenn diese Frage positiv beantwortet werden kann, kann man sich der Frage widmen, ob zur Sicherstellung dieser Besteuerung des Wertzuwachses entsprechende Verfahrensnormen erforderlich sind.

Der EuGH hat dennoch eine Aussage getroffen, die Rückschlüsse darauf zulässt, was als tauglicher Rechtfertigungsgrund angesehen werden könnte. So hat er, indem er betont, dass Art. 167bis CGI offenbar nicht das Ziel verfolgt, die Be-

---

871 *Randelzhofer/Forsthoff*, in: Grabitz/Hilf, EUV/EGV, vor Art. 39-55 EGV, Rdnr. 241.

872 EuGH vom 11.03.2004 – Rs. C-9/02 (Lasteyrie du Saillant), EuGHE 2004, S. I-2409, Rdnr. 52.

873 EuGH vom 21.11.2002 – Rs. C-436/00 (X et Y), EuGHE 2002, S. I-10829, Rdnr. 42.

874 EuGH vom 11.03.2004 – Rs. C-9/02 (Lasteyrie du Saillant), EuGHE 2004, S. I-2409, Rdnr. 54.

875 So auch *Fischer*, FR 2005, S. 630 (631).

876 EuGH vom 11.03.2004 – Rs. C-9/02 (Lasteyrie du Saillant), EuGHE 2004, S. I-2409, Rdnr. 61.

steuerung der inländischen Wertsteigerungen sicherzustellen[877], inzident zum Ausdruck gebracht, dass die Sicherung der Besteuerung jener stillen Reserven, die während der unbeschränkten Steuerpflicht im Inland angesammelt wurden, für sich gesehen ein legitimes Allgemeininteresse darstellt, das eine Beschränkung der Niederlassungsfreiheit grundsätzlich rechtfertigen könnte[878]. Er hat damit eine Andeutung in der Rechtssache „X et Y" aufgegriffen[879]. Dort hatte der Gerichtshof auf das Problem der Kohärenz der fraglichen Steuerregelungen in der Rechtssache „Bachmann" und „Kommission/Belgien"[880] hingewiesen, wo Zahlungen deshalb der Besteuerung zu entgehen drohten, weil sie von Dritten geleistet worden waren. Eine andere Ursache, aber letztlich dasselbe Problem, wurde vom Gerichtshof auch für den Fall gesehen, dass die Besteuerungsgrundlage aufgrund des Wegzugs des Steuerpflichtigen entfällt. Damit sieht der EuGH wohl die Sicherstellung der Besteuerung von stillen Reserven als einen Teilaspekt der Kohärenz an. Dies stellt einen sehr viel weitergehenden Gedankenansatz dar, als er noch in den Rechtsachen „Bachmann" und „Kommission/Belgien" vertreten worden ist. Im Ergebnis ist daher festzuhalten, dass die Sicherung der Besteuerung von stillen Reserven, die während der unbeschränkten Steuerpflicht im Inland angesammelt wurden, als tauglicher Rechtfertigungsgrund angesehen werden kann. Im Rahmen der sich anschließenden Verhältnismäßigkeitsprüfung ist dann weiter zu untersuchen, inwieweit die konkrete Maßnahme nicht über das hinausgeht, was zur Erreichung des legitimen Ziels erforderlich ist.

III. Folgerungen für die nationale Wegzugsbesteuerung

1. Der Regelungsinhalt des § 6 AStG

Hält ein Steuerpflichtiger Anteile an Kapitalgesellschaften im Privatvermögen, ist deren Veräußerung grundsätzlich steuerlich nicht relevant[881]. Beträgt die Beteiligung bei Veräußerung (oder in den letzten fünf Jahren zuvor) jedoch mehr als 1 v.H. des Nennkapitals, sind Veräußerungsgewinne nach § 17 EStG als gewerbliche Einkünfte zu versteuern. Soweit der Grundsatz.

Die Vorschrift des § 6 AStG sieht eine Ausnahme von diesem Grundsatz vor, indem sie den Wertzuwachs von Anteilen an Kapitalgesellschaften, die im Privatvermögen gehalten werden, auch ohne eigentlichen Realisationsakt bei Wegzug einer natürlichen Person der deutschen Besteuerung unterwirft. Konkret regelt § 6 Abs. 1 AStG, dass eine natürliche Person, die insgesamt mindestens zehn Jahre in Deutschland unbeschränkt einkommensteuerpflichtig war, und deren unbeschränkte Steuerpflicht durch Aufgabe des Wohnsitzes oder gewöhnlichen Aufenthalts endet, grundsätzlich die stillen Reserven zu versteuern hat, die in einer von ihr im Privatvermögen gehaltenen Beteiligung i.S.d. § 17 EStG[882]

[877] EuGH vom 11.03.2004 – Rs. C-9/02 (Lasteyrie du Saillant), EuGHE 2004, S. I-2409, Rdnr. 65.

[878] Vgl. auch *Schindler*, IStR 2004, S. 300 (305) m.w.N.

[879] EuGH vom 21.11.2002 – Rs. C-436/00 (X et Y), EuGHE 2002, S. I-10829, Rdnr. 58 f.

[880] EuGH vom 28.01.1992 Rs. – C-240/90 (Bachmann), EuGHE 1992, S. I-5383 ff.; EuGH vom 28.01.1992 – Rs. C-300/90 (Kommission/Belgien), EuGHE 1992, S. I-305 ff.

[881] Eine Ausnahme besteht lediglich im Bereich des § 23 EStG.

[882] Eine Beteiligung i.S.v. § 17 Abs. 1 EStG liegt vor, wenn eine natürliche Person an einer Kapitalgesellschaft in Höhe von mind. 1 v.H. mittelbar oder unmittelbar in den letzten fünf Jahren beteiligt war.

enthalten sind. Im Ergebnis bedeutet dies, dass der Wertzuwachs der Anteile bei einem Wegzug der deutschen Einkommensteuer unterworfen wird, obwohl ein solcher Wertzuwachs tatsächlich nicht realisiert worden ist. Ergänzend hierzu erfasst § 6 Abs. 3 AStG auch sog. Ersatzrealisationstatbestände, die der Beendigung der unbeschränkten Steuerpflicht gleichgestellt werden[883]. Eine Milderungsmöglichkeit sieht hingegen § 6 Abs. 4 AStG vor. Danach entfällt der Steueranspruch, wenn die Beendigung der unbeschränkten Steuerpflicht auf vorübergehender Abwesenheit beruht und der Steuerpflichtige innerhalb von fünf Jahren seit Beendigung der unbeschränkten Steuerpflicht wieder unbeschränkt einkommensteuerpflichtig wird, soweit die Anteile nicht zwischenzeitlich veräußert worden sind oder ein Ersatzrealisationstatbestand erfüllt worden ist[884]. Das Finanzamt kann die Fünf-Jahres-Frist um höchstens fünf Jahre verlängern, wenn glaubhaft gemacht wird, dass berufliche Gründe für die Abwesenheit maßgebend sind und eine Absicht zur Rückkehr unverändert fortbesteht. Erleichterungen sieht das Gesetz auch bei der Erhebung der festgesetzten Steuer vor. So kann das Finanzamt die geschuldete Einkommensteuer nach § 6 Abs. 5 AStG auf Antrag in regelmäßigen Teilbeträgen für einen Zeitraum von höchstens fünf Jahren seit Eintritt der ersten Fälligkeit gegen Sicherheitsleistung stunden. Voraussetzung ist, dass die alsbaldige Einziehung der Steuer mit erheblichen Härten für den Steuerpflichtigen verbunden wäre.

2. Unterschiede zur französischen Regelung

Die Regelung des § 6 AStG weist damit erhebliche Unterschiede zur französischen Regelung in Art. 167bis CGI auf. Zum einen greift die französische Regelung nur bei Beteiligungen von mindestens 25 v.H. ein, § 6 AStG dagegen schon ab einer Beteiligung von 1 v.H. Des Weiteren gestattet die französische Regelung immerhin einen Steueraufschub von fünf Jahren für den Gesamtbetrag oder bis zur früheren Veräußerung, wenn ein inländischer Bevollmächtigter benannt und Sicherheit gestellt wird[885]; § 6 Abs. 5 Satz 1 AStG ermöglicht demgegenüber lediglich die Entrichtung der Steuer in gleichen Raten über einen Zeitraum von maximal fünf Jahren und gegen Sicherheitsleistung. Außerdem erlischt bei der französischen Regelung der Steueranspruch, wenn binnen fünf Jahren keine Veräußerung erfolgt. Zudem wird bei der französischen Regelung eine eventuelle ausländische Steuer auf den tatsächlichen Veräußerungsgewinn bei Veräuße-

---

[883] Dabei sind folgende Ersatzrealisationstatbestände zu unterscheiden:
- Die Übertragung der Anteile durch ganz oder teilweise unentgeltliches Rechtsgeschäft unter Lebenden auf nicht unbeschränkt steuerpflichtige Personen (§ 6 Abs. 3 Nr. 1 AStG).
- Die Begründung eines Wohnsitzes oder gewöhnlichen Aufenthalts oder die Erfüllung eines anderen ähnlichen Merkmals in einem ausländischen Staat, wenn die Person auf Grund dessen nach einem DBA als in einem Staat ansässig anzusehen ist (§ 6 Abs. 3 Nr. 2 AStG).
- Die Einlage der Anteile in einen Betrieb oder eine Betriebstätte der Person in einem ausländischen Staat, wenn das Besteuerungsrecht Deutschlands hinsichtlich des Gewinns aus der Veräußerung der Anteile durch ein DBA ausgeschlossen ist (§ 6 Abs. 3 Nr. 3 AStG).
- Der Tausch der Anteile gegen Anteile an einer ausländischen Kapitalgesellschaft (§ 6 Abs. 3 Nr. 4 AStG).

[884] § 6 Abs. 4 AStG verweist auf die Tatbestände des § 6 Abs. 3 Nr. 1, 3 und 4 AStG.

[885] Art. 167bis II.-1. CGI a.E. Vgl. auch die Ausführungen im 7. Kapitel unter B. I.1.

rung auf die (gestundete) französische Steuer auf den fiktiven Veräußerungsgewinn bei Wegzug angerechnet. In § 6 AStG ist dies nicht vorgesehen.

Der entscheidende Unterschied zwischen der deutschen und der französischen Vorschrift besteht jedoch in den unterschiedlichen Belastungsgründen, die der jeweiligen Norm zugrunde liegen. Bei der französischen Regelung besteht der Belastungsgrund darin, die Steuerflucht zu verhindern, d.h. den rein steuerlich motivierten Wegzug bestimmter Steuerpflichtiger, die vor der Veräußerung von Wertpapieren ihren steuerlichen Wohnsitz allein deshalb verlegen, um die Zahlung der in Frankreich auf die Wertsteigerungen zu entrichtenden Steuern zu umgehen[886]. Im Gegensatz hierzu will § 6 AStG die Besteuerung jener stillen Reserven sicherstellen, die während der unbeschränkten Steuerpflicht im Inland angesammelt wurden[887]. Wie entscheidend dieser Unterschied ist, hat die Auswertung der Ausführungen des EuGH zu den jeweils von den Mitgliedstaaten angeführten Rechtfertigungsgründen in der Rechtssache „Lasteyrie du Saillant" ergeben[888]. Während man den Rechtfertigungsgrund der Steuerflucht im Ergebnis als entwertet betrachten muss, weil der EuGH die individuelle Feststellung des Missbrauchs im konkreten Fall verlangt[889], hat der EuGH bei dem Rechtfertigungsgrund der Kohärenz des Steuersystems in Form eines Teilaspekts, nämlich der Sicherstellung der Besteuerung der stillen Reserven, bislang keine Einschränkungen erkennen lassen. Die pauschale Aussage von *Schaumburg*, der EuGH habe einer Sofortbesteuerung bei Wegzug eine klare Absage erteilt[890], ist daher zumindest in dieser unkritischen Form unzutreffend.

3. Identifikation der einschlägigen Grundfreiheit

Problematisch ist vorliegend die Identifikation der einschlägigen Grundfreiheit. Der EuGH hat sich in seiner Entscheidung in der Rechtssache „Lasteyrie du Saillant" einer entsprechenden Aussage entzogen, indem er sich streng an der Vorlagefrage durch das nationale Gericht gehalten hat[891]. Eine Entscheidung des EuGH, ob eine nationale Wegzugsbesteuerung in den Anwendungsbereich der Niederlassungsfreiheit fällt, liegt daher nicht vor. Daran können auch berechtigte Zweifel bestehen. Denn Art. 43 EGV wendet sich in erster Linie an die Gesellschaft, die eine wirtschaftliche Tätigkeit ausübt, und nicht an den Gesellschafter. *Hahn* weist deshalb darauf hin, dass § 17 EStG i.V.m. § 6 AStG den Fall der Wohnsitzverlegung eines Gesellschafters erfasst, während die Sitzverlegung einer Gesellschaft in § 12 i.V.m. § 11 KStG geregelt ist[892]. Ein Gesellschafter, auch ein wesentlich beteiligter Gesellschafter, übt als solcher damit grundsätzlich keine selbständige Erwerbstätigkeit aus. Allerdings fallen in den Schutzbereich des Art. 43 EGV auch Tätigkeiten wie die Leitung eines Unternehmens. Damit wäre der Schutzbereich der Niederlassungsfreiheit durch die

---

886 EuGH vom 11.03.2004 – Rs. C-9/02 (Lasteyrie du Saillant), EuGHE 2004, S. I-2409, Rdnr. 25.

887 *Hahn*, SWI 2002, S. 473 (475); *Wassermeyer*, in: Flick/Wassermeyer/Baumhoff, AStG, § 6, Rdnr. 5 u. 8; *Schindler*, IStR 2004, S. 300 (305).

888 Vgl. die Ausführungen im 7. Kapitel unter B. II. 3.

889 *Hahn*, DStZ 2005, S. 507 (510).

890 *Schaumburg*, in: FS für Wassermeyer, S. 413.

891 Vgl. die Ausführungen im 7. Kapitel unter B. II. 1.

892 *Hahn*, Die Vereinbarkeit von Normen des deutschen internationalen Steuerrechts mit EG-Recht, IFSt-Schrift Nr. 378, S. 67.

Vorschrift des § 6 AStG durchaus berührt. Hinzukommen muss jedoch, dass in dem Zuzugsstaat auch ein wirtschaftlicher Bezug zur Gesellschaft besteht. Dies ist erforderlich, damit die Niederlassungsfreiheit sich nicht zu einer allumfassenden Freizügigkeit im Raum der Mitgliedstaaten wandelt. *Hahn* fordert daher, dass der Gesellschafter im Zuzugsstaat den Mittelpunkt seiner wirtschaftlichen Tätigkeit schafft[893]. Nur unter diesen Voraussetzungen hat ein Steuerpflichtiger auch von der Niederlassungsfreiheit Gebrauch gemacht.

Problematisch ist jedoch weiter, ob man bei einer Beteiligungsquote von lediglich 1 v.H. noch von einer Verletzung der Niederlassungsfreiheit sprechen kann, oder ob nicht vielmehr von einer Verletzung der Kapitalverkehrsfreiheit auszugehen ist. Wie *Wassermeyer* zutreffend ausführt, hängt die Entscheidung dieser Frage letztlich davon ab, ob der Anteilseigner Einfluss auf die Entscheidungen der Kapitalgesellschaft nehmen kann[894]. Bei einer Beteiligungsquote von lediglich 1 v.H. ist dies ausgeschlossen. Damit dürfte bezüglich der Regelung in § 6 AStG allenfalls die Kapitalverkehrsfreiheit einschlägig sein. Zweifelhaft ist jedoch, ob § 6 AStG überhaupt den Schutzbereich der Kapitalverkehrsfreiheit berührt. Selbst wenn man von einem weiten Verständnis des Begriffs „Kapitalverkehr“ ausgeht und darunter jedweden grenzüberschreitenden Transfer von Werten in Form von Finanz- oder Realkapital[895] versteht, ist diesem Begriffsverständnis immanent, dass die ungehinderte Verwendung von Kapital zu wirtschaftlichen Zwecken gesichert werden soll. Dies setzt aber voraus, dass für wirtschaftliche Zwecke verfügbares Kapital zu solchen Zwecken in einen anderen Staat überführt und dort eingesetzt wird[896]. Im Fall der schlichten Wohnsitzverlegung eines Gesellschafters ist ein wirtschaftlicher Vorgang dieser Art gerade nicht gegeben. Die Kapitalverkehrsfreiheit ist daher nur einschlägig, wenn weitere Umstände hinzutreten.

Zweifel ergeben sich auch, ob der Anwendungsbereich der Freizügigkeit der Unionsbürger nach Art. 18 EGV eröffnet ist. Der in der Rechtssache „Lasteyrie du Saillant“ vorlegende Conseil d´ État hat jedenfalls in der französischen Wegzugsbesteuerung bei Wohnsitzwechsel einer natürlichen Person kein tatsächliches Hindernis bei der effektiven Ausübung der persönlichen Freizügigkeit einer Person gesehen[897]. Die Entscheidung deckt sich mit dem Verständnis des Freizügigkeitsrechts in den Mitgliedsaaten. Diese wollten mit Art. 18 EGV keine vom traditionellen Verständnis dieses Grundrechts abweichende Grundfreiheit schaffen[898]. Art. 18 EGV kann im Steuerrecht daher nicht zur Anwendung

[893] *Hahn*, Die Vereinbarkeit von Normen des deutschen internationalen Steuerrechts mit EG-Recht, IFSt-Schrift Nr. 378, S. 68 f.

[894] *Wassermeyer* verweist insoweit auf das Urteil des EuGH in der Rechtssache „X et Y“ (EuGH vom 21.11.2002 – Rs. C-436/00 (X et Y) EuGHE 2002, S. I-10829 ff.), wo der EuGH offensichtlich eine Beteiligungsquote von 25 v.H. möglicherweise aber auch schon von 10 v.H. als ausreichend angesehen hat. Vgl. *Wassermeyer*, GmbHR 2004, S. 613 (615).

[895] *Schönfeld*, Hinzurechnungsbesteuerung und Europäisches Gemeinschaftsrecht, S. 47 m.w.N.

[896] *Hahn*, Die Vereinbarkeit von Normen des deutschen internationalen Steuerrechts mit EG-Recht, IFSt-Schrift Nr. 378, S. 74 m.w.N.

[897] *Richter*, IStR 2003, S. 157 (158).

[898] *Hahn*, Die Vereinbarkeit von Normen des deutschen internationalen Steuerrechts mit EG-Recht, IFSt-Schrift Nr. 378, S. 79.

kommen. Andernfalls wäre jede Form einer Steuererhebung in einem Mitgliedstaat letztlich ein Verstoß gegen die Freizügigkeit der Unionsbürger[899].

Insgesamt ist festzuhalten, dass eine Identifikation der einschlägigen Grundfreiheiten problematisch ist. Die Kapitalverkehrsfreiheit könnte grundsätzlich einschlägig sein, bei Beteiligungen über 10 v.H. könnte jedoch die Niederlassungsfreiheit greifen. Im Einzelfall ist jedenfalls genauestens zu prüfen, ob der Steuerpflichtige auch von der jeweiligen Grundfreiheit tatsächlich Gebrauch gemacht hat.

4. Rechtfertigung der Beschränkung durch § 6 AStG

Die Prüfung der Europarechtskonformität des § 6 AStG konzentriert sich letztlich auf die Frage, ob die Beschränkungen, die von der Wegzugsbesteuerung in der Ausgestaltung durch § 6 AStG ausgehen, durch den zwingenden Grund des Allgemeininteresses – Sicherstellung der Besteuerung jener stillen Reserven, die während der unbeschränkten Steuerpflicht im Inland angesammelt wurden – gerechtfertigt werden kann. Nach der Rechtsprechung des EuGH[900] muss die Maßnahme geeignet sein, das mit ihr verfolgte Ziel zu erreichen. Zugleich darf sie nicht über das hinausgehen, was hierzu objektiv notwendig ist; es darf also das gleiche Ergebnis nicht durch weniger einschneidende Maßnahmen erreicht werden können[901]. Ferner muss eine Angemessenheit in dem Sinne bestehen, dass Beeinträchtigung der Grundfreiheit einerseits und verfolgtes Ziel andererseits nicht in einem Missverhältnis zueinander sehen[902].

a) Geeignetheit

Der Grundsatz der Verhältnismäßigkeit setzt also zunächst die Geeignetheit der mitgliedstaatlichen Maßnahme voraus. Die beschränkende Maßnahme muss geeignet sein, „die Verwirklichung des mit ihr angestrebten Ziels zu gewährleisten“[903]. Im Falle des § 6 AStG bedeutet dies, dass die Besteuerung aller im Mitgliedstaat entstandenen stillen Reserven sichergestellt werden muss[904]. Daran kann man vorliegend in zweierlei Hinsicht Zweifel haben. Zum einen erfasst § 6 AStG nur die in Beteiligungen an inländischen Gesellschaften enthaltenen stillen Reserven. Stille Reserven, die dagegen in Beteiligungen an ausländischen Gesellschaften enthalten sind, werden nicht dem § 6 AStG unterworfen[905]. Zum anderen werden durch die in § 6 AStG normierte Tatbestandsvoraussetzung einer insgesamt zehnjährigen unbeschränkten Steuerpflicht alle Fallkonstellationen aus dem Anwendungsbereich des § 6 AStG ausgenommen, die diesen Zeitrahmen von zehn Jahren nicht erfüllen. Damit erfasst die Vorschrift ganz wesentliche Bereiche, in denen aber erhebliche stille Reserven angesammelt wor-

---

[899] Vgl. die Ausführungen im 5. Kapitel unter A. I. 2.
[900] Vgl. die Ausführungen im 5. Kapitel unter B. III.; beispielhaft EuGH vom 14.12.1995 – Rs. C-163/94 (Sanz de Lera), EuGHE 1995, S. I-4821, Rdnr. 22.
[901] EuGH vom 11.03.2004 – Rs. C-9/02 (Lasteyrie du Saillant), EuGHE 2004, S. I-2409, Rdnr. 49.
[902] *Calliess/Ruffert*, EUV/EGV, Art. 30 EGV, Rdnr. 49.
[903] EuGH vom 21.09.1999 – Rs. C-124/97 (Läärä), EuGHE 1999, S. I-6067, Rdnr. 31.
[904] *Schindler*, IStR 2004, S. 300 (306).
[905] Bis zum 3. Referentenentwurf zum AStG vom 20.04.1971 war hingegen noch vorgesehen, die Wegzugsbesteuerung des § 6 AStG auf sämtliche Beteiligungen zu erstrecken. Vgl. *Wassermeyer*, in: Flick/Wassermeyer/Baumhoff, AStG, § 6, Rdnr. 16.

den sein können, überhaupt nicht. Dennoch ist § 6 AStG eine geeignete Maßnahme, um das angestrebte Ziel zu erreichen. Denn an die Geeignetheit einer Maßnahme ist für Zwecke der Rechtfertigungsprüfung kein allzu hoher Maßstab anzulegen. Es genügt, wenn die Maßnahme als eine Art „Grobfilter" wirkt, an dem nur extreme Fälle der Zweckverfehlung scheitern[906]. Es braucht damit nicht das am besten geeignete Mittel zu sein; eine Förderung des Ziels genügt[907]. Diesen Anforderungen genügt § 6 AStG.

b) Erforderlichkeit

Der Schwerpunkt der Verhältnismäßigkeitsprüfung liegt jedoch vorliegend bei der Untersuchung der Erforderlichkeit der Maßnahme. Nach der Rechtsprechung des EuGH darf eine Maßnahme nicht über das hinausgehen, was zum Erreichen des im zwingenden Allgemeininteresse liegenden Ziels notwendig ist[908]. Es geht also um die Frage, ob ein anderes Mittel zur Verfügung steht, das ebenso wirksam ist, aber nicht so stark in die Grundfreiheiten eingreift.

Ausgangspunkt der folgenden Überlegungen ist dabei zunächst der Regelungsinhalt des § 6 Abs. 1 AStG. Dort ist eine sofortige Festsetzung der Steuer im Zeitpunkt des Wegzugs vorgesehen. Allerdings sieht § 6 Abs. 5 AStG Erleichterungen bei der Erhebung der festgesetzten Steuer vor. So kann das Finanzamt auf Antrag die geschuldete Einkommensteuer nach § 6 Abs. 5 AStG in regelmäßigen Teilbeträgen für einen Zeitraum von höchstens 5 Jahren seit Eintritt der ersten Fälligkeit gegen Sicherheitsleistung stunden. Voraussetzung ist, dass die alsbaldige Einziehung der Steuer mit erheblichen Härten für den Steuerpflichtigen verbunden wäre. Im Ergebnis handelt es sich dennoch bei § 6 AStG um eine Regelung mit sofortiger Steuerfestsetzung ohne Stundung der Steuerschuld. Denn die in § 6 Abs. 5 AStG vorgesehene Stundungsmöglichkeit wird vom EuGH wiederum als Beschränkung eingestuft und damit im Ergebnis nicht akzeptiert, da der Zahlungsaufschub nicht automatisch erfolgt, sondern nur auf Antrag und wenn weitere Voraussetzungen erfüllt und nachgewiesen werden[909].

Es stellt sich daher die Frage, ob durch eine sofortige Steuerfestsetzung mit (automatischer) Stundung der Steuerschuld (sog. Stundungslösung) nicht ebenso wirksam das Ziel erreicht werden kann, die Besteuerung aller im Mitgliedstaat entstandenen stillen Reserven sicherzustellen. Gegenüber der jetzigen Fassung des § 6 AStG wäre dies das mildere Mittel, da der Steuerpflichtige einen Zahlungsaufschub erhält, ohne weitere Voraussetzungen erfüllen zu müssen. M.E. würde jedoch eine sofortige Steuerfestsetzung mit automatischer Stundung der Steuerschuld wegen zu erwartender hoher Vollzugsdefizite eine wirksame Erreichung des vorgegebenen Ziels nicht mehr gewährleisten. Ein einfaches Beispiel zeigt die Problematik auf:

---

[906] *Cordewener*, Europäische Grundfreiheiten und nationales Steuerrecht – „Konvergenz" des Gemeinschaftsrechts und „Kohärenz" der direkten Steuern in der Rechtsprechung des EuGH, S. 86 f.

[907] EuGH vom 10.07.1980 – Rs. 152/78 (Kommission/Frankreich), EuGHE 1980, S. 2316.

[908] EuGH vom 15.05.1997 – Rs. C-250/95 (Futura), EuGHE 1997, S. I-2471, Rdnr. 26; EuGH vom 21.11.2002 – Rs. C-436/00 (X et Y) EuGHE 2002, S. I-10829, Rdnr. 49; EuGH vom 11.03.2004 – Rs. C-9/02 (Lasteyrie du Saillant), EuGHE 2004, S. I-2409, Rdnr. 49 u. 52.

[909] EuGH vom 11.03.2004 – Rs. C-9/02 (Lasteyrie du Saillant), EuGHE 2004, S. I-2409, Rdnr. 47.

Ein Steuerpflichtiger verzieht im Jahr 2006 nach Frankreich. Er hält Anteile von 5 v.H. an einer Aktiengesellschaft in Deutschland. Im Zeitpunkt des Wegzugs würde die Steuer festgesetzt und gleichzeitig gestundet. Der Steuerpflichtige verschenkt nun seine Anteile im Jahr 2008 an seine Tochter, die seit mehreren Jahren in den USA lebt.

Um eine Besteuerung der inländischen stillen Reserven in dieser Fallkonstellation sicherzustellen, müsste ein Ersatzrealisationstatbestand in das Gesetz aufgenommen werden, denn die aktuelle Fassung des Gesetzes würde diesen Sachverhalt nicht erfassen. § 6 Abs. 3 Nr. 1 AStG[910] sieht derzeit nur für den Fall einer Schenkung von Anteilen – vor dem Wegzug – an eine nicht unbeschränkt steuerpflichtige Person eine Besteuerung vor. Der Fall einer Schenkung nach dem Wegzug wäre dagegen nicht geregelt. Für diese Fallkonstellation müsste also ein Realisationstatbestand fingiert werden, mit der Folge, dass die Stundung der gegen den Schenker festgesetzten Steuer aufzuheben und die Steuer zu erheben ist. Problematisch wäre ein derartiger Ersatzrealisationstatbestand – ebenso wie § 6 Abs. 3 Nr. 1 AStG – schon allein deshalb, weil er im Vergleich zum reinen Inlandssachverhalt eine Beschränkung darstellt. Denn bei der Schenkung von Anteilen an unbeschränkt steuerpflichtige Personen im Inland erfolgt im Zeitpunkt der Anteilsschenkung keine Belastung mit Einkommensteuer: Die Steuer wird erst bei der tatsächlichen Veräußerung der Anteile festgesetzt und erhoben. Mit der Erfassung von grenzüberschreitenden Schenkungen als Ersatzrealisationstatbestände soll aber, wie im Grundfall des Wegzugs nach § 6 Abs. 1 AStG, eine Erfassung der inländischen stillen Reserven sichergestellt werden. Bei der Prüfung, ob ein Rechtfertigungsgrund für diese beschränkende Maßnahme eingreift, kann daher auf die Argumentation zum Grundtatbestand zurückgegriffen werden. Die Frage, die sich wiederum stellt, ist, ob die festgesetzte Steuer letztlich sofort erhoben werden darf oder bis zur tatsächlichen Veräußerung der Anteile gestundet werden muss. Die Folge einer Stundungslösung in Fällen grenzüberschreitender Schenkungen wären dann allerdings erhebliche Vollzugsdefizite in der Überwachung dieser Vorgänge. Der Schenker müsste der Finanzverwaltung Informationen zukommen lassen, über die er unter Umständen gar nicht verfügen kann, da sie die Rechtssphäre einer anderen Person, nämlich des Beschenkten, betreffen[911]. M.E. wäre daher eine Sofortbesteuerung EG-rechtlich zulässig, da ein milderes Mittel zwar erkennbar ist, damit aber das Ziel, die Besteuerung der inländischen stillen Reserven sicherzustellen, nicht erreicht werden kann[912].

Letztlich unproblematisch dürfte in diesen Fallkonstellationen sein, dass im Ergebnis uno acto eine doppelte Belastung mit Einkommensteuer und Schen-

[910] Nach § 6 Abs. 3 Nr. 1 AStG steht „die Übertragung der Anteile durch ganz oder teilweise unentgeltliches Rechtsgeschäft unter Lebenden auf nicht unbeschränkt steuerpflichtige Personen" einer Beendigung der unbeschränkten Steuerpflicht gleich.

[911] Ein Verweis auf die Amtshilfe-Richtlinie dürfte in diesen Fällen nicht weiterhelfen, da die Finanzverwaltung praktisch „ins Blaue hinein" Ersuchen an den ausländischen Staat richten müsste.

[912] Als milderes Mittel wäre in den Fallkonstellationen von grenzüberschreitenden Schenkungen allenfalls eine Stundungslösung gegen Sicherheitsleistung denkbar.

kungsteuer erfolgt[913]. Der Schenker würde zwar in diesen Fallkonstellationen – obwohl er keine Einkünfte erzielt hat – der Einkommensteuer nach § 6 AStG unterworfen und der Schenkungsempfänger hätte daneben für die unentgeltliche Übertragung Erbschaft- und Schenkungsteuer zu entrichten[914]. Im Ergebnis wäre aber diese doppelte Belastung auf die Norm des § 6 AStG zurückzuführen. Es ist daher auf die oben dargestellte Argumentation zu verweisen. Zu bedenken wäre weiter, dass es nicht in allen Fallkonstellationen zu einer Doppelbelastung mit Einkommensteuer und Schenkungsteuer kommen dürfte, da gerade im Fall der beschränkten Erbschaft- und Schenkungsteuerpflicht nach § 2 Abs. 1 Nr. 3 ErbStG die Beteiligungsgrenze von 10 v.H. im ErbStG[915] von der des § 17 EStG mit 1 v.H. deutlich abweicht. Eine Abmilderung der Belastung des Schenkers durch eine Ermäßigung der Einkommensteuer, wenn für die Übertragung Erbschaftsteuer zu entrichten ist[916], wäre daher EG-rechtlich nicht erforderlich. Eine derartige Regelung würde auch kaum zu lösende Folgefragen nach sich ziehen wie z.B., ob im Ausland angefallene Erbschaft- und Schenkungssteuer angerechnet werden muss oder ob die im Ausland angefallene Steuer mit der deutschen Erbschaft- und Schenkungsteuer überhaupt vergleichbar ist.

Mit der Schaffung eines entsprechenden Ersatzrealisationstatbestands[917] sind jedoch die erheblichen Vollzugsprobleme nicht gelöst. Denn neben der Veräußerung durch den Steuerpflichtigen selbst müssten auch alle unentgeltlichen Übertragungen gemeldet und die Daten von den Finanzämtern entsprechend vorgehalten werden. Die Meldungen der Steuerpflichtigen müssten entsprechend überprüft werden können. Dies könnte durch die Amtshilfe-Richtlinie geschehen. Allerdings wäre in diesem Zusammenhang zu beachten, dass die deutschen Finanzbehörden nicht prophylaktisch jedes Jahr im Zuzugsstaat anfragen können, ob ein Realisationstatbestand vorliegt oder nicht. Im Ergebnis wäre die Finanzverwaltung damit auf das Meldeverhalten der Steuerpflichtigen angewiesen. Ähnliche Schwierigkeiten ergeben sich auch in Fällen der Gesamtrechtsnachfolge. In diesen Fallkonstellationen müsste sichergestellt werden, dass der Gesamtrechtsnachfolger die festgesetzte Steuer auf den Vermögenszuwachs entrichtet, wenn er die Anteile veräußert oder einen gleichgestellten Tatbestand verwirklicht. Auch hier ergeben sich kaum mehr lösbare Probleme im Verwaltungsvollzug. Kaum weniger schwierig sind Fallkonstellationen, bei denen der Steuerpflichtige Anteile an Kapitalgesellschaften hält, die nach dem Wegzug umstrukturiert werden[918]. Es müsste in diesen Fällen geprüft werden, ob diese Umstrukturierungen nach dem deutschen UmwStG unter Buchwertfortführung möglich sind. Weiter müsste die Finanzverwaltung nachforschen, ob möglicherweise bei

[913] M.E. ergibt sich aus der gedanlichen Erweiterung der Kohärenz im Sinne einer zwischenstaatlichen Gerechtigkeit, dass steuerartenübergreifend eine Gesamtbetrachtung vorzunehmen ist. Nach der bisherigen Rechtsprechung würde der EuGH wohl nur auf die Belastung mit Einkommensteuer abstellen.

[914] Eine Steuerpflicht kann sich aus § 2 Abs. 1 Nr. 1 Buchst. b) ErbStG (erweiterte unbeschränkte Steuerpflicht) oder aus § 2 Abs. 1 Nr. 3 ErbStG (beschränkte Steuerpflicht) ergeben.

[915] § 2 Abs. 1 Nr. 3 ErbStG i.V.m. § 121 BewG.

[916] § 6 Abs. 3 Nr. 1 Halbs. 2 AStG.

[917] Möglich wäre allerdings auch ein Entstrickungstatbestand in allgemeiner Form, der eine entsprechende Realisierung vorsieht, wenn die Besteuerung der stillen Reserven im Inland nicht mehr sichergestellt ist.

[918] *Rödder*, IStR 2005, S. 297 (298).

grenzüberschreitenden Umstrukturierungen eine Buchwertfortführung nach der Fusions-Richtlinie[919] in Frage kommt. Jedenfalls darf in Fallkonstellationen mit Buchwertfortführung keine Aufhebung der Stundung erfolgen. Problematisch ist jedoch wiederum, wie die Finanzverwaltung von derartigen Vorgängen Kenntnis erlangt und wie die Besteuerung in Fällen, in denen keine Buchwertverknüpfung möglich ist, sichergestellt werden kann. Daneben ergeben sich ganz praktische Probleme, wenn der Steuerpflichtige beispielsweise von einem Mitgliedstaat in einen Drittstaat verzieht[920]. Auch diese Fallkonstellationen führen zu erheblichen Defiziten bei der Ermittlung des Sachverhalts durch die deutsche Finanzverwaltung. Selbstverständlich wäre es möglich, entsprechende Mitwirkungspflichten gesetzlich zu verankern. Gesetzliche Meldepflichten führen jedenfalls per se nicht zu einem Verstoß gegen die Grundfreiheiten des EG-Vertrags[921]. Allerdings stellt sich dann immer die Frage, was passiert, wenn der Steuerpflichtige diesen Mitwirkungspflichten nicht nachkommt. Die Möglichkeiten zur Umgehung sind jedenfalls offensichtlich und sie erreichen m.E. eine verfassungsrechtliche Relevanz. So hat das BVerfG bereits entschieden, dass der Vollzugsbefehl einer materiellen Steuernorm in der Praxis des Erhebungsverfahrens gleichheitsgerecht umzusetzen ist[922]. Ist das von der Verfassung vorgegebene Ziel der Gleichheit im Belastungserfolg „prinzipiell" nicht zu erreichen, zieht dies die Verfassungswidrigkeit der gesetzlichen Besteuerungsgrundlage nach sich[923]. Eine sofortige Steuerfestsetzung mit automatischer Stundung der Steuerschuld wäre damit zwar im Ergebnis ein milderes Mittel, sie würde aber das Ziel einer wirksamen Sicherstellung der im Inland angefallenen stillen Reserven nicht erreichen[924]. Eine derartige Regelung wäre mit sehr hoher Wahrscheinlichkeit verfassungswidrig. Eine verfassungswidrige Regelung kann aber im Rahmen der Prüfung einer Vorschrift an den Grundfreiheiten schon aufgrund des Verstoßes gegen das nationale Verfassungsrecht keine geeignete Maßnahme darstellen[925].

Als weiteres milderes Mittel gegenüber der aktuellen Rechtslage ist daher an eine sofortige Steuerfestsetzung mit automatischer Stundung bei gleichzeitiger Festsetzung einer Sicherheitsleistung zu denken. Eine derartige Regelung würde zwar starke Bezüge zur derzeitigen Norm des § 6 Abs. 5 AStG aufweisen, sie wäre aber dann europarechtskonform, wenn die festgesetzte Steuer nicht nur auf fünf Jahre gestundet würde und zudem keine weiteren Voraussetzungen für den Zahlungsaufschub mit Ausnahme der Sicherheitsleistung zu erbringen wären. Der EuGH selbst hat sich zur Frage, ob eine Sicherheitsleistung bei einer Weg-

---

919 Richtlinie 90/434/EWG des Rates vom 23.07.1990, ABl. 1990, Nr. L 285, S. 1 ff.; Richtlinie 2005/19/EG des Rates vom 17.02.2005, ABl. EU Nr. L 58, S. 16 ff.

920 *Rödder*, IStR 2005, S. 297 (298).

921 *Cordewener*, Europäische Grundfreiheiten und nationales Steuerrecht – „Konvergenz" des Gemeinschaftsrechts und „Kohärenz" der direkten Steuern in der Rechtsprechung des EuGH, S. 539 f.

922 BVerfG vom 09.03.2004 – 2 BvL 17/02, BStBl. II 2005, S. 70.

923 BVerfG vom 09.03.2004 – 2 BvL 17/02, BStBl. II 2005, S. 56, 70.

924 Die Neufassung der österreichischen Wegzugsbesteuerung in § 31 Abs. 2 Nr. 2 öEStG, bei der neben einer Festsetzung der Steuerschuld sowie auf Mitwirkungspflichten gänzlich verzichtet wird, geht daher weit über das hinaus, was europarechtlich veranlasst gewesen wäre. Zur Neuregelung der österreichischen Wegzugsbesteuerung *Schindler*, IStR 2004, S. 711 (713).

925 Zum Verhältnis des Verfassungsrechts zum Gemeinschaftsrecht vgl. auch die Ausführungen im 6. Kapitel unter A. I. u. II.

zugsbesteuerung im klassischen Sinne[926] als verhältnismäßige Maßnahme anzusehen ist, in der Rechtssache „Lasteyrie du Saillant“[927] nicht geäußert[928]. Da aber ohne Sicherheitsleistung eine wirksame Besteuerung der im Inland angesammelten stillen Reserven sichergestellt werden kann, wäre eine derartige Beschränkung gerechtfertigt.

c) Anerkennungsgrundsatz

Die Voraussetzung der Angemessenheit sind vorliegend gewahrt, da das verfolgte Ziel „hinreichend schwerwiegend“ im Verhältnis zur Beeinträchtigung der Grundfreiheit ist[929]. Ein grobes Missverhältnis liegt jedenfalls nicht vor[930]. Problematisch ist dagegen unter mehreren Gesichtspunkten, ob die besondere Rechtsfigur des sog. Anerkennungsgrundsatzes eingehalten worden ist[931]. Dieser Grundsatz besagt, dass eine Maßnahme dann als nicht erforderlich gilt, wenn der jeweilige Mitgliedstaat durch sein eigenes Verhalten an anderer Stelle zeigt, dass er durchaus auch ohne die diskriminierende Maßnahme auskommt[932]. *Cordewener* will darin erkennen, dass der EuGH den jeweiligen Mitgliedstaat auf die Folgerichtigkeit hinsichtlich der detailgenauen Umsetzung einmal getroffener grundsätzlicher Regelungsentscheidungen und damit auch zu einer Widerspruchsfreiheit der nationalen Rechtsordnung hinweist[933]. Diesem „Hinweis“ des EuGH genügt die Regelung des § 6 AStG jedoch nicht. Denn wenn das Ziel der Regelung des § 6 AStG darin besteht, die „eigenen“ stillen Reserven zu erfassen, bedeutet dies im umgekehrten Fall, also dem Zuzugsfall, dass „fremde“ stille Reserven von der Besteuerung auszunehmen sind. Genau dieser Schritt wird jedoch im nationalen deutschen EStG nicht getan. § 17 EStG setzt den Wert der Beteiligung mit den historischen Anschaffungskosten an[934] und verwehrt dem Steuerpflichtigen damit einen „step-up“ auf den gemeinen Wert der Beteiligung. In diesem Punkt besteht also Nachbesserungsbedarf[935].

Weiter ist anzuführen, dass sich die Bundesrepublik Deutschland regelmäßig durch die dem Art. 13 Abs. 5 OECD-MA nachgebildeten DBA freiwillig seines durch § 49 Abs. 1 Nr. 2 Buchst. e) EStG im Rahmen der beschränkten Steuerpflicht gesicherten Besteuerungsrechts an den von § 6 AStG erfassten Anteilen begibt. Eine entsprechende Argumentation wurde bereits von der Europäischen

---

926 Unter einer klassischen Wegzugsbesteuerung ist eine Regelung zu verstehen, in der der Belastungsgrund in einer Sicherstellung der im Inland angesammelten stillen Reserven besteht, im Gegensatz zu Regelungen, die der Bekämpfung der Steuerflucht dienen sollen. Vgl. *Schindler*, IStR 2004, S. 300 (308).

927 EuGH vom 11.03.2004 – Rs. C-9/02 (Lasteyrie du Saillant), EuGHE 2004, S. I-2409 ff.

928 *Schindler*, IStR 2004, S. 300 (309).

929 Vgl. die Ausführungen im 5. Kapitel unter B. III. 3.

930 *Jarass*, EuR 2000, S. 706 (722).

931 Vgl. die Ausführungen im Kapitel unter B. III. 4.

932 Diese Rechtsfigur nahm ihren Ausgangspunkt in der Rechtssache „Avoir-Fiscal“, EuGH vom 28.01.1986 – Rs. 270/83 (Avoir-Fiscal), EuGHE 1986, S. 273, Rdnr. 20.

933 *Cordewener*, Europäische Grundfreiheiten und nationales Steuerrecht – „Konvergenz“ des Gemeinschaftsrechts und „Kohärenz“ der direkten Steuern in der Rechtsprechung des EuGH, S. 828.

934 BFH vom 19.03.1993 – VIII R 15/94, BStBl. II 1996, S. 312.

935 Die Problematik wurde erkannt, denn im SEStEG ist eine entsprechende Regelung in § 17 Abs. 3 EStG-E vorgesehen.

Kommission im Verfahren „Lasteyrie du Saillant“ vorgetragen[936]. Diese Ausführungen der Europäischen Kommission beruhen dabei auf Entscheidungen des EuGH, der auch Regelungen in zwischenstaatlichen DBA in den Anwendungsbereich des Anerkennungsgrundsatzes nimmt[937]. Gegen diese Argumentation kann jedoch eingewandt werden, dass der Wegzugsstaat dies ja gerade nicht tun will, indem er in der letzten juristischen Sekunde vor dem Wegzug sein zu diesem Zeitpunkt unstreitig gegebenes nationales Besteuerungsrecht noch ausübt. Zudem ist, worauf *Schindler* zutreffend hinweist, der bilaterale Verzicht der Staaten nicht so weitgehend gewollt, wie es zunächst den Anschein hat[938]. Insbesondere durch entsprechende „step-up“-Regelungen kommt deutlich zum Ausdruck, dass es nur um die Sicherung der „eigenen“ stillen Reserven geht. Demnach ist auf Abkommensebene von einem teleologisch reduzierten Ansatz auszugehen, der lediglich einen Verzicht auf die nach dem Wegzug entstandenen „fremden“ stillen Reserven enthält. Im Anwendungsschreiben zum AStG zeigt sich jedenfalls deutlich, dass dieses Verständnis auch von der Bundesrepublik Deutschland praktiziert wird[939].

5. Zwischenergebnis

Festzuhalten ist, dass die derzeitige Regelung des § 6 AStG unter mehreren Gesichtspunkten gegen die Grundfreiheiten verstößt. Entscheidend ist jedoch, dass die Grundfreiheiten nicht zu einem vollständigen Verzicht auf eine nationale Wegzugsbesteuerung zwingen. Anpassungen der derzeitigen Regelung in § 6 AStG sind jedoch erforderlich. Aufbauend auf dem Rechtfertigungsgrund „Sicherstellung der Besteuerung inländischer stiller Reserven“ ist eine beschränkende Maßnahme zu schaffen, die so wirksam sein darf, aber auch sein „muss“, dass das Ziel, die „eigenen“ stillen Reserven zu besteuern, erreicht wird. Eine Vorschrift, die Vollzugsdefizite in sich trägt, wird diesen Vorgaben nicht gerecht. Sie würde verfassungsrechtliche Fragestellungen aufweisen, die nicht hinter das Europarecht zurückgestellt werden dürften.

IV. Folgerungen für die Steuerentstrickung nach Tz. 2.6. Betriebsstätten-Verwaltungsgrundsätze

Die aus der Analyse der Entscheidung in der Rechtssache „Lasteyrie du Saillant“ gewonnenen Erkenntnisse sind nun auf die Besteuerungsgrundsätze der Tz.

---

936 Unklar ist jedoch, ob der Generalanwalt in seinen Schlussanträgen in der Rechtssache „Lasteyrie du Saillant“ diesem Vorbringen gefolgt ist, Schlussanträge des Generalanwalts *Mischo* vom 13.03.2003 - Rs. C-9/02 (Lasteyrie du Saillant), Rdnr. 78, abrufbar unter http://curia.eu.int; in der Entscheidung selbst findet sich zu dieser Argumentation jedenfalls nichts mehr, denn der EuGH hatte sich damit nicht auseinandergesetzt.

937 *Cordewener*, Europäische Grundfreiheiten und nationales Steuerrecht – „Konvergenz“ des Gemeinschaftsrechts und „Kohärenz“ der direkten Steuern in der Rechtsprechung des EuGH, S. 827 m.w.N.

938 *Schindler*, IStR 2004, S. 300 (307).

939 BMF vom 14.05.2004 – IV B 4 – S 1340 – 11/04, BStBl. I Sondernummer 1/2004, Tz. 6.1.5.2. Dort wird ausdrücklich darauf hingewiesen, dass es zu einer Doppelbesteuerung kommen kann, die entweder über eine Wertanknüpfung vermieden werden kann oder durch die Einleitung eines Verständigungsverfahrens. M.E. hat die Finanzverwaltung damit deutlich zum Ausdruck gebracht, dass sie im Rahmen eines Verständigungsverfahrens im Umkehrfall ihr Besteuerungsrecht zurücknehmen wird.

2.6. der Betriebsstätten-Verwaltungsgrundsätze[940] anzuwenden. Dabei wird ausgeblendet, dass aufgrund des Fehlens einer nationalen Rechtsgrundlage für die Besteuerungsgrundsätze in Tz. 2.6. ein Verstoß gegen die Grundfreiheiten des EG-Vertrags bereits festgestellt wurde[941].

1. Identifikation der einschlägigen Grundfreiheit

Zunächst ist zu untersuchen, ob die Freiheit des Warenverkehrs durch die in Tz. 2.6. geregelten Besteuerungsgrundsätze berührt wird. Dabei ist zwischen den in die ausländische Betriebsstätte überführten Wirtschaftsgütern des Anlage- und des Umlaufvermögens zu differenzieren. Während Wirtschaftsgüter des Umlaufvermögens als Waren i.S.d. Art. 23 ff. EGV und der hierzu ergangenen Rechtsprechung des EuGH[942] anzusehen sind, erfüllen Wirtschaftsgüter des Anlagevermögens diese Begriffsbestimmung gerade nicht. Dies ergibt sich bereits aus der begrifflichen Abgrenzung des Anlagevermögens, das dazu bestimmt ist, dem Betrieb auf Dauer zu dienen, von den Gegenständen des Umlaufvermögens, die dagegen dazu bestimmt sind, im Zuge der Geschäftstätigkeit veräußert zu werden und als solche Gegenstand künftiger Handelsgeschäfte sind. Damit könnte grundsätzlich der Anwendungsbereich der Warenverkehrsfreiheit für die Wirtschaftsgüter des Umlaufvermögens eröffnet sein. *Hahn* hat jedoch zutreffend herausgearbeitet, dass es sich bei der durch die Entstrickung ausgelösten steuerlichen Belastung nicht um eine auf den Gegenständen ruhende Besteuerung handelt[943]. Vielmehr sind der Gewinnausweis und das Entstehen der Steuerschuld unabhängig vom Vorgang des Überschreitens der Grenze[944]. Damit kommt *Hahn* zu dem Ergebnis, dass es sich gerade nicht um eine zollgleiche Abgabe i.S.d. Art. 23 EGV handelt. Die Warenverkehrsfreiheit ist damit nicht einschlägig.

Einschlägig ist jedoch vorliegend die Niederlassungsfreiheit des Art. 43 EGV. Sie umfasst grundsätzlich die Neuetablierung, die Verlagerung sowie die damit verbundene Ausübung solcher Betätigungen, die in einem anderen Mitgliedstaat unter Teilnahme am allgemeinen wirtschaftlichen Verkehr und Nutzung einer auf Dauer angelegten festen Einrichtung auf die entgeltliche Erbringung von Leistungen gerichtet sind[945]. Die Überführung von Wirtschaftsgütern aus einem inländischen Betriebsvermögen in eine Betriebsstätte in einem anderen Mitgliedstaat ist hierunter unproblematisch zu subsumieren. Daneben ist jedoch auch die Kapitalverkehrsfreiheit der Art. 56 ff. EGV anwendbar. Die Überführung von Wirtschaftsgütern erfüllt den Begriff der Direktinvestition, wie er sich aus Anhang 1 der Nomenklatur zur Kapitalverkehrs-Richtlinie[946] ergibt. Danach sind Direktinvestitionen „Investitionen jeder Art durch natürliche Personen, Handels-, Industrie- oder Finanzunternehmen zur Schaffung oder Aufrechterhal-

---

[940] BMF-Schreiben vom 24.12.1999 – IV B 4 – S 1300 – 111/99, BStBl. I 1999, S. 1076 ff.
[941] Vgl. die Ausführungen im 7. Kapitel unter A. III.
[942] Z.B. EuGH vom 10.12.1968 – Rs. 7/68 (Kommission/Italien), EuGHE 1968, S. 642.
[943] *Hahn*, Die Vereinbarkeit von Normen des deutschen internationalen Steuerrechts mit EG-Recht, IFSt-Schrift Nr. 378, S. 82 ff.
[944] *Hahn*, Die Vereinbarkeit von Normen des deutschen internationalen Steuerrechts mit EG-Recht, IFSt-Schrift Nr. 378, S. 84.
[945] Vgl. die Ausführungen im 5. Kapitel unter A. I. 6.
[946] Richtlinie 88/361/EWG des Rates vom 24.06.1988 zur Durchführung von Art. 67 des Vertrages, ABl. 1988 L 178, S. 5 ff.

tung dauerhafter und direkter Beziehungen zwischen denjenigen, die die Mittel bereitstellen, und den Unternehmern oder Unternehmen, für die die Mittel zum Zwecke einer wirtschaftlichen Tätigkeit bestimmt sind". Allenfalls könnte problematisiert werden, ob bei Wirtschaftsgütern des Umlaufvermögens das erforderliche Merkmal der langfristigen Wertübertragung erfüllt ist. M.E. ist der Begriff der Direktinvestitionen jedoch im weitesten Sinne zu verstehen, so dass von der Kapitalverkehrsfreiheit sowohl die Gründung einer Betriebsstätte als auch die Dotierung einer vorhandenen Betriebsstätte mit Sachmitteln erfasst sein muss[947]. Die Konkurrenz beider Grundfreiheiten ist im Sinne eines Exklusivitätsverhältnisses aufzulösen[948]. Im Weiteren ist daher davon auszugehen, dass der Anwendungsbereich der Niederlassungsfreiheit eröffnet ist.

2. Vorliegen einer Beschränkung

Der Gerichtshof versteht in Marktaustrittskonstellationen die Niederlassungsfreiheit als Gebot an den Herkunftsstaat, die Niederlassung seiner Staatsangehörigen in einem anderen Mitgliedstaat nicht zu behindern[949]. Eine Beschränkung der Ausübung der Niederlassungsfreiheit wird angenommen, wenn die fragliche Vorschrift zumindest „abschreckende" Wirkung hat[950]. Dabei stellt das Gericht in der Rechtssache „Lasteyrie du Saillant" zum Vergleich auf eine Person ab, die im Herkunftsstaat ihren Wohnsitz beibehält[951]. Angewandt auf die Fallkonstellationen, die durch Tz. 2.6. der Betriebsstätten-Verwaltungsgrundsätze geregelt werden, ist daher zunächst zu fragen, ob ein Steuerpflichtiger, der Einzelwirtschaftsgüter in eine ausländische Betriebsstätte überführt, gegenüber einer Person, die Einzelwirtschaftsgüter in eine inländische Betriebsstätte überführt, unterschiedlich behandelt wird. Für Vermögenstransfers auf eine ausländische Betriebsstätte ist dabei zwischen Fallgruppen zu unterscheiden, in denen die Anrechnungsmethode zur Anwendung kommt bzw. ein DBA nicht besteht, und Fallgruppen, in denen die Freistellungsmethode zur Anwendung kommt.

Im Falle der Überführung von Wirtschaftsgütern des Anlage- und Umlaufvermögens in eine Betriebsstätte, die entweder in einem Nicht-DBA-Staat unterhalten wird oder für die nach einem DBA die Anrechnungsmethode gilt, wird nach Tz. 2.6.1 keine Besteuerung ausgelöst[952]. Die Nichtbesteuerung dieser Fallgruppe steht jedoch unter dem Vorbehalt, dass die Besteuerung der stillen Reserven sichergestellt sein muss. Die Beschränkung dieser Regelung ist daher darin zu sehen, dass eine Besteuerung der stillen Reserven nur dann als gewährleistet angesehen werden kann, wenn die stillen Reserven der überführten Wirtschaftsgüter in einer ordnungsgemäßen Buchführung erfasst sind[953]. Dadurch ergibt sich jedoch keine Benachteiligung dieser Fallkonstellation, da der zu vergleichende Inlandsfall die stillen Reserven ebenfalls in seiner Buchführung zu erfassen hat.

---

947 Vgl. die Ausführungen im 5. Kapitel unter A. I. 7. a).

948 Vgl. die Ausführungen im 5. Kapitel unter A. I. 7. d).

949 Vgl. die Ausführungen im 7. Kapitel unter B. I. 2. b).

950 EuGH vom 11.03.2004 – Rs. C-9/02 (Lasteyrie du Saillant), EuGHE 2004, S. I-2409, Rdnr. 45.

951 EuGH vom 11.03.2004 – Rs. C-9/02 (Lasteyrie du Saillant), EuGHE 2004, S. I-2409, Rdnr. 46.

952 Vgl. die Ausführungen im 7. Kapitel unter A. II. 1.

953 *Kempka*, StuW 1995, S. 242 (244); *Pfaar*, IStR 2000, S. 42 (44); *Reith*, Internationales Steuerrecht, S. 449.

Eine Benachteiligung könnte sich allenfalls dadurch ergeben, dass die Buchführungsunterlagen der ausländischen Betriebsstätte nach § 146 Abs. 2 Satz 1 AO im Inland aufzubewahren sind. Dies ist aber letztlich eine Frage der EG-Rechtskonformität des § 146 Abs. 2 AO. Diese Frage ist an dieser Stelle daher nicht weiter zu erörtern. Weiter könnte sich eine Benachteiligung daraus ergeben, dass aufgrund der Anrechnungsmethode die im Ausland vorgenommene – niedrigere – Besteuerung auf das deutsche Steuerniveau angehoben wird. Auch hier resultiert die mögliche Beschränkung jedoch nicht in der Tz. 2.6. sondern letztlich in der Anrechnungsmethode selbst.

Die Überführung eines Wirtschaftsguts des Anlage- oder Umlaufvermögens in eine ausländische Betriebsstätte, deren Einkünfte durch ein DBA freigestellt sind, bewirkt demgegenüber gemäß Tz. 2.6.1. der Betriebsstätten-Verwaltungsgrundsätze die Aufdeckung der stillen Reserven zum Fremdvergleichspreis im Zeitpunkt der Überführung[954]. Es liegt auf der Hand, dass in dieser Sofortbesteuerung eine Beschränkung zu sehen ist, da der zu vergleichende Inlandsfall nach § 6 Abs. 5 Satz 1 EStG erfolgsneutral durchgeführt werden kann. Allerdings hat der Steuerpflichtige die Möglichkeit, eine Besteuerung zumindest bis zum Ausscheiden des Wirtschaftsguts aus der ausländischen Betriebsstätte aus Billigkeit zu vermeiden, indem ein etwaiger Gewinn zum Überführungszeitpunkt durch einen passiven Merkposten in einer Nebenrechnung neutralisiert wird. Auch hierin ist allerdings eine Beschränkung zu sehen, denn der Steuerpflichtige hat im Gegensatz zum Inlandsfall einen Antrag zu stellen. Neben dem Antragserfordernis ist eine weitere Beschränkung auch in der Zehn-Jahres-Frist zu sehen. Denn gemäß Tz. 2.6.1. der Betriebsstätten-Verwaltungsgrundsätze ist ein Merkposten, „der noch 10 Jahre nach Überführung des Wirtschaftsguts im inländischen Stammhaus vorhanden ist, ... ohne Rücksicht auf die Art des Wirtschaftsguts zu diesem Zeitpunkt erfolgswirksam aufzulösen“. Der vergleichbare inländische Sachverhalt kennt aber weder ein Antragserfordernis noch eine entsprechende Zwangsrealisation im Falle des Verbleibes des Wirtschaftsguts im inländischen Stammhaus.

Im Falle eines Betriebsvermögenstransfers auf eine ausländische Personengesellschaft sehen die Betriebsstätten-Verwaltungsgrundsätze eine Sofortbesteuerung ohne die Möglichkeit einer aufgeschobenen Besteuerung vor[955]. Aus § 6 Abs. 5 Satz 3 EStG ergibt sich jedoch, dass unter bestimmten Voraussetzungen der Transfer von Wirtschaftsgütern aus dem Einzelbetriebsvermögen in das Gesamthandsvermögen einer Personengesellschaft steuerneutral möglich ist. Die Benachteiligung der grenzüberschreitenden Konstellation liegt auf der Hand. Werden Wirtschaftsgüter aus einer inländischen Betriebsstätte in das ausländische Stammhaus oder in eine ausländische Betriebsstätte des ausländischen Unternehmens überführt, führt dies wiederum zur sofortigen Gewinnrealisierung. Die Merkpostenmethode kommt nicht zur Anwendung[956]. Die Überführung von Einzelwirtschaftsgütern von einer inländischen Betriebsstätte auf das Stamm-

---

[954] BMF-Schreiben vom 24.12.1999 – IV B 4 – S 1300 – 111/99, BStBl. I 1999, S. 1076, Tz. 2.6.1.

[955] BMF-Schreiben vom 24.12.1999 – IV B 4 – S 1300 – 111/99, BStBl. I 1999, S. 1076, Tz. 2.6.4.

[956] BMF-Schreiben vom 24.12.1999 – IV B 4 – S 1300 – 111/99, BStBl. I 1999, S. 1076, Tz. 2.6.3.

haus im Inland führt dagegen nicht zu einer Gewinnrealisierung und somit auch zu keiner Besteuerung. Die Ungleichbehandlung der grenzüberschreitenden Konstellation ist wiederum offensichtlich.

Eine Prüfung, ob der jeweilige Inlandsfall tatsächlich vergleichbar ist, wird vom EuGH in Marktaustrittskonstellationen nicht vorgenommen[957]. M.E. ist dies allerdings nicht zwingend. Es wird jedoch an dieser Stelle von weiteren Ausführungen abgesehen, da die Argumente, die im Rahmen der Vergleichbarkeitsprüfung vorgebracht werden können, den Argumenten im Rahmen der Rechtfertigungsprüfung stark ähneln.

3. Rechtfertigung der Beschränkung

Die Prüfung der Europarechtskonformität der Tz. 2.6. der Betriebsstätten-Verwaltungsgrundsätze konzentriert sich wie bei der Prüfung des § 6 AStG auf die Frage, ob die Beschränkungen, die von den Besteuerungsgrundsätzen zum Betriebsvermögenstransfer in Tz. 2.6. ausgehen, durch einen zwingenden Grund des Allgemeininteresses gerechtfertigt werden können. Einschlägiger Rechtfertigungsgrund ist vorliegend nach der Intention der Verwaltungsregelung zunächst die Sicherstellung der Besteuerung jener stillen Reserven, die während der unbeschränkten Steuerpflicht im Inland angesammelt wurden. Der EuGH hat diesen Rechtfertigungsgrund in seiner Entscheidung in der Rechtssache „Lasteyrie du Saillant“ grundsätzlich als tauglich anerkannt[958]. Problematisch ist im Folgenden aber die Prüfung des Verhältnismäßigkeitsgrundsatzes. Dabei ist eine Unterscheidung zwischen den einzelnen Fallgruppen des Betriebsvermögenstransfers vorzunehmen.

a) Betriebsvermögenstransfer auf ausländische Betriebsstätten

Die Ausführungen konzentrieren sich an dieser Stelle auf die Überführung eines Wirtschaftsguts des Anlage- oder Umlaufvermögens in eine ausländische Betriebsstätte, deren Einkünfte durch ein DBA freigestellt sind, da bei der Überführung eines Wirtschaftsguts unter Geltung der Anrechnungsmethode oder in eine Betriebsstätte in einem Nicht-DBA-Staat schon eine Beschränkung nicht zu erkennen ist[959].

Die Beschränkung der Regelung ist in der Aufdeckung der stillen Reserven zum Fremdvergleichspreis im Zeitpunkt der Überführung zu sehen[960]. Es handelt sich daher um eine Regelung, die eine Sofortbesteuerung vorsieht. Die Möglichkeit des Gewinnaufschubs durch die „Merkpostenmethode“ ist vorerst auszublenden, da es sich um Erleichterungen handelt, die ein Handeln des Steuerpflichtigen erforderlich machen und daher selbst als Beschränkung zu begreifen sind. Die Frage, die sich nunmehr stellt, ist, ob die Maßnahme „Sofortbesteuerung“ geeignet ist, das Ziel der Regelung zu erreichen, die Besteuerung der „inländischen“ stillen Reserven sicherzustellen. Dabei ist wiederum zu berücksichtigen, dass nach der Rechtsprechung des EuGH eine Maßnahme nicht über das hinaus-

---

[957] Vgl. die Ausführungen im 5. Kapitel unter A. III. 2. u. im 7. Kapitel unter B. II. 2.
[958] Vgl. die Ausführungen im 7. Kapitel unter B. II. 3. b).
[959] Vgl. die Ausführungen im 7. Kapitel unter B. IV. 2.
[960] BMF-Schreiben vom 24.12.1999 – IV B 4 – S 1300 – 111/99, BStBl. I 1999, S. 1076, Tz. 2.6.1. sowie Ausführungen im 7. Kapitel unter B. IV. 2.

gehen darf, was zum Erreichen des im zwingenden Allgemeininteresse liegenden Ziels notwendig ist[961]. An dieser Stelle ergeben sich bereits erste Zweifel. Denn bei der Übertragung von Wirtschaftsgütern in eine ausländische Betriebsstätte ist eine Besteuerung der inländischen stillen Reserven gerade sichergestellt. Entsprechend dem Verursachungsprinzip[962] sind die stillen Reserven nach Verbringung des Wirtschaftsguts ins Ausland in dem Staat zu versteuern, in dem sie entstanden sind, allerdings periodengerecht erst im Zeitpunkt ihrer Realisierung. Über Art. 7 OECD-MA und die entsprechenden Regelungen in den Doppelbesteuerungsabkommen wird dem Betriebsstättenstaat nämlich das Besteuerungsrecht lediglich für den Teil der stillen Reserven zugestanden, die während der Zugehörigkeit des Wirtschaftsguts in der ausländischen Betriebsstätte entstanden sind. Umgekehrt bedeutet dies aber, dass die Bundesrepublik Deutschland den Teil der stillen Reserven des überführten Wirtschaftsguts als Betriebsstätteneinkünfte besteuern darf, der bis zur Überführung des Wirtschaftsguts in die ausländische Betriebsstätte im Inland entstanden ist[963]. Der Rechtfertigungsgrund „Sicherstellung der Besteuerung inländischer stiller Reserven" kann daher m.E. zur Rechtfertigung der Maßnahme „Sofortbesteuerung" nicht herangezogen werden.

Es ist in einem nächsten Schritt zu prüfen, ob die Maßnahme „Sofortbesteuerung" nicht als Maßnahme der Steueraufsicht zu rechtfertigen ist. Im Ergebnis kommt es damit zu einem Wechsel des Rechtfertigungsgrunds. Problematisch ist dabei, dass die Tragweite des Rechtfertigungsgrunds „Steueraufsicht" von der Rechtsprechung des EuGH durch einen mehr oder weniger pauschalen Verweis auf die Mittel der Amtshilfe-Richtlinie stark begrenzt worden ist[964]. Unabhängig von der Problematik der Amtshilfe-Richtlinie ist jedoch zunächst zu fragen, ob ein anderes Mittel zur Verfügung steht, das ebenso wirksam ist, aber nicht so stark in die Grundfreiheiten eingreift. Das mildeste Mittel wäre zunächst eine Besteuerung der stillen Reserven unter Aufteilung zwischen Stammhaus und ausländischer Betriebsstätte erst im Zeitpunkt der tatsächlichen Realisierung der stillen Reserven vorzunehmen, d.h. bei Veräußerung des Wirtschaftsguts. In diesem Fall ist jedoch zu fragen, ob dadurch nicht erhebliche Vollzugsdefizite entstehen würden, mit der Folge, dass eine derartige Maßnahme nicht als wirksam angesehen werden könnte. Bei der Prüfung dieser Fragen ist zunächst davon auszugehen, dass der deutschen Finanzverwaltung über den Verbleib des Wirtschaftsguts in der ausländischen Betriebsstätte hinreichende Informationen zur Verfügung stehen. Insofern besteht ein grundlegender Unterschied zu den Fallkonstellationen des § 6 AStG. Denn aus der Bilanz des inländischen Stammhauses ist auch der Verbleib des Wirtschaftsguts in der ausländischen Betriebsstätte zu entnehmen, da die Buchführungspflicht im Inland das gesamte Unternehmen einschließlich der ausländischen Betriebsstätten umfasst[965]. Entscheidend ist je-

---

961 Vgl. die Ausführungen im 7. Kapitel unter B. III. 4. b).

962 Nach Art. 7 Abs. 1 Satz 2 OECD-MA hat der Quellen- und Belegenheitsstaat ein Besteuerungsrecht nur hinsichtlich derjenigen Gewinne, die der Betriebsstätte wirtschaftlich zuzurechnen sind. Dies sind die Gewinne, die auf die Wirtschaftstätigkeit der Betriebsstätte zurückzuführen sind, also wirtschaftlich durch die Betriebsstätte verursacht wurden. Vgl. *Hemmelrath*, in: Vogel, DBA, Art. 7, Rdnr. 45.

963 Vgl. die Ausführungen im 7. Kapitel unter A. III. 1. b).

964 Vgl. die Ausführungen im 5. Kapitel unter B. II. 2. a).

965 BMF-Schreiben vom 24.12.1999– IV B 4 – S 1300 – 111/99, BStBl. I 1999, S. 1076, Tz. 1.1.4.2.

doch, nach welchen Kriterien die stillen Reserven im Zeitpunkt der Veräußerung des Wirtschaftsguts zwischen Stammhaus und ausländischer Betriebsstätte aufgeteilt werden sollen. Eine Aufteilung beispielsweise nach Besitzzeiten würde zu völlig willkürlichen Ergebnissen führen. Zwingend erforderlich wäre eine Ermittlung der „inländischen“ stillen Reserven im Zeitpunkt der Überführung, um eine entsprechende Aufteilung nach den tatsächlichen Wertsteigerungen durchführen zu können. Eine derartige Wertermittlung wäre aber nicht mehr zum späteren Zeitpunkt der Realisation rückwirkend zum Überführungszeitpunkt möglich. Auch ein Hinweis auf die Amtshilfe-Richtlinie würde in diesem Punkt nicht weiterhelfen, da auch eine im Ausland stattfindende Betriebsprüfung keine Werte in der Vergangenheit zu Tage fördern kann. Im Ergebnis ist daher eine Maßnahme nur dann als wirksam anzusehen, bei der im Zeitpunkt der Überführung des Wirtschaftsguts der Wert erfasst wird, den das Wirtschaftsgut im Zeitpunkt seiner Überführung hat. Denn nur in diesem Fall kann aus dem Buchwert des Wirtschaftsguts, dem Verkehrswert im Zeitpunkt der Überführung[966] sowie dem Wert im Zeitpunkt der Veräußerung eine zutreffende Zuordnung der stillen Reserven zwischen Stammhaus und ausländischer Betriebsstätte vorgenommen werden. Im Ansatz entspricht dies der bestehenden „Merkpostenmethode“ in den Betriebsstätten-Verwaltungsgrundsätzen[967].

Eine entsprechende Regelung wäre allerdings nur dann als mildestes Mittel EG-rechtlich anzuerkennen, wenn der zu bildende Merkposten nicht in jedem Fall nach einem bestimmten Zeitraum aufzulösen wäre[968]. Die derzeitige Regelung in Tz. 2.6. der Betriebsstätten-Verwaltungsgrundsätze sieht jedoch genau dies nach zehn Jahren vor. Die Regelung müsste also dahingehend geändert werden, dass der Ausgleichsposten erst beim tatsächlichen Ausscheiden des Wirtschaftsguts aus der ausländischen Betriebsstätte erfolgswirksam aufzulösen ist. Bei abnutzbaren Wirtschaftsgütern des Anlagevermögens wäre dagegen eine vorzeitige

---

966 Grds. sind zwei Wertansätze denkbar. In den sog. Betriebsstätten-Verwaltungsgrundsätzen geht die Finanzverwaltung davon aus, dass ein Ansatz zum Fremdvergleichspreis zu erfolgen hat. Der BFH geht hingegen in seiner finalen Entnahmetheorie vom Ansatz des Teilwerts aus. Im Ergebnis dürfte der Fremdvergleichspreis regelmäßig dem Teilwert entsprechen, so dass sich keine gravierenden Unterschiede ergeben. Vgl. *Reith*, Internationales Steuerrecht, S. 450. Abweichungen ergeben sich jedoch bei selbstgeschaffenen Wirtschaftsgütern. Der Teilwert besteht bei diesen aus den sog. Wiederbeschaffungskosten, die keinen Gewinnaufschlag enthalten. Vgl. *Wassermeyer*, in: Debatin/Wassermeyer, DBA, Art. 7 OECD-MA, Rdnr. 247. Entscheidend für die Frage, welcher Wert anzusetzen ist, ist daher letztlich die – noch zu schaffende – innerstaatliche Rechtsgrundlage. Ein Ansatz des Fremdvergleichspreises unmittelbar aus Art. 7 Abs. 2 oder auch Art. 9 Abs. 1 OECD-MA ist dagegen abzulehnen, da diese Vorschriften lediglich Erlaubnisnormen sind und ihnen nach der wohl h.M. keine self-executing-Wirkung zukommt. Vgl. Nachweise bei *Wassermeyer*, in: Debatin/Wassermeyer, DBA, Art. 7 OECD-MA, Rdnr. 249 a.E. Problematisch könnte jedoch der Ansatz des Fremdvergleichspreises deshalb sein, weil damit nicht mehr allein eine Sicherstellung der Besteuerung der stillen Reserven erreicht wird, sondern darüber hinaus eine Gewinnverlagerung verhindert werden soll. Damit wäre aber im Ergebnis ein anderer Rechtfertigungsgrund betroffen. Es ist dann auf der Rechtfertigungsebene m.E. die Argumentation vorzunehmen, wie sie bei der Prüfung des § 1 AStG geführt wird. Vgl. die Ausführungen im 8. Kapitel.

967 BMF-Schreiben vom 24.12.1999- IV B 4 – S 1300 – 111/99, BStBl. I 1999, S. 1076, Tz. 2.6.1. Buchst. a).

968 Die Betriebsstätten-Verwaltungsgrundsätze sehen nach zehn Jahren eine zwingende Auflösung der gebildeten Merkposten vor. Vgl. BMF-Schreiben vom 24.12.1999 – IV B 4 – S 1300 – 111/99, BStBl. I 1999, S. 1076, Tz. 2.6.1. Buchst. a).

erfolgswirksame Auflösung des gebildeten Merkpostens entsprechend der restlichen Nutzungsdauer des Wirtschaftsguts in der ausländischen Betriebsstätte m.E. nicht nur EG-rechlich unproblematisch, sondern sogar zwingend. Denn würde man keine ratierliche Auflösung des gebildeten Merkpostens vornehmen, wäre die Überführung eines Wirtschaftsguts in eine ausländische Betriebsstätte gegenüber dem reinen Inlandsfall steuerlich sogar besser gestellt. Diese Besserstellung ergäbe sich in der grenzüberschreitenden Fallkonstellation aus einer Art „Wegzugsprämie" in Gestalt eines zinslosen Steuerkredits, da der Abgangsstaat keine Steuer im Zeitpunkt der Überführung des Wirtschaftsguts erhebt, während der Zuzugsstaat unter Umständen aber bereits steuerwirksame Abschreibungen auf möglicherweise hochgeschleuste Zugangswerte zulässt. Eine Norm, die gegen Art. 3 GG verstößt, kann jedoch nicht ein wirksames Mittel darstellen, das im Rahmen der EG-rechtlichen Verhältnismäßigkeitsprüfung zu berücksichtigen wäre[969]. Die Argumentation ähnelt damit letztlich der zu § 6 AStG. Dies spricht dafür, die Merkposten erfolgswirksam entsprechend der Abschreibung im Zugangsstaat aufzulösen[970]. Nur durch eine derartige Anknüpfung an die Wertansätze im Zugangsstaat ließe sich auch eine nationale Rechtsgrundlage schaffen, die im Ergebnis eine zwischenstaatliche Gerechtigkeit im Sinne der Kohärenz des Steuersystems herstellt[971]. Die ratierliche Auflösung der gebildeten Merkposten wäre damit im Sinne der Kohärenz der Regelung sogar zwingend erforderlich[972]. Es ist darauf hinzuweisen, dass die bisherige Regelung in den Betriebsstätten-Verwaltungsgrundsätzen eine entsprechende ratierliche Auflösung bereits vorsieht[973].

Entsprechend müsste insbesondere bei immateriellen Wirtschaftsgütern verfahren werden, selbst wenn diese selbst geschaffen sein sollten, da ansonsten gerade im Bereich elektronischer Geschäftaktivitäten, größere Verifikationslücken entstünden. Auch hier enthalten die Betriebsstätten-Verwaltungsgrundsätze bereits eine entsprechende Regelung[974]. Für Wirtschaftsgüter des Umlaufvermögens wäre dagegen m.E. eine erfolgswirksame Auflösung nach bereits einem Jahr EG-rechtlich zulässig, da diese Wirtschaftsgüter schon von ihrer Qualifikation als Umlaufvermögen zum Verbrauch innerhalb eines Jahres bestimmt sind. Allerdings sollte der Steuerpflichtige jederzeit den Gegenbeweis antreten können, dass das Wirtschaftsgut noch entsprechend im betrieblichen Bereich verblieben ist. Zudem dürften sich in Wirtschaftsgütern des Umlaufvermögens kaum stille Reserven angesammelt haben. Eingetretene dauernde Wertminderungen des Wirtschaftsguts oder gar der Untergang des Wirtschaftsguts im Ausland müssten bei der Auflösung der Merkposten berücksichtigt werden. Denn eine inländische Besteuerung, die beispielsweise an den Fremdvergleichspreis im Zeitpunkt der Überführung des Wirtschaftsguts anknüpft, würde letztlich zu einer Steuerschuld führen, der unter Umständen kein Zuwachs an Leistungsfähigkeit zugrunde läge. Dies wäre dann der typische Fall einer sachlichen Unbil-

---

[969] Vgl. die Ausführungen im 7. Kapitel unter B. III. 4.
[970] So im Ergebnis auch *Rödder*, IStR 2005, S. 297 (297).
[971] Vgl. die Ausführungen im 5. Kapitel unter B. II. 1.
[972] Entsteht im Zugangsstaat allerdings kein Abschreibungsvolumen müsste möglicherweise ein Gegenbeweis zugelassen werden.
[973] BMF-Schreiben vom 24.12.1999 – IV B 4 – S 1300 – 111/99, BStBl. I 1999, S. 1076, Tz. 2.6.1. Buchst. a).
[974] BMF-Schreiben vom 24.12.1999 – IV B 4 – S 1300 – 111/99, BStBl. I 1999, S. 1076, Tz. 2.6..1 Buchst. c).

ligkeit[975], die allerdings, um den Anforderungen des EuGH zu genügen, auch gesetzlich verankert werden müsste[976]. Dies ist bislang in den Betriebsstätten-Verwaltungsgrundsätzen nicht vorgesehen.

Da die Finanzverwaltung zumindest seit dem Jahr 1990[977] die aufgeschobene Gewinnbesteuerung in Form der „Merkpostenmethode" praktiziert, ist bei der EG-rechtlichen Beurteilung der Verwaltungsregelung auch die besondere Rechtsfigur des sog. Anerkennungsgrundsatzes zu beachten[978]. Dieser Grundsatz besagt, dass eine Maßnahme dann als nicht erforderlich anzusehen ist, wenn der jeweilige Mitgliedstaat durch sein eigenes Verhalten an anderer Stelle zeigt, dass er durchaus auch ohne die diskriminierende Maßnahme auskommt[979]. Zumindest im BMF-Schreiben aus dem Jahr 1990 hat die Finanzverwaltung die „Merkpostenmethode" nicht als Billigkeitsregel bezeichnet. Damit hat die Finanzverwaltung die traditionelle Entstrickungstheorie des BFH aufgegeben. Sie ist damit einer Entscheidung des Hessischen FG gefolgt[980] und hat im Jahr 1990 zum Ausdruck gebracht, dass sie eine Sofortbesteuerung als nicht erforderlich ansieht. Der EuGH würde mit großer Wahrscheinlichkeit ein derart widersprüchliches Verhalten bei der Prüfung der Erforderlichkeit einer Maßnahme berücksichtigen.

b) Betriebsvermögenstransfer auf das ausländische Stammhaus

Ganz ähnlich – allerdings mit einem wichtigen Unterschied – ist die Argumentation in der Fallkonstellation des Betriebsvermögenstransfers von einer inländischen Betriebsstätte auf das ausländische Stammhaus. Auch hier geht die Finanzverwaltung davon aus, dass Wirtschaftsgüter, die ein beschränkt Steuerpflichtiger „in das ausländische Stammhaus oder dessen ausländische Betriebsstätte" überführt „aus der deutschen Besteuerungshoheit aus[scheiden]". Auch hier lautet das Ergebnis der Prüfung: Die Besteuerung der inländischen stillen Reserven ist grundsätzlich sichergestellt. Denn wie schon bei der Überführung eines Wirtschaftsguts von einem inländischen Stammhaus auf eine ausländische Betriebsstätte gelten auch für den „umgekehrten Fall" die Regelungen in Art. 7 OECD-MA bzw. den entsprechenden Doppelbesteuerungsabkommen[981]. Über

---

975 BFH vom 26.10.1994 – X R 104/92, BStBl. II 1995, S. 297.

976 In der Rechtssache „Schumacker" hat der EuGH ausdrücklich entschieden, dass es gerade nicht ausreicht, um den Anforderungen des Gemeinschaftsrechts zu genügen, wenn der Steuerpflichtige auf Billigkeitsmaßnahmen der Steuerverwaltung im Einzelfall verwiesen wird, EuGH vom 14.02.1995 – Rs. C-279/93 (Schumacker), EuGHE 1995, S. I-249, Rdnr. 57; vgl. auch die Ausführungen im 7. Kapitel unter A. III.

977 BMF-Schreiben vom 12.02.1990 – IV B 2 – S 2135 – 4/90 u. IV C 5 – S 1300 – 21/90, BStBl. I 1990, S. 172; ersetzt durch BMF-Schreiben vom 24.12.1999 – IV B 4 – S 1300 – 111/99, BStBl. I 1999, S. 1076.

978 Vgl. die Ausführungen im 5. Kapitel unter B. III. 4.

979 Diese Rechtsfigur nahm ihren Ausgangspunkt in der Rechtssache „Avoir-Fiscal", EuGH vom 28.01.1986 – Rs. 270/83 (Avoir-Fiscal), EuGHE 1986, S. 273, Rdnr. 20.

980 Hessisches FG vom 12.07.1977 – IV 111/75, EFG 1977, S. 608.

981 Eine Mindermeinung in der Literatur kommt dagegen schon im Zeitpunkt der Überführung des Wirtschaftsguts zu einer Gewinnrealisierung. Rechtsgrundlage für die Ergebnisrealisierung ist dabei nach dieser Auffassung die Entnahme nach § 4 Abs. 1 Satz 2 EStG. Da das ausländische Unternehmen im Inland nur mit seiner inländischen Betriebsstätte beschränkt steuerpflichtig ist, wird das Wirtschaftsgut außerbetrieblichen Zwecken zugeführt, wenn es nicht mehr den Zwecken der Betriebsstätte zu dienen bestimmt ist. Das Wirtschaftsgut verlässt damit quasi den Unternehmensbereich. Vgl. *Wassermeyer*, in:

Art. 7 OECD-MA und die entsprechenden Regelungen in den Doppelbesteuerungsabkommen wird dem Zuzugsstaat nämlich das Besteuerungsrecht lediglich für den Teil der stillen Reserven zugestanden, die während der Zugehörigkeit des Wirtschaftsguts im ausländischen Stammhaus entstanden sind. Umgekehrt bedeutet dies aber, dass Deutschland den Teil der stillen Reserven des überführten Wirtschaftsguts als Betriebsstätteneinkünfte über § 49 Abs. 1 Nr. 2 Buchst. a) EStG besteuern darf, der bis zur Überführung des Wirtschaftsguts in das ausländische Stammhaus im Inland entstanden ist[982]. Der Rechtfertigungsgrund „Sicherstellung der Besteuerung inländischer stiller Reserven" kann daher m.E. auch zur Rechtfertigung der Maßnahme „Sofortbesteuerung" in Tz. 2.6.3. der Betriebsstätten-Verwaltungsgrundsätze nicht herangezogen werden.

Es ist daher wiederum zu prüfen, ob im Rahmen des Rechtfertigungsgrunds der Steueraufsicht eine Sofortbesteuerung zu rechtfertigen wäre. Dabei wird der entscheidende Unterschied zur ersten Fallkonstellation der Überführung vom inländischen Stammhaus in eine ausländische Betriebsstätte deutlich. Während für die Finanzverwaltung in der ersten Fallkonstellation der Verbleib des Wirtschaftsguts in der ausländischen Betriebsstätte über die Bilanz des inländischen Gesamtunternehmens erkennbar bleibt, ist dies in der zweiten Fallkonstellation – Überführung von der inländischen Betriebsstätte auf ein ausländisches Stammhaus – gerade nicht der Fall. Denn eine Bilanz des ausländischen Stammhauses liegt der deutschen Finanzverwaltung nicht vor und in der Bilanz der inländischen Betriebsstätte ist das Wirtschaftsgut nicht mehr aufgeführt. In dieser Ausgangssituation den Abgangsstaat auf die Amtshilfe-Richtlinie zu verweisen, wäre zwar nach der bislang vorliegenden Rechtsprechung des EuGH zum Rechtfertigungsgrund der Steueraufsicht nahe liegend, würde aber den Besonderheiten der Fallkonstellation nicht gerecht werden. Hierdurch könnten Verifikationsdefizite nicht verhindert werden und das Verwaltungsverfahren wäre in der Praxis nicht mehr durchführbar. So müsste der Abgangsstaat praktisch auf Vorrat, ins Blaue hinein, jährliche Anfragen an die Finanzverwaltung des Zugangsstaats im Hinblick auf den Verbleib jedes einzelnen überführten Wirtschaftsguts stellen. Angesichts der Vielzahl von Warenbewegungen über die Grenze eine geradezu abenteuerliche Vorstellung, selbst wenn das Instrument der Amtshilfe-Richtlinie reibungslos funktionieren würde[983]. Eine reine „Merkpostenmethode" in dieser zweiten Fallkonstellation würde damit erhebliche Verifikationsdefizite zur Folge haben. Eine Lösung der Problematik ließe sich m.E. nur finden, wenn man nach festzulegenden Zeiträumen zu einer erfolgswirksamen Auflösung der gebildeten Merkposten käme. Da bei abnutzbaren Wirtschaftsgütern des Anlagevermögens wie in der ersten Fallkonstellation eine ratierliche Auflösung des Ausgleichspostens vorzusehen ist[984], stellt sich die Problematik insbesondere bei Wirtschaftsgütern des Umlaufvermögens. In diesen Fällen wäre wiederum eine erfolgswirksame Auflösung beispielsweise nach einem Jahr vorzusehen.

Debatin/Wassermeyer, DBA, Art. 7 OECD-MA, Rdnr. 261; a.A. *Hemmelrath*, in: Vogel, DBA, Art. 7, Rdnr. 126; *Buciek*, DStZ 2003, S. 139 (146) m.w.N.

[982] Vgl. die Ausführungen im 7. Kapitel unter A. III. 1. b).

[983] Der BFH ist jedenfalls der Ansicht, dass die Möglichkeiten der Amtshilfe nach dem derzeitigen Stand der praktischen Zusammenarbeit der nationalen Finanzverwaltungen keinen gleichwertigen Ersatz für die fehlenden eigenen Ermittlungsmöglichkeiten darstellen können, BFH vom 21.09.2005 – II R 56/03, BStBl. II 2005, S. 875.

[984] Im Unterschied zur ersten Fallgruppe könnte man in diesen Fallkonstellationen dabei m.E. auf das Führen eines Gegenbeweises verzichten.

c) Betriebsvermögenstransfer auf eine ausländische Personengesellschaft

Eine Sofortbesteuerung ohne die Möglichkeit der Bildung von Merkposten ist ebenfalls vorgesehen für den Fall der Überführung eines Wirtschaftsguts von einem inländischen Betriebsvermögen in eine ausländische Personengesellschaft[985]. Wiederum ergibt jedoch die Prüfung, dass eine Besteuerung der stillen Reserven zumindest in den meisten Fallkonstellationen sichergestellt ist. Überführt beispielsweise der Inländer A im Jahr 01 eine Maschine in eine ausländische Personengesellschaft, an der neben ihm auch noch die Ausländer B und C beteiligt sind und wird diese Maschine in 03 durch die ausländische Personengesellschaft veräußert, so kommt es wiederum nach den in Art. 7 OECD-MA enthaltenen Grundsätzen zu einer verursachungsgerechten Aufteilung der aufgedeckten stillen Reserven. Die stillen Reserven, die von 01 bis zum Veräußerungszeitpunkt 03 angesammelt worden sind, werden jeweils A, B und C zu gleichen Teilen zugewiesen. Die stillen Reserven, die bis zum Jahr 01 in der Maschine angesammelt worden sind, werden alleine dem A zugewiesen. Denn nach deutschem Rechtsverständnis werden Beteiligungen eines unbeschränkt Steuerpflichtigen an einer ausländischen Personengesellschaft als Unternehmen dieser Person und damit als Betriebsstätte behandelt[986]. Unterschiede zur steuerlichen Behandlung von Überführungsvorgängen bei „klassischen“[987] Betriebsstätten ergeben sich daher zunächst nicht.

Allerdings sind zwei Besonderheiten zu beachten. So ist bei der Frage, ob die Besteuerung der stillen Reserven sichergestellt ist, auch das Steuerrecht des ausländischen Staats in die Betrachtung mit einzubeziehen. Die Grundsätze der verursachungsgerechten Aufteilung der aufgedeckten stillen Reserven greifen beispielsweise nicht mehr, wenn im ausländischen Staat die Personengesellschaft als intransparent angesehen wird. In diesem Fall wäre eine unterschiedliche Behandlung im Sinne einer Sofortbesteuerung unter dem Gesichtspunkt Sicherstellung der Besteuerung der inländischen stillen Reserven wohl gerechtfertigt. Auch in Fällen, in denen der inländische Steuerpflichtige eine Gegenleistung durch die anderen Gesellschafter in Form einer Beteiligungserhöhung erhält, ist eine Sofortbesteuerung vorzunehmen. Denn im Ergebnis liegt in dieser Fallkonstellation ein Tausch vor. Eine erfolgsneutrale Überführung scheidet damit in diesen Fällen bereits nach innerstaatlichem Recht aus[988]. In allen anderen Fällen ist jedoch wiederum eine aufgeschobene Besteuerung im Sinne der „Merkpostenmethode“ als gerechtfertigt anzusehen[989].

---

[985] BMF-Schreiben vom 24.12.1999 – IV B 4 – S 1300 – 111/99, BStBl. I 1999, S. 1076, Tz. 2.6.4.

[986] BFH vom 26.02.1992 – I R 85/91, BStBl. II 1992, S. 937; BFH vom 23.06.1992 – IX R 182/87, BStBl. II 1992, S. 972; BMF-Schreiben vom 24.12.1999 – IV B 4 – S 1300 – 111/99, BStBl. I 1999, S. 1076, Tz. 1.1.5.1.; *Reith*, Internationales Steuerrecht, S. 457 m.w.N.

[987] Zur Differenzierung *Reith*, Internationales Steuerrecht, S. 449; in der Literatur wird teilweise auch von echter Betriebsstätte gesprochen. Vgl. *Pfaar*, IStR 2000, S. 42 (44 f.).

[988] *Pfaar*, Keine Besteuerung bei Überführung von Wirtschaftsgütern in ausländische Betriebsstätten, IStR 2000, S. 42 (46) m.w.N.

[989] Vermögensübertragungen zwischen einer Personengesellschaft und ihren Gesellschaftern können entgeltlich, unentgeltlich oder gegen Gewährung oder Rückgabe von Gesellschaftsrechten erfolgen. Der entgeltlich rechtsgeschäftliche Leistungsaustausch ist dabei grundsätzlich als Veräußerungs- bzw. Anschaffungsvorgang zu behandeln (derartige Übertragungsvorgänge liegen außerhalb des Anwendungsbereichs des § 15 Abs. 1 Satz 1

C. Zusammenfassung

Zusammenfassend ist festzuhalten, dass die Regelung in Tz. 2.6. der Betriebsstätten-Verwaltungsgrundsätze einer differenzierten Prüfung anhand der Grundfreiheiten des EG-Vertrags nicht standhält. Zum einen ist ein Verstoß gegen die Niederlassungsfreiheit bereits aufgrund des Fehlens einer nationalen Rechtsgrundlage für die Besteuerungsgrundsätze in Tz. 2.6. festzustellen[990]. Zum anderen ergibt sich, dass eine Besteuerung jener stillen Reserven, die während der unbeschränkten Steuerpflicht im Inland angesammelt wurden, in allen drei Fallgruppen der Tz. 2.6. (Überführung von Wirtschaftsgütern auf eine ausländische Betriebsstätte, auf ein ausländisches Stammhaus sowie auf eine ausländische Personengesellschaft) grundsätzlich sichergestellt ist. Die in Tz. 2.6. der Betriebsstätten-Verwaltungsgrundsätze vorgesehene Maßnahme „Sofortbesteuerung" ist daher nicht geeignet, das Ziel der Regelung, die Besteuerung der „inländischen" stillen Reserven sicherzustellen, zu erreichen. Eine derartige Maßnahme könnte nur noch als Maßnahme der Steueraufsicht gerechtfertigt sein.

Die Prüfung ergibt in diesem Punkt, dass die Merkpostenmethode als milderes aber ebenso wirksames Mittel anzusehen ist. Allerdings darf es nicht nach zehn Jahren zu einer zwingenden Auflösung der Merkposten kommen und die Möglichkeit, über die Merkpostenmethode eine aufgeschobene Besteuerung zu erreichen, darf nicht nur als Billigkeitsmaßnahme möglich sein. Eine ratierliche Auflösung der gebildeten Merkposten ist bei abnutzbaren Wirtschaftsgütern des Anlagevermögens grundsätzlich EG-rechtlich unbedenklich und auch erforderlich, um Steuerstundungseffekte zu verhindern. Eine Auflösung des Merkpostens bei Wirtschaftsgütern des Umlaufvermögens innerhalb eines Jahrs begegnet keinen Bedenken, wenn der Steuerpflichtige den Gegenbeweis des Verbleibs des Wirtschaftsguts antreten kann. In der Fallkonstellation der Überführung von Wirtschaftsgütern auf das ausländische Stammhaus ist eine Auflösung der Merkposten sowohl bei Wirtschaftsgütern des Anlagevermögens als auch bei Wirtschaftsgütern des Umlaufvermögens vorzusehen. Im Unterschied zur Überführung von Wirtschaftsgütern in eine ausländische Betriebsstätte gilt es in diesen Fallkonstellationen aber in besonderer Weise, Verifikationsdefizite zu verhindern, die dadurch auftreten, dass die Wirtschaftsgüter in der inländischen Buchführung nicht mehr erscheinen. Es wäre daher durchaus vertretbar, eine deutlich pauschalere Auflösung der gebildeten Merkposten vorzunehmen. Im Fall der Überführung von Wirtschaftsgütern auf eine ausländische Personengesellschaft

---

bertragungsvorgänge liegen außerhalb des Anwendungsbereichs des § 15 Abs. 1 Satz 1 Nr. 2 EStG). Werden im Rahmen dieser Leistungsbeziehungen Entgelte unangemessen vereinbart, kommen grundsätzlich die Grundsätze der Erfolgs- und Vermögensabgrenzung bei Betriebsstätten zur Anwendung (a.A. *Jacobs*, Internationales Steuerrecht, S. 820, der von einer Anwendung von § 1 AStG ausgeht). Überträgt ein Mitunternehmer Wirtschaftsgüter seines Gewerbebetriebes unentgeltlich auf die ausländische Personengesellschaft, ergibt sich wiederum die Frage, ob neben den Entnahme-/Einlagevorschriften bzw. § 1 AStG auch die Grundsätze der Betriebsstätten-Verwaltungsgrundsätze (Tz. 2.6.4.) zur Anwendung kommen. Vorrangig dürften wiederum die Grundsätze zur Erfolgs- und Vermögensabgrenzung bei Betriebsstätten sein (a.A. *Schmidt*, in: Schmidt, EStG, § 15, Rz. 666). Erfolgt die Übertragung zwischen der Mitunternehmerschaft und einem anderen Betrieb des Mitunternehmers gegen Gewährung von Gesellschaftsrechten liegt eine Gewinnrealisierung vor.

[990] Vgl. die Ausführungen im 7. Kapitel unter A. III.

ist nur für den Fall, dass eine Überführung gegen Gewährung von Gesellschaftsrechten erfolgt, oder die Personengesellschaft nach dem Recht des ausländischen Staats als transparent anzusehen ist, eine Sofortbesteuerung EG-rechtlich möglich. In allen anderen Fällen ist wiederum auf die „Merkpostenmethode" zurückzugreifen.

8. Kapitel
Gewinnberichtigung nach § 1 AStG

Parallel zur Gewinnabgrenzung zwischen Stammhaus einerseits und Betriebsstätte andererseits, also zwischen Teilen ein und desselben Unternehmens[991], ist bei steuerlich selbständigen verbundenen Unternehmen[992] ebenfalls eine Gewinnabgrenzung vorzunehmen, z.B. zwischen Muttergesellschaft und Tochtergesellschaft oder zwischen Schwestergesellschaften. Die Problematik der Gewinnabgrenzung zwischen verbundenen Unternehmen ist dabei im Wesentlichen im Bereich der Kapitalgesellschaften angesiedelt. Denn ein international operierender Konzern hat zwar nach dem Trennungsprinzip für jede Konzerngesellschaft die Einkünfte gesondert zu ermitteln, wirtschaftlich handelt es sich jedoch um eine Einheit, die durchweg nicht von dem zwischen fremden Dritten üblichen Interessengegensatz geprägt ist. Aus diesem Grund können Einkünftekorrekturen erforderlich sein. Die Problematik der Gewinnabgrenzung stellt sich jedoch auch im Bereich von natürlichen Personen, d.h. Einzelunternehmern, sowie auch bei Personengesellschaften, da grundsätzlich Gesellschaften und ihre Gesellschafter als verschiedene Personen behandelt werden, weshalb Geschäftsbeziehungen i.S.d. § 1 AStG zwischen ihnen grundsätzlich denkbar sind[993]. Im Bereich der Gewinnabgrenzung von Einzelunternehmern bzw. Personengesellschaften tritt an die Stelle der verdeckten Gewinnausschüttung die (verdeckte) Entnahme.

Rechtsgrundlage einer zwischen verbundenen Unternehmen durchzuführenden Gewinnkorrektur sind die innerstaatlichen Regelungen der verdeckten Gewinnausschüttung, der (verdeckten) Einlage und die Vorschrift des § 1 AStG. Daneben ist noch auf die Korrekturvorschrift des § 8a KStG hinzuweisen[994]. Die besondere Problematik der Gewinnabgrenzung zwischen verbundenen Unternehmen liegt letztlich darin begründet, dass weder der Anwendungsbereich, noch die Rechtsfolgen der genannten Korrekturnormen deckungsgleich sind[995]. Die besondere europarechtliche Problematik des § 1 AStG ergibt sich aus der Beschränkung des Anwendungsbereichs auf Geschäftsbeziehungen mit dem Ausland, während die anderen Korrekturnormen auch auf rein inländische Sachverhalte anwendbar sind. Im Rahmen einer Prüfung des § 1 AStG am Maßstab

---

[991] Art. 7 Abs. 1 Satz 2 OECD-MA.

[992] Nach Art. 9 Abs. 1 OECD-MA handelt es sich um ein verbundenes Unternehmen, wenn ein Unternehmen unmittelbar oder mittelbar an der Geschäftsleitung, der Kontrolle oder dem Kapital des anderen Unternehmens beteiligt ist oder wenn dieselben Personen unmittelbar oder mittelbar an der Geschäftsführung, der Kontrolle oder dem Kapital beider Unternehmen beteiligt sind.

[993] *Wassermeyer*, in: Flick/Wassermeyer/Baumhoff, AStG, § 1, Rdnr. 223.3 u. 894; zur näheren Abgrenzung vgl. die Ausführungen im 8. Kapitel unter A. I. sowie *Jacobs*, Internationale Unternehmensbesteuerung, S. 614 ff.

[994] § 1 AStG und § 8a KStG stehen jedoch in keinem Konkurrenzverhältnis. Gegenstand von § 1 AStG sind im Bereich von Darlehen zu hohe oder zu niedrige Zinsen, während Gegenstand von § 8a KStG angemessene Zinsen sind, die nach der Wertung des § 8a KStG allerdings steuerlich nicht anerkannt werden können. Ein für die Prüfung an den Grundfreiheiten relevantes Konkurrenzverhältnis liegt daher zwischen diesen beiden Vorschriften nicht vor. Vgl. *Reith*, Internationales Steuerrecht, S. 538.

[995] *Borstell/Brüninghaus/Dworaczek*, IStR 2001, S. 757 (757).

der Grundfreiheiten werden daher die Unterschiede in Tatbestand und Rechtsfolge zu den anderen Korrekturnormen einen besonderen Schwerpunkt bilden. In einem ersten Schritt ist daher der Regelungsinhalt des § 1 AStG herauszuarbeiten. In einem weiteren Schritt werden die im 5. Kapitel entwickelten dogmatischen Grundlagen für die Prüfung eines Verstoßes gegen die Grundfreiheiten des EG-Vertrags herangezogen. Wiederum wird nur auf problematische Prüfungspunkte eingegangen.

A. Darstellung des geltenden Rechts

§ 1 AStG sieht Ergebniskorrekturen vor, wenn Einkünfte eines Steuerpflichtigen aus Geschäftsbeziehungen mit einer ihm nahe stehenden Person dadurch gemindert werden, dass er im Rahmen solcher Geschäftsbeziehungen zum Ausland Bedingungen vereinbart, die von denen abweichen, die unabhängige Dritte unter gleichen oder ähnlichen Verhältnissen vereinbart hätten. Liegt ein solcher Sachverhalt vor, so sind die Einkünfte des Steuerpflichtigen „unbeschadet anderer Vorschriften so anzusetzen, wie sie unter den zwischen unabhängigen Dritten vereinbarten Bedingungen ausgefallen wären". In § 1 Abs. 1 AStG hat damit der Fremdvergleichsgrundsatz (sog. dealing at arm's length-Prinzip) seine gesetzliche Verankerung gefunden[996]. Die Zielsetzung des § 1 AStG ist darin zu sehen, Erfolgslenkungen ins Ausland zu verhindern, d.h. die unerwünschte Verlagerung von Gewinnen ins Ausland bzw. von Kosten ins Inland zu verhindern. Damit fügt sich die Vorschrift in die Zielsetzung des AStG ein, Steuerflucht zu vermeiden[997].

I. Einzelne Anwendungsvoraussetzungen

§ 1 Abs. 1 AStG fordert zunächst eine „Minderung von Einkünften". Unter Einkünften sind dabei alle Einkünfte i.S.d. § 2 Abs. 1 EStG zu verstehen. Es kommt damit weder auf die Einkunftsart noch auf die Einkunftsermittlung an. Umfasst ist sowohl der durch Vermögensvergleich ermittelte Unterschiedsbetrag i.S.d. § 4 Abs. 1 Satz 1 EStG als auch der nach § 4 Abs. 3 EStG ermittelte Überschuss der Betriebseinnahmen über die Betriebsausgaben bzw. der nach § 2 Abs. 2 Nr. 2 EStG ermittelte Überschuss der Einnahmen über die Werbungskosten[998]. Weiter setzt § 1 AStG die Einkünfteminderung eines „Steuerpflichtigen" voraus. Unter den Begriff des Steuerpflichtigen fallen gleichermaßen natürliche wie juristische Personen. Personengesellschaften fallen allerdings nicht unter den Begriff des Steuerpflichtigen[999]. Steuerpflichtige i.S.d. § 1 AStG sind daher nur die Mitunternehmer einer Personengesellschaft, soweit sie mit ihren Gewinnanteilen im Inland sachlich steuerpflichtig sind.

---

[996] BMF vom 14.05.2004 – IV B 4 – S 1340 – 11/04, BStBl. I Sondernummer 1/2004, Tz. 1.1.1.

[997] Vgl. zuletzt zur Zielsetzung, die mit dem deutschen Außensteuerrecht erreicht werden soll, Bericht der Bundesregierung zur Fortentwicklung des Unternehmenssteuerrechts vom 18.04.2001; die Zielsetzung des AStG spiegelt sich ursprünglich wieder im sog. Oasenbericht (BT-Drs. IV/2412) und in Tz. 1 des sog. Oasenerlasses vom 14.06.1965 (FM Niedersachsen vom 14.06.1965 – Az. S 1301 – 99 - 31 1, BStBl. II 1965, 74).

[998] *Wassermeyer*, in: Flick/Wassermeyer/Baumhoff, AStG, § 1, Rdnr. 211.

[999] Gewerbesteuerpflicht allein genügt nicht, da § 7 GewStG an den nach den Vorschriften des EStG und des KStG ermittelten Gewinn anknüpft und das GewStG damit keine eigenständige Gewinnkorrekturvorschrift enthält. Vgl. *Wassermeyer*, in: Flick/Wassermeyer/Baumhoff, AStG, § 1, Rdnr. 218.

Der Begriff der „Geschäftsbeziehung" ist bereits mehrfach Gegenstand einer gesetzlichen Änderung gewesen[1000]. Zentrales Problem dieses Begriffs war dabei immer die Frage, ob alles, was durch das Gesellschaftsverhältnis veranlasst ist, aus dem Begriff ausscheidet, oder ob sich der Inhalt des Begriffs nur nach der gewählten äußeren Form bestimmt. Der BFH hatte in seinem Urteil vom 29.11.2000 jedenfalls in ersterem Sinn entschieden und gewisse hybride Formen der Gesellschafterfremdfinanzierung, die der Eigenkapitalzufuhr besonders nahe stehen, innerhalb des § 1 AStG aus dem Begriff „Geschäftsbeziehung" ausgeklammert[1001]. Im Ergebnis wäre damit bei der Gewährung von verbilligten oder zinslosen Gesellschafterdarlehen, eigenkapitalersetzenden Darlehen, Bürgschaften oder Patronatserklärungen eine Anwendung des § 1 AStG nicht mehr möglich gewesen. Der Gesetzgeber hat hierauf reagiert. Nunmehr ist eine Geschäftsbeziehung immer bereits dann gegeben, wenn zwischen dem Steuerpflichtigen und der ihm nahe stehenden Person eine Beziehung besteht, die auf einer schuldrechtlichen Vereinbarung beruht, die keine gesellschaftsvertragliche Vereinbarung ist. Der Gesetzgeber hat damit vom Wortlaut her die Vorschrift des § 1 AStG zwar eingeschränkt, da vor 2003 jede Beziehung Gegenstand einer Geschäftsbeziehung sein konnte. Tatsächlich ist jedoch beabsichtigt, den durch die Rechtsprechung des BFH eingeschränkten Anwendungsbereich des § 1 AStG wieder auszuweiten[1002], indem formal auf den Abschluss eines schuldrechtlichen Vertrags abgestellt wird. Dieser gesetzgeberische Zweck dürfte erreicht worden sein[1003]. Fraglich ist jedoch, ob mit dieser Gesetzesänderung zugleich auch der

---

[1000] Durch das Steueränderungsgesetz 1992 (BGBl. I. 1992, S. 297) wurde der Begriff „Geschäftsbeziehung" erstmals gesetzlich definiert, nachdem der BFH den Begriff sehr eng interpretiert hatte (BFH vom 30.05.1990 – I R 97/88, BStBl. II 1990, S. 875). Im Steuervergünstigungsabbaugesetz vom 16.05.2003 (BGBl. I 2003, S. 321) wurde § 1 Abs. 4 AStG abermals geändert, wiederum als Reaktion auf ein Urteil des BFH (BFH vom 29.11.2000 – I R 85/99, BStBl. II 2002, S. 720).

[1001] Im entschiedenen Fall hatte eine im Inland ansässige Muttergesellschaft verschiedenen ausländischen Tochtergesellschaften gegenüber sog. harte Patronatserklärungen abgegeben, ohne von diesen Tochtergesellschaften Vergütungen zu erhalten. Der BFH hat entschieden, dass § 1 AStG ein selbständiges Leistungsverhältnis zwischen Gesellschafter und Gesellschaft erfordert. Diese Voraussetzung sah der BFH nicht als gegeben an, da eine solche Patronatserklärung eine funktionsgerechte Kapitalausstattung ersetzt und damit nicht eine Geschäftsbeziehung i.S.d. § 1 Abs. 4 AStG ist. Vgl. BFH vom 29.11.2000 – I R 85/99, BStBl. II 2002, S. 720.

[1002] *Wassermeyer*, in: Flick/Wassermeyer/Baumhoff, AStG, § 1, Rdnr. 911.

[1003] Darauf deutet zumindest die neue Kommentierung von *Wassermeyer* hin (*Wassermeyer* hatte maßgeblich die Rechtsprechung des 1. Senats des BFH geprägt und war als Hauptkritiker der weiten Auslegung des § 1 Abs. 4 AStG durch die Finanzverwaltung anzusehen). Es finden sich nurmehr Ausführungen zur Motivation des BFH bei der Entscheidung vom 29.11.2000 (EG-konforme Auslegung des § 1 AStG, Abstimmung zwischen § 1 AStG und § 8a KStG). Besonders interessant ist der Hinweis von *Wassermeyer*, dass die Gesellschafterfremdfinanzierung im von § 8a KStG a.F. geregelten Inlandsfall als Eigenkapital und in dem von § 1 AStG geregelten Auslandsfall als fiktiv zu verzinsendes Fremdkapital behandelt wird. Er will hieraus einen weiteren Verstoß gegen den EG-Vertrag erkennen. Vgl. *Wassermeyer*, in: Flick/Wassermeyer/Baumhoff, AStG, § 1, Rdnr. 222.1 u. 891 ff. Dies ist m.E. schon deshalb abwägig, da es sich nicht um vergleichbare Sachverhalte handelt, sondern vielmehr um den Vergleich eines Inbound-Falls mit einem Outbound-Fall.

Streit positiv entschieden ist, ob § 1 AStG auf Entnahmesachverhalte anwendbar ist[1004].

Geschäftsbeziehungen im Sinne des § 1 AStG sind somit grundsätzlich alle einkunftsrelevanten Vorgänge geschäftlicher Art zwischen Inland und Ausland[1005]. Es kann sich dabei um Rechtsgeschäfte jeder Art handeln, wie Erwerb und Veräußerung von Wirtschaftsgütern, Erbringung von Dienstleistungen, Darlehenshingabe sowie Überlassung von materiellen und immateriellen Wirtschaftsgütern[1006]. Lediglich Rechtsgeschäfte mit privatem Hintergrund sowie gesellschaftsvertragliche Vereinbarungen scheiden aus. Keine Geschäftsbeziehung ist dagegen der Liefer- und Leistungsverkehr zwischen einem Stammhaus und seinen Betriebsstätten bzw. zwischen den Betriebsstätten desselben Unternehmens[1007]. Keine Geschäftsbeziehung ist ferner der Liefer- und Leistungsverkehr zwischen mehreren Einzelunternehmen desselben Unternehmers. Grund hierfür ist, dass ein und dieselbe Person keine Geschäftsbeziehungen mit sich selbst unterhalten kann. Umgekehrt sind daher Geschäftsbeziehungen zwischen fremden Personen immer denkbar. Dies gilt grundsätzlich auch im Verhältnis einer Personengesellschaft zu ihren Gesellschaftern bzw. zwischen zwei Personengesellschaften mit denselben Gesellschaftern[1008]. Problematisch ist allerdings die Annahme einer Geschäftsbeziehung i.S.v. § 1 Abs. 4 AStG zwischen einem Mitunternehmer und seiner Personengesellschaft. Es ist zwar *Jacobs* zuzugeben, dass die Rechtsprechung bei Rechtsgeschäften außerhalb des Anwendungsbereichs von § 15 Abs. 1 Satz 1 Nr. 2 EStG gerade die Rechtssubjekteigenschaft der Personengesellschaft betont und damit anerkanntermaßen zwei Rechtssubjekte (Gesellschaft und Gesellschafter) einander gegenüberstehen[1009]. Für die Beurteilung grenzüberschreitender Übertragungsfälle ist aber wiederum nach der Rechtsprechung des BFH von Bedeutung, dass Beteiligungen eines unbeschränkt Steuerpflichtigen an einer ausländischen Personengesellschaft als Unternehmen dieser

---

1004 *Reith*, Internationales Steuerrecht, S. 545; a.A. *Wassermeyer*, in: Flick/Wassermeyer/Baumhoff, AStG, § 1, Rdnr. 95; zur Problematik vgl. auch die Ausführungen im 8. Kapitel unter A. II. 3.

1005 Problematisch kann in diesem Zusammenhang noch die Auslegung des Begriffs der „Tätigkeit“ sein. Nach Auslegung durch den BFH ist im Falle eines schuldrechtlichen Nutzungsüberlassungsvertrages genau zu differenzieren zwischen der Darlehenshingabe und der Nutzungsüberlassung. Vollzieht sich die Darlehenshingabe im Inland und wurde offen gelassen, wo das überlassene Wirtschaftsgut genutzt wird (inländisches Stammhaus oder ausländische Betriebsstätte), so ist insgesamt von einer Geschäftsbeziehung im Inland auszugehen. Vgl. BFH vom 28.04.2004 – Az. I R 5, 6/02, BStBl. II 2005, S. 516. Die Finanzverwaltung wendet diese Entscheidung jedoch nicht über den entschiedenen Einzelfall hinaus an. Vgl. BMF vom 22.07.2005 – Az. IV B 4-S 1341-4/05, BStBl. I. 2005, S. 818.

1006 *Jacobs*, Internationale Unternehmensbesteuerung, S. 601.

1007 Dem entspricht es, dass Art. 9 Abs. 1 OECD-MA nicht auf die Betriebsstättengewinnermittlung anwendbar ist, hierfür gilt ausschließlich Art. 7 Abs. 2 OECD-MA. Vgl. *Wassermeyer*, in: Flick/Wassermeyer/Baumhoff, AStG, § 1, Rdnr. 223.3.

1008 *Wassermeyer*, in: Flick/Wassermeyer/Baumhoff, AStG, § 1 Rdnr. 894. Hieraus resultiert eine Normenkonkurrenz, weil für denselben Sachverhalt (Besteuerung natürlicher Personen und Mitunternehmerschaften – für Kapitalgesellschaften wird die Entnahmeproblematik über die verdeckte Gewinnausschüttung geregelt) § 1 AStG und die Entnahmeregelung in § 4 Abs. 1 EStG unterschiedliche Rechtsfolgen anordnen. Vgl. *Dautzenberg/Goksch*, BB 2000, S. 904 (905).

1009 *Jacobs*, Internationale Unternehmensbesteuerung, S. 620.

Person und damit als Betriebsstätte behandelt werden[1010]. Eine Geschäftsbeziehung ist vor dem Hintergrund dieser Rechtsprechung m.E. in diesen Fällen gar nicht denkbar[1011]. Die Auffassung von *Jacobs* steht auch in Widerspruch zu einer Entscheidung des BFH, in der ausdrücklich festgestellt worden ist, dass Steuerpflichtiger i.S.d. § 1 Abs. 1 AStG nicht die Personengesellschaft, sondern nur der an der Personengesellschaft beteiligte Gesellschafter sein kann[1012]. Der unbestreitbare Vorteil dieser Auslegung besteht auch darin, dass sich Überschneidungen zu den Betriebsstätten-Verwaltungsgrundsätzen[1013] gar nicht erst stellen[1014]. Grundsätzlich sind daher in diesem Bereich die Grundsätze zur Erfolgs- und Vermögensabgrenzung zwischen Stammhaus und Betriebsstätte zu beachten. Der Anwendungsbereich des § 1 AStG dürfte somit im Bereich von Personengesellschaften auf die Fallkonstellation zwischen zwei Personengesellschaften mit denselben oder teilweise denselben Gesellschaftern[1015] und Konstellationen beschränkt sein, die denjenigen ähneln, in denen ein Gesellschafter einer Personengesellschaft zugleich beherrschender Gesellschafter einer ausländischen Kapitalgesellschaft ist[1016].

Als nahe stehende Personen bezeichnet § 1 Abs. 2 AStG solche natürlichen und juristischen Personen, die international durch wesentliche Beteiligungen[1017] oder durch Beherrschungsverhältnisse miteinander verflochten sind[1018]. Weiterhin umfasst dieser Begriff Drittpersonen, die aufgrund wesentlicher Beteiligungen oder einer Beherrschungsmöglichkeit auf beide vertragsschließenden Partner Einfluss nehmen könnten[1019]. Schwierige Abgrenzungsprobleme wirft zudem

---

1010 BFH vom 26.02.1992 – I R 85/91, BStBl. II 1992, S. 937; BFH vom 23.06.1992 – IX R 182/87, BStBl. II 1992, S. 972; BMF-Schreiben vom 24.12.1999 – IV B 4 – S 1300 – 111/99, BStBl. I 1999, S. 1076, Tz. 1.1.5.1.; *Reith*, Internationales Steuerrecht, S. 457 m.w.N.

1011 Ebenso *Menck*, in: Blümich, EStG/KStG, § 1 AStG, Rdnr. 22; a.A. offensichtlich *Jacobs*, Internationale Unternehmensbesteuerung, S. 618 ff.; *Dautzenberg/Goksch*, BB 2000, S. 904 (905); *Goksch*, IStR 2002, S. 181 ff.; widersprüchlich *Wassermeyer*, der nur an einer Stelle vom Verhältnis einer Personengesellschaft zu ihren Gesellschaftern spricht (Rdnr. 894), während er an anderer Stelle seiner Kommentierung nur von einer Geschäftsbeziehung zwischen zwei Personengesellschaften mit denselben Gesellschaftern spricht (Rdnr. 223.3). Vgl. *Wassermeyer*, in: Flick/Wassermeyer/Baumhoff, AStG, § 1, Rdnr. 223.3, 894.

1012 BFH vom 17.12.1997 – Az. I B 96/97, BStBl. II 1998, S. 321.

1013 BMF-Schreiben vom 24.12.1999 – IV B 4 – S 1300 – 111/99, BStBl. I 1999, S. 1076, Tz. 2.6.4.

1014 *Jacobs* erkennt die sich überschneidenden Regelungsbereichen und kommt bei entgeltlichen Übertragungen zur Anwendung des § 1 AStG, bei unentgeltlichen Übertragungen sowie bei Übertragungen gegen Gesellschaftsrechte zur Anwendung der allgemeinen Grundsätze der Gewinnabgrenzung zwischen in- und ausländischen Betriebsstätten. Vgl. *Jacobs*, Internationale Unternehmensbesteuerung, S. 618 ff.

1015 So ausdrücklich die Finanzverwaltung in BMF vom 14.05.2004 – IV B 4 – S 1340 – 11/04, BStBl. I Sondernummer 1/2004, Tz. 1.4.3. letzter Spiegelstrich.

1016 Diese Fallkonstellation entspricht der Entscheidung des BFH vom 17.12.1997 – I B 96/97, BStBl. II 1998, S. 321.

1017 $\geq$ 25 v.H. des Nennkapitals (unmittelbar oder mittelbar).

1018 § 1 Abs. 2 Nr. 1 Alt. 1, 2 AStG.

1019 § 1 Abs. 2 Nr. 2 Alt. 1, 2 AStG.

§ 1 Abs. 2 Nr. 3 AStG auf, wenn er Fallkonstellationen der besonderen Einflussmöglichkeiten[1020] oder der Interessensidentität[1021] zu regeln versucht.

II. Verhältnis zu den anderen Einkünftekorrekturvorschriften

§ 1 AStG findet nur „unbeschadet anderer Vorschriften" Anwendung. Dies bedeutet, dass § 1 AStG die Rechtsfolgen anderer Gewinnkorrekturvorschriften[1022] nicht einschränkt. Denkbar ist allerdings, dass die Rechtsfolge des § 1 AStG weiter reicht, als die einer anderen Gewinnkorrekturvorschrift. Es ist daher zu klären, wie in diesem Fall das Konkurrenzverhältnis aufzulösen ist. Dabei ist zu berücksichtigen, dass die Klärung der Abgrenzungsfrage nicht nur ein theoretisches Problem darstellt, sondern von ganz praktischer Bedeutung ist, da bei der verdeckten Gewinnausschüttung bzw. der verdeckten Einlage beispielsweise die Grundsätze der Gegenberichtigung nicht anwendbar sind[1023].

Nach der Theorie der Idealkonkurrenz[1024] sind alle Einkünftekorrekturvorschriften selbständige, in sich abgeschlossene Regelungen. Die Rechtsfolgen bestimmen sich nach der Vorschrift mit den am weitesten reichenden Rechtsfolgen[1025]. Dieser Theorie hat sich mittlerweile auch die Finanzverwaltung angeschlossen, allerdings ausdrücklich nur für den Bereich der Entnahme und den der verdeckten Einlage in eine Kapitalgesellschaft[1026]. Einen anderen Ansatz verfolgt die Theorie der Subsidiarität. Dieser Ansatz wird im Grundsatz von der Finanzverwaltung[1027] und der herrschenden Meinung vertreten[1028]. Danach ist § 1 AStG neben den Grundsätzen der verdeckten Gewinnausschüttung und der verdeckten Einlage nur subsidiär anwendbar. Soweit also eine verdeckte Gewinnausschüttung oder verdeckte Einlage vorliegt, erfolgt die Einkunftskorrektur nur nach diesen (allgemeineren) Grundsätzen. Da § 1 AStG auf die Berichtigung von Einkünften bei grenzüberschreitenden Sachverhalten beschränkt und insoweit die speziellere Vorschrift ist, behandelt die Finanzverwaltung in den grenzüberschreitenden Fällen, in denen sowohl die Voraussetzungen einer Einkunftsberichtigung nach dem Rechtsinstitut der verdeckten Gewinnausschüttung oder der verdeckten Einlage als auch des § 1 AStG gegeben sind, den Berichtigungsbetrag nach den Grundsätzen der verdeckten Gewinnausschüttung bzw. der verdeckten Einlage[1029]. Anders wiederum argumentieren die Vertreter der Theorie

[1020] § 1 Abs. 2 Nr. 3 Alt. 1 AStG will beispielsweise Lieferanten, Abnehmer oder Kreditgeber des Steuerpflichtigen mit Einflussmöglichkeit auf die konkrete Geschäftsbeziehung erfassen.

[1021] § 1 Abs. 2 Nr. 3 Alt. 2 AStG will insbesondere wohl verwandtschaftliche Beziehungen erfassen.

[1022] *Wassermeyer* unterscheidet insoweit zwischen Einkünfteermittlungs- und Einkünftekorrekturvorschriften. Im Ergebnis geht daher § 1 AStG ebenso wie beispielsweise § 4 Abs. 1 Satz 1 EStG von einer zweistufigen Einkünfteermittlung aus. Vgl. *Wassermeyer*, in: Flick/Wassermeyer/Baumhoff, AStG, § 1, Rdnr. 77.1.

[1023] *Reith*, Internationales Steuerrecht, S. 537.

[1024] *Wassermeyer*, in: Flick/Wassermeyer/Baumhoff, AStG, § 1, Rdnr. 77 m.w.N.

[1025] *Jacobs*, Internationale Unternehmensbesteuerung, S. 602.

[1026] BMF vom 14.05.2004 – IV B 4 – S 1340 – 11/04, BStBl. I Sondernummer 1/2004, Tz. 1.1.2. letzter Absatz.

[1027] BMF vom 23.02.1983 – IV C 5 – S 1341 – 4/83, BStBl. I 1983, S. 218, Tz. 1.1.3.; BMF vom 14.05.2004 – IV B 4 – S 1340 – 11/04, BStBl. I Sondernummer 1/2004, Tz. 1.1.2., für den Bereich der verdeckten Gewinnausschüttung und der verdeckten Einlage.

[1028] *Wassermeyer*, in: Flick/Wassermeyer/Baumhoff, AStG, § 1, Rdnr. 77 m.w.N.

[1029] BMF vom 23.02.1983 – IV C 5 – S 1341 – 4/83, BStBl. I 1983, S. 218, Tz. 1.1.3. Satz 2.

der Spezialität[1030]. Danach findet bei grenzüberschreitenden Sachverhalten ausschließlich § 1 AStG als die speziellere Vorschrift Anwendung. *Wassermeyer*[1031] weist m.E. zu Recht darauf hin, dass dieser Theorienstreit von der eigentlichen Problematik ablenkt. Das eigentliche Problem besteht nach seiner Ansicht darin, für jede Einkunftskorrekturvorschrift im Einzelnen zu prüfen, ob sie eine Einkunftsermittlungsvorschrift oder eine Einkunftskorrekturvorschrift ist. Im Ergebnis bedeutet dies, dass die Rechtsfolge des § 1 AStG nur so lange hinter anderen Vorschriften zurück tritt, als die andere Vorschrift eine Gewinnkorrektur vorsieht, die der des § 1 AStG entspricht. Bleibt die Rechtsfolge der anderen Vorschrift hinter der des § 1 AStG zurück, findet § 1 AStG ergänzend Anwendung. § 1 AStG ist damit gegenüber anderen Gewinnkorrekturvorschriften mit der Maßgabe subsidiär, dass die Vorschrift zu Lasten des Steuerpflichtigen auch dann Anwendung findet, wenn die Rechtsfolge der anderen Vorschrift hinter der des § 1 AStG zurück bleibt[1032].

1. Verhältnis des § 1 AStG zur verdeckten Gewinnausschüttung

Zweck des Instituts der verdeckten Gewinnausschüttung (§ 8 Abs. 3 Satz 2 KStG)[1033] ist im vorliegenden Zusammenhang in erster Linie die Vermeidung einer unzulässigen Vermögensverschiebung von der Tochtergesellschaft auf die Muttergesellschaft. Eine verdeckte Gewinnausschüttung liegt nach der Rechtsprechung des BFH[1034] dann vor, wenn eine Vermögensminderung auf dem Gesellschaftsverhältnis beruht und nicht betrieblich veranlasst ist. Der Kausalzusammenhang zwischen Vermögenszuwendung und Gesellschaftsverhältnis wird bejaht, wenn das Unternehmen bei Anwendung der Sorgfalt eines ordentlichen und gewissenhaften Geschäftsleiters diesen Vorteil einem Nichtgesellschafter nicht gewährt hätte[1035]. Die verdeckte Gewinnausschüttung erfasst dabei sowohl einlagefähige materielle Wirtschaftsgüter, als auch immaterielle Wirtschaftsgüter sowie Nutzungen und Dienstleistungen.

In den Tatbestandsvoraussetzungen unterscheiden sich § 1 AStG und die Grundsätze der verdeckten Gewinnausschüttung (§ 8 Abs. 3 KStG). Eine verdeckte Gewinnausschüttung ist nicht nur möglich bei grenzüberschreitenden Sachverhalten, d.h. zwischen einem im Ausland ansässigen Gesellschafter und seiner im Inland ansässigen (Tochter-)Gesellschaft, sondern auch bei Inlandssachverhalten, während § 1 AStG nur bei grenzüberschreitenden Sachverhalten anwendbar ist. Ein weiterer Unterschied besteht darin, dass eine verdeckte Gewinnausschüttung bei allen Arten einer Vorteilsgewährung im Rahmen eines „Gesellschaftsverhältnisses" möglich ist, während § 1 AStG die Gewährung von Vorteilen nur

---

[1030] Insbesondere *Jacobs*, Internationale Unternehmensbesteuerung, S. 603; *Wassermeyer*, in: Flick/Wassermeyer/Baumhoff, AStG, § 1, Rdnr. 77 m.w.N.

[1031] *Wassermeyer*, in: Flick/Wassermeyer/Baumhoff, AStG, § 1, Rdnr. 77.1.

[1032] Wassermeyer, in: Flick/Wassermeyer/Baumhoff, AStG, § 1, Rdnr. 76; *Wassermeyer*, IStR 2001, S. 633 ff.; insoweit steht *Wassermeyer* den Vertretern der Idealkonkurrenz nahe.

[1033] Zu Einzelheiten der verdeckten Gewinnausschüttung *Schaumburg*, Internationales Steuerrecht, S. 1204 ff.; vgl. ferner die Kurzdarstellung bei *Heinicke*, in: Schmidt, EStG, § 4, Rdnr. 360.

[1034] Grundlegend zur verdeckten Gewinnausschüttung BFH vom 21.07.1982 – I R 56/78, BStBl. II 1982, S. 761 ff.; BFH vom 23.10.1985 – I R 247/81, BStBl. II 1986, S. 195 ff.; zur Entwicklung der Rechtsprechung *Reith*, Internationales Steuerrecht, S. 533 m.w.N.

[1035] H 36 (Vorteilsausgleich) KStH 2004.

im Rahmen von „Geschäftsbeziehungen“ i.S.v. § 1 Abs. 4 AStG[1036] zum Gegenstand hat. Die Tatbestandsvoraussetzungen für eine verdeckte Gewinnausschüttung gehen insoweit über die des § 1 AStG hinaus. § 1 AStG ist insoweit die speziellere Norm, allerdings nicht mit Vorrang vor § 8 Abs. 3 KStG, denn wegen des Hinweises „unbeschadet anderer Vorschriften“ in Abs. 1 der Vorschrift geht § 1 AStG dem § 8 Abs. 3 KStG nicht als lex specialis vor[1037]. Andererseits ist § 1 AStG wiederum insofern weiter, als die Vorschrift jeden Steuerpflichtigen umfasst, der im Inland Einkünfte erzielt, während die Grundsätze der verdeckten Gewinnausschüttung nur für Körperschaften, Personenvereinigungen oder Vermögensmassen i.S.v. § 1 KStG gelten. Der Anwendungsbereich von § 1 AStG geht daher über den des Rechtsinstituts der verdeckten Gewinnausschüttung hinaus, als er nicht nur Rechtsbeziehungen im Rahmen von Gesellschaftsverhältnissen umfasst, sondern alle Arten von möglichen beherrschenden Einflussnahmen zum Gegenstand hat[1038].

2. Verhältnis des § 1 AStG zur (verdeckten) Einlage

Um unangemessene Vermögensverschiebungen von der Muttergesellschaft auf die Tochtergesellschaft zu korrigieren, wird das von der Rechtsprechung auf § 4 Abs. 1 EStG gestützte Rechtsinstitut der verdeckten Einlage[1039] eingesetzt. Eine verdeckte Einlage wird angenommen, sofern ein Gesellschafter der Kapitalgesellschaft Vermögensgegenstände zuwendet und diese Zuwendung im Gesellschaftsverhältnis begründet liegt[1040]. Ebenso wie bei der verdeckten Gewinnausschüttung wird die Ursächlichkeit bejaht, wenn ein Nichtgesellschafter bei Anwendung der Sorgfalt eines ordentlichen und gewissenhaften Kaufmanns die Einräumung einer derartigen Zuwendung unterlassen hätte.

Ein „einlagefähiger Vermögensvorteil“ setzt voraus, dass ein Wirtschaftsgut aktivierungsfähig ist[1041]. Dies ist dann der Fall, wenn das Vermögen der Gesellschaft dadurch gemehrt wird, dass entweder ein Aktivposten neu gebildet bzw. erhöht oder dass ein Passivposten vermindert wird[1042]. Zu den aktivierungsfähigen Vermögensvorteilen gehören auch selbst geschaffene, nach den § 248 Abs. 2 HGB, § 5 Abs. 1 und 2 EStG (bei dem Gesellschafter) nicht aktivierungsfähige immaterielle Wirtschaftsgüter (hierzu gehören v.a. der Geschäfts- oder Firmenwert), denn solche immaterielle Wirtschaftsgüter sind gleichwohl bei der empfangenen Gesellschaft aktivierungsfähig[1043]. Die Überlassung eines Wirtschaftsguts zum Gebrauch oder zur Nutzung ist die Erbringung einer Dienstleistung und keine Lieferung einer Sache. Der Vermögensvorteil ist nicht die Nutzungsüberlassung, sondern die Folge der Nutzungsüberlassung. Geleistet wird das Recht zur Nutzung im Rahmen eines Mietverhältnisses (bei beweglichen

[1036] Zur Auslegung dieses Begriffs vgl. die Ausführungen im 8. Kapitel unter A. I.
[1037] *Wassermeyer*, in: Flick/Wassermeyer/Baumhoff, AStG, § 1, Rdnr. 81.
[1038] *Wassermeyer*, in: Flick/Wassermeyer/Baumhoff, AStG, § 1, Rdnr. 82.
[1039] Zu Einzelheiten der verdeckten Gewinnausschüttung *Schaumburg*, Internationales Steuerrecht, S. 1212 ff.
[1040] R 40 Abs. 1 KStR 2004.
[1041] BFH vom 26.10.1987 – GrS 2/86, BStBl. II 1988, S. 348; BFH vom 18.12.1990 – VIII R 158/86, BFH/NV 1992, S. 15.
[1042] BFH vom 19.05.1982 – I R 102/79, BStBl. II 1982, S. 631.
[1043] BFH vom 20.08.1986 – I R 41/82, BStBl. II 1987, S. 455; BFH vom 24.03.1987 – I R 202/83, BStBl. II 1987, S. 705.

oder unbeweglichen Sachen), eines Lizenzverhältnisses (bei Rechten) oder eines Darlehensverhältnisses (bei Geld oder sonstigen vertretbaren Sachen). Entsprechend fehlt es an einem bilanzierungsfähigen Wirtschaftsgut, welches das Eigenkapital erhöht[1044]. Nutzungsüberlassungen oder Dienstleistungen werden damit von der verdeckten Einlage nicht erfasst. Die Zuwendung muss weiter „durch das Gesellschaftsverhältnis veranlasst" sein. Damit können nur Gesellschafter der Gesellschaft etwas zuwenden, nicht aber Dritte, die Nicht-Gesellschafter sind. Erhält die Gesellschaft den Vermögensvorteil von einem Dritten, dann ist zu prüfen, ob der Dritte für Rechung eines Gesellschafters den Vermögensvorteil leistet[1045].

Die Tatbestandsvoraussetzungen für eine verdeckte Einlage sind damit insofern weiter als die des § 1 AStG, als eine verdeckte Einlage nicht nur bei grenzüberschreitenden Sachverhalten, d.h. zwischen einem im Ausland ansässigen Gesellschafter und seiner im Inland ansässigen (Tochter-)Gesellschaft, sondern auch bei Inlandssachverhalten möglich ist. § 1 AStG ist dagegen nur bei grenzüberschreitenden Sachverhalten anwendbar. Weiter ist eine verdeckte Einlage, bei allen Arten einer Vorteilsgewährung im Rahmen eines „Gesellschaftsverhältnisses" möglich, während § 1 AStG die Gewährung von Vorteilen nur im Rahmen von „Geschäftsverhältnissen" i.S.v. § 1 Abs. 4 AStG[1046] zum Gegenstand hat. Unter diesen beiden Aspekten ist § 1 AStG die spezielle Norm. Allerdings gilt auch hier der Vorbehalt „unbeschadet anderer Vorschriften" in Abs. 1 der Vorschrift, mit der Folge, dass § 1 AStG keinen Vorrang vor den § 8 Abs. 1 KStG, § 4 Abs. 1 Satz 1 und 5 EStG hat[1047]. Auf der anderen Seite geht der Anwendungsbereich von § 1 AStG wiederum in den bereits zur verdeckten Gewinnausschüttung genannten beiden Aspekten über den der verdeckten Einlage hinaus.

3. Verhältnis des § 1 AStG zur Entnahme

Die Tatbestandsvoraussetzungen der Entnahme sind im Gesetz selbst kaum normiert. § 4 Abs. 1 und § 6 Abs. 1 Nr. 4 EStG setzen den Begriff der Entnahme vielmehr voraus. Aus § 4 Abs. 1 EStG ergibt sich lediglich, dass der „Gewinn der Unterschiedsbetrag zwischen dem Betriebsvermögen am Schluss des Wirtschaftsjahres und dem Betriebsvermögen am Schluss des vorangegangenen Wirtschaftsjahres, vermehrt um den Wert der Entnahme und vermindert um den Wert der Einlagen" ist. Mit dieser Vorschrift werden zwei Ziele verfolgt. Zum einen soll eine Minderung des Gewinns durch Vorgänge, die nicht betrieblich veranlasst sind, verhindert werden[1048]. Zum anderen leistet die Entnahme durch die Abgrenzung von betrieblicher und privater Sphäre eine Erfassung von Wert-

---

[1044] BFH vom 26.10.1987 – GrS 2/86, BStBl. II 1988, S. 348.
[1045] *Wassermeyer*, IStR 2001, S. 633 (635).
[1046] Zur Auslegung dieses Begriffs vgl. die Ausführungen im 8. Kapitel unter A. I.
[1047] *Wassermeyer* will aus der Vorschrift des § 5 Abs. 6 i.V.m. § 6 Abs. 1 Nr. 5 EStG, die den Ansatz der verdeckten Einlage beim einlegenden Gesellschafter als nachträgliche Anschaffungskosten auf die Beteiligung vorsieht, den Schluss ziehen, dass eine verdeckte Einlage niemals eine Minderung der Einkünfte aus einer Geschäftsbeziehung zum Ziel haben kann. § 1 AStG und das Rechtsinstitut der verdeckten Einlage schließen sich nach dieser Auffassung aus. Lediglich im Falle von Nutzungsüberlassungen oder Dienstleistungen sei der Anwendungsbereich des § 1 AStG eröffnet. Vgl. *Wassermeyer*, in: Flick/Wassermeyer/Baumhoff, AStG, § 1, Rdnr. 91; a.A. *Menck*, in: Blümich, EStG/AStG, § 1 AStG, Rdnr. 37.
[1048] *Tipke/Lang*, Steuerrecht, S. 231.

veränderungen in dem Bereich, in dem sie auch entstanden sind. So wird durch die Entnahmeregelung die Erfassung der im Betrieb entstandenen stillen Reserven gewährleistet[1049].

Gegenstand einer Entnahme können Barentnahmen, Waren, Erzeugnisse, Nutzungen und Leistungen sein[1050]. Einer Entnahme kann sowohl ein unentgeltlicher, vom natürlichen Willen des Steuerpflichtigen getragener Vorgang („offene" Entnahme), als auch ein teilentgeltliches, unausgewogenes Geschäft („verdeckte" Entnahme) zugrunde liegen. Unstrittig ist, dass einer offenen Entnahme keine Geschäftsbeziehung i.S.d. § 1 Abs. 4 AStG zu Grunde liegt, da man nach den allgemeinen Grundsätzen der Entnahmeregelung des § 4 Abs. 1 EStG in diesem Fall von einer Privatentnahme auszugehen hat[1051]. Schwieriger ist die Beurteilung dieser Frage im Falle einer verdeckten Entnahme. Die verdeckte Entnahme stellt ein teilentgeltliches Rechtsgeschäft dar, bei dem die Differenz zwischen dem vereinbarten Entgelt und dem Teilwert der Leistung wiederum als Entnahme behandelt wird. Im Ergebnis wird dabei nach der sog. Trennungstheorie unterschieden zwischen einem entgeltlichen und einem unentgeltlichen Teil[1052]. Nach dieser Zerlegung des vordergründig einheitlichen Vorgangs in einen unentgeltlichen und einen entgeltlichen Teil ist nun zu entscheiden, ob eine Geschäftsbeziehung i.S.d. § 1 Abs. 4 AStG angenommen werden kann. Für den unentgeltlichen Teil ist dabei festzustellen, dass dem unentgeltlichen Vorgang eine Privatbeziehung zu Grunde liegt und § 1 AStG eine solche nicht in eine Geschäftsbeziehung umwandeln kann. Der verbleibende entgeltliche Teil ist nunmehr angemessen. Einer weiteren Einkünftekorrektur bedarf es daher nicht. Diese ist bereits nach dem Wortlaut von § 1 AStG ausgeschlossen.

Im Ergebnis wäre nach dieser Auffassung § 1 AStG stets dann unanwendbar, wenn nach § 4 Abs. 1 Satz 2 EStG eine Entnahme vorliegt[1053]; Urteile des BFH zu diesem Themenkomplex stehen jedoch noch aus. In seiner Entscheidung vom 17.12.1997 hat der BFH jedenfalls die Frage, ob § 1 Abs. 1 AStG neben § 4 Abs. 1 Satz 1 EStG insoweit anwendbar ist, als sich aus der Vorschrift weitergehende Korrekturmöglichkeiten ergeben, ausdrücklich als ungeklärt angesehen[1054]. Eindeutige Hinweise lassen sich damit aus der Entscheidung des BFH nicht entnehmen. Wenn allerdings mit *Wassermeyer*[1055] für die Frage, ob eine steuerliche Beurteilung als Entnahme gleichzeitig die Annahme einer Geschäftsbeziehung ausschließt, entscheidend ist, ob auf die nach außen hin vereinbarte Geschäftsbeziehung oder auf die durch sie verdeckte Entnahme abzustellen ist, dann ergibt sich eine gänzlich andere Beurteilung der Rechtsfrage durch die Änderung des § 1 Abs. 4 AStG in Folge des Steuervergünstigungsab-

---

1049 BFH vom 07.10.1974 – GrS 1/73, BStBl. II 1975, S. 170 f.; BFH vom 18.05.1983 – I R 5/82, BStBl. II 1983, S. 773.

1050 *Heinicke*, in: Schmidt, EStG, § 4, Rdnr. 301.

1051 *Goksch*, IStR 2002, S. 181 (182); *Wassermeyer*, in: Flick/Wassermeyer/Baumhoff, AStG, § 1, Rdnr. 95.

1052 Die Trennungstheorie gilt nach der ganz herrschenden Meinung bei einer teilentgeltlichen Übertragung von Einzelwirtschaftsgütern des Betriebsvermögens. Vgl. insbesondere *Wacker*, in: Schmidt, EStG, § 15, Rdnr. 670.

1053 *Wassermeyer*, in: Flick/Wassermeyer/Baumhoff, AStG, § 1, Rdnr. 95.

1054 BFH vom 17.12.1997 – I B 96/97, BStBl. II 1998, S. 321.

1055 *Wassermeyer*, in: Flick/Wassermeyer/Baumhoff, AStG, § 1, Rdnr. 95.

baugesetzes[1056]. Nunmehr bestimmt sich nämlich der Inhalt des Begriffs „Geschäftsbeziehung" nur noch nach der gewählten äußeren Form[1057]. Im Ergebnis bedeutet dies, dass für die Fälle der verdeckten Entnahme, bei denen Wirtschaftsgüter, Nutzungen oder Leistungen auf der Grundlage von schuldrechtlichen Vereinbarungen verdeckt aus dem Betriebsvermögen entnommen werden, § 1 AStG zur Anwendung kommt[1058].

III. Die Bewertungsmaßstäbe der Korrekturnormen

Nach ständiger Rechtsprechung des BFH ist eine verdeckte Gewinnausschüttung bei der Übertragung von Wirtschaftsgütern nach Maßgabe des gemeinen Werts[1059], bei Nutzungsüberlassungen nach der erzielbaren Vergütung[1060] zu bemessen[1061]. Der gemeine Wert ist gemäß § 9 Abs. 2 Satz 1 BewG definiert als Preis, „der im gewöhnlichen Geschäftsverkehr nach der Beschaffenheit des Wirtschaftsguts bei einer Veräußerung zu erzielen wäre". Ungewöhnliche und persönliche Verhältnisse sind abweichend zu § 9 Abs. 2 Satz 3 BewG zu berücksichtigen[1062]. Allerdings ist der BFH mittlerweile zum Ansatz des Fremdvergleichspreises als Bewertungsmaßstab der verdeckten Gewinnausschüttung übergegangen[1063]. Es muss daher nicht erörtert werden, ob tatsächliche Bewertungsunterschiede zwischen dem Ansatz des gemeinen Wertes und des Fremdvergleichspreises bestehen.

Einlagen und Entnahmen sind im Gegensatz hierzu jedoch nicht zum gemeinen Wert, sondern zum Teilwert anzusetzen. Dieser ist definiert als „der Betrag, den ein Erwerber des ganzen Betriebs im Rahmen des Gesamtkaufpreises für das einzelne Wirtschaftsgut ansetzen würde"[1064]. Aus dieser Erwerbsfiktion lässt sich nun eine wesentliche Besonderheit des Teilwerts ableiten. Da ein gedachter Erwerber eines Betriebs beabsichtigt, mit der Veräußerung der Waren Gewinne zu erzielen, kann er im Rahmen des Gesamtkaufpreises keinen Gewinnaufschlag auf die erworbenen Waren vergüten. Er würde ansonsten selbst keinen Gewinn mehr realisieren können. Der Teilwert enthält damit grundsätzlich keine Gewinnkomponente, der Teilwert wird vielmehr nach oben begrenzt durch die Wiederbeschaffungs- bzw. Herstellungskosten[1065]. In der Regel kann daher davon ausgegangen werden, dass der Fremdvergleichswert regelmäßig über dem Teilwert liegt[1066]. Lediglich für den Fall des Beschaffungsgeschäfts (aus Sicht des Steuerpflichtigen) muss sowohl der Teilwert als auch der Fremdvergleichspreis am Wiederbeschaffungsmarkt ausgerichtet werden. Damit entsprechen in diesem Fall sowohl der Teilwert als auch der Fremdvergleichspreis dem Wert,

---

1056 Steuervergünstigungsabbaugesetz vom 16.05.2003, BGBl. I 2003, S. 321.
1057 Vgl. die Ausführungen im 8. Kapitel unter A. I.
1058 *Reith*, Internationales Steuerrecht, S. 545.
1059 BFH vom 18.10.1967 – I R 262/63, BStBl. II 1968, S. 105.
1060 BFH vom 27.11.1974 – I R 250/72, BStBl. II 1975, S. 306.
1061 H 37 KStH 2004.
1062 BFH vom 27.11.1974 – I R 250/72, BStBl. II 1975, S. 306.
1063 Erstmals BFH vom 17.10.2001 – I R 103/00, BStBl. II 2004, S. 171.
1064 § 6 Abs. 1 Nr. 1 Satz 3 EStG.
1065 H 35a (Teilwertvermutungen) EStH 2004.
1066 *Scheuerle*, IStR 2002, S. 798 (799); *Schaumburg*, in: Ebling, Besteuerung von Einkommen, DStJG Bd. 24, S. 248.

der bei Erwerb von einem Dritten gezahlt worden wäre. Eine Gewinnkomponente wäre nicht enthalten[1067].

B. Prüfung des § 1 AStG an den Grundfreiheiten

Die Frage der Vereinbarkeit von § 1 AStG oder einer ähnlichen Regelung eines anderen EU-Mitgliedstaats mit den Grundfreiheiten des EG-Vertrags ist derzeit – soweit ersichtlich – nicht Gegenstand eines Verfahrens vor dem EuGH. Allerdings hatten sich deutsche Gerichte bereits mit dieser Fragestellung zu befassen. So hatte das FG Münster in seinem Beschluss vom 31.08.2000[1068] in einem Verfahren über die Aussetzung der Vollziehung keine Bedenken an der EG-Rechtsverträglichkeit des § 1 AStG geäußert. In dem sich anschließenden Beschwerdeverfahren hatte der BFH dagegen ernstliche Zweifel an der Vereinbarkeit des § 1 AStG mit der Niederlassungs- und der Kapitalverkehrsfreiheit bejaht[1069]. Wiederum das FG Münster hat in dem jüngst ergangenen Urteil im Hauptsacheverfahren eine Stellungnahme zu der Frage der EG-Rechtswidrigkeit des § 1 AStG bewusst vermieden[1070]. Nach Auffassung des FG Münster kam es in dem zu entscheidenden Sachverhalt nun doch nicht auf die Entscheidung über die EG-Rechtskonformität des § 1 AStG an. Der BFH wird sich zuerst im Verfahren der Nichtzulassungsbeschwerde[1071] und dann im sich wohl anschließenden Revisionsverfahren wiederum mit dieser Fragestellung auseinander zu setzen haben. Die nachfolgende Prüfung des § 1 AStG hat dadurch eine gewisse Aktualität erlangt. Die bislang vom FG Münster und dem BFH vorgebrachten Argumente werden im Rahmen der einzelnen Prüfungsstufen eingearbeitet.

I. Identifikation der einschlägigen Grundfreiheit

Grundsätzlich kommen bei der Anwendung des § 1 AStG eine Beeinträchtigung der Dienstleistungsfreiheit gemäß Art. 49 EGV (bei Erbringung konzerninterner Dienstleistungen), der Warenverkehrsfreiheit gemäß Art. 23 EGV (bei Übertragung von Wirtschaftsgütern), der Kapitalverkehrsfreiheit gemäß Art. 56 EGV (z.B. bei Überlassung von Darlehen) sowie in allen Fällen der Niederlassungsfreiheit gemäß Art. 43 EGV in Betracht. Die Niederlassungsfreiheit des Art. 43 EGV umfasst grundsätzlich die Neuetablierung, Verlagerung sowie die damit verbundene Ausübung solcher Betätigungen, die in einem anderen Mitgliedstaat unter Teilnahme am allgemeinen wirtschaftlichen Verkehr und Nutzung einer auf Dauer angelegten festen Einrichtung auf die entgeltliche Erbringung von Leistungen gerichtet sind[1072]. Sowohl die Überführung von Wirtschaftsgütern aus einem inländischen Betriebsvermögen in ein ausländisches Betriebsvermögen in einem anderen Mitgliedstaat, als auch die grenzüberschreitende Erbringung von Dienstleistungen ist hierunter unproblematisch zu subsumieren. Auch eine Dotierung mit Kapital, z.B. durch eine Überlassung von Darlehen, wird von der Niederlassungsfreiheit erfasst. Daneben ist jedoch auch die Kapitalverkehrsfreiheit der Art. 56 ff. EGV anwendbar, da der Begriff „Kapitalverkehr" jedweden grenzüberschreitenden Transfer von Werten in Form von Finanz- oder Re-

---

[1067] *Borstell/Brüninghaus/Dworaczek*, IStR 2001, S. 757 (758).
[1068] FG Münster vom 31.08.2000 – 8 V 4639/00 E, EFG 2000, S. 1389.
[1069] BFH vom 21.06.2001 – I B 141/00, BFHE 195, S. 398.
[1070] FG Münster vom 10.03.2005 – 8 K 7687/00 E, EFG 2005, S. 1017.
[1071] Az. BFH: I B 84/05.
[1072] Vgl. die Ausführungen im 5. Kapitel unter A. I. 6.

alkapital[1073] umfasst. Sowohl die Überführung von Wirtschaftsgütern[1074], als auch die Dotierung mit Finanzmitteln erfüllen daher den Begriff der Direktinvestition, wie er sich aus Anhang 1 der Nomenklatur zur Kapitalverkehrs-Richtlinie[1075] ergibt. Die Konkurrenz zur Niederlassungsfreiheit ist wiederum im Sinne eines Exklusivitätsverhältnisses aufzulösen[1076].

Die in Art. 49 Abs. 1, Art. 50 EGV kodifizierte Freiheit des Dienstleistungsverkehrs erfasst den Dienstleistungsverkehr zwischen Personen, die in einem Mitgliedstaat der Gemeinschaft ansässig sind. Die Voraussetzungen sind unproblematisch erfüllt, wenn Dienstleistungen innerhalb verbundener Unternehmen erbracht werden. Der Anwendungsbereich der Dienstleistungsverkehrsfreiheit ist jedoch stark eingeschränkt. Nach herrschender Auffassung gelten die Regeln der Art. 49 ff. EGV daher nur subsidiär gegenüber den in Art. 50 EGV genannten Freiheiten[1077], ferner auch nur subsidiär gegenüber den dort genannten Regeln über die Niederlassungsfreiheit[1078]. Hinsichtlich der Freiheit des Warenverkehrs ist wiederum zwischen Wirtschaftsgütern des Anlage- und des Umlaufvermögens zu differenzieren[1079]. Sowohl die Anwendbarkeit auf Wirtschaftsgüter des Anlagevermögens (keine Waren), als auch auf Wirtschaftsgüter des Umlaufvermögens ist im Ergebnis zu verneinen[1080]. Im Weiteren ist daher davon auszugehen, dass der Anwendungsbereich der Niederlassungsfreiheit eröffnet ist.

II. Vorliegen einer Beschränkung

Zunächst ist bei der Prüfung, ob die Regelung des § 1 AStG eine Beschränkung der Niederlassungsfreiheit bewirkt, zwischen Marktzutritts-[1081] und Marktaustrittskonstellationen[1082] zu unterscheiden. Denn § 1 AStG erfasst – anders als die Regelung der Tz. 2.6. der Betriebsstätten-Verwaltungsgrundsätze – grundsätzlich beide Konstellationen. Bei einem Inbound-Geschäft ist § 1 AStG vorbehaltlich der weiteren Voraussetzungen der Vorschrift nur dann anwendbar, wenn im Inland eine Einkünfteminderung vorliegt. Dies setzt bei einem Beschaffungsgeschäft jedoch voraus, dass ein Entgelt abgerechnet wird, das höher als der

---

1073 *Schönfeld*, Hinzurechnungsbesteuerung und Europäisches Gemeinschaftsrecht, S. 47 m.w.N.

1074 Der Begriff der Direktinvestitionen ist dabei im weitesten Sinne zu verstehen, so dass von der Kapitalverkehrsfreiheit sowohl die Gründung einer Betriebsstätte als auch die Dotierung einer vorhandenen Betriebsstätte mit Sachmitteln, d.h. auch Umlaufvermögen erfasst ist. Vgl. auch die Ausführungen im 5. Kapitel unter A. I. 7. a).

1075 Richtlinie 88/361/EWG des Rates vom 24.06.1988 zur Durchführung von Art. 67 des Vertrages, ABl. 1988 L 178, S. 5 ff.

1076 Vgl. die Ausführungen im 5. Kapitel unter A. I. 7. d).

1077 Freier Warenverkehr, Kapitalverkehrsfreiheit und Freizügigkeit.

1078 *Hahn*, Die Vereinbarkeit von Normen des deutschen internationalen Steuerrechts mit EG-Recht, IFSt-Schrift Nr. 378, S. 39 m.w.N.

1079 Vgl. die Ausführungen im 7. Kapitel unter B. IV. 1.

1080 Es handelt sich bei der Besteuerung nach § 1 AStG nicht um eine auf den Gegenständen ruhende Besteuerung. Vgl. *Hahn*, Die Vereinbarkeit von Normen des deutschen internationalen Steuerrechts mit EG-Recht, IFSt-Schrift Nr. 378, S. 82 ff.

1081 Inländischer Steuerpflichtiger bezieht Leistungen aus dem Ausland (sog. Inbound-Geschäft).

1082 Inländischer Steuerpflichtiger erbringt Leistungen in das Ausland (sog. Outbound-Geschäft).

Fremdvergleichspreis ist[1083]. Wenn man jedoch davon ausgeht, dass bei einem Beschaffungsgeschäft keine Wertunterschiede zwischen dem Teilwert und dem Fremdvergleichspreis bestehen, weil sich beide Werte am Wiederbeschaffungsmarkt orientieren[1084], erfolgt durch die Anwendung des § 1 AStG keine unterschiedliche Behandlung gegenüber dem Inlandsfall. Eine Beschränkung ist daher nicht zu erkennen.

Ein ganz anderes Bild ergibt sich, wenn man sich den umgekehrten Fall, d.h. das Outbound-Geschäft näher betrachtet. Grundsätzlich liegen in diesem Bereich Wertunterschiede vor, da Teilwert und Fremdvergleichspreis sich an unterschiedlichen Märkten orientieren und damit zu unterschiedlichen Ansätzen kommen[1085]. Es ist daher genau zu untersuchen, in welchen Marktaustrittskonstellationen es bei einer Vergleichspaarbildung zu unterschiedlichen steuerlichen Ergebnissen kommt. Zu berücksichtigen ist dabei wiederum, dass der EuGH in Marktaustrittskonstellationen die Niederlassungsfreiheit als Gebot an den Herkunftsstaat sieht, die Niederlassung seiner Staatsangehörigen in einem anderen Mitgliedstaat nicht zu behindern[1086]. Eine Beschränkung der Ausübung der Niederlassungsfreiheit wird daher bereits angenommen, wenn die fragliche Vorschrift zumindest „abschreckende" Wirkung hat[1087]. Der Gerichtshof stellt dabei zum Vergleich auf eine Person ab, die im Herkunftsstaat ihre wirtschaftliche Aktivität entfaltet[1088].

Auch an dieser Stelle könnte man nun die Frage stellen, ob die gegenübergestellten Personen sich tatsächlich in einer vergleichbaren Situation befinden[1089]. Von Relevanz für diese Diskussion könnte dabei das Urteil des EuGH in der Rechtssache „Marks & Spencer"[1090] sein. Dort hat der EuGH – allerdings auf der Stufe der Rechtfertigungsprüfung – anerkannt, dass die Mitgliedstaaten das Recht haben müssen, Vorschriften zu erlassen, um die Steuerfluchtgefahr einzudämmen[1091]. Bemerkenswert ist, dass der EuGH dabei den Begriff der „Steuerflucht" gleichzusetzen scheint mit dem „Ausnutzen unterschiedlicher Steuersätze". Die Gefahr, dass unterschiedliche Steuersätze innerhalb der Europäischen Union ausgenutzt werden, rechtfertigt damit möglicherweise beschränkende Maßnahmen. Wenn diese Gefahr besteht, stellt sich aber auch die Frage, ob Steuerpflichtige, bei denen tatsächlich diese Möglichkeit besteht, noch mit Steuerpflichtigen verglichen werden können, bei denen eine derartige Möglichkeit nicht besteht, weil sie rein im Inland tätig sind. Im Grunde gleicht die Argumen-

---

[1083] Die Leistung ist „zu teuer".
[1084] Vgl. die Ausführungen im 8. Kapitel unter A. III.
[1085] Vgl. die Ausführungen im 8. Kapitel unter A. III.
[1086] Vgl. die Ausführungen im 7. Kapitel unter B. I. 2. b).
[1087] EuGH vom 11.03.2004 – Rs. C-9/02 (Lasteyrie du Saillant), EuGHE 2004, S. I-2409, Rdnr. 45.
[1088] EuGH vom 13.12.2005 – Rs. C-446/03 (Marks & Spencer), DStR 2005, S. 2168, Rdnr. 32 f.; EuGH vom 11.03.2004 – Rs. C-9/02 (Lasteyrie du Saillant), EuGHE 2004, S. I-2409, Rdnr. 46. Dort wird zum Vergleich auf eine Person abgestellt, die ihren Wohnsitz beibehält.
[1089] Vgl. bereits die grundlegenden Ausführungen zur Vergleichspaarbildung im 5. Kapitel unter A. III. 2.
[1090] EuGH vom 13.12.2005 – Rs. C-446/03 (Marks & Spencer), DStR 2005, S. 2168 ff.
[1091] EuGH vom 13.12.2005 – Rs. C-446/03 (Marks & Spencer), DStR 2005, S. 2168, Rdnr. 49.

tation aber der Prüfung auf der Rechtfertigungsebene und wird daher vorerst zurückgestellt.

Angewandt auf die Fallkonstellationen, die durch § 1 AStG geregelt werden, ist daher weiter zu fragen, ob ein Steuerpflichtiger, der im Rahmen von Geschäftsbeziehungen bestimmte Leistungen an eine nahe stehende Person im Ausland erbringt, gegenüber einer Person, die entsprechende Leistungen im Inland erbringt, unterschiedlich behandelt wird. Dabei sind verschiedenen Fallkonstellationen zu unterscheiden.

1. Nutzungsüberlassungen

Überlässt eine inländische Muttergesellschaft einer in einem EU-Staat ansässigen Tochter-Kapitalgesellschaft ein Darlehen zu einem unangemessen niedrigen Zins, so sind unstreitig die Regelungen zur verdeckten Einlage nicht anwendbar[1092]. § 1 AStG kommt damit „konkurrenzlos" zur Anwendung. Es erfolgt ein Ansatz fremdüblicher Zinsen bei der Muttergesellschaft. Gewährt eine inländische Muttergesellschaft ihrer inländischen Tochtergesellschaft entsprechende Leistungen, so erfolgt keine Einkunftskorrektur. Eine klare Beschränkung der Niederlassungsfreiheit liegt daher vor.

2. Warenlieferungen

Verkauft und liefert ein Einzelunternehmer die in seinem inländischen Betrieb hergestellten Produkte an einen ebenfalls ihm gehörenden Betrieb im EU-Ausland zu einem unangemessen niedrigen Preis, so erfüllt dieser Vorgang zunächst die Voraussetzungen einer verdeckten Entnahme[1093]. Da diese mit dem Teilwert zu bewerten ist, wäre bei dem inländischen Einzelunternehmer eine Einkünftekorrektur auf den Teilwert vorzunehmen. Gleichzeitig sind jedoch auch die Voraussetzungen des § 1 AStG erfüllt[1094]. Damit ist im Ergebnis eine Einkünftekorrektur auf den Fremdvergleichspreis vorzunehmen. Wäre der belieferte Betrieb im Inland gelegen, könnte wegen der dann anzunehmenden Entnahme nur eine Berichtigung zum geringeren Teilwert erfolgen. Eine Beschränkung der Niederlassungsfreiheit ist offensichtlich.

Ganz ähnlich ist das Ergebnis, wenn Kapitalgesellschaften beteiligt sind. Gemäß § 6 Abs. 6 Satz 2 EStG ist die verdeckte Einlage auf Ebene des Gesellschafters mit dem Teilwert zu bewerten. Liefert eine inländische Kapitalgesellschaft an ihre ausländische Tochtergesellschaft beispielsweise Waren zu Wiederbeschaffungskosten – also ohne Gewinnaufschlag –, so liegt zunächst eine Entnahme aus dem Betriebsvermögen bei gleichzeitiger Einlage in das ausländische Betriebsvermögen vor[1095]. Eine Gewinnkorrektur erfolgt bei einem rein innerstaatlichen Sachverhalt bis zur Höhe des Teilwerts. Im grenzüberschreitenden Fall erfolgt eine weitergehende Korrektur bis zum Fremdvergleichspreis. Auch in dieser Konstellation ist daher eine Beschränkung der Niederlassungsfreiheit festzustellen.

[1092] Vgl. die Ausführungen im 8. Kapitel unter A. II. 2.
[1093] Diese Fallkonstellation ist dem Sachverhalt, der der Entscheidung des BFH vom 21.06.2001 (I B 141/00, BFHE 195, S. 398) zugrunde lag, nachgebildet.
[1094] Zum Konkurrenzverhältnis vgl. die Ausführungen im 8. Kapitel unter A. II.
[1095] *Glanegger*, in: Schmidt, EStG, § 6, Rdnr. 550.

III. Rechtfertigung der Beschränkung

Die Prüfung der Europarechtskonformität des § 1 AStG konzentriert sich damit wiederum auf die Frage, ob die Beschränkungen, die von den Besteuerungsgrundsätzen des § 1 AStG ausgehen, durch einen zwingenden Grund des Allgemeininteresses gerechtfertigt werden können.

1. Steuerflucht

Einschlägiger Rechtfertigungsgrund ist vorliegend nach der Zielsetzung des § 1 AStG, Erfolgslenkungen ins Ausland zu verhindern, mithin die Vermeidung von Steuerflucht[1096]. Inzident hat der EuGH zuletzt in der Rechtssache „Lasteyrie du Saillant" die Verhinderung von Steuerflucht als einen zwingenden Grund des Allgemeininteresses anerkannt, der eine Beschränkung der Niederlassungsfreiheit rechtfertigen kann[1097]. Er fordert jedoch im Rahmen der Verhältnismäßigkeitsprüfung eine tatbestandliche Anknüpfung der jeweiligen Norm an einen konkreten Umgehungs- oder Missbrauchsfall und verlangt damit die individuelle Feststellung des Missbrauchs im konkreten Fall[1098]. Eine allgemeine Vermutung von Steuerflucht oder Steuerhinterziehung reicht dagegen nicht aus. Genau dies ist jedoch vorliegend der Fall, da § 1 AStG bei Leistungen an nahe stehende Personen generell von einer Einkünfteverlagerung ausgeht, die auf den Fremdvergleichspreis zu korrigieren ist. Die Konsequenz dieser vom EuGH geforderten Anknüpfung der jeweiligen Norm an einen konkreten Umgehungs- oder Missbrauchsfall auf der Tatbestandsebene besteht auf der Rechtsfolgenseite darin, dass die Vorschrift zudem strikt auf die Abwendung der Umgehung bzw. des Missbrauchs gerichtet sein muss[1099]. Zweifelhaft ist nach der Entscheidung in der Rechtssache „Marks & Spencer"[1100], ob diese Forderung nach einer konkreten Missbrauchsvorschrift noch aufrechterhalten wird. So scheint der EuGH nunmehr bereit zu sein, bereits die Gefahr eines Ausnutzens unterschiedlicher Steuersätze zwischen den Mitgliedstaaten als Rechtfertigungsgrund anzuerkennen[1101]. Für § 1 AStG hieße dies, dass die Regelung EG-konform wäre. Es ist aber derzeit nicht abzusehen, ob mit dieser Entscheidung tatsächlich eine Änderung der Rechtsprechung verbunden sein wird. Denkbar wäre auch, dass der EuGH in Fortentwicklung seiner bisherigen Rechtsprechung an einer konkreten Ausnutzung eines Steuergefälles festhält. Für die weitere Prüfung wird daher davon ausgegangen, dass § 1 AStG diesen Anforderungen nicht genügt und letztlich weit über das hinausgeht, was zur Erreichung des mit ihm verfolgten Ziels erforderlich ist.

[1096] Vgl. die Ausführungen im 8. Kapitel unter A. I.
[1097] EuGH vom 11.03.2004 – Rs. C-9/02 (Lasteyrie du Saillant), EuGHE 2004, S. I-2409, Rdnr. 50.
[1098] *Hahn*, DStZ 2005, S. 507 (510); vgl. auch die Ausführungen im 7. Kapitel unter B. I. 2. c) bb), B. II. 3.a).
[1099] *Randelzhofer/Forsthoff*, in: Grabitz/Hilf, EUV/EGV, vor Art. 39-55 EGV, Rdnr. 241.
[1100] EuGH vom 13.12.2005 – Rs. C-446/03 (Marks & Spencer), DStR 2005, S. 2168 ff.
[1101] EuGH vom 13.12.2005 – Rs. C-446/03 (Marks & Spencer), DStR 2005, S. 2168, Rdnr. 49.

2. Sicherstellung der stillen Reserven

Auch wenn sich in der Gesetzesbegründung zur Einführung von § 1 AStG eine Aussage dahingehend findet, dass der Gesetzgeber mit § 1 AStG die Besteuerung der stillen Reserven im Inland sicherstellen wollte[1102], ergibt der unterschiedliche Einkünftekorrekturmaßstab zwischen reinen Inlandssachverhalten und Sachverhalten mit Auslandsbezug, dass in letzteren Fallkonstellationen der Zweck der Vorschrift rein darauf gerichtet ist, Gewinnverlagerungen zu vermeiden. Denn die Besteuerung „inländischer“ stiller Reserven wäre auch bei Ansatz von Teilwerten sichergestellt. Die gesetzgeberische Intention des § 1 AStG zielt daher grundsätzlich nicht auf die Sicherstellung der Besteuerung jener stillen Reserven ab, die im Inland angesammelt wurden, sondern auf die Besteuerung eines Gewinnzuschlags im Inland. Einzig in der Fallkonstellation der Nutzungsüberlassungen ist m.E. ein Eingreifen dieses Rechtfertigungsgrunds überhaupt denkbar. Da § 1 AStG „konkurrenzlos“ zur Anwendung kommt, weil nach der Rechtsprechung des BFH Nutzungen und Dienstleistungen nicht einlagefähig sind, wird allein über § 1 AStG in diesen Fällen die Besteuerung der „inländischen“ stillen Reserven sichergestellt. Im reinen Inlandsfall stünde beispielsweise dem unverzinslichen Darlehen ein entsprechend niedrigerer Betriebsausgabenabzug wegen ersparter Aufwendungen gegenüber. Damit wären die „stillen Reserven“ gesichert. Im Rahmen der sich anschließenden Verhältnismäßigkeitsprüfung muss dann jedoch festgestellt werden, dass § 1 AStG mit dem Ansatz des Fremdvergleichspreises über das hinausgeht, was zum Erreichen des im zwingenden Allgemeininteresse liegenden Ziels notwendig ist[1103]. Im Ergebnis steht in diesen Fallkonstellationen mit dem Ansatz des Teilwerts ein anderes Mittel zur Verfügung, mit dem ebenso wirksam eine Sicherstellung der „inländischen“ stillen Reserven erreicht werden kann, das aber nicht so stark in die Niederlassungsfreiheit eingreift. Es fehlt somit in diesen Fallkonstellationen an der Erforderlichkeit der Maßnahme.

3. Kohärenz des Steuersystems

Der EuGH hat bislang für die Anwendung des Rechtfertigungsgrunds der „Kohärenz“ eine „strenge Wechselbeziehung“ zwischen konkreten Steuervorteilen und Steuernachteilen gefordert[1104]. Bloße Kompensationseffekte in außersteuerlichen Bereichen werden als ungenügend abgelehnt[1105], steuerliche Nachteile werden im Ergebnis daher nur akzeptiert, wenn ihnen anderweitige Vorteile in der Person desselben Steuerpflichtigen und bei derselben Steuerart gegenüber-

---

1102 BT-Drs. VI/2883, Rdnr. 15 ff.

1103 EuGH vom 15.05.1997 – Rs. C-250/95 (Futura), EuGHE 1997, S. I-2471, Rdnr. 26; EuGH vom 21.11.2002 – Rs. C-436/00 (X et Y), EuGHE 2002, S. I-10829, Rdnr. 49; EuGH vom 11.03.2004 – Rs. C-9/02 (Lasteyrie du Saillant), EuGHE 2004, S. I-2409, Rdnr. 49 u. 52.

1104 EuGH vom 11.08.1995 – Rs. C-80/94 (Wielockx), EuGHE 1995, S. I-2493, Rdnr. 24; EuGH vom 27.06.1996 – Rs. C-107/94 (Asscher), EuGHE 1996, S. I-3089, Rdnr. 58 f.; EuGH vom 16.07.1998 – Rs. C-264/96 (ICI), EuGHE 1998, S. I-4695, Rdnr. 29; EuGH vom 28.10.1999 – Rs. C-55/98 (Vestergaard), EuGHE 1999, S. I-7641, Rdnr. 24.

1105 *Cordewener*, Europäische Grundfreiheiten und nationales Steuerrecht – „Konvergenz“ des Gemeinschaftsrechts und „Kohärenz“ der direkten Steuern in der Rechtsprechung des EuGH, S. 968.

stehen[1106]. Eine Berufung auf den Kohärenzgedanken ist daher nur möglich, wenn die Kriterien „derselbe Steuerpflichtige" und „dieselbe Steuerart" erfüllt werden[1107]. Legt man diesen Maßstab bei der Prüfung des § 1 AStG an, so ist in der Tat eine Rechtfertigung durch eine Kohärenz des deutschen Steuersystems nicht erkennbar. Der BFH hat daher folgerichtig ausgeführt, dass „beim Vergleich der Gebietsansässigen und der Gebietsfremden auf die Belastung des jeweiligen Steuerpflichtigen abgestellt werden muss, nicht aber auf eine Zusammenschau voneinander verschiedener Unternehmen, auch wenn diese nahe stehende sind"[1108]. Mittlerweile befindet sich die Rechtsprechung des EuGH aber gerade in diesem Punkt in einem Wandel[1109]. Im Ergebnis wäre es m.E. zutreffend, die Kohärenz eines nationalen Steuersystems im Sinne einer zwischenstaatlichen Gerechtigkeit zu verstehen. Es müsste dazu ein Vergleich zwischen zwei Rechtsordnungen vorgenommen werden[1110]. Dem steuerlichen Nachteil einer Einkünftekorrektur nach § 1 AStG ist im Ergebnis eine mögliche Gegenberichtigung im anderen Mitgliedstaat[1111] gegenüber zu stellen[1112]. Damit würde letztlich auch ein dem Inlandsfall vergleichbares Ergebnis erzielt, da im Inland die „Gegenberichtigung" über einen geminderten Betriebsausgabenabzug wegen ersparter Aufwendungen bzw. bei Leistungsbeziehungen zwischen Mutterunternehmen und ihren Mitunternehmerschaften über eine entsprechende Gewinnbesteuerung der Muttergesellschaft durch § 15 Abs. 1 Satz 1 Nr. 2 EStG erreicht würde[1113]. Allerdings ist zu berücksichtigen, dass diese zwischenstaatliche Gerechtigkeit auf der Basis des Fremdvergleichspreises erzielt wird, im Inland aber auf der Basis des Teilwertansatzes. Ein Unterschied, der m.E. ins Gewicht fällt, denn der Grundgedanke, der hinter dem geschilderten weiten Verständnis der Kohärenz steckt, ist der, dass das nationale Recht so ausgestaltet sein muss, dass alle Einkünfte exakt einmal besteuert und alle Aufwendungen exakt einmal berücksichtigt werden. Es darf daher nach Anwendung der nationalen Regelung weder zu einer Doppelbesteuerung noch zu sog. weißen Einkünften kommen.

[1106] EuGH vom 14.11.1995 – Rs. C-484/93 (Svensson et Gustavsson), EuGHE 1995, S. 3974, Rdnr. 16; EuGH vom 26.10.1999 – Rs. C-294/97 (Eurowings), EuGHE 1999, S. I-7447, Rdnr. 41 ff.

[1107] Vgl. auch beispielhaft die Ausführungen in der Rechtssache „Bosal", EuGH vom 18.09.2003 – Rs. C-168/01 (Bosal), IStR 2003, S. 666, Rdnr. 30 unter Bezugnahme auf die Entscheidung in der Rechtssache „Baars", EuGH vom 13.04.2000 – Rs. C-251/98 (Baars), EuGHE 2000, S. I-2787, Rdnr. 40; ungeklärt ist bislang, ob diese Kriterien zwingend sind und kumulativ vorliegen müssen. Vgl. Schlussanträge der Generalanwältin *Kokott* vom 18.03.2004 – Rs. C-319/02 (Manninen), IStR 2004, S. 317, Rdnr. 55.

[1108] BFH vom 21.06.2001 – I B 141/00, BFHE 195, S. 398; zustimmend *Rasch/Nakhai*, DB 2005, S. 1984 (1988 f.).

[1109] Vgl. die Ausführungen im 5. Kapitel unter A. III. 2., B. II. 1.

[1110] Vgl. die Ausführungen im 5. Kapitel unter A. III. 2. unter Verweis auf die Entscheidung des EuGH in den Rechtssachen „Marks & Spencer" sowie „Schempp".

[1111] Entsprechend Art. 9 Abs. 2 OECD-MA.

[1112] Der BFH hat eine Berufung auf Art. 9 OECD-MA zur Rechtfertigung einer innerstaatlichen Maßnahme abgelehnt, allerdings hat er sich ersichtlich nicht mit der Kohärenz im Sinne einer zwischenstaatlichen Gerechtigkeit auseinander gesetzt. Vielmehr vermochte er aus Art. 9 OECD-MA oder einer entsprechenden Regelung in einem DBA zutreffend keinen eigenständigen Anspruch ableiten und hat auf den Geltungsvorrang des Gemeinschaftsrechts hingewiesen. Vgl. BFH vom 21.06.2001 – I B 141/00, BFHE 195, S. 398. Diese Argumentation trägt jedoch nichts zur Lösung der aufgeworfenen Fragestellungen im Hinblick auf eine mögliche Kohärenz des Steuersystems bei.

[1113] Ablehnend BFH vom 21.06.2001 – I B 141/00, BFHE 195, S. 398 allerdings unter Verweis auf „alte" Entscheidungen des EuGH.

Durch den Ansatz des Fremdvergleichspreises überschreitet § 1 AStG damit diese Vorgaben einer zwischenstaatlichen Gerechtigkeit. Im Ergebnis entspricht daher § 1 AStG auch vor dem Hintergrund der erkennbaren Aufweichungstendenzen in der Rechtsprechung des EuGH nicht den Anforderungen, die an ein kohärentes Steuersystem zu stellen sind.

4. Funktionsfähigkeit der nationalen Steuersysteme

Das FG Münster hat in seinem Beschluss vom 31.08.2000[1114] keine Bedenken an der EG-Konformität des § 1 AStG geäußert. Als Begründung hat das FG angeführt, dass eine Beschränkung der Grundfreiheiten durch § 1 AStG aus Gründen der Funktionstüchtigkeit der steuerlichen Systeme der einzelnen Mitgliedstaaten gerechtfertigt werden könne. § 1 Abs. 1 AStG wahre die Interessen der Bundesrepublik Deutschland gegenüber Mitgliedstaaten mit niedrigeren direkten Steuern. Solange diese Steuern innerhalb der Europäischen Union nicht harmonisiert seien, sei dies geboten. Die Argumentation erinnert frapierend an die Ausführungen des EuGH in seiner Entscheidung in der Rechtssache „Marks & Spencer“[1115]. Der BFH geht allerdings auf diese Argumentation überhaupt nicht ein[1116]. Er befasst sich vielmehr auf der Rechtfertigungsebene lediglich mit dem Kohärenzgedanken, den er ablehnt, weil eine Zusammenschau voneinander verschiedener Unternehmen nicht vorgenommen werden darf. Weiter akzeptiert er auch nicht die fehlende Harmonisierung im Bereich der direkten Steuern und das hierdurch bedingte Steuergefälle als Rechtfertigungsgrund. Er trifft damit nicht den gedanklichen Grundansatz des FG Münster. Das FG geht m.E. davon aus, dass – solange die Steuersysteme der Mitgliedstaaten nicht harmonisiert sind – die Mitgliedstaaten die ihnen jeweils zustehende Besteuerungsrechte auch effektiv durchsetzen können müssen. Ein funktionierendes Steuersystem dient in erster Linie dazu, dem Staat die Einnahmen zu sichern, die er braucht um seine Aufgaben wahrnehmen zu können. Im Ergebnis geht es daher um die Sicherung von Steuereinnahmen. Dem könnte nun entgegengehalten werden – und das wäre m.E. die richtige Argumentation für den BFH gewesen –, dass die Verhinderung von Steuermindereinnahmen vom EuGH bislang nicht als zwingender Grund des Allgemeininteresses anerkannt worden ist[1117]. Weiter könnte dagegen angeführt werden, dass der EuGH in ständiger Rechtsprechung hervorgehoben hat, dass ein zwischenstaatliches Steuergefälle von den Mitgliedstaaten grundsätzlich hinzunehmen ist[1118]. Möglicherweise ist diese Argumentation jedoch vor dem Hintergrund der neuesten Entwicklungen angreifbar geworden. So scheint sich der EuGH in der Rechtssache „Meilicke“ erstmals ernsthaft mit den haushalterischen Auswirkungen seiner Urteile zu befassen[1119]. Wie sich aus den Schlussanträgen von Generalanwalt *Tizzano* ergibt, besteht ganz ausnahmsweise die Möglichkeit, die zeitlichen Wirkungen eines Urteils zu begrenzen, wenn die

---

[1114] FG Münster vom 31.08.2000 – 8 V 4639/00 E, EFG 2000, S. 1389.
[1115] EuGH vom 13.12.2005 – Rs. C-446/03 (Marks & Spencer), DStR 2005, S. 2168 ff.
[1116] BFH vom 21.06.2001 – I B 141/00, BFHE 195, S. 398.
[1117] Vgl. die Ausführungen im 5. Kapitel unter B. II. 3.
[1118] EuGH vom 26.06.2003 – Rs. C-422/01 (Scandia et Ramstedt), EuGHE 2003, S. I-6817, Rdnr. 52; EuGH vom 03.10.2002 – Rs. C-136/00 (Danner), EuGHE 2002, S. I-8147, Rdnr. 56; EuGH vom 21.09.1999 – Rs. C-307/97 (Saint-Gobain), EuGHE 1999, S. I-6195, Rdnr. 49.
[1119] *Sedemund*, IStR 2005, S. 810 (812).

Gefahr schwerwiegender wirtschaftlicher Auswirkungen besteht[1120]. Es liegt m.E. nicht allzu fern, diesen Gedankengang auch auf die Funktionsfähigkeit des nationalen Steuersystems zu übertragen. Würden durch Gewinnverlagerungen so starke Steuermindereinnahmen zu befürchten sein, dass die Einnahmeseite des Haushalts eines Mitgliedstaats stark beeinträchtigt wird, kann nicht mehr von einem funktionsfähigen Steuersystem gesprochen werden. Berücksichtigt man dann noch, dass der EuGH sich bislang vom Binnenmarktziel sehr stark leiten lässt und dabei die systematischen Gesamtzusammenhänge des Gemeinschaftsrechts, wie sie insbesondere durch das Subsidiaritätsprinzip in Art. 5 Abs. 2 EGV sowie die Bereichsausnahme für die direkten Steuern in Art. 95 Abs. 2 EGV zum Ausdruck kommen[1121], vernachlässigt, kann man durchaus zu dem Ergebnis gelangen, die Funktionsfähigkeit der nationalen Steuersysteme als „neuen" zwingenden Grund des Allgemeininteresses anzuerkennen. Denn einer integrationspolitischen Vertiefung der Zielsetzungen des Gemeinsamen Markts sind aus Gründen der Wahrung von Souveränitätsinteressen Grenzen gesetzt worden. Ein funktionsfähiges Steuersystem stellt m.E. eine derartige Grenze dar, eine uneingeschränkte Anwendung der Grundfreiheiten hat daher zurückzutreten. Gestützt wird dieses Ergebnis auch durch die Ausführungen des EuGH in seiner Entscheidung in der Rechtssache „Marks & Spencer"[1122]. Dort hat der EuGH die Gefahr der Ausnutzung unterschiedlicher Steuersätze erkannt und beschränkende Maßnahmen, die dies verhindern sollen, grundsätzlich als gerechtfertigt anerkannt[1123].

C. Zusammenfassung

Zusammenfassend ist festzuhalten, dass es bei Anwendung des § 1 AStG lediglich in Marktaustrittskonstellationen zu einer Beschränkung der Niederlassungsfreiheit kommt. Denn nur in dieser Sachverhaltsvariation ergeben sich im Vergleich zum reinen Inlandssachverhalt Wertunterschiede zwischen dem Ansatz des Teilwerts oder des Fremdvergleichspreises. Da § 1 AStG nur „unbeschadet anderer Vorschriften" zur Anwendung kommt, ist innerhalb dieser Marktaustrittskonstellationen § 1 AStG nur bei Nutzungsüberlassungen und Warenlieferungen einschlägig. Nur in diesen Fällen liegt daher eine Beschränkung der Niederlassungsfreiheit vor.

Eine Rechtfertigung der festgestellten Beschränkung ergibt sich nicht aus dem Rechtfertigungsgrund der Vermeidung von Steuerflucht, da § 1 AStG damit typisierend unterstellen würde, dass bei Warenlieferungen oder Nutzungsüberlassungen Steuerflucht anzunehmen ist. Auch die Kohärenz des Steuersystems erfordert eine derartige Regelung nicht, da im Ergebnis die gesetzgeberische Intention des § 1 AStG nicht auf die Sicherstellung der Besteuerung inländischer stiller Reserven abzielt, sondern allein auf die Besteuerung eines Gewinnzuschlags im Inland. Genau diese Zielrichtung des § 1 AStG erkennt das FG

[1120] Schlussanträge des Generalanwalts *Tizzano* vom 11.11.2005 – Rs. C-292/04 (Meilicke), Rdnr. 34, abrufbar unter http://curia.eu.int. Der Generalanwalt ist dabei davon ausgegangen, dass es sich bei einem Betrag von fünf Milliarden Euro um einen beträchtlichen Betrag handelt, der eine Gefahr schwerwiegender wirtschaftlicher Auswirkungen impliziert.

[1121] Vgl. die Ausführungen im 3. u. 4. Kapitel.

[1122] EuGH vom 13.12.2005 – Rs. C-446/03 (Marks & Spencer), DStR 2005, S. 2168, Rdnr. 49.

[1123] Vgl. die Ausführungen im 5. Kapitel unter B. II. 2. b).

Münster jedoch als neuen Rechtfertigungsgrund an, wenn es betont, dass § 1 AStG aus Gründen der Funktionstüchtigkeit der steuerlichen Systeme der einzelnen Mitgliedstaaten gerechtfertigt werden könne. Denn solange die Steuersysteme der Mitgliedstaaten nicht harmonisiert sind, müssen die Mitgliedstaaten die ihnen jeweils zustehenden Besteuerungsrechte auch effektiv durchsetzen können. Ein funktionierendes Steuersystem muss dem Staat die ihm zustehenden Steuereinnahmen sichern können. Unterstützung erfährt das FG mittlerweile durch den EuGH. Dieser hat in seiner Entscheidung in der Rechtssache „Marks & Spencer“ beschränkende Maßnahmen der Mitgliedstaaten als gerechtfertigt angesehen, wenn dadurch das Ausnutzen deutlicher Unterschiede in den Steuersätzen verschiedener Mitgliedstaaten verhindert werden soll. Um nichts anderes geht es aber bei der Regelung des § 1 AStG. Die Untersuchung ergibt daher, dass ein funktionsfähiges Steuersystem als zwingender Grund des Allgemeininteresses anzuerkennen ist und eine uneingeschränkte Anwendung der Grundfreiheiten dahinter zurückzutreten hat.

9. Kapitel
Dokumentationspflichten bei Auslandssachverhalten nach § 90 Abs. 3, § 162 Abs. 3 und 4 AO i.V.m. GAufzV

Der Fremdvergleichsgrundsatz, der durch § 1 Abs. 1 AStG in das nationale Recht aufgenommen worden ist[1124], wird verfahrensrechtlich flankiert durch neu geschaffene Mitwirkungs- und Dokumentationspflichten in § 90 Abs. 3 AO. Ergänzt werden diese neuen Pflichten zudem durch Schätzungbefugnisse und Zuschlagsmöglichkeiten in § 161 Abs. 3 und 4 AO. Die Bundesrepublik Deutschland hat sich damit dem internationalen Trend angeschlossen und erstmals umfangreiche Dokumentationsvorschriften[1125] für die Bestimmung angemessener Verrechnungspreise erlassen. In einem ersten Schritt ist der Regelungsinhalt der neuen Dokumentationsvorschriften herauszuarbeiten. Danach werden die im 5. Kapitel herausgearbeiteten dogmatischen Grundsätze für die Prüfung eines Verstoßes gegen die Grundfreiheiten des EG-Vertrags herangezogen. Wiederum wird nur auf problematische Prüfungspunkte eingegangen.

A. Darstellung des geltenden Rechts

Der BFH hat mit seinem Grundsatzurteil zu den internationalen Verrechnungspreisen vom 17.10.2001[1126] eine heftige und kontroverse Diskussion über Art und Umfang der Dokumentations- und Mitwirkungspflichten des Steuerpflichtigen bei der Prüfung internationaler Verrechnungspreise durch die Finanzverwaltung ausgelöst[1127]. Im Ergebnis hatte der BFH entschieden, dass die Steuerpflichtigen keine Mitwirkungspflichten haben, die über die im Gesetz ausdrücklich Geregelten hinausgehen. So sind Steuerpflichtige nach § 90 Abs. 2 AO nur verpflichtet, Unterlagen vorzulegen, aus denen sich die näheren Umstände des Zustandekommens von Verrechnungspreisen ergeben. Diese Vorlagepflicht erstreckt sich damit nur auf vorhandene Unterlagen. Eine Verpflichtung, derartige Unterlagen zu schaffen und vorzuhalten, ist daraus nicht zu entnehmen[1128]. Der Gesetzgeber hat hierauf mit dem Steuervergünstigungsabbaugesetz[1129] reagiert. § 90 Abs. 3 AO begründet nunmehr die Verpflichtung für den Steuerpflichtigen, über die Art und den Inhalt seiner Geschäftsbeziehungen mit nahe stehenden Personen i.S.d. § 1 Abs. 2 AStG zeitnah Aufzeichnungen zu erstellen. Bei Verletzung der Dokumentationsverpflichtung aus § 90 Abs. 3 AO ist die Finanzbehörde nach § 162 Abs. 3 AO zu einer Zuschätzung befugt. Außerdem ist die Festsetzung eines Zuschlags nach § 162 Abs. 4 AO vorgesehen. Die am 30.06.2003 in Kraft getretene GAufzV[1130] konkretisiert Art, Inhalt und Umfang der vom Steuerpflichtigen zu erstellenden Aufzeichnungen.

[1124] Vgl. die Ausführungen im 8.Kapitel.
[1125] § 90 Abs. 3, § 162 Abs. 3, 4 AO i.V.m. GAufzV.
[1126] BFH vom 17.10.2001 – I R 103/00, BFHE 197, S. 68.
[1127] *Baumhoff*, IStR 2003, S. 1 (2).
[1128] *Hahn/Suhrbier-Hahn*, IStR 2003, S. 84 (85).
[1129] Steuervergünstigungsabbaugesetz vom 16.05.2003, BGBl. I 2003, S. 660, BStBl. I 2003, S. 318.
[1130] GAufzV vom 13.11.2003, BGBl. I 2003, S. 2296.

I. § 90 Abs. 3 AO

Adressaten der Regelung sind alle beschränkt und unbeschränkt Steuerpflichtigen, die Geschäftsbeziehungen mit nahe stehenden Personen im Sinne des § 1 Abs. 2 AStG unterhalten oder bei denen der Gewinn zwischen Stammhaus und Betriebsstätte im internationalen Einheitsunternehmen aufzuteilen ist. Die Pflichten bestehen damit für natürliche Personen, Kapitalgesellschaften und Mitunternehmerschaften im Sinne des § 15 Abs. 1 Satz 1 Nr. 2 EStG[1131]. § 90 Abs. 3 Satz 1 AO verlangt von den betroffenen Steuerpflichtigen Aufzeichnungen über Art und Inhalt ihrer Geschäftsbeziehungen mit nahe stehenden Personen i.S.d. § 1 Abs. 2 AStG. Diese sog. Sachverhaltsdokumentation enthält neben einer Dokumentation des Konzernaufbaus sowie der geschäftlichen Vorgänge auch die wesentlichen Verträge und die für die Verrechnungspreisfindung relevanten Dokumente. Den Umfang dieser Verpflichtung konkretisieren die § 1 Abs. 2, § 4 Nr. 1 bis 3 GAufzV[1132]. Darüber hinaus hat der Steuerpflichtige nach § 90 Abs. 3 Satz 2 AO[1133] im Rahmen einer sog. Angemessenheitsdokumentation auch die wirtschaftlichen und rechtlichen Grundlagen für eine den Grundsatz des Fremdvergleichs beachtende Preisvereinbarung zu dokumentieren. Den Umfang dieser Verpflichtung konkretisieren § 1 Abs. 3, § 4 Nr. 4 GAufzV. Die Angemessenheitsdokumentation erstreckt sich dabei auf einen transaktionsbezogenen Fremdvergleich anhand einer der sog. Standardmethoden[1134], hilfsweise auch anhand einer (transaktionsbezogenen) Gewinnvergleichsmethode[1135].

Die Finanzbehörde soll nach § 90 Abs. 3 Satz 6 AO die Vorlage der Aufzeichnungen in der Regel nur für die Durchführung von Außenprüfungen verlangen. Die Vorlage hat dabei innerhalb einer Frist von 60 Tagen nach Anforderung zu erfolgen[1136]. Der Steuerpflichtige ist damit grundsätzlich nicht verpflichtet, Aufzeichnungen ohne konkrete Anforderung durch die Finanzbehörde zu erstellen. Eine Ausnahme besteht allerdings für außergewöhnliche Geschäftsvorfälle, bei denen die Aufzeichnungen zeitnah[1137] zu erstellen sind. Lediglich für „kleinere“ Unternehmen[1138] und Steuerpflichtige mit anderen als Gewinneinkünften gelten nach § 6 GAufzV erleichterte Dokumentationspflichten. Die Aufzeichnungspflichten können bei ihnen insbesondere dadurch erfüllt werden, dass fristgerecht verwertbare mündliche Auskünfte erteilt und bereits vorhandene Unterlagen vorgelegt werden.

1131 § 90 Abs. 3 Satz 4 AO; § 7 GAufzV sieht zudem ausdrücklich eine entsprechende Anwendung bei Betriebsstätten und Personengesellschaften vor.

1132 Von besonderer Bedeutung ist insoweit § 4 Nr. 3 GAufzV, der eine Funktions- und Risikoanalyse fordert, die den Wertschöpfungsbeitrag des Steuerpflichtigen in der Wertschöpfungskette im Verhältnis zur nahe stehenden Person beschreibt.

1133 Der Wortlaut des § 90 Abs. 3 Satz 2 AO bringt die Pflicht zur Erstellung einer Angemessenheitsdokumentation zwar nicht klar zum Ausdruck, sie entspricht aber dem gesetzgeberischen Willen. Vgl. *Seer*, in: Tipe/Kruse, AO/FGO, § 90 AO, Rdnr. 35 m.w.N.

1134 Vgl. die Ausführungen im 1. Teil.

1135 Vgl. die Ausführungen im 1. Teil.

1136 § 90 Abs. 3 Satz 8 AO.

1137 § 3 Abs. 1 Satz 2 GAufzV: innerhalb von sechs Monaten nach Ablauf des Wirtschaftsjahren, in dem sich der Geschäftsvorfall ereignet hat.

1138 Besser: Unternehmen mit geringem Volumen konzerninterner grenzüberschreitender Transaktionen.

II. § 162 Abs. 3 und 4 AO

Kommt der Steuerpflichtige seiner Aufzeichnungs- und/oder Vorlagepflicht nicht oder im Wesentlichen nicht vollständig nach, können die in § 162 Abs. 3 und 4 AO geregelten nachteiligen Folgen eintreten. Nach § 162 Abs. 3 Satz 1 AO wird widerlegbar vermutet, dass die im Inland steuerpflichtigen Einkünfte höher sind als die von ihm erklärten Einkünfte. In der Regel wird eine Schätzung nach § 162 Abs. 3 Satz 2 AO erforderlich sein. Dabei kann die Finanzbehörde einen möglichen Schätzungsrahmen zu Lasten des Steuerpflichtigen voll ausschöpfen. Darüber hinaus ist nach § 162 Abs. 4 AO von der Finanzbehörde ein Zuschlag festzusetzen. Von der Festsetzung des Zuschlags kann abgesehen werden, wenn die Pflichtverletzung entschuldbar erscheint[1139]. Bei der Höhe des Zuschlags wird der Finanzbehörde ein Ermessen eingeräumt.

B. Prüfung der § 90 Abs. 3, § 162 Abs. 3, 4 AO i.V.m. GAufzV an den Grundfreiheiten

Die Frage der Vereinbarkeit der neuen deutschen Dokumentationsvorschriften oder einer ähnlichen Regelung eines anderen EU-Mitgliedstaats mit den Grundfreiheiten des EG-Vertrags ist derzeit – soweit ersichtlich – nicht Gegenstand eines Verfahrens vor dem EuGH. Dies ist allerdings nicht darauf zurückzuführen, dass das nationale Verfahrensrecht nicht an den Grundfreiheiten gemessen werden kann. Der EuGH hat zwar den sog. Grundsatz der institutionellen und verfahrensrechtlichen Autonomie der Mitgliedstaaten, d.h. die Autonomie des nationalen Verfahrensrechts bereits im Jahr 1976 betont und insoweit einen Vorrang des Gemeinschaftsrechts verneint[1140]. Er hat aber gleichzeitig eine Einschränkung dieses Grundsatzes insoweit vorgenommen, als die verfahrensrechtlichen Regeln, die auf das Gemeinschaftsrecht angewandt werden, nicht ungünstiger gestaltet sein dürfen, als bei entsprechenden Ansprüchen, die auf nationalem Recht beruhen (sog. Äquivalenzgebot)[1141]. Dies wäre vorliegend wohl gegeben, da die Dokumentationsvorschriften lediglich bei grenzüberschreitenden Sachverhalten zur Anwendung kommen. Zudem dürfte der Grundsatz der verfahrensrechtlichen Autonomie vorliegend schon deshalb nicht zur Anwendung kommen, weil das Verfahren sich nicht auf einen gemeinschaftsrechtlich begründeten Anspruch bezieht[1142] In der Literatur wird – ohne auf diese Gesichtspunkte näher einzugehen – überwiegend davon ausgegangen, dass die deutschen Dokumentationsvorschriften gegen die Grundfreiheiten des EG-Vertrags verstoßen[1143].

[1139] 162 Abs. 4 Satz 5 AO.
[1140] EuGH vom 16.12.1976 – Rs. 33/76 (Rewe/Kommission), EuGHE 1976, S. 1989.
[1141] EuGH vom 16.12.1976 – Rs. 33/76 (Rewe/Kommission), EuGHE 1976, S. 1989.
[1142] *Hahn/Suhrbier-Hahn*, IStR 2003, S. 84 (85).
[1143] *Wassermeyer*, in: Flick/Wassermeyer/Baumhoff, AStG, § 1, Rdnr. 823.39; *Lüdicke*, IStR 2003, S. 433 (437); *Schnorberger*, DB 2003, S. 1241 (1247); *Schnitger*, IStR 2003, S. 73 (76); a.A. *Hahn/Suhrbier-Hahn*, IStR 2003, S. 84 (84); *Söhn*, in: Hübschmann/Hepp/Spitaler, AO/FGO, § 90 AO, Rdnr. 191; ohne Ergebnis *Seer*, in: Tipke/Kruse, AO/FGO, § 90 AO, Rdnr. 48.

I. Identifikation der einschlägigen Grundfreiheit

Grundsätzlich kommt bei der Anwendung der § 90 Abs. 3 AO und bei den daran anknüpfenden verfahrensrechtlichen Vorschriften des § 162 Abs. 3, 4 AO – wie bei § 1 AStG[1144] – eine Beeinträchtigung der Dienstleistungsfreiheit gemäß Art. 49 EGV (bei Erbringung konzerninterner Dienstleistungen), der Warenverkehrsfreiheit gemäß Art. 23 EGV (bei Übertragung von Wirtschaftsgütern), der Kapitalverkehrsfreiheit gemäß Art. 56 EGV (z.B. bei Überlassung von Darlehen) sowie der Niederlassungsfreiheit gemäß Art. 43 EGV in Betracht. Die Niederlassungsfreiheit des Art. 43 EGV umfasst sowohl die grenzüberschreitende Überführung von Wirtschaftsgütern, als auch die grenzüberschreitende Erbringung von Dienstleistungen. Auch eine Dotierung mit Kapital, z.B. durch eine Überlassung von Darlehen, wird von der Niederlassungsfreiheit erfasst. Ein Konkurrenzverhältnis zur Kapitalverkehrsfreiheit der Art. 56 ff. EGV besteht insoweit, als sowohl die Überführung von Wirtschaftsgütern[1145], als auch die Dotierung mit Finanzmitteln dem Begriff der Direktinvestitionunterliegt, wie er sich aus Anhang 1 der Nomenklatur zur Kapitalverkehrs-Richtlinie[1146] ergibt. Die Konkurrenz zur Niederlassungsfreiheit ist wiederum im Sinne eines Exklusivitätsverhältnisses aufzulösen[1147]. Die in Art. 49 Abs. 1, Art. 50 EGV kodifizierte Freiheit des Dienstleistungsverkehrs tritt demgegenüber zurück[1148]. Die Warenverkehrsfreiheit ist nicht einschlägig. Insoweit kann auf die Ausführungen zu § 1 AStG verwiesen werden[1149]. Es ist daher davon auszugehen, dass der Anwendungsbereich der Niederlassungsfreiheit eröffnet ist.

II. Vorliegen einer Beschränkung

Zunächst ist bei der Prüfung, ob die Regelung des § 90 Abs. 3 AO[1150] eine Beschränkung der Niederlassungsfreiheit bewirkt, wiederum zwischen Marktzutritts-[1151] und Marktaustrittskonstellationen[1152] zu unterscheiden. Denn § 90 Abs. 3 AO knüpft die Dokumentationspflichten nur an die grenzüberschreitende Geschäftsbeziehung zwischen nahe stehenden Personen. Er erfasst daher wie § 1 AStG grundsätzlich beide Fallkonstellationen.

[1144] Vgl. die Ausführungen im 8. Kapitel unter B. I.

[1145] Der Begriff der Direktinvestitionen ist dabei im weitesten Sinne zu verstehen, so dass von der Kapitalverkehrsfreiheit sowohl die Gründung einer Betriebsstätte als auch die Dotierung einer vorhandenen Betriebsstätte mit Sachmitteln, d.h. auch Umlaufvermögen erfasst ist, vgl. die Ausführungen im 5. Kapitel unter A. I. 7. a).

[1146] Richtlinie 88/361/EWG des Rates vom 24.06.1988 zur Durchführung von Art. 67 des Vertrages, ABl. 1988 L 178, S. 5 ff.

[1147] Vgl. die Ausführungen im 5. Kapitel unter A. I. 7. d).

[1148] *Hahn*, Die Vereinbarkeit von Normen des deutschen internationalen Steuerrechts mit EG-Recht, IFSt-Schrift Nr. 378, S. 39 m.w.N.

[1149] Es handelt sich bei der Besteuerung nach § 1 AStG nicht um eine auf den Gegenständen ruhende Besteuerung. Vgl. *Hahn*, Die Vereinbarkeit von Normen des deutschen internationalen Steuerrechts mit EG-Recht, IFSt-Schrift Nr. 378, S. 82 ff.

[1150] Die Regelungen des § 162 Abs. 3 und 4 AO werden zunächst nicht explizit an dieser Stelle der Prüfung einbezogen, da deren Rechtsfolgen lediglich an die Nichterfüllung der Dokumentationspflichten des § 90 Abs. 3 AO anknüpfen.

[1151] Inländischer Steuerpflichtiger bezieht Leistungen aus dem Ausland (sog. Inbound-Geschäft).

[1152] Inländischer Steuerpflichtiger erbringt Leistungen in das Ausland (sog. Outbound-Geschäft).

1. Beschränkung bei Marktzutrittskonstellationen

In der Marktzutrittskonstellation ist die Niederlassungsfreiheit primär als gleichheitsrechtliches Diskriminierungsverbot nach der Staatsangehörigkeit bzw. nach der Ansässigkeit angelegt[1153]. Es ist daher zunächst zu untersuchen, ob eine Ungleichbehandlung anhand der Staatsangehörigkeit vorliegt. Dies wäre vorliegend zu verneinen, da § 90 Abs. 3 AO nicht an die Staatsangehörigkeit der Person anknüpft. Der EuGH hat jedoch schon früh klargestellt, dass die gemeinschaftsrechtlichen Diskriminierungsverbote nicht nur unmittelbare, offene bzw. ausdrücklich an verbotene Kriterien wie die Staatsangehörigkeit (oder das Geschlecht) anknüpfende Diskriminierungen erfassen, sondern auch „versteckte" Diskriminierungen[1154]. Solche versteckten Diskriminierungen liegen vor, wenn die Ungleichbehandlung auf neutral formulierten Normen beruht, die sich lediglich faktisch zu Lasten von EG-Ausländern auswirken. Damit würde vorliegend auch eine negative Ungleichbehandlung nach dem Kriterium „Vorgänge mit Auslandsbezug" in § 90 Abs. 3 Satz 1 AO grundsätzlich in den Anwendungsbereich der Niederlassungsfreiheit fallen. Allerdings ist dann weiter zu untersuchen, ob sich § 90 Abs. 3 AO hauptsächlich zum Nachteil der Staatsangehörigen anderer Mitgliedstaaten auswirkt. Dies ist vorliegend zweifelhaft, denn die Dokumentationspflichten richten sich eben sowohl an Staatsangehörige anderer Mitgliedstaaten, die im Inland steuerpflichtig sind, als auch an im Inland ansässige Steuerpflichtige, die Geschäftsbeziehungen ins Ausland unterhalten. Eine überwiegende Betroffenheit von Ausländern könnte daher nicht gegeben sein. Insofern wäre in der Marktzutrittskonstellation bereits unter diesem Gesichtpunkt eine Beschränkung der Niederlassungsfreiheit nicht erkennbar. Allerdings würde der EuGH letztlich gegen diese Argumentation einwenden, dass sowohl in Marktzutritts-, als auch Marktaustrittskonstellationen letztlich grenzüberschreitende Vorgänge schlechter gestellt werden.

Es ist jedoch noch ein weiterer Grund erkennbar, warum durch § 90 Abs. 3 AO keine Beschränkung der Niederlassungsfreiheit erfolgt. So prüft der EuGH weiter, ob die von einer neutral formulierten Norm unterschiedlich Betroffenen sich in einer vergleichbaren Lage befinden[1155]. Dies ist vorliegend nicht der Fall, da sich eine Gewinnaufteilungsproblematik jedenfalls für den Bereich der Einkommensteuer und der Körperschaftsteuer nur dann stellt, wenn zwei Steuerhoheiten betroffen sind. Ein internationaler Konzern befindet damit im Vergleich zum reinen Inlandskonzern nicht in einer vergleichbaren Lage. Lediglich im Bereich der Gewerbesteuer kann sich eine ähnlich gelagerte Gewinnaufteilungsproblematik stellen. Diese ist jedoch schon allein aufgrund der unterschiedlichen Belastungen durch die Gewerbesteuer auf der einen Seite und der Einkommen- sowie der Körperschaftsteuer auf der anderen Seite vorliegend nicht von aus-

---

[1153] Vgl. die Ausführungen im 4. Kapitel unter B. IV. 3. c).

[1154] EuGH vom 12.02.1974 – Rs. 152/73 (Sotgiu), EuGHE 1974, S. 164, Rdnr. 11; EuGH vom 16.02.1978 – Rs. 61/77 (Seefischerei), EuGHE 1978, S. 451, Rdnr. 78; EuGH vom 13.07.1993 – Rs. C-330/91 (Commerzbank), EuGHE 1993, S. I-4043, Rdnr. 14; EuGHE vom 12.04.1994 – Rs. C-1/93 (Halliburton), EuGHE 1994, S. I-1155, Rdnr. 15.

[1155] EuGH vom 14.02.1995 – Rs. C-279/93 (Schumacker), EuGHE 1995, S. I-225, Rdnr. 30 f.; EuGH vom 11.08.1995 – Rs. C-80/94 (Wielockx), EuGHE 1995, S. I-2493, Rdnr. 17 f. Vgl. die Ausführungen im 4. Kapitel unter B. IV. 3. a).

schlaggebender Bedeutung. Im Ergebnis wird diese Argumentation ganz aktuell durch das Urteil des EuGH in der Rechtssache „Marks & Spencer“[1156] bestätigt. Dort hat der EuGH – allerdings auf der Stufe der Rechtfertigungsprüfung – anerkannt, dass die Gefahr eines Ausnutzens unterschiedlicher Steuersätze innerhalb der Europäischen Union möglicherweise beschränkende Maßnahmen rechtfertigen kann[1157]. Um nichts anderes geht es bei den Dokumentationsanforderungen, die durch § 90 Abs. 3 AO gestellt werden. Eine Beschränkung der Niederlassungsfreiheit ist daher in Marktzutrittskonstellationen nicht erkennbar.

2. Beschränkung in Marktaustrittskonstellationen

In Marktaustrittskonstellationen sieht der EuGH die Niederlassungsfreiheit als Gebot an den Herkunftsstaat, die Niederlassung seiner Staatsangehörigen in einem anderen Mitgliedstaat nicht zu behindern[1158]. Eine Beschränkung der Ausübung der Niederlassungsfreiheit wird angenommen, wenn die fragliche Vorschrift zumindest „abschreckende“ Wirkung hat[1159]. Der Gerichtshof stellt dabei zum Vergleich auf eine Person ab, die im Herkunftsstaat ihre wirtschaftliche Aktivität entfaltet[1160]. Es ist daher zunächst zu fragen, ob ein Steuerpflichtiger, der im Rahmen von Geschäftsbeziehungen bestimmte Leistungen an eine nahe stehende Person im Ausland erbringt, gegenüber einer Person, die entsprechende Leistungen im Inland erbringt, unterschiedlich behandelt wird. Diese Frage kann zunächst bejaht werden, da § 90 Abs. 3 AO die verfahrensrechtliche Behandlung von Sachverhalten, die Vorgänge mit Auslandsbezug betreffen, verschärft. Denn die Dokumentationserfordernisse des § 90 Abs. 3 AO gehen über die „normalen“ Mitwirkungspflichten im Rahmen des § 90 Abs. 1 und 2 AO, die sich nur auf vorhandene Unterlagen erstrecken, hinaus[1161]. Weiter ist jedoch wiederum eine Prüfung der Gleichartigkeit der wirtschaftlichen Verhältnisse vorzunehmen, auch wenn der EuGH eine derartige Prüfung in Marktaustrittskonstellationen bisher nicht vornimmt[1162]. Gerade die Prüfung des § 90 Abs. 3 AO zeigt jedoch, dass dies zwingend erforderlich ist. Ansonsten käme es zu völlig unterschiedlichen Ergebnissen, d.h. je nachdem, ob eine Marktzutrittskonstellation oder eine Marktaustrittskonstellation vorliegt, würde die Vorschrift des § 90 Abs. 3 AO eine Beschränkung der Niederlassungsfreiheit bedeuten oder nicht. M.E. ist daher auch in Marktaustrittskonstellationen zu fragen, ob tatsächlich eine Vergleichbarkeit der Situation zwischen einem Gebietsansässigen, der allein im Inland seine wirtschaftlichen Aktivitäten entfaltet, und einem Gebietsansässigen, der Geschäftsbeziehungen ins Ausland unterhält, gegeben ist. Es kann insoweit auf die Argumentation zur Marktzutrittskonstellation verwiesen werden[1163]. Eine

---

1156 EuGH vom 13.12.2005 – Rs. C-446/03 (Marks & Spencer), DStR 2005, S. 2168 ff.
1157 Vgl. die Ausführungen im 8. Kapitel unter B. II.
1158 Vgl. die Ausführungen im 7. Kapitel unter B. I. 2. b).
1159 EuGH vom 11.03.2004 – Rs. C-9/02 (Lasteyrie du Saillant), EuGHE 2004, S. I-2409, Rdnr. 45.
1160 EuGH vom 13.12.2005 – Rs. C-446/03 (Marks & Spencer), DStR 2005, S. 2168, Rdnr. 32 f.; ähnlich EuGH vom 11.03.2004 – Rs. C-9/02 (Lasteyrie du Saillant), EuGHE 2004, S. I-2409, Rdnr. 46. Dort wird zum Vergleich auf eine Person abgestellt, die ihren Wohnsitz im Inland beibehält.
1161 Vgl. die Ausführungen im 9. Kapitel unter A.
1162 EuGH vom 08.05.1990 – Rs. C-175/88 (Biehl), EuGHE 1990, S- I-1792, Rdnr. 16; zuletzt EuGH vom 11.03.2004 – Rs. C-9/02 (Lasteyrie du Saillant), EuGHE 2004, S. I-2409, Rdnr. 46.
1163 Vgl. die Ausführungen im 9. Kapitel unter B. II. 1.

Beschränkung der Niederlassungsfreiheit ist daher auch in Marktaustrittskonstellationen nicht erkennbar. Es wird jedoch darauf hingewiesen, dass dieses Ergebnis nicht von der Rechtsprechung des EuGH gedeckt ist. Die Prüfung ist daher fortzusetzen.

III. Rechtfertigung der Beschränkung

Diskriminierungen und Beschränkungen der Grundfreiheiten können gerechtfertigt sein, wenn mit ihnen ein legitimes, mit dem EG-Vertrag zu vereinbarendes Ziel verfolgt wird, zwingende Gründe des Allgemeinwohls vorliegen und die Regelung zur Erreichung des fraglichen Ziels geeignet ist und nicht über das hinausgeht, was hierzu erforderlich ist[1164]. Es ist daher zunächst zwischen verschiedenen Rechtfertigungsgründen zu unterscheiden. Im Anschluss hieran ist dann zu prüfen, ob die Maßnahmen auch verhältnismäßig sind.

1. Steuerflucht

Eine Rechtsvorschrift, die speziell den Zweck verfolgt, rein künstliche Konstruktionen, die auf eine Umgehung des nationalen Steuerrechts gerichtet sind, von einem Steuervorteil auszuschließen, kann gerechtfertigt sein[1165]. Allein die Möglichkeit des Missbrauchs von steuerlichen Gestaltungsoptionen rechtfertigt aber keine generelle Beschränkung der Grundfreiheiten. Nach dem Gesetzeszweck soll es der Finanzverwaltung durch § 90 Abs. 3 AO allgemein ermöglicht werden, die Prüfbarkeit von Verrechnungspreisen bzw. der internationalen Einkünfteabgrenzung zwischen nahe stehenden Personen sicherzustellen[1166]. Die Dokumentationspflicht des § 90 Abs. 3 AO bezweckt also nicht speziell, rein künstliche Konstruktionen, die auf eine Umgehung des Steuerrechts gerichtet sind, von einem Steuervorteil auszuschließen. Sie betrifft vielmehr alle grenzüberschreitenden Geschäftsbeziehungen zwischen nahe stehenden Personen. Selbst wenn man also die Vereinbarung zu hoher bzw. zu niedriger Verrechnungspreise als Steuerumgehung begreifen wollte, wäre die Regelung des § 90 Abs. 3 AO jedenfalls aus Gründen der Steuerumgehung nicht zu rechtfertigen. An dieser Beurteilung vermag auch die durch die Entscheidung in der Rechtssache „Marks & Spencer“[1167] angestoßene neue Beurteilung des Rechtfertigungsgrunds der Steuerflucht nichts zu ändern.

2. Steueraufsicht

Der EuGH hat seit der „Cassis de Dijon“-Entscheidung[1168] die Wirksamkeit der Steueraufsicht als zwingenden Grund des Allgemeininteresses, der eine Beschränkung der vom EG-Vertrag gewährten Grundfreiheiten rechtfertigen kann, anerkannt[1169]. Allerdings hat er gleichzeitig die Tragweite des Rechtfertigungs-

---

[1164] Vgl. die Ausführungen im 5. Kapitel unter B. III.
[1165] Vgl. die Ausführungen im 5. Kapitel unter B. II. 2. b).
[1166] *Seer*, in: Tipke/Kruse, AO/FGO, § 90 AO, Rdnr. 32.
[1167] EuGH vom 13.12.2005 – Rs. C-446/03 (Marks & Spencer), DStR 2005, S. 2168 ff.
[1168] EuGH vom 20.02.1979 – Rs. 120/78 (Rewe-Zentral-AG), EuGHE 1979, S. 662, Rdnr. 8.
[1169] EuGH vom 18.09.1986 – Rs. 176/84 (Biersteuer), EuGHE 1987, S. 1193, Rdnr. 27; EuGH vom 15.05.1997 – Rs. C-250/95 (Futura), EuGHE 1997, S. I-2471, Rdnr. 31; EuGH vom 08.07.1999 – Rs. C-254/97 (Baxter), EuGHE 1999, S. I-4828, Rdnr. 18; EuGH vom 28.10.1999 – Rs. C-55/98 (Vestergaard), EuGHE 1999, S. I-7641, Rdnr. 25;

grunds wieder begrenzt, indem er mehr oder weniger pauschal im Rahmen der Verhältnismäßigkeitsprüfung in vielen Entscheidungen zu dem Ergebnis kommt, dass das verfolgte Ziel (Ermittlung des Sachverhalts) mit den Mitteln der Amtshilfe-Richtlinie[1170] besser zu erreichen wäre[1171]. *Cordewener* weist jedoch m.E. zutreffend darauf hin, dass die Mitgliedstaaten bei Ermittlungsmaßnahmen zu Lasten eines grenzüberschreitend tätigen Marktteilnehmers sich nicht einzig und allein auf die ihnen durch die Amtshilfe-Richtlinie zur Verfügung gestellten Mittel verweisen lassen müssen[1172]. So zeigt das Studium der EuGH-Entscheidungen, in denen das Gericht auf die Amtshilfe-Richtlinie verweist, dass regelmäßig eine materiell-rechtliche Steuerrechtsnorm für europarechtswidrig erklärt worden ist[1173]. Rein verfahrensrechtliche Maßnahmen scheint der EuGH den Mitgliedstaaten dagegen als insofern milderes Mittel zur beispielsweise materiellen Nichtberücksichtigung von Ausgaben zuzugestehen[1174]. Im Ergebnis wäre damit § 90 Abs. 3 AO als milderes Mittel anzuerkennen.

Selbst wenn man diese Auffassung nicht zu teilen vermag, ist jedoch weiter zu fragen, ob die Ermittlung der korrekten Verrechnungspreise zwischen verbundenen Unternehmen genauso wirksam mit den Mitteln der Amtshilfe-Richtlinie zu erreichen wäre. Dabei ist zunächst zu berücksichtigen, dass die Amtshilfe-Richtlinie grundsätzlich auf die Gewährleistung eines passiven Informationsaustausches beschränkt ist[1175]. Sie gibt den Mitgliedstaaten damit nicht die Möglichkeit, ein Informationsersuchen an einen anderen Mitgliedstaat zu richten, sondern verpflichtet die Mitgliedstaaten umgekehrt dazu, das Ersuchen eines anderen Mitgliedstaats unter bestimmten Voraussetzungen zu erfüllen. Dies ist aber ein ganz entscheidender Unterschied, denn das Ob, Wie und Wann der Informationshilfe bestimmt sich damit nicht nach deutschem Recht, sondern nach den jeweiligen ausländischen Bestimmungen, mit denen der andere Mitgliedstaat die Amtshilfe-Richtlinie umgesetzt hat. *Hendricks* weist m.E. zutreffend darauf hin, dass bei unzureichender Umsetzung durch den anderen Mitgliedstaat die Bundesrepublik Deutschland lediglich die Möglichkeit hätte, ein eigenes Vertragsverletzungsverfahren gegen den anderen Mitgliedstaat anzustrengen oder ein solches bei der Europäischen Kommission anzuregen[1176]. Die EG-Amtshilfe-Richtlinie kann daher als „passives" Informationsmittel eigene „aktive" Ermittlungsmöglichkeiten der Mitgliedstaaten nicht ersetzen[1177]. Es ist daher

---

EuGH vom 26.09.2000 – Rs. C-478/98 (Kommission/Belgien), EuGHE 2000, S. I-7587, Rdnr. 39 f. Vgl. die Ausführungen im 5. Kapitel unter B. II. 2. a).

1170 Richtlinie 77/799/EWG des Rates vom 19.12.1977 über die gegenseitige Amtshilfe zwischen den zuständigen Behörden der Mitgliedstaaten im Bereich der direkten Steuern, ABl. 1977 Nr. L 336, S. 15 ff.

1171 *Hahn*, DStZ 2005, S. 507 (509).

1172 *Cordewener*, Europäische Grundfreiheiten und nationales Steuerrecht. ‚Konvergenz' des Gemeinschaftsrechts und ‚Kohärenz' der direkten Steuern in der Rechtsprechung des EuGH, S. 941 m.w.N. Vgl. die Ausführungen im 5. Kapitel unter B. II. 2. a).

1173 In diesem Zusammenhang ist insbesondere auf die Entscheidung in der Rechtssache „Vestergaard" hinzuweisen, EuGH vom 28.10.1999 – Rs. C-55/98 (Vestergaard), EuGHE 1999, S. I-7641, Rdnr. 26 ff.

1174 EuGH vom 28.01.1992 – Rs. C-204/90 (Bachmann), EuGHE 1992, S. I-5383, Rdnr. 19; EuGH vom 28.01.1992 – Rs. C-300/90 (Kommission/Belgien), EuGHE 1992 , S. I-305, Rdnr. 13.

1175 *Hendricks*, Internationale Informationshilfe im Steuerverfahren, S. 188, 239 f.

1176 *Hendricks*, Internationale Informationshilfe im Steuerverfahren, S. 240.

1177 So zutreffend *Hendricks*, Internationale Informationshilfe im Steuerverfahren, S. 362 f.

m.E. unzulässig, wenn der EuGH die Möglichkeiten nach der Amtshilfe-Richtlinie als „milderes“ Mittel ansieht. Es mag zwar milder sein, es ist aber nicht ebenso wirksam, wie eigene „aktive“ Ermittlungsmaßnahmen.

Diese hier vertretene Auffassung scheint wohl mittlerweile auch von Seiten des BFH so gesehen zu werden. So kommt das Gericht in einer Entscheidung zu § 16 Abs. 2 ErbStG zu dem Ergebnis, dass „die im Verhältnis zu einzelnen Staaten bestehenden Möglichkeiten der Amtshilfe nach dem derzeitigen Stand der praktischen Zusammenarbeit der nationalen Finanzverwaltungen keinen gleichwertigen Ersatz für die fehlenden eigenen Ermittlungsmöglichkeiten darstellen können“[1178]. Die Münchner Richter sprechen damit einen weiteren Aspekt an, nämlich, ob die Ermittlungen durch ausländische Behörden nach dem derzeitigen Stand der praktischen Zusammenarbeit überhaupt zu einer zutreffenden Ermittlung der Verrechnungspreise führen können. Dies erscheint bereits auf den ersten Blick ausgeschlossen, wenn der andere Mitgliedstaat keine vergleichbaren Dokumentationspflichten nach seinem innerstaatlichen Recht vorgesehen hat. Verfügt der andere Mitgliedstaat über entsprechende Dokumentationspflichten, dann stellt sich weiter die Frage, ob der ersuchende Staat in irgendeiner Form auf die Durchführung der Ermittlungen im ersuchten Staat Einfluss nehmen kann. M.E. wäre nur in diesem Fall sichergestellt, dass Maßnahmen durchgeführt werden, die in etwa eigenen „aktiven“ Ermittlungsmaßnahmen entsprechen.

Um dieser Fragestellung nachgehen zu können, ist zunächst zu untersuchen, welche „Ermittlungsmöglichkeiten“ der ersuchende Staat nach den jeweils getroffenen „Absprachen zum Auskunftsaustausch in Steuersachen“[1179] hat, die jeweils mit dem anderen Mitgliedstaat getroffen werden. Beispielhaft werden dabei die Bestimmungen der Absprache mit der Tschechischen Republik über die zwischenstaatliche Amtshilfe zur Prüfung herangezogen[1180]. Nach Art. 5 der Absprache mit der Tschechischen Republik über die zwischenstaatliche Amtshilfe[1181] besteht die Möglichkeit, dass ein Bediensteter des ersuchenden Staats im anderen Staat anwesend ist und bestimmte Steuerprüfungen vorschlägt. Allerdings werden alle Entscheidungen bezüglich der Durchführung der Ermittlungen vom ersuchten Staat getroffen. Eigene Ermittlungsmöglichkeiten sind damit nicht verbunden. Weiter besteht nach Art. 6 der Absprache mit der Tschechischen Republik über die zwischenstaatliche Amtshilfe die Möglichkeit von abgestimmten Steuerprüfungen. Auch bei dieser Maßnahme zeigt jedoch ein Blick auf die näheren Ausführungsbestimmungen in Anhang A der Absprache,

---

1178 BFH vom 21.09.2005 – Az. II R 56/03, BStBl. II 2005, S. 875.

1179 Absprachen zum Auskunftsaustausch in Steuersachen gelten dabei als Vereinbarungen i.S.d. § 2 Abs. 3 EG-Amtshilfe-Gesetz, z.B. Absprache zwischen dem Bundesministerium der Finanzen und der zuständigen Behörde der Tschechischen Republik über die gegenseitige Amtshilfe vom 30.08.2005 – IV B 1 – S 1321 CZE – 1/05, BStBl. I 2005, S. 904.

1180 Mit anderen Mitgliedstaaten sind im Ergebnis weitgehend gleiche Absprachen getroffen worden, siehe zuletzt Absprache zwischen den zuständigen Behörden der Bundesrepublik Deutschland und der Republik Litauen über die gegenseitige Amtshilfe vom 24.11.2005 – IV B 1 – S 1321 LTU – 1/05, BStBl. I 2005, S. 1008; Absprache zwischen den zuständigen Behörden der Bundesrepublik Deutschland und dem Königreich Dänemark über die gegenseitige Amtshilfe – IV B 4 – S 1320 – 2/05, BStBl. I 2005, S. 498.

1181 Absprache zwischen dem Bundesministerium der Finanzen und der zuständigen Behörde der Tschechischen Republik über die gegenseitige Amtshilfe vom 30.08.2005 – IV B 1 – S 1321 CZE – 1/05, BStBl. I 2005, S. 904.

dass jede Behörde eigenständig über eine Teilnahme an der vom anderen Staat vorgeschlagenen konkreten abgestimmten Prüfung entscheidet. Das derzeit vorgesehene Ermittlungsinstrumentarium nach der Amtshilfe-Richtlinie vermag daher keineswegs eigene Ermittlungsmaßnahmen zu ersetzen. Dieses Ergebnis wird durch die Europäische Kommission bestätigt, die gewisse Defizite in der praktischen Zusammenarbeit der Mitgliedstaaten erkannt zu haben scheint. So prüft sie derzeit, ob bei der Bekämpfung des Steuerbetrugs die Mitgliedstaaten nicht beispielsweise durch Beseitigung von Hemmnissen für den effektiven Informationsaustausch besser unterstützt werden müssen[1182].

Die gleiche Argumentation führt dazu, dass auch die Vorschrift des § 162 Abs. 3 AO gerechtfertigt ist. Ein Verstoß gegen die Niederlassungsfreiheit ist insoweit nicht feststellbar. Ganz anders das Ergebnis bei § 162 Abs. 4 AO. Der sog. Zuschlag stellt eine Verletzung der Grundfreiheiten dar. Eine Rechtfertigung des Zuschlags nach § 162 Abs. 4 AO misslingt vorliegend, weil der Zuschlag völlig unabhängig davon festzusetzen ist, ob und wann der Steuerpflichtige seinen Dokumentationspflichten letztlich nachgekommen ist. Der Zuschlag dient damit im Ergebnis nicht dazu, den Steuerpflichtigen zur Vornahme der geschuldeten Verfahrenshandlungen anzuhalten. Wie *Hahn* zutreffend bemerkt, dominiert bei § 162 Abs. 4 AO der Strafzweck[1183]. Damit ist der Zuschlag einer Rechtfertigung durch eine wirksame Steueraufsicht nicht zugänglich. An diesem Ergebnis ändert sich auch nichts, wenn man den Verspätungszuschlag nach § 152 AO in die Überlegungen mit einbezieht, da dieser neben dem Steuerzuschlag festgesetzt werden kann.

C. Zusammenfassung

Die Prüfung der durch das Steuervergünstigungsabbaugesetz neu in das nationale Recht aufgenommenen Dokumentationsvorschriften der § 90 Abs. 3, § 162 Abs. 3, 4 AO an den Grundfreiheiten ergibt, dass zunächst auf der Tatbestandsebene keine Beschränkung der Niederlassungsfreiheit festzustellen ist. Denn in Marktzutrittskonstellationen könnte problematisiert werden, ob die Dokumentationsvorschriften faktisch zu Lasten von EG-Ausländern wirken. Entscheidend ist jedoch, dass die Betroffenen der Regelung sich gegenüber dem reinen Inlandssachverhalt nicht in einer vergleichbaren Lage befinden. Denn im Unterschied zum reinen Inlandskonzern stellt sich die Gewinnaufteilungsproblematik im internationalen Konzern wegen der Betroffenheit von zwei Steuerhoheiten gänzlich anders dar. Genau diese Argumentation führt auch in Marktaustrittskonstellationen letztlich dazu, dass eine Vergleichbarkeit zwischen einem reinen Inlandssachverhalt und einem international aufgestellten Konzern nicht gegeben ist. Mithin scheidet daher auch in Marktaustrittskonstellationen eine Beschränkung der Niederlassungsfreiheit aus. Die Prüfung war jedoch fortzusetzen, da diese Argumentation zumindest auf der Tatbestandsebene vom EuGH bisher nicht vertreten worden ist.

Auf der Rechtfertigungsstufe ist zunächst festzuhalten, dass eine Verhinderung der Steuerflucht nicht als zwingender Grund des Allgemeininteresses anzuer-

---

[1182] Mitteilung der Kommission an den Rat und das Europäische Parlament: Der Beitrag der Steuer- und Zollpolitik zur Lissabon-Strategie, KOM (2005) 532 endg.

[1183] *Hahn/Suhrbier-Hahn*, IStR 2003, S. 84 (86).

kennen ist. Denn nach dem Gesetzeszweck sollen die Dokumentationsvorschriften die Prüfbarkeit von Verrechnungspreisen sicherstellen. Eine Verhinderung rein künstlicher Konstruktionen, die auf eine Umgehung des nationalen Steuerrechts gerichtet sind, wollte der nationale Gesetzgeber damit nicht erreichen. Die Untersuchung ergibt jedoch, dass die Wirksamkeit der Steueraufsicht als Rechtfertigungsgrund eingreift. Der EuGH verweist die Mitgliedstaaten im Rahmen dieses Rechtfertigungsgrunds zwar regelmäßig auf die Mittel der Amtshilfe-Richtlinie, diese ist jedoch vorliegend nicht geeignet, um das Ziel der Ermittlung des richtigen Verrechnungspreises zu erreichen. Denn die Amtshilfe-Richtlinie vermag als rein „passives" Informationsmittel nicht eigene „aktive" Ermittlungsmöglichkeiten zu ersetzen. Im Ergebnis ist daher eine Verletzung der Niederlassungsfreiheit durch die Dokumentationspflichten in § 90 Abs. 3 AO nicht festzustellen. Lediglich der Zuschlag nach § 162 Abs. 4 AO ist keiner Rechtfertigung zugänglich, da bei dieser Regelung der Strafzweck dominiert, der eine wirksame Steueraufsicht ausschließt.

Schlussbetrachtung

A. Zusammenfassung der Ergebnisse

Die Frage der Angemessenheit der Vergütungen für einen Leistungsaustausch zwischen verbundenen Unternehmen sowie zwischen Unternehmensteilen (insbesondere Stammhaus und Betriebsstätte) zählt nicht nur zu den schwierigsten Fragen des Internationalen Steuerrechts, sondern rückt mit der Zunahme grenzüberschreitender Wirtschaftsvorgänge immer mehr in den Mittelpunkt des steuerlichen Interesses. Die Ermittlung des zutreffenden Gewinns bei derartigen Vorgängen sollen Entstrickungsregelungen, Einkünftekorrekturvorschriften oder erhöhte Mitwirkungs- und Dokumentationsanforderungen bei Verrechnungspreisen sicherstellen. Derartige „Sicherungsmittel" haben grundsätzlich die Sicherung des nationalen Steuersubstrats zum Ziel; sie stehen damit in einem „natürlichen" Gegensatz zu den gemeinschaftsrechtlichen Grundfreiheiten. Die gemeinschaftsrechtliche Würdigung dieser „Sicherungsmittel" ist daher von großem Interesse.

Der EuGH betont bei seinen Entscheidungen im Bereich der direkten Steuern in ständiger Rechtsprechung, dass dieser Bereich zwar keiner Harmonisierung ausgesetzt ist, durch die Anwendung der Grundfreiheiten nimmt er jedoch faktisch eine Aufgabe als „Motor der Integration" war. Der EuGH missachtet dabei die Vorgaben des EG-Vertrags, wie sie insbesondere durch die Rechtsangleichungsvorschrift des Art. 95 Abs. 2 EGV sowie im Subsidiaritätsprinzip des Art. 5 Abs. 2 EGV zum Ausdruck kommen. Indem der EuGH sich bei der Auslegung der Grundfreiheiten einseitig am Binnenmarktziel des Art. 14 Abs. 2 EGV orientiert, vernachlässigt er die systematischen Gesamtzusammenhänge des Gemeinschaftsrechts.

Inbesondere mit den Erweiterungen des Anwendungsbereichs der Grundfreiheiten auf versteckte, faktische und passive Diskriminierungen sowie der Entwicklung des Grundfalls eines Diskriminierungsverbots zu einem Beschränkungsverbot verleiht er den Grundfreiheiten eine Wirkung, die weit über das hinausgeht, was die Vertragsväter ursprünglich gewollt hatten. Einen Ausgleich für diese Ausweitungen im Anwendungsbereich der Grundfreiheiten gewährt der EuGH den Mitgliedstaaten dagegen nicht. So werden zwingende Gründe des Allgemeininteresses, die eine beschränkende Maßnahme rechtfertigen könnten, nur sehr eingeschränkt zugelassen. Dies führt im Ergebnis dazu, dass der Rechtfertigungsgrund der Kohärenz bislang in lediglich zwei Entscheidungen vom EuGH anerkannt worden ist. Auch der Rechtfertigungsgrund der Verhinderung von Steuerflucht ist bislang im Ergebnis zwar grundsätzlich anerkannt, aber durch Forderungen nach einer konkreten Missbrauchsvorschrift wieder entwertet worden. Zudem erfolgt auf der Tatbestandsebene eine Prüfung der Vergleichbarkeit des reinen Inlandssachverhalts mit dem Auslandssachverhalt nur sehr eingeschränkt bzw. wird ohne Prüfung im Einzelnen, z.B. bei Marktaustrittskonstellationen, von einer Vergleichbarkeit ausgegangen.

Gerade durch die Entscheidung in der Rechtssache „Marks & Spencer“ deutet sich in jüngster Zeit eine stärkere Berücksichtigung der mitgliedstaatlichen Interessen im Hinblick auf die Rechtfertigungsgründe der Kohärenz und der Verhinderung von Steuerflucht an. Die Rechtsprechungsentwicklung ist jedoch noch nicht abgeschlossen. Es sind Zweifel angebracht, ob aus einem Urteil allein auf eine Änderung der Rechtsprechung des EuGH geschlossen werden kann.

Die differenzierte Anwendung der bislang erkennbaren dogmatischen Grundlagen der Rechtsprechung des EuGH zu den direkten Steuern auf die Regelung zur Steuerentstrickung bei der grenzüberschreitenden Überführung von Wirtschaftsgütern ergibt, dass die Regelung in Tz. 2.6. der sog. Betriebsstätten-Verwaltungsgrundsätze gegen Gemeinschaftsrecht verstößt. Ein Verstoß gegen die Niederlassungsfreiheit liegt bereits deshalb vor, weil eine nationale Rechtsgrundlage für die Besteuerungsgrundsätze in Tz. 2.6. nicht zu erkennen ist. Zudem ergibt die Prüfung, dass eine Besteuerung jener stillen Reserven, die während der unbeschränkten Steuerpflicht im Inland angesammelt wurden, in allen drei Fallgruppen der Tz. 2.6. (Überführung von Wirtschaftsgütern auf eine ausländische Betriebsstätte, auf ein ausländisches Stammhaus sowie auf eine ausländische Personengesellschaft) grundsätzlich sichergestellt ist. Die in Tz. 2.6. der Betriebsstätten-Verwaltungsgrundsätze vorgesehene Maßnahme „Sofortbesteuerung“ ist daher nicht geeignet, das Ziel der Regelungzu erreichen, die Besteuerung der „inländischen“ stillen Reserven sicherzustellen. Eine Rechtfertigung als Maßnahme der Steueraufsicht scheitert, da die bloße Feststellung der stillen Reserven in einem Merkposten (sog. Merkpostenmethode) als milderes, aber ebenso wirksames Mittel der Sofortbesteuerung vorzuziehen ist.

Eine Überprüfung der Einkünftekorrekturvorschrift des § 1 AStG ergibt hingegen, dass diese Vorschrift nicht gegen Gemeinschaftsrecht verstößt. Soweit es in Marktaustrittskonstellationen bei Nutzungsüberlassungen und Warenlieferungen überhaupt zu einer Beschränkung der Niederlassungsfreiheit kommt, rechtfertigt die Sicherstellung der Funktionstüchtigkeit der steuerlichen Systeme der einzelnen Mitgliedstaaten eine Maßnahme i.S.d. § 1 AStG. Denn solange die Steuersysteme der Mitgliedstaaten nicht harmonisiert sind, müssen die Mitgliedstaaten die ihnen jeweils zustehenden Besteuerungsrechte auch effektiv durchsetzen können. Ein funktionierendes Steuersystem muss dem Staat die ihm zustehenden Steuereinnahmen sichern können. Dies hat der EuGH im Grundsatz in seiner Entscheidung in der Rechtssache „Marks & Spencer“ ebenso gesehen. Er hat dort eine beschränkende Maßnahme als gerechtfertigt angesehen, wenn dadurch das Ausnutzen von deutlichen Unterschieden in den Steuersätzen verschiedener Mitgliedstaaten verhindert werden soll. Um nichts anderes geht es aber bei der Regelung des § 1 AStG.

Auch die durch das Steuervergünstigungsabbaugesetz neu in das nationale Recht aufgenommenen Dokumentationsvorschriften der § 90 Abs. 3, § 162 Abs. 3, 4 AO verstoßen nicht gegen Gemeinschaftsrecht. Entscheidend ist, dass die Betroffenen der Regelung gegenüber dem reinen Inlandssachverhalt nicht in einer vergleichbaren Lage sind. Denn im Unterschied zum reinen Inlandskonzern stellt sich die Gewinnaufteilungsproblematik im internationalen Konzern wegen der Betroffenheit von zwei Steuerhoheiten gänzlich anders dar. Zudem greift die Wirksamkeit der Steueraufsicht als Rechtfertigungsgrund ein. Der EuGH verweist die Mitgliedstaaten im Rahmen dieses Rechtfertigungsgrundes zwar regelmäßig auf die Mittel der Amtshilfe-Richtlinie und entwertet damit im Ergebnis diesen Rechtfertigungsgrund. Die Verweisung des EuGH auf die Amtshilfe-Richtlinie greift jedoch bei den Dokumentationsvorschriften nicht. Denn die Ermittlung des richtigen Verrechnungspreises kann über die Amtshilfe-Richtlinie als rein „passives" Informationsmittel nicht geleistet werden. Ein Ersatz der eigenen „aktiven" Ermittlungsmöglichkeiten durch die Amtshilfe eines anderen Mitgliedstaats ist durch die Richtlinie auch nicht angedacht. Im Ergebnis ist daher eine Verletzung der Niederlassungsfreiheit durch die Dokumentationspflichten in § 90 Abs. 3 AO nicht festzustellen. Lediglich der Zuschlag nach § 162 Abs. 4 AO ist keiner Rechtfertigung zugänglich, da bei dieser Regelung der Strafzweck dominiert, der eine wirksame Steueraufsicht ausschließt.

B. Überlegungen zu gemeinschaftskonformen Lösungen

Von den untersuchten „Sicherungsmitteln", die grundsätzlich alle die Sicherung des nationalen Steuersubstrats zum Ziel haben, ist lediglich die Entstrickungsregelung in Tz. 2.6. der Betriebsstätten-Verwaltungsgrundsätze als nicht gemeinschaftskonform anzusehen. Dies ist in erster Linie aber darin begründet, dass keine gesetzliche Grundlage für eine Entstrickung erkennbar ist. Die Prüfung ergibt jedoch, dass eine Entstrickungsregelung im betrieblichen Bereich durchaus im Einklang mit den Grundfreiheiten geschaffen werden kann. Denn mit der Merkpostenmethode steht ein Instrument zur Verfügung, das das Ziel der Sicherstellung der Besteuerung „inländischer" stiller Reserven erreicht, aber gegenüber einer Entstrickungsregelung, die eine Sofortbesteuerung zum Inhalt hat, das deutlich mildere Mittel darstellt.

Im Gegensatz zu den Regelungsinhalten der derzeitigen Verwaltungsregelung sind allerdings Korrekturen vorzunehmen. So muss die Merkpostenmethode gesetzlich verankert werden. Die Bildung von Merkposten und damit die Möglichkeit, eine aufgeschobene Besteuerung zu erreichen, darf nicht nur im Billigkeitsweg möglich sein. Zudem darf es nach zehn Jahren nicht zu einer zwingenden Auflösung der gebildeten Merkposten kommen. Eine ratierliche Auflösung der gebildeten Merkposten ist dagegen EG-rechtlich unbedenklich und auch erforderlich, um Steuerstundungseffekte zu verhindern. Bei abnutzbaren Wirtschaftsgütern des Anlagevermögens kann der Gesetzgeber sich dabei an den Abschreibungsmöglichkeiten entsprechender Wirtschaftsgüter im Inland orientieren. Bei Wirtschaftsgütern des Umlaufvermögens ist eine Auflösung der Merkposten innerhalb eines Jahres vorzunehmen.

Die Bundesregierung hat mittlerweile den „Entwurf eines Gesetzes über steuerliche Begleitmaßnahmen zur Einführung der Europäischen Gesellschaft und zur Änderung weiterer steuerlicher Vorschriften" vorgelegt. Darin wird neben einer Änderung des § 6 AStG und des § 21 Abs. 2 Satz 1 Nr. 2 UmwStG ein allgemeiner Entstrickungstatbestand neu in § 4 Abs. 1 Satz 2 EStG-E aufgenommen. Darin soll – nach der derzeit vorliegenden Fassung des Gesetzentwurfs – eine Entnahme unter entsprechender Aufdeckung der stillen Reserven gesetzlich fingiert werden, bei „Ausschluss oder ... Beschränkung des Besteuerungsrechts der Bundesrepublik Deutschland". Diese Anknüpfung an den Ausschluss oder die Beschränkung des Besteuerungsrechts erscheint nach den vorliegenden Untersuchungsergebnissen als problematisch, da jedenfalls bei der grenzüberschreitenden Überführung von Wirtschaftsgütern in den allermeisten Fällen eine Besteuerung gerade sichergestellt ist. M.E. werden diese Fälle daher von der gesetzlichen Definition in § 4 Abs. 1 Satz 2 EStG-E gar nicht erfasst. Der Tatbestand einer Entstrickungsnorm müsste daher m.E. allein an den Grenzübertritt anknüpfen.

Literaturverzeichnis

Ahmann Karin-Renate, Das Ertragsteuerrecht unter dem Diktat des Europäischen Gerichtshofs? Können wir uns wehren?, DStZ 2005, S. 75 ff.

Aigner Dietmar J. / Tissot Michael, Rs. Hughes de Lasteyrie du Saillant – Gemeinschaftsrechtswidrigkeit von Wegzugsbesteuerungen innerhalb der EU, SWI 2004, S. 293 ff.

Bahlmann Kai, Zum Einfluß des Europäischen Rechts auf das nationale Steuerrecht, EuR 1985, S. 43 ff.

Baumbach Adolf / Duden Konrad / Hopt Klaus J., Handelsgesetzbuch mit GmbH & Co., Handelsklauseln, Bank- und Börsenrecht, Transportrecht (Seerecht), 30. Auflage, München 2000

Baumhoff Hubertus, Aktuelle Entwicklungen bei den internationalen Verrechnungspreisen, IStR 2003, S. 1 ff.

Birk Dieter, Besteuerungsgleichheit in der Europäischen Union, in: Lehner (Hrsg.), Steuerrecht im Europäischen Binnenmarkt: Einfluss des EG-Rechts auf die nationalen Steuerrechtsordnungen, DStJG Bd. 19, Köln 1996, S. 63 ff.

Bleckmann Albert (Hrsg.), Europarecht: Das Recht der Europäischen Union und der Europäischen Gemeinschaft, Köln/Berlin/Bonn/München 1997

Bleckmann Albert, Zu den Auslegungsmethoden des Europäischen Gerichtshofs, NJW 1982, S. 1177 ff.

Bleckmann Albert, ECLR: Probleme der Auslegung europäischer Richtlinien ZGR 1992, S. 364 ff.

Bleckmann Albert / Pieper Stefan Ulrich, Kap. B.I: Steuerrecht, in: Dauses Manfred A. (Hrsg.), Handbuch des EU-Wirtschaftsrechts, München (Loseblatt)

Blümich Walter / Ebling Klaus, Einkommensteuergesetz, Körperschaftsteuergesetz, Gewerbesteuergesetz, Kommentar, Loseblattsammlung, Stand: September 2005, München 2005

Borstell Thomas / Brüninghaus Dirk / Dworaczek Michael, Zweifel an der Rechtmäßigkeit von Verrechnungspreiskorrekturen nach § 1 AStG – Ausblick nach dem BFH-Beschluss vom 21.6.2001, IStR 2001, S. 757 ff.

Buciek Klaus, Aktuelle Entwicklungen zur Betriebsstättenbesteuerung, DStZ 2003, S. 139 ff.

Calliess Christian / Ruffert Matthias (Hrsg.), Kommentar des Vertrages über die Europäische Union und des Vertrages zur Gründung der Europäischen Gemeinschaft EUV/EGV, Neuwied/Kriftel 2002

Classen Claus Dieter, Auf dem Weg zu einer einheitlichen Dogmatik der EG-Grundfreiheiten?, EWS 1995, S. 97 ff.

Daig Hans-Wofram, Zur Rechtsvergleichung und Methodenlehre im europäischen Gemeinschaftsrecht, in: Bernstein Herbert (Hrsg.), Festschrift für Konrad Zweigert zum 70. Geburtstag, Tübingen 1981

Dauses Manfred A., Kap. C: Warenverkehr – C.I.: Grundregeln, in: Dauses Manfred A. (Hrsg.), Handbuch des EU-Wirtschaftsrechts, München (Loseblatt)

Dauses Manfred A. / Roth Tilman, Neuere Entwicklungen in der Rechtsprechung des EuGH zur Warenverkehrsfreiheit in der EU, ZLR 1996, S. 507 ff.

Dauses Manfred A., Die Rolle des Europäischen Gerichtshofs als Verfassungsgericht der Europäischen Union, in: Integration, Bonn 1994, S. 215 ff.

Dautzenberg Norbert, Die Kapitalverkehrsfreiheit des EG-Vertrags, der Steuervorbehalt des Art. 73 d EGV und die Folgen für die Besteuerung, RIW 1998, S. 537 ff.

Dautzenberg Norbert / Goksch Sebastian, Die europarechtliche Problematik des § 1 AStG, BB 2000, S. 904 ff.

Debatin Helmut /Wassermeyer Franz, Doppelbesteuerung, Kommentar zu allen deutschen Doppelbesteuerungsabkommen, Loseblattsammlung (einschließlich 56. Ergänzungslieferung), München 2005

Doralt Werner / Ruppe Hans Georg, Grundriß des österreichischen Steuerrechts, Bd. I: Einkommensteuer, Körperschaftsteuer, Umgründungssteuergesetz, Umsatzsteuer, Kommunalsteuer, 7. Auflage, Wien 2000

Eckhoff Rolf, Diskriminierung im Bereich der Besteuerung des Einkommens und des Vermögens, in: Birk Dieter (Hrsg.), Handbuch des Europäischen Steuer- und Abgabenrechts, Herne/Berlin 1995, S. 461 ff.

Eicker Klaus / Schwind Heike, EWS-Kommentar, EWS 2004, S. 186 ff.

Eiden Christoph, Die Rechtsangleichung gemäß Art. 100 des EWG-Vertrages, Berlin 1984

Elicker Michael, Die „steuerliche Kohärenz“ in der Rechtsprechung des Europäischen Gerichtshofs, IStR 2005, S. 89 ff.

Ettinger Jochen / Eberl Tobias, Die deutsche Wegszugsbesteuerung nach der EuGH-Rechtsprechung und wesentliche Gestaltungsüberlegungen in Zusammenhang mit einem Wegzug ins Ausland, GmbHR 2005, S. 152 ff.

Everling Ulrich, Vertragsverhandlungen 1957 und Vertragspraxis 1987 – dargestellt an den Kapiteln Niederlassungsrecht und Dienstleistungen des EWG-Vertrages -, in: Mestmäcker Ernst-Joachim / Möller Hans / Schwartz Hans-Peter (Hrsg.), Eine Ordnungspolitik für Europa, Festschrift für Hans von der Groeben, Baden-Baden 1987, S. 111 ff.

Everling Ulrich, Probleme der Rechtsangleichung zur Verwirklichung des europäischen Binnenmarkts, in: Baur Jürgen F. / Hopt Klaus J. / Mailänder K. Peter (Hrsg.), Festschrift für Ernst Steindorff, Berlin/New York 1990, S. 1155 ff.

Everling Ulrich, Zur Funktion der Rechtsangleichung in der Europäischen Gemeinschaft – Vom Abbau der Verzerrungen zur Schaffung des Binnenmarkts, in: Capotorti Francesco / Ehlermann Claus-Dieter / Frowein Jochen u.a. (Hrsg.), Du droit international au droit de l´integration, Liber Amicorum Pierre Pescatore, 1987

Everling Ulrich, ECLR: Zur Auslegung des durch EG-Richtlinien angeglichenen nationalen Rechts, ZGR 1992, S. 384 ff.

Eyles Uwe, Das Niederlassungsrecht der Kapitalgesellschaften in der Europäischen Gemeinschaft: Die Überlagerung des deutschen Gesellschaftsrechts und Unternehmenssteuerrechts durch Europäisches Gemeinschaftsrecht, Baden-Baden 1990

Fischer Peter, Mobilität und (Steuer-)Gerechtigkeit in Europa – Überlegungen aus Anlass des EuGH-Urteils v. 11.3.2004 – Rs. C-9/02 – Hughes de Lasteyrie du Saillant, FR 2004, 659, FR 2005, S. 630 ff.

Fischer Peter, Europa macht mobil – bleibt der Verfassungsstaat auf der Strecke?, FR 2005, S. 457 ff.

Flick Hans / Wassermeyer Franz / Piltz Detlev J., Außensteuerrecht, Kommentar, Loseblattsammlung (einschließlich 53. Ergänzungslieferung), Köln 2003

Förster Jutta, in: Bleckmann Albert (Hrsg.), Europarecht: Das Recht der Europäischen Union und der Europäischen Gemeinschaft, Köln/Berlin/Bonn/München 1997

Franz Theresa, Berührt „Hughes de Laysteyrie du Saillant“ die durch den Wegzug veranlasste Besteuerung von Kapitalgesellschaften in Deutschland?, EuZW 2004, S. 270 ff.

Franzen Martin, Privatrechtsangleichung durch die Europäische Gemeinschaft, Berlin 1999

Frotscher Gerrit, Internationales Steuerrecht, München 2001

Geiger Rudolf, EUV,EGV: Vertrag über die Europäische Union und Vertrag zur Gründung der Europäischen Gemeinschaft, Kommentar, 4. neubearb. und erw. Aufl., München 2004

Geissler Michael, Gewinnrealisierung am Ende eines Unternehmens, Stuttgart 1999

Goksch Sebastian, Die Anwendbarkeit des § 1 AStG auf Entnahmesachverhalte, IStR 2002, S. 181 ff.

Grabitz Eberhard / Hilf Meinhard (Hrsg.), Das Recht der Europäischen Union, Altband (Maastrichter Fassung), Loseblattsammlung, Stand: Oktober 1999, München 1999

Grabitz Eberhard / Hilf Meinhard (Hrsg.), Das Recht der Europäischen Union (Amsterdamer Fassung), Loseblattsammlung, Stand: Juni 2005, München 2005

von der Groeben Hans / Thiesing Jochen / Ehlermann Claus-Dieter (Hrsg.), Kommentar zum EWG-Vertrag, 4. Auflage, Baden-Baden 1991

von der Groeben Hans / Thiesing Jochen / Ehlermann Claus-Dieter (Hrsg.), Kommentar zum EU-/EG-Vertrag, 5. Auflage, Baden-Baden 1997

von der Groeben Hans, Die Politik der Europäischen Kommission auf dem Gebiet der Rechtsangleichung, NJW 1970, S. 359 ff.

Haase Florian, Neue Überlegungen zur sogenannten Schlussbesteuerung im Rahmen grenzüberschreitender Sitzverlegungen, IStR 2004, S. 232 ff.

Häde Ulrich, Das Bundesverfassungsgericht und der Vertrag von Maastricht – Anmerkungen zum Urteil des Zweiten Senats vom 12.10.1993 – 2 BvR 2134/92, 2 BvR 2159/92, BB 1993, S. 2457 ff.

Hahn Hartmut, Die Vereinbarkeit von Normen des deutschen internationalen Steuerrechts mit EG-Recht, IFSt-Schrift Nr. 378, Bonn 1999

Hahn Hartmut, Zur Europarechtskonformität der sog. Wegzugsbesteuerung – ein Vorlagebeschluss des französischen Conseil d´ État, SWI 2002, S. 473 ff.

Hahn Hartmut, Gemeinschaftsrecht und Recht der direkten Steuern – Teil III, DStZ 2005, S. 507 ff.

Hahn Hartmut / Suhrbier-Hahn Ute, Mitwirkungspflichten bei Auslandssachverhalten europarechtswidrig?, IStR 2003, S. 84 ff.

Hendricks Michael, Internationale Informationshilfe im Steuerverfahren: Grundlagen, Systematik und Grenzen der informationellen zwischenstaatlichen Rechts- und Amtshilfe, Köln 2004

Heintzen Markus, Subsidiaritätsprinzip und Europäische Gemeinschaft, JZ 1991, S. 317 ff.

Hilf Meinhard, Die Auslegung mehrsprachiger Verträge: eine Untersuchung zum Völkerrecht und zum Staatsrecht der Bundesrepublik, Berlin 1973

Hinnekens Luk, Non-Discrimination in EC Incombe Tax Laws: Painting in the Colours of a Chameleon – Like Principle, European Taxation 1996, S. 286 ff.

Hoffmann Michael, Die Grundfreiheiten des EG-Vertrags als koordinationsrechtliche und gleichheitsrechtliche Abwehrrechte, Baden-Baden 2000

Hübschmann Walter / Hepp Ernst / Spitaler Armin, Kommentar zur Abgabenordnung und Finanzgerichtsordnung, Loseblattsammlung (einschließlich 181. Ergänzungslieferung), Köln 2004

Ipsen Hans-Peter, Europäisches Gemeinschaftsrecht, Tübingen 1972

Ismer Roland / Reimer Ekkehart / Rust Alexander, Ist § 6 AStG noch zu halten? – Die Wegzugsbesteuerung auf dem Prüfstand des Gemeinschaftsrechts nach der Entscheidung de Lasteyrie du Saillant, EWS 2004, S. 207 ff.

Jacobs Otto H., Internationale Unternehmensbesteuerung: Deutsche Investitionen im Ausland, Ausländische Investitionen im Inland, 4. Auflage, München 1999

Jarass Hans D., Elemente einer Dogmatik der Grundfreiheiten, EuR 1995, S. 202 ff.

Jarass Hans D., Elemente einer Dogmatik der Grundfreiheiten II, EuR 2000, S. 706 ff.

Jones Avery, Carry On Discriminating, in: European Taxation 1996, S. 46 ff.

Kaiser Joseph H., Grenzen der EG-Zuständigkeit, EuR 1980, S. 97 ff.

Kempka Bernhard, Systemkonforme steuerliche Behandlung stiller Reserven bei der grenzüberschreitenden Überführung von Wirtschaftsgütern zwischen Stammhaus und Betriebsstätte, StuW 1995, S. 242 ff.

Kessler Wolfgang / Huck Friederike / Obser Ralph / Schmalz Andrea, Wegzug von Kapitalgesellschaften – Teil I, DStZ 2004, S. 813 ff.

Kessler Wolfgang / Huck Friederike / Obser Ralph / Schmalz Andrea, Wegzug von Kapitalgesellschaften – Teil II, DStZ 2004, S. 855 ff.

Kessler Wolfgang / Huck Friederike, Grenzüberschreitender Transfer von Betriebsvermögen, StuW 2005, S. 193 ff.

Kessler Wolfgang / Spengel Christoph, Checkliste potenziell EG-rechtswidriger Normen des deutschen direkten Steuerrechts – Update 2006, DB 2006 Beilage 1

Kingreen Thorsten, Die Struktur der Grundfreiheiten des Europäischen Gemeinschaftsrechts, Berlin 1999

Kingreen Thorsten / Störmer Rainer, Die subjektiv-öffentlichen Rechte des primären Gemeinschaftsrechts, EuR 1998, S. 263 ff.

Kleinert Jens / Probst Peter, Endgültiges Aus für steuerliche Wegzugsbeschränkungen bei natürlichen und juristischen Personen, DB 2004, S. 673 ff.

Kokott Juliane, Die Bedeutung der europarechtlichen Diskriminierungsverbote und Grundfreiheiten für das Steuerrecht der EU-Mitgliedstaaten, in: Lehner (Hrsg.), Die Bedeutung der Grundfreiheiten für das Steuerrecht der EU-Mitgliedstaaten, Münchner Schriften zum Internationalen Steuerrecht, Heft 23, München 2000

Knobbe-Keuk Brigitte, Bilanz- und Unternehmenssteuerrecht, 9. Auflage, Köln 1993

Knobbe-Keuk Brigitte, Die Einwirkung der Freizügigkeit und der Niederlassungsfreiheit auf die beschränkte Steuerpflicht, EuZW 1991, S. 649 ff.

Kraft Gerhard / Müller Marcus, Schlussfolgerungen aus der EuGH-Entscheidung zur französischen Wegzugsbesteuerung (Saillant) für die internationale Steuerberatungspraxis aus deutscher Sicht, RIW 2004, S. 366 ff.

Kramer Jörg-Dietrich, Verbringung von Wirtschaftsgütern zwischen Betriebsstätten im Internationalen Steuerrecht, IStR 2000, S. 449 ff.

Kramer Jörg-Dietrich, Gewinnabgrenzung und Gewinnermittlung bei Verbringung von Wirtschaftsgütern zwischen Betriebsstätten im Internationalen Steuerrecht, StuW 1991, S. 151 ff.

Lackhoff Klaus, Die Niederlassungsfreiheit des EGV – nur ein Gleichheits- oder auch ein Freiheitsrecht, Berlin 2000

Lang Michael, Das EuGH-Urteil in der Rechtssache Schempp – Wächst der steuerpolitische Spielraum der Mitgliedstaaten?, SWI 2005, S. 411 ff.

Lang Michael, Ist die Schumacker-Rechtsprechung am Ende?, SWI 2005, S. 336 ff.

Lang Michael, Das EuGH-Urteil in der Rechtssache D. – Gerät der Motor der Steuerharmonisierung ins Stottern?, SWI 2005, S. 365 ff.

Lang Michael, Kapitalverkehrsfreiheit und Doppelbesteuerungsabkommen, in Lechner Eduard/Staringer Claus/Tumpel Michael (Hrsg.), Kapitalverkehrsfreiheit und Steuerrecht: Eine Analyse des österreichischen Steuerrechts vor dem Hintergrund der Kapitalverkehrsfreiheit des EG-Rechts, Wien 2000, S. 181 ff.

Lausterer Martin, Die deutsche Wegzugsbesteuerung nach dem EuGH-Urteil de Lasteyrie du Saillant, DStZ 2004, S. 299 ff.

Lecheler Helmut, Einführung in das Europarecht, 2. Auflage, München 2003

Lehner Moris, Begrenzung der nationalen Besteuerungsgewalt durch die Grundfreiheiten und Diskriminierungsverbote des EG-Vertrags, in: Pelka Jürgen (Hrsg.), Europa- und verfassungsrechtliche Grenzen der Unternehmensbesteuerung, DStJG Bd. 23, Köln 2000

Lehner Moris, EU-Recht und die Kompetenz zur Beseitigung der Doppelbesteuerung, in: Gaßner Wolfgang (Hrsg.), Doppelbesteuerungsabkommen und EU-Recht: Auswirkungen auf die Abkommenspraxis, Wien 1996

Lenz Carl Otto (Hrsg.), EG-Vertrag: Kommentar zu dem Vertrag zur Gründung der Europäischen Gemeinschaften, in der durch den Amsterdamer Vertrag geänderten Fassung, 2. Auflage, Köln 1999

van Lishaut Ingo, Europarechtliche Perspektiven des Umwandlungssteuerrechts sowie der Wegzugsbesteuerung, FR 2004, S. 1301 ff.

Lüdicke Jürgen, Internationale Aspekte des Steuervergünstigungsabbaugesetzes, IStR 2003, S. 433 ff.

Maurer Andreas, Entscheidungseffizienz und Handlungsfähigkeit nach Nizza: die neuen Anwendungsfelder für Mehrheitsentscheidungen, in: Jopp Mathias / Lippert Barbara / Schneider Heinrich (Hrsg), Das Vertragswerk von Nizza und die Zukunft der Europäischen Union, Bonn 2001, S. 79 ff.

Matzka Bettina, Das österreichische Steuerrecht im Lichte der Freiheit des Kapitalverkehrs, Wien 1998

Mössner Jörg Manfred u.a. (Hrsg.), Steuerrecht internationale tätiger Unternehmen: Handbuch der Besteuerung von Auslandsaktivitäten inländischer Unternehmen und von Inlandsaktivitäten ausländischer Unternehmen, 2. Auflage, Köln 1998

Musil Andreas, Kein europarechtliches Beschränkungsverbot für die direkten Steuern? Eine Analyse der Rechtsprechung des EuGH zur tatbestandlichen

Reichweite der Personenverkehrsfreiheiten im Zusammenhang mit dem Recht der direkten Steuern, IStR 2001, S. 482 ff.

OECD: Transfer Pricing Guidelines for Multinational Enterprises and Tax Administrations, Loseblattsammlung, Paris 2001

Oppermann Thomas, Europarecht, 2. vollst. überarbeitete Aufl., München 1999

Pescatore Pierre, Mit der Subsidiarität leben – Gedanken zu einer drohenden Balkanisierung der Europäischen Gemeinschaft, in: Due Ole / Lutter Markus / Schwarze Jürgen (Hrsg.), Festschrift für Ulrich Everling, Baden-Baden 1995, Bd. II, S. 1071 ff.

Pfaar Michael, Keine Besteuerung bei Überführung von Wirtschaftsgütern in ausländische Betriebsstätten, IStR 2000, S. 42 ff.

Prokisch Rainer, Die Bedeutung der Grundfreiheiten für das Steuerrecht der EU-Mitgliedstaaten aus dem Blickwinkel des ungarischen, polnischen und tschechischen Rechts, in: Lehner Moris (Hrsg.), Die Bedeutung der Grundfreiheiten für das Steuerrecht der EU-Mitgliedstaaten, Münchner Schriften zum Internationalen Steuerrecht, Heft 23, München 2000, S. 119 ff.

Rasch Stephan / Nakhai Katja, Die EG-Rechtswidrigkeit des § 1 AStG bleibt weiterhin ungeklärt, DB 2005, S. 1984 ff.

Reimer Ekkehart, Die Auswirkungen der Grundfreiheiten auf das Ertragsteuerrecht der Bundesrepublik Deutschland – Eine Bestandsaufnahme, in: Lehner Moris (Hrsg.), Die Bedeutung der Grundfreiheiten für das Steuerrecht der EU-Mitgliedstaaten, Münchner Schriften zum Internationalen Steuerrecht, Heft 23, München 2000, S. 39 ff.

Reith Thomas, Internationales Steuerrecht: Handbuch zum Doppelbesteuerungs- und Außensteuerrecht und zu Gestaltungen grenzüberschreitender Investitionen, München 2004

Richter Dirk, Die französische Wegzugsbesteuerung auf dem Prüfstand des EuGH, IStR 2003, S. 157 ff.

Rödder Thomas, Steuerfreier Exit von stillen Reserven beim Wegzug von Unternehmen aus Deutschland?, IStR 2005, S. 297 ff.

Rohde Andreas, Freier Kapitalverkehr in der Europäischen Gemeinschaft, Frankfurt a.M./Berlin/Bern/New York/Paris/Wien 1999

Roth Wulf Henning, Die Niederlassungsfreiheit zwischen Beschränkungs- und Diskriminierungsverbot in: Schön Wolfgang (Hrsg.) Gedächtnisschrift für Brigitte Knobbe-Keuk, Köln 1997, S. 729 ff.

Roth Wulf Henning, Kap. E: Niederlassungs- und Dienstleistungsfreiheit – E.I.: Grundregeln, in: Dauses Manfred A.(Hrsg.), Handbuch des EU-Wirtschaftsrechts, München (Loseblatt)

Ruppe Hans-Georg, Die Bedeutung der Kapitalverkehrsfreiheit für das Steuerrecht, in: Lechner Eduard / Staringer Claus / Tumpel Michael (Hrsg.), Kapitalverkehrsfreiheit und Steuerrecht: Eine Analyse des österreichischen Steuerrechts vor dem Hintergrund der Kapitalverkehrsfreiheit des EG-Rechts, Wien 2000, S. 9 ff.

Schaumburg Harald, Internationales Steuerrecht: Außensteuerrecht, Doppelbesteuerungsrecht, 2. Auflage, Köln 1998

Schaumburg Harald, Der Wegzug von Unternehmen, in Gocke Rudolf (Hrsg.): Körperschaftsteuer, Internationales Steuerrecht, Doppelbesteuerung: Festschrift für Franz Wassermeyer zum 65. Geburtstag, S. 411 ff.

Schaumburg Harald, Besteuerung von Kapitalerträgen, in: Ebling Klaus (Hrsg.), Besteuerung von Einkommen, DStJG Bd. 24, S. 245 ff., Köln 2001

Scheffler Wolfram, Überführung von Wirtschaftsgütern zwischen inländischem Stammhaus und ausländischer Betriebsstätte, RIW 2000, S. 569 ff.

Scheuerle Ulrich, § 1 AStG und Gemeinschaftsrecht, IStR 2002, S. 798 ff.

Schima Bernhard, Das Subsidiaritätsprinzip im Europäischen Gemeinschaftsrecht, Wien 1994

Schindler Clemens Philipp, Hughes de Lasteyrie du Saillant als Ende der (deutschen) Wegzugsbesteuerung? IStR 2004, S. 300 ff.

Schindler Clemens Philipp, Neuregelung der österreichischen Wegzugsbesteuerung – Ein Vorbild für andere Mitgliedstaaten?, IStR 2004, S. 711 ff.

Schmidt Ludwig (Hrsg.), Einkommensteuergesetz, Kommentar, 24. Auflage, München 2005

Schnitger Arne, Verstoß der Wegzugsbesteuerung (§ 6 AStG) und weiterer Entstrickungsnormen des deutschen Ertragsteuerrechts gegen die Grundfreiheiten des EG-Vertrags, BB 2004, S. 804 ff.

Schnitger Arne, Internationale Aspekte des Entwurfs eines Gesetzes zum Abbau von Steuervergünstigungen und Ausnahmeregelungen (Steuervergünstigungsabbaugesetz – StVergAbG), IStR 2003, S. 73 ff.

Schnorberger Stephan, Verrechnungspreis-Dokumentation und StVergAbG – Offene Fragen und Probleme, DB 2003, S. 1241 ff.

Scholz Rupert / Langer Stefan, Europäischer Binnenmarkt und Energiepolitik, Schriften zum Europäischen Recht Bd. 13, Berlin 1992

Schön Wolfgang, Die Auslegung europäischen Steuerrechts: das harmonisierte Steuerrecht zwischen nationalem Zivilrecht und europäischem Gemeinschaftsrecht, Köln 1993

Schön Wolfgang, Gemeinschaftskonforme Auslegung und Fortbildung des nationalen Steuerrechts – unter Einschluss des Vorlageverfahrens nach Art. 177 EGV, in : Lehner (Hrsg.), Steuerrecht im Europäischen Binnenmarkt, DStJG Bd. 19 (1996)

Schön Wolfgang, Europäische Kapitalverkehrsfreiheit und nationales Steuerrecht, in Schön Wolfgang (Hrsg.): Gedächtnisschrift für Brigitte Knobbe-Keuk, Köln 1997, S. 743 ff.

Schön Wolfgang, Besteuerung im Binnenmarkt – die Rechtsprechung des EuGH zu den direkten Steuern, IStR 2004, S. 289 ff.

Schön Wolfgang, Der Kapitalverkehr mit Drittstaaten und das internationale Steuerrecht, in Gocke Rudolf (Hrsg.): Körperschaftsteuer, Internationales Steuerrecht, Doppelbesteuerung: Festschrift für Franz Wassermeyer zum 65. Geburtstag: Festschrift für Franz Wassermeyer, S. 489 ff.

Schönfeld Jens, Hinzurechnungsbesteuerung und Europäisches Gemeinschaftsrecht, Köln 2005

Schönfeld Jens, Die Fortbestandsgarantie des Art. 57 Abs. 1 EG im Steuerrecht: Anmerkung zu FG Hamburg vom 9.3.2004, VI 279/01, EFG 2004, 1573, IStR 2005, S. 410 ff.

Schröer-Schallenberg Sabine, Diskriminierung im Bereich der Verbrauchsteuern, in: Birk Dieter (Hrsg.), Handbuch des Europäischen Steuer- und Abgabenrechts, Herne/Berlin 1995, § 16, S. 421 ff.

Schwartz Hans-Peter, 30 Jahre EG-Rechtsangleichung, in: Mestmäcker Ernst-Joachim / Möller Hans / Schwartz Hans-Peter (Hrsg.), Eine Ordnungspolitik für Europa, Festschrift für Hans von der Groeben, Baden-Baden 1987, S. 330 ff.

Schwarze Jürgen (Hrsg.), EU-Kommentar, Baden-Baden 2000

Schweitzer Michael / Hummer Waldemar, Europarecht: Das Recht der Europäischen Union – Das Recht der Europäischen Gemeinschaften (EGKS, EG, EAG) – mit Schwerpunkt EG, Neuwied/Kriftel/Berlin 1996

Schwenke Michael / Wichmann Michael, Ertragsteuerliche Aspekte des E-Commerce, in: Haas/Bacher/Scheuer Wirtschaftsprüfungsgesellschaft GmbH (Hrsg.): E-Commerce Besteuerung und Rechnungslegung, München 2005, S. 107 ff.

Schwenke Michael, Möglichkeiten der Gewinnverlagerung ins Ausland, BB 1998, S. 2604 ff.

Sedemund Jan, Anmerkungen zu den Schlussanträgen in der Rs. Meilicke, IStR 2005, S. 810 ff.

Seidel Martin, Ziel und Ausmaß der Rechtsangleichung in der EWG: zur britschen Auffassung, EuR 1979, S. 171 ff.

Streinz Rudolf, Europarecht, 6. Auflage, Heidelberg 2003

Strunk Günther / Kaminski Bert, Anmerkungen zum Betriebsstättenerlass, IStR 2000, S. 33 ff.

Thömmes Otmar, Tatbestandsmäßigkeit und Rechtfertigung steuerlicher Diskriminierungen nach dem EG-Recht, in Schön Wolfgang (Hrsg.): Gedächtnisschrift für Brigitte Knobbe-Keuk, Köln 1997, S. 795 ff.

Thömmes Otmar, Verstoß der französischen Wegzugsbesteuerung gegen Grundfreiheiten des EG-Vertrags, IWB Fach 11a, S. 754 ff.

Tipke Klaus, Die Steuerrechtsordnung, Bd. I bis III, 1. Auflage, Köln 1993

Tipke Klaus / Lang Joachim, Steuerrecht, 17. Auflage, Köln 2002

Tipke Klaus / Kruse Heinrich Wilhelm (Hrsg.), Abgabenordnung, Finanzgerichtsordnung: Kommentar zur AO und FGO (ohne Steuerstrafrecht), 16. Auflage, Loseblattsammlung, Stand: März 2004, Köln 2004

Vanistendael Frans, Europäischer Gerichtshof und seine Rolle als Richter in steuerrechtlichen Streitigkeiten, in: Klein u.a. (Hrsg.), Unternehmensteuern Festschrift für Hans Flick zum 70. Geburtstag, Köln 1997

Vogel Klaus / Lehner Moris, Doppelbesteuerungsabkommen, 4. Aufl., München 2003

Vogel Klaus, Über die Gewinnverwirklichung im Außensteuerrecht, StuW 1974, S. 193 ff.

Voß Reimer, Kap. J: Steuerrecht, in: Dauses Manfred A. (Hrsg.), Handbuch des EU-Wirtschaftsrechts, München (Loseblatt)

Wagner Matthias, Das Konzept der Mindestharmonisierung, Berlin 2001

Wassermeyer Franz, Einkünftekorrekturnormen im Steuersystem, IStR 2001, S. 633 ff.

Wassermeyer Franz, Steuerliche Konsequenzen aus dem EuGH-Urteil „Hughes de Lasteyrie du Saillant“, GmbHR 2004, S. 613 ff.

von Wilmowsky Peter, EG-Freiheiten und Vertragsrecht, JZ 1996, S. 590 ff.

Wunderlich Nina /Albath Lars, Der Europäische Gerichtshof und die direkten Steuern – Ein Beitrag zum Verhältnis von Gemeinschaftsrecht und nationalem Recht, DStZ 2005, S. 547 ff.

Zacker Christian, Binnenmarkt und Gemeinsamer Markt, RIW 1989, S. 489 ff.

Zuleeg Manfred, Die Grundfreiheiten des Gemeinsamen Markts im Wandel, in: Due Ole / Lutter Markus / Schwarze Jürgen (Hrsg.), Festschrift für Ulrich Everling, Baden-Baden 1995, Bd. II, S. 1717 ff.

Zuleeg Manfred, Die Stellung der Länder und Regionen im europäischen Integrationsprozeß, DVBl. 1992, S. 1329 ff.

Zweigert Konrad, Grundsatzfragen der europäischen Rechtsangleichung, ihrer Schöpfung und Sicherung, in: von Caemmerer Ernst / Nikisch Arthur / Zweigert Konrad (Hrsg.), in: Vom deutschen zum europäischen Recht, Festschrift für Hans Dölle, Band II, Internationales Recht, Tübingen 1963, S. 401 ff.

Theresa Franz

Körperschaftsteuerliche Behandlung der grenzüberschreitenden Betätigung von Kapitalgesellschaften innerhalb der EG

Eine Betrachtung unter Berücksichtigung der Rechtsprechung des EuGH, der geplanten 14. gesellschaftsrechtlichen Richtlinie und der Societas Europaea

Frankfurt am Main, Berlin, Bern, Bruxelles, New York, Oxford, Wien, 2006.
XX, 252 S., zahlr. Tab.
Bochumer Schriften zum Steuerrecht. Herausgegeben von Roman Seer. Bd. 6
ISBN 3-631-54824-9 · br. € 45.50*

Bei der Frage, ob Kapitalgesellschaften ihre Rechtsfähigkeit beibehalten können, wenn sie ihren Sitz über die Grenze verlegen, stehen sich bekanntlich Sitz- und Gründungstheorie mit widerstreitenden Ansätzen gegenüber. Inzwischen hat der EuGH in seiner jüngeren Rechtsprechung eine weitgehende Anerkennung zuziehender Kapitalgesellschaften gefordert, wie sie nur mit der Gründungstheorie erreicht werden kann. Die Arbeit untersucht die körperschaftsteuerlichen Auswirkungen der grenzüberschreitenden Sitzverlegung von Kapitalgesellschaften innerhalb der EG vor dem Hintergrund der neueren Rechtsprechung des EuGH. Im Mittelpunkt stehen dabei die Wechselwirkungen zwischen den steuerrechtlichen Tatbeständen einerseits und den kollisionsrechtlichen Auswirkungen auf die Gesellschaftsformen andererseits. Dabei erörtert die Arbeit anhand von Fallgruppen u. a. wie sich Sitzverlegungsvorgänge auf die Einordnung als Körperschaftsteuersubjekt auswirken und welche Fälle der Grenzüberschreitung eine Wegzugsbesteuerung auslösen können und überprüft die so gefundenen Ergebnisse am Maßstab des europäischen Primär- und Sekundärrechts. Zusätzlich berücksichtigt die Arbeit bereits die europäische Gesellschaftsform der Societas Europaea.

FSC
www.fsc.org
MIX
Papier | Fördert gute Waldnutzung
FSC® C083411

Kolibri 360 GmbH
Ferdinand-Jühlke-Straße 7
99095 Erfurt, Deutschland
produktsicherheit@kolibri360.de

Druck:
CPI Druckdienstleistungen GmbH
im Auftrag der
Kolibri 360 GmbH
Ferdinand-Jühlke-Str. 7
99095 Erfurt